시원스쿨 처음토익 550+
LC+RC+VOCA
한 권이다

KB047022

첫 토익에 대한 **두려움은 이제 NO!**

토리이가 자주 하는
실수와 해결책을 담았습니다.
최빈출 유형부터 모의고사,
친절한 해설까지 토린이 맞춤!

가성비 갑 한 권으로 끝!

LC+RC+VOCA는 물론,
입문자들에게 가장 필요한
기초문법도 포함!
여러 권 살 필요 없어요.

그냥 따라 하기만 하면 **누워서 토익 먹기**

누구나 따라 하기 쉬운
초간단 15일 커리큘럼!
언제 어디서나 QR코드로
나만의 선생님 소환

선생님들의 실시간 **초밀착 코칭**

인강 구매 시,
최서아 & Kelly쌤이
직접 관리하는
카톡 스터디방 참여 가능

시원스쿨 토익 무료 학습 자료

실시간 업데이트되는
토익 무료 자료로 점수 수직 상승!

토익 레벨테스트

처음 토익 치면 몇 점 나올까?
실제 시험과 동일한 난이도의 문제로 취약점까지 낱낱이 분석해드립니다.

토익 실전문제 풀이

하루 5분 투자로 이달 토익 점수가 바뀐다!
파트별 고퀄리티 실전문제와 해설강의를 전부 무료로 누려보세요.

시원스쿨 토익 적중 특강

토익 응시 전 반드시 봐야할 마무리 특강, 매달 업데이트!
예상 문제와 함께 핵심만 콕 담은 학습포인트를 공개합니다.

토익 시험 당일 LIVE 후기 특강

서아쌤의 토익 시험 당일 라이브 특강!
이번 시험의 난이도와 정답, 주요 문제들의 해설을 확인해 보세요.

무료 자료는 시원스쿨LAB(lab.siwonschool.com)에서 제공합니다.

시원스쿨 처음토익.

550+

시원스쿨어학연구소 지음

시원스쿨 LAB

시원스쿨
처음토익 550+

초판 1쇄 발행 2019년 12월 19일
개정 2판 2쇄 발행 2024년 11월 1일

지은이 시원스쿨어학연구소
펴낸곳 (주)에스제이더블유인터내셔널
펴낸이 양홍걸 이시원

홈페이지 www.siwonschool.com
주소 서울시 영등포구 영신로 166 시원스쿨
교재 구입 문의 02)2014-8151
고객센터 02)6409-0878

ISBN 979-11-6150-853-5 13740
Number 1-110103-18130407-04

이 책은 저작권법에 따라 보호받는 저작물이므로 무단복제와 무단전재를 금합니다. 이 책 내용의 전부 또는 일부를 이용하려면 반드시 저작권자와 (주)에스제이더블유인터내셔널의 서면 동의를 받아야 합니다.

『특허 제0557442호 가접별책 ®주식회사 비상교육』

머리말

한 권으로 끝내는 첫 토익 입문서
시원스쿨 처음토익 550+

졸업, 취업, 승진, 이직, 공무원 시험의 첫 관문인 토익. 좋다는 교재도 강의도 정말 많지만, 토익을 처음 하는 분들에겐 혼란스러울 뿐이죠. 서점에 나가봐도 그 책이 그 책 같고, LC, RC, VOCA, 모의고사까지 다 필요하다는데 4권을 사야 하는 것도 부담스럽고, 언제 다 공부하나 막막할 것입니다.

이제 아무 걱정 마세요! 토익을 처음 시작하는 분들이 가뿐하게 입문 과정을 끝낼 수 있도록 LC, RC, VOCA 핵심 내용에 모의고사까지 단 한 권으로 집약한 「시원스쿨 처음토익 550+」가 있으니까요. 특히, 이번 New version은 최신 기출 유형을 반영하였을 뿐만 아니라, 문법이 두려운 분들을 위해 「노베이스 기초문법」 내용을 쉽게 풀어 설명한 무료 강의까지 실었습니다. 시원스쿨랩의 입문 전문 강사님이 처음부터 차근차근 알려주기 때문에 누구나 자신 있게 토익을 시작할 수 있습니다.

시원스쿨 처음토익 550+는

❶ 딱 한 권으로 토익 입문 과정을 끝냅니다.

LC, RC, VOCA의 핵심 내용을 한 권에 담았으며, 교재 학습이 모두 끝난 후 실제 시험처럼 풀어볼 수 있도록 모의고사 1회분과 해설, 해설강의를 무료로 제공합니다.

❷ 핵심만 다루어 분량이 많지 않습니다.

입문 과정에서 꼭 알아야 할 핵심 내용만 다루었기 때문에, 교재에서 제공하는 학습 플랜을 따라가면 단 한 달 만에 완성할 수 있습니다.

❸ 진짜 생기초 문법부터 알려줍니다.

「노베이스 기초문법」을 정리한 미니북에 무료 강의까지 제공하여, 토익 문법의 기초를 확실히 다지고 시작할 수 있습니다.

❹ 토익 입문 전문 강사의 초밀착 코칭으로 실제로 점수가 오릅니다.

QR코드를 스캔하여 전문 강사의 심층 설명을 들어볼 수 있고, 인강 수강시 카톡 스터디방을 통해 토익 문제 질문 답변 및 공부 방법에 대한 코칭을 받을 수 있습니다.

아무쪼록 이 책으로 토익 고득점의 기초 발판을 마련하고 '한번 해 볼 만하다'는 자신감을 얻기를 바랍니다.

시원스쿨어학연구소 드림

목차

LC

RC

Part 5

Part 6

Part 7

VOCA

별책

- [해설서] 정답 및 해설
- [미니북] 노베이스 기초문법

시원스쿨랩 홈페이지
lab.siwonschool.com

- 본서 음원 (MP3)
- 토익 오답노트
- VOCA 음원 (MP3)
- 실전 모의고사 음원 (MP3) | 문제 | 해설

무료 강의

- 누워서 토익 먹기 QR특강 (54강)
- 노베이스 기초문법 강의 (10강)
- 실전 모의고사 해설강의 (12강)

왜 「시원스쿨 처음토익 550+」인가?

❶ QR코드로 부르는 나만의 선생님

- 교재 학습 중 좀 더 자세한 설명이 필요할 때, 모바일로 간편하게 도움을 받을 수 있습니다. 교재 내 QR 이미지를 스캔하면 시원스쿨랩 토익 입문 전문 강사인 Kelly, 최서아 선생님이 영상을 통해 머리에 쏙쏙 들어오도록 직접 설명해 줍니다. 교재와 강의를 넘나드는 입체적 학습을 통해 핵심 내용을 명확히 이해하고 보다 재미있게 학습을 이어갈 수 있습니다.

❷ [LC + RC + VOCA] 한 권으로 토익 입문 완성

- 토익은 시작이 중요합니다! 처음 토익을 시작하는 학습자들을 위해 토익 입문 과정의 가장 필수적인 핵심 내용만 선별해 담았습니다.
- 토익 왕초보라고 해서 천천히 오랫동안 공부할 필요가 없습니다. 짧고 굵게! 단기간에 토익 입문 핵심 과정을 끝내고 기본-중급 과정으로 올라갈 수 있도록 [LC + RC + VOCA]를 한 권으로 구성하였으며, 모의고사 1회분을 무료로 제공합니다. LC, RC, VOCA, 모의고사 교재를 따로따로 구매할 필요가 없어 경제적이고, 빠릅니다.

❸ 토익 입문 전문 강사의 초밀착 코칭 족집게 강의

- 토익 학습자들과의 1:1 소통으로 유명한 Kelly, 최서아 강사가 꿀팁을 통해 반드시 알아야 할 포인트뿐만 아니라 실전에서 적용할 수 있는 유용한 팁까지 자세히 안내합니다.
- 속 시원한 시원스쿨 인강! 토익 입문 학습자들이 기본-중급 레벨로 빠르게 도약할 수 있도록 파트별 핵심 사항을 콕콕 집어 주며, 입문 학습자들이 특히 약한 부분을 시원하게 긁어줍니다.
- 인강 수강 시 카톡 스터디를 통해 선생님의 실시간 질문-답변 코칭을 받을 수 있습니다.

❹ QR코드로 편리하게 음원 청취

- 회원가입 없이도 교재 내 QR코드를 스캔하여 본서 음원을 모바일로 편리하게 들을 수 있습니다. 또한 시원스쿨랩 홈페이지(lab.siwonschool.com)에서 음원 전체를 다운로드해 이용할 수도 있습니다.

❺ 영어 왕초보를 위한 「노베이스 기초문법」 미니북 & 무료강의

- 토익 입문자들이 가장 두려워하는 문법! 문법 기초가 부족한 토익 왕초보를 위해 주어-동사-목적어의 구분부터 구와 절, 동사와 준동사의 정의까지 가장 기본이 되는 문법사항을 알기 쉽게 정리한 「노베이스 기초문법」 부록을 제공합니다.
- 휴대가 간편한 미니북 형태로 제작하여 어려운 문법사항에 막힐 때마다 언제든지 참고할 수 있도록 하였습니다.
- 토익 입문 전문 Kelly 선생님이 처음부터 차근차근 설명해주는 무료 강의를 제공합니다.

❻ 따라 하기 쉬운 완벽한 학습 플랜

- LC, RC, VOCA 섹션은 각각 15개 Day로 구성되어 있으며, 각 Day는 부담 없는 분량으로 되어 있어 30일 안에 [LC + RC + VOCA]로 이루어진 한 권을 거뜬히 끝낼 수 있습니다. 또한 누구나 따라하기 쉬운 명료한 학습플랜을 제시합니다.
- 인강을 수강할 경우 더욱 쉽고 빠르게 입문 완성이 가능합니다. LC와 RC 각 Day의 강의 시간이 30분 이내이기 때문에, 하루에 1시간 30분~2시간 정도 토익 공부에 시간을 할애할 수만 있다면, 단 15일 안에 본 교재 한 권을 끝낼 수 있습니다.

❼ 최신 경향 실전 모의고사 1회분

- 최신 토익 시험과 난이도 및 유형 면에서 거의 유사한 실전 모의고사 1회분을 시원스쿨LAB 홈페이지(lab.siwonschool.com)에서 제공합니다.
- 모의고사의 음원, 스크립트, 상세한 해설도 모두 무료로 제공합니다. 또한 도서 내 쿠폰을 이용해 Kelly, 최서아 선생님의 명품 해설 강의도 무료로 수강할 수 있습니다.

이 책의 구성과 특징

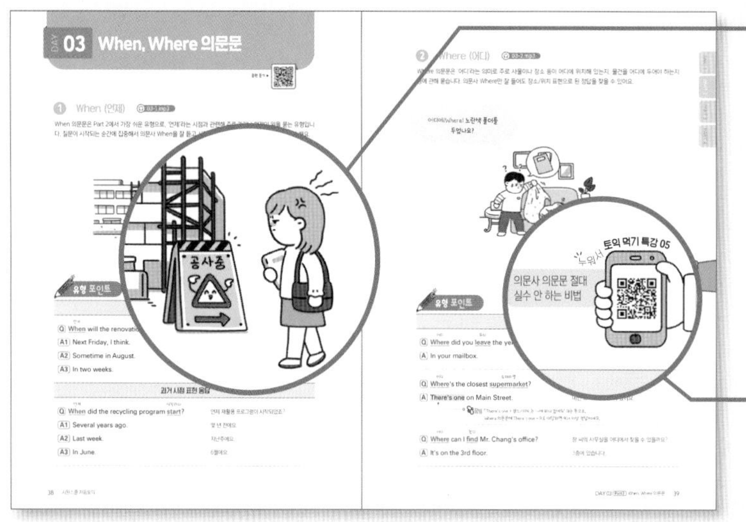

아기자기한 일러스트로 이해도 UP!

아기자기한 일러스트들을 삽입하여 쉽고 재미있게 학습할 수 있도록 하였습니다. 학습 도중 지칠 때 기분을 업 시켜줄 뿐만 아니라, 쉽게 이해할 수 있도록 도와주고, 학습 내용이 오래 기억에 남도록 해줍니다.

QR코드로 부르는 나만의 선생님

교재 학습 중 좀 더 자세한 설명이 필요할 때, 교재 내 QR 이미지를 스캔하면 Kelly, 최서아 선생님이 나와 머리에 쏙 들어오도록 강의를 해줍니다.

문제 풀이 전략

문제 풀이의 순서와 전략을 상세하게 짚어주며 토익 왕초보들에게 든든한 길잡이가 될 수 있는 핵심 스킬을 알려 줍니다.

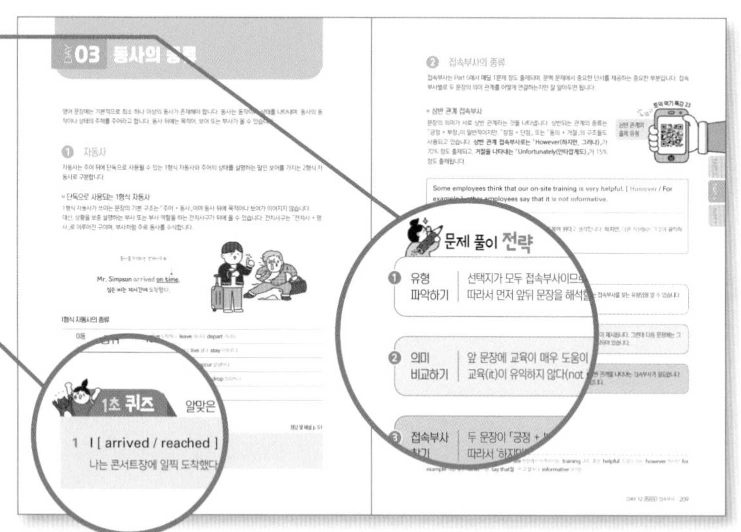

1초 퀴즈

기출 문제의 핵심 포인트만을 강조한 간단한 퀴즈를 통해 출제 포인트를 완벽히 체득할 수 있도록 하였습니다. 정답과 함께 가장 헷갈리는 오답을 제시하여 출제자의 의도를 파악하는 능력을 길러 줍니다.

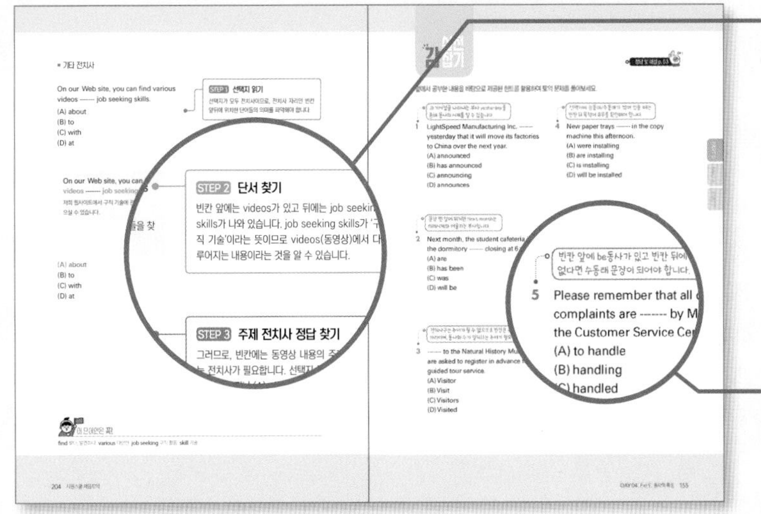

기출 맛보기

실제 시험에 나왔던 기출 포인트를 적용한 문제를 제시하여 토익 문제를 푸는 가장 효과적인 방법을 설명합니다. 여기에 안내된 대로 문제를 풀어야 시간을 절약하고 정답률을 높일 수 있습니다.

실전 감잡기

해당 Day의 학습이 끝나면 실제 시험과 비슷한 난이도의 문제들을 풀면서 학습이 잘 되었는지 점검합니다.

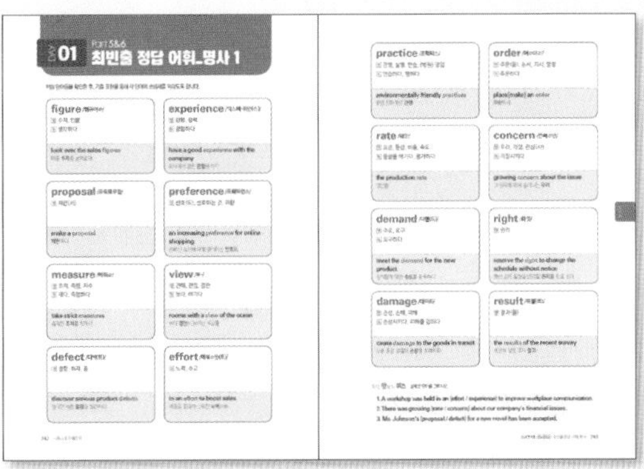

바로 점수를 올려주는 VOCA

토익 Part 5, 6에서 정답으로 가장 자주 출제되었던 정답 어휘들과, Part 3, 4 패러프레이징 중요 어휘, Part 7 동의어 문제 정답 어휘들을 선별해서 실었습니다. 매일 2페이지씩 15일간 학습하여 토익 최빈출 어휘들을 정복할 수 있습니다.

노베이스 기초문법 [미니북 & 무료강의]

문법 기초가 부족한 토익 왕초보를 위해 주어-동사-목적어의 구분부터 구와 절, 동사와 준동사의 정의까지 가장 기본이 되는 문법사항을 알기 쉽게 정리한 「노베이스 기초문법」 부록을 제공합니다. 휴대가 간편한 미니북 형태로 되어 있으며, 쉽게 풀어 설명하는 토린이 맞춤 강의를 무료로 제공합니다.

TOEIC이 궁금해

토익은 어떤 시험이에요?

TOEIC은 ETS(Educational Testing Service)가 출제하는 국제 커뮤니케이션 영어 능력 평가 시험(Test Of English for International Communication)입니다. 즉, 토익은 영어로 업무적인 소통을 할 수 있는 능력을 평가하는 시험으로서, 다음과 같은 주제를 다뤄요.

기업 일반	계약, 협상, 홍보, 영업, 비즈니스 계획, 회의, 행사, 장소 예약, 사무용 기기
제조 및 개발	공장 관리, 조립 라인, 품질 관리, 연구, 제품 개발
금융과 예산	은행, 투자, 세금, 회계, 청구
인사	입사 지원, 채용, 승진, 급여, 퇴직
부동산	건축, 설계서, 부동산 매매 및 임대, 전기/가스/수도 설비
여가	교통 수단, 티켓팅, 여행 일정, 역/공항, 자동차/호텔 예약 및 연기와 취소, 영화, 공연, 전시

토익은 총 몇 문제인가요?

구성	파트	내용		문항 수 및 문항 번호		시간	배점
Listening Test	Part 1	사진 묘사		6	1-6	45분	495점
	Part 2	질의 응답		25	7-31		
	Part 3	짧은 대화		39 (13지문)	32-70		
	Part 4	짧은 담화		30 (10지문)	71-100		
Reading Test	Part 5	단문 빈칸 채우기 (문법, 어휘)		30	101-130	75분	495점
	Part 6	장문 빈칸 채우기 (문법, 문맥에 맞는 어휘/문장)		16 (4지문)	131-146		
	Part 7	독해	단일 지문	29	147-175		
			이중 지문	10	176-185		
			삼중 지문	15	186-200		
합계				200 문제		120분	990점

토익 시험을 보려고 해요. 어떻게 접수해요?

- 한국 TOEIC 위원회 인터넷 사이트(www.toeic.co.kr)에서 접수 일정을 확인하고 접수합니다.
- 접수 시 최근 6개월 이내에 촬영한 jpg 형식의 사진이 필요하므로 미리 준비합니다.
- 토익 응시료는 (2024년 10월 기준) 정기 접수 시 52,500원입니다.

시험 당일엔 뭘 챙겨야 하죠?

▹ 아침을 적당히 챙겨 먹습니다. 빈속은 집중력 저하의 주범이고 과식은 졸음을 유발합니다.

▹ 시험 준비물을 챙깁니다.

- 신분증 (주민등록증, 운전면허증, 기간 만료 전 여권, 공무원증만 인정. 학생증 안됨. 단, 중고등학생은 국내학생증 인정)
- 연필과 깨끗하게 잘 지워지는 지우개 (볼펜이나 사인펜은 안됨. 연필은 뭉툭하게 깎아서 여러 자루 준비)
- 아날로그 시계 (전자시계는 안됨)
- 수험표 (필수 준비물은 아님. 수험번호는 시험장에서 감독관이 답안지에 부착해주는 라벨을 보고 적으면 됨)

▹ 고사장을 반드시 확인합니다.

시험 보면 몇 시에 끝나요?

오전 시험	오후 시험	내용
9:30 - 9:45	2:30 - 2:45	답안지 작성 오리엔테이션
9:45 - 9:50	2:45 - 2:50	수험자 휴식시간
9:50 - 10:10	2:50 - 3:10	신분증 확인, 문제지 배부
10:10 - 10:55	3:10 - 3:55	청해 시험
10:55 - 12:10	3:55 - 5:10	독해 시험

▹ 최소 30분 전에 입실을 마치고(오전 시험은 오전 9:20까지, 오후 시험은 오후 2:20까지) 지시에 따라 답안지에 기본 정보를 기입합니다.

▹ 안내 방송이 끝나고 시험 시작 전 5분의 휴식시간이 주어지는데, 이때 화장실에 꼭 다녀옵니다.

시험 보고 나면 성적은 바로 나오나요?

▹ 시험일로부터 9일 후 낮 12시에 한국 TOEIC 위원회 사이트(www.toeic.co.kr)에서 성적이 발표됩니다.

TOEIC 파트별 문제 엿보기

Part 1 사진 묘사

- 문항 수: 6문항 (1번~6번)
- 사진을 보고, 들려주는 네 개의 선택지 중에서 사진의 상황을 가장 잘 묘사한 것을 고르는 문제입니다.
- 반드시 미리 사진을 훑어본 뒤 듣도록 합니다.
- 소거법을 이용해 오답을 철저하게 가려내야 합니다.

문제지

1

음원

Number 1. Look at the picture marked number 1 in your test book.

(A) The man is looking at a monitor.
(B) The man is talking on the phone.
(C) The man is crossing his legs.
(D) The man is holding a pen.

정답 1. (B)

Part 2 질의 응답

- 문항 수: 25문항 (7번~31번)
- 한 개의 질문을 들려주고, 이에 대한 세 개의 응답 중 가장 적절한 응답을 고르는 문제입니다.
- 할 수 있는 최대한의 집중력을 발휘하여 질문의 첫 부분을 반드시 들어야 합니다.
- 소거법을 이용해 오답을 가려내는 방식으로 풀어야 합니다.

문제지

7. Mark your answer on your answer sheet.

음원

Number 7. When will you return from your vacation?

(A) Next Tuesday.
(B) Because I don't have time.
(C) To Europe.

정답 7. (A)

Part 3 짧은 대화

- 문항 수: 39문항 (32번~70번)
- 2~3인의 대화를 듣고 관련 질문에 대한 정답을 고르는 유형입니다.
- 총 13개 대화가 나오고, 대화 한 개당 세 문제씩 제시됩니다.
- 마지막 세 개 대화에서는 시각자료가 함께 제시되는데, 대화 내용과 시각자료를 연계해서 정답을 찾아야 합니다.
- 대화를 듣기 전에 문제지에 제시된 문제들을 미리 읽어 두어야 해요. 그렇게 하면 대화를 들을 때 문제가 요구하는 정보만 골라 들을 수 있어 정답을 맞힐 확률이 높아져요.

문제지

32. Where are the speakers?
(A) In a gym
(B) In an office
(C) In a clinic
(D) In a store

33. What does the man inquire about?
(A) Size options
(B) Special discounts
(C) Available colors
(D) Product prices

34. What does the woman suggest?
(A) Coming back tomorrow
(B) Looking for an item together
(C) Trying out a different product
(D) Purchasing an item online

음원

Questions 32-34 refer to the following conversation.

M Hello, I'm looking for some running shoes I saw on a TV commercial. They're the Ultra Boost 301s. Do you carry them?

W Actually, we do. In fact, that style is currently available at 40 percent off.

M Great! And I was wondering if they're available in large sizes such as size 295 or 300.

W I'm not sure which sizes we have in stock right now. Let's go to the display stands and take a look at what we have available.

Number 32. Where are the speakers?
Number 33. What does the man inquire about?
Number 34. What does the woman suggest?

정답 32. (D) 33. (A) 34. (B)

TOEIC 파트별 문제 엿보기

Part 4 짧은 담화

- 문항 수: 30문항 (71~100)
- 전화메시지, 안내방송, 라디오 방송, 광고 등 한 사람이 말하는 담화를 듣고 관련 질문에 대한 정답을 고르는 유형입니다.
- 총 10개 담화가 나오고, 담화 한 개당 세 문제씩 제시됩니다.
- 마지막 두 개 담화에서는 시각자료가 함께 제시되는데, 담화 내용과 시각자료를 연계해서 정답을 찾아야 합니다.
- 담화를 듣기 전에 문제지에 제시된 문제들을 미리 읽어 두어야 해요. 그렇게 하면 담화를 들을 때 문제가 요구하는 정보만 골라 들을 수 있어 정답을 맞힐 확률이 높아져요.

문제지

71. What is the purpose of the talk?
(A) To give details about job openings
(B) To promote an upcoming performance
(C) To welcome new employees
(D) To describe a recruitment event

72. Where in the center should the listeners go when they arrive?
(A) To the basement
(B) To the box office
(C) To the banquet hall
(D) To the conference room

73. What will be given to all participants?
(A) A free meal
(B) A software package
(C) A reference letter
(D) A personal evaluation

음원

Questions 71-73 refer to the following announcement.

Good afternoon. I'd like to invite you to Career Showcase, which is scheduled to be held in the Atlantica Center. This career fair will connect you with employers who can offer you several job opportunities. The admission is free. When you turn up at the center, you just go to the box office to get a visitor's pass. Also, you will be assigned to classes depending on your interests and be scheduled for individual test interviews. At the end of the job fair, you will be given a personal report evaluating your strengths as a job candidate.

Number 71. What is the purpose of the talk?
Number 72. Where in the center should the listeners go when they arrive?
Number 73. What will be given to all participants?

정답 71. (D) 72. (B) 73. (D)

Part 5 단문 빈칸 채우기

- 문항 수: 30문항 (101번~130번)
- 한 문장의 빈칸에 알맞은 단어나 표현을 고르는 유형입니다.
- 문법 문제와 어휘 문제가 섞여 나오는데, 출제 비중은 대략 문법 60%, 어휘 40% 정도입니다.
- 문제 당 권장 풀이 시간이 20초 정도로 매우 짧기 때문에 일일이 해석해서 풀 수 없습니다. 해석이 필요 없는 문법 문제들은 최대한 빠르게 처리하도록 합니다.

문법 문제

101. Devona Motors encourages qualified candidates to apply for the positions ------- background.
(A) regardless of
(B) whatever
(C) in fact
(D) whether

정답 101. (A)

어휘 문제

102. Ms. Lee has requested your ------- at the department meeting which is scheduled to take place on Friday.
(A) occurrence
(B) urgency
(C) presence
(D) insistence

정답 102. (C)

TOEIC 파트별 문제 엿보기

Part 6 장문 빈칸 채우기

- 문항 수: 16문항 (131번~146번)
- 한 개의 지문에 네 개의 빈칸이 들어있고, 그 빈칸에 들어갈 알맞은 어휘/표현/문장을 고르는 유형입니다.
- 총 네 개의 지문이 출제되며, 문제 당 권장 풀이 시간은 25초 정도로 매우 짧습니다.
- 빨리 풀겠다는 욕심에 빈칸의 앞뒤만 보고 풀려고 하면 더 어려워요. 지문 시작 부분부터 차분히 보면서 한 문제씩 해결해 나가되, 문맥을 파악하려고 노력해야 합니다.

Questions 131-134 refer to the following instruction.

Palmerstone Plants

Thank you for purchasing plants from our store. Stick to these easy-to-follow guidelines to ------- (131.) your plants and help them to flourish.

First, your plants require water, light, and warmth in order to survive. Place your plants in suitable pots or troughs filled with nutrient-rich soil. Then, ------- (132.) position them somewhere where they can receive ample sunlight. Make sure that you water your plants on a regular basis. ------- (133.), they will begin to wither and will eventually die. ------- (134.).

131. (A) preserve
(B) select
(C) order
(D) review

132. (A) simplify
(B) simply
(C) simple
(D) simplistically

133. (A) Meanwhile
(B) However
(C) Thus
(D) Otherwise

134. (A) By following these simple instructions, you can keep your plants healthy for a long time.
(B) These can be purchased at affordable prices from Palmerstone Plants.
(C) We wish to apologize for any inconvenience this may have caused you.
(D) Please note that the devices should be cleaned on a regular basis.

정답 131. (A) 132. (B) 133. (D) 134. (A)

Part 7 독해

- 문항 수: 54문항 (147번~200번)
- 주어진 글을 읽고 질문에 답하는 유형입니다. 한 개의 지문을 읽고 푸는 유형, 두 개의 지문을 읽고 푸는 유형, 세 개의 지문을 읽고 푸는 유형이 있으며, 지문당 문제 개수는 지문에 따라 2~5개로 달라집니다.
- 단어 암기를 꾸준히 하고 지문 유형을 미리 익혀 두어야 합니다.

Questions 151-152 refer to the following memo.

To: All Customer Service Staff
From: Human Resources
Date: May 8

In order to serve the needs of our clients, we will be opening an additional shift. The schedule for this shift will be Saturday through Thursday, 4 P.M. to 12:30 A.M. Current employees in good standing who volunteer to move to this shift will earn an extra 50% pay per hour due to the nature of the time requirement.

Interested employees should send a cover letter voicing their interest to Carrie Waters in Human Resources at cwaters@abccompany.com. There are 23 customer service slots open, and 2 management slots. Any remaining slots left open after May 16 will be posted on our external Web site. Remember: successful applicants you refer will earn YOU $100 after their first 30 days of employment!

151. What is being announced in the memo?
(A) A training schedule
(B) An additional time slot
(C) A chance for promotion
(D) A new vacation policy

152. What incentive is offered to employees who work the new time shift?
(A) A $100 bonus
(B) Extra time off
(C) A higher rate
(D) A decrease in weekly hours

정답 151. (B) 152. (C)

초단기 완성 학습 플랜

- 다음의 학습 진도를 참조하여 매일 학습합니다.
- 해당일의 학습을 하지 못했더라도 앞 단원으로 돌아가지 말고 오늘에 해당하는 학습을 하세요. 그래야 끝까지 완주할 수 있답니다.
- 교재의 학습을 모두 마치면 시원스쿨랩 홈페이지(lab.siwonschool.com)에서 토익 최신 경향이 반영된 실전 모의고사를 다운로드 하여 꼭 풀어보고, Kelly, 최서아 강사의 명쾌한 해설강의를 들어보세요.
- 교재를 끝까지 한 번 보고 나면 2회독에 도전합니다. 두 번 째 볼 때는 훨씬 빠르게 끝낼 수 있어요. 토익은 천천히 1회 보는 것보다 빠르게 2회, 3회 보는 것이 훨씬 효과가 좋습니다.

15일 완성 학습 플랜

1일	2일	3일	4일	5일
LC Day 01 RC Day 01 VOCA Day 01	LC Day 02 RC Day 02 VOCA Day 02	LC Day 03 RC Day 03 VOCA Day 03	LC Day 04 RC Day 04 VOCA Day 04	LC Day 05 RC Day 05 VOCA Day 05
6일	**7일**	**8일**	**9일**	**10일**
LC Day 06 RC Day 06 VOCA Day 06	LC Day 07 RC Day 07 VOCA Day 07	LC Day 08 RC Day 08 VOCA Day 08	LC Day 09 RC Day 09 VOCA Day 09	LC Day 10 RC Day 10 VOCA Day 10
11일	**12일**	**13일**	**14일**	**15일**
LC Day 11 RC Day 11 VOCA Day 11	LC Day 12 RC Day 12 VOCA Day 12	LC Day 13 RC Day 13 VOCA Day 13	LC Day 14 RC Day 14 VOCA Day 14	LC Day 15 RC Day 15 VOCA Day 15

30일 완성 학습 플랜

1일	2일	3일	4일	5일
LC Day 01 VOCA Day 01	RC Day 01 VOCA Day 02	LC Day 02 VOCA Day 03	RC Day 02 VOCA Day 04	LC Day 03 VOCA Day 05
6일	**7일**	**8일**	**9일**	**10일**
RC Day 03 VOCA Day 06	LC Day 04 VOCA Day 07	RC Day 04 VOCA Day 08	LC Day 05 VOCA Day 09	RC Day 05 VOCA Day 10
11일	**12일**	**13일**	**14일**	**15일**
LC Day 06 VOCA Day 11	RC Day 06 VOCA Day 12	LC Day 07 VOCA Day 13	RC Day 07 VOCA Day 14	LC Day 08 VOCA Day 15
16일	**17일**	**18일**	**19일**	**20일**
RC Day 08 VOCA Day 01	LC Day 09 VOCA Day 02	RC Day 09 VOCA Day 03	LC Day 10 VOCA Day 04	RC Day 10 VOCA Day 05
21일	**22일**	**23일**	**24일**	**25일**
LC Day 11 VOCA Day 06	RC Day 11 VOCA Day 07	LC Day 12 VOCA Day 08	RC Day 12 VOCA Day 09	LC Day 13 VOCA Day 10
26일	**27일**	**28일**	**29일**	**30일**
RC Day 13 VOCA Day 11	LC Day 14 VOCA Day 12	RC Day 14 VOCA Day 13	LC Day 15 VOCA Day 14	RC Day 15 VOCA Day 15

LISTENING COMPREHENSION

LC

PART 1

DAY 01 인물 사진

DAY 02 사물 / 사물 + 인물 사진

PART 1 미리보기

미리 보기 **이렇게 나와요!**

1 **알맞은 사진 묘사 문장을 고르는 문제 유형이에요.**
사진을 보고, 들려주는 네 개의 선택지 중에서 사진의 상황을 가장 잘 묘사한 것을 고르는 문제입니다.

2 **총 6문제가 나와요.**
1번부터 6번까지 총 6문제가 출제됩니다. 문제지에는 사진만 제시되고 음성으로 네 개의 선택지를 들려줍니다.

3 **반드시 소거법을 이용해야 해요.**
각 선택지를 들을 때 확실한 오답은 X, 확실한 정답은 O, 모호한 것은 △ 표시하며 듣는 것이 좋아요.

DAY 01 인물 사진

음원 듣기 ▶

1 인물 사진 핵심 사항 01-1.mp3

■ 인물의 동작/상태를 나타내는 동사 형태

사람의 동작이나 상태는 주로 현재 진행형으로 나타냅니다. 현재 진행형은 be동사(am/are/is)와 -ing로 표현합니다.

여자가 안경을 쓰고 있다.
여자가 책을 읽고 있다.

현재 진행형 **be동사 + -ing (~하는 중이다)**

- She **is wearing** eyeglasses. (= She's wearing eyeglasses.)
  (is wearing: 안경을 이미 착용한 상태)
  여자가 안경을 쓰고 있다.
- A woman **is reading** a book. (= A woman's reading a book.)
  여자가 책을 읽고 있다.

■ 인물 사진 주어 표현

여러 사람이 등장하는 사진에서 주어를 어떻게 표현하는지 알아두세요.

D24

- 등장인물 전부 They / People
- 전체 중 일부 사람들 Some people
- 남자들 중 한 명 One of the men / A man
- 여자들 중 한 명 One of the women / A woman

❷ 인물 사진 동사 표현 익히기 01-2.mp3

특정 동사 표현들이 시험에 자주 나오기 때문에 미리 익숙해져 있어야 합니다. 다음의 모든 동사 표현들을 완벽히 익혀두면 더욱 쉽게 들릴 거예요.

■ 보다, 읽다

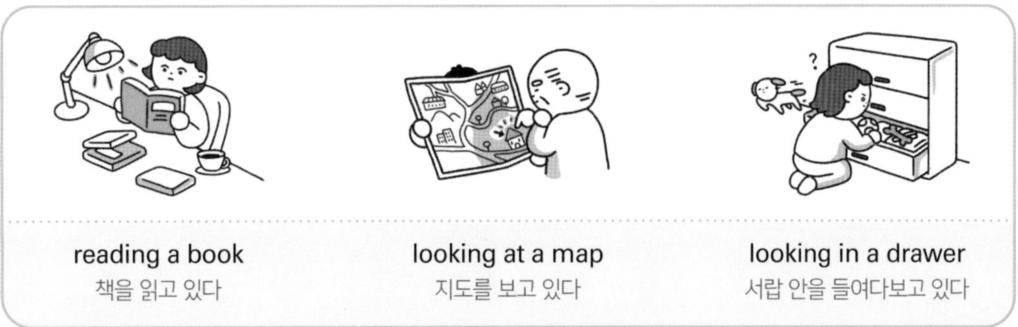

reading a book
책을 읽고 있다

looking at a map
지도를 보고 있다

looking in a drawer
서랍 안을 들여다보고 있다

■ 앉다, 서다, 기대다

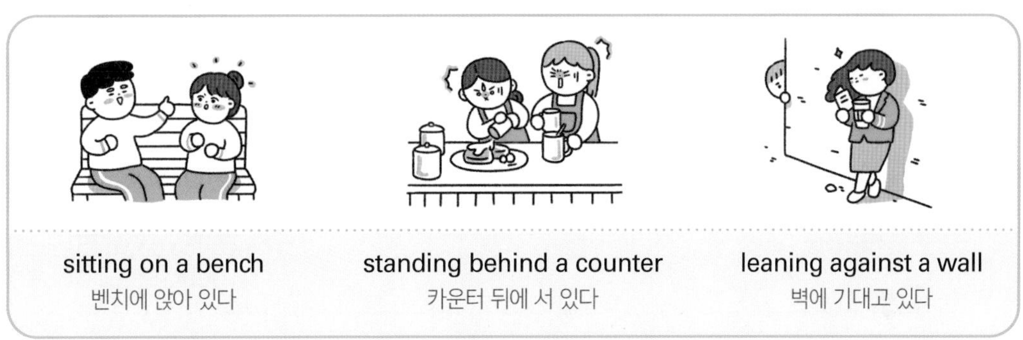

sitting on a bench
벤치에 앉아 있다

standing behind a counter
카운터 뒤에 서 있다

leaning against a wall
벽에 기대고 있다

■ 일하다, 작업하다

typing on a keyboard
키보드로 타자를 치고 있다

preparing some food
음식을 준비하고 있다

■ 착용하다, 들다

wearing a jacket
재킷을 착용한 상태이다

holding a cup
컵을 들고 있다

carrying a briefcase
서류가방을 갖고 다니고 있다

■ 걷다

walking on a street
길을 걷고 있다
cf. pedestrian 보행자

crossing a street
길을 건너고 있다

walking up some stairs
계단을 오르고 있다
cf. walking down the stairs
계단을 내려가고 있다

■ 타다, 내리다

boarding a bus
버스에 탑승하고 있다

exiting a vehicle
차량에서 내리고 있다

riding a bicycle
자전거를 타고 있다

③ PRACTICE 01-3.mp3

정답 및 해설 p. 2

음원을 듣고 주어진 사진을 바르게 묘사한 문장이면 O, 아니면 X에 표시해 보세요.

1

(A) A woman is carrying a bag. [O X]

(B) A woman is crossing a street. [O X]

2

(A) Some people are wearing aprons. [O X]

(B) Some people are preparing food. [O X]

음원을 듣고 주어진 사진을 바르게 묘사한 문장이면 O, 아니면 X에 표시하고, 빈칸을 채워 보세요.

3

(A) Some people are ______ a bus. [O X]

(B) One of the men is ______ a vehicle. [O X]

이 단어만은 꼭!

carry ~을 갖고 다니다, 휴대하다 cross ~을 건너다 wear (상태) ~을 입다, 착용하다 apron 앞치마 prepare ~을 준비하다
board ~에 탑승하다 exit ~에서 나오다 vehicle 차량

기출 맛보기

가이드를 따라 실제 토익 문제를 푸는 순서와 요령을 차근차근 익혀 보세요. 

❶ 듣기 전에 사진 파악하기

음원이 나오기 전에 사진을 미리 훑어봐야 해요.

▹ 1인 사진: 인물의 동작, 자세, 관련 사물 상태에 주목

▹ 2인 이상 사진: 공통 동작과 개별 모습 동시에 파악

(A) They are sitting outside.
사람들이 실외에 앉아 있다.

(B) They are taking notes.
사람들이 필기하고 있다.

(C) One of the women is holding a piece of paper.
여자들 중 한 명이 종이 한 장을 들고 있다.

(D) One of the women is using a laptop.
여자들 중 한 명이 노트북 컴퓨터를 사용하고 있다.

❷ 들으면서 오답 소거하기

선택지를 하나씩 들으며 사진에 대한 설명이 맞으면 O, 틀리면 X로 표시하세요.

(A) They are sitting ~~outside~~. X
실외가 아니라 실내에 앉아 있음

(B) They are ~~taking notes~~. X
필기하고 있지 않음

(C) One of the women is holding a piece of paper. O
왼쪽 여자가 종이를 들고 있음

(D) One of the women is ~~using a laptop~~. X
노트북 컴퓨터 없음

정답 (C)

이 단어만은 꼭!

outside 실외에, 밖에 take notes 필기하다, 메모하다 hold ~을 들고 있다, 붙잡다 a piece of paper 종이 한 장 use ~을 사용하다 laptop 노트북 컴퓨터

실전 감 잡기

정답 및 해설 p. 2

학습한 내용을 적용해 실제 시험 난이도와 비슷한 문제들을 풀어 보세요. 01-5.mp3

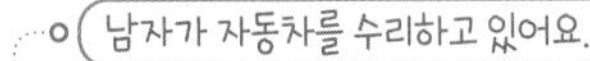

남자가 자동차를 수리하고 있어요.

1

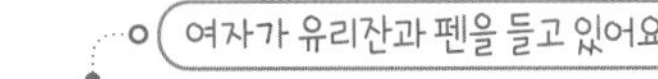

여자가 유리잔과 펜을 들고 있어요.

2

여자가 구두를 신어보고 있어요.

3

여자가 쇼핑 카트를 밀고 있어요.

4

두 사람이 길에서 걷고 있어요.

5

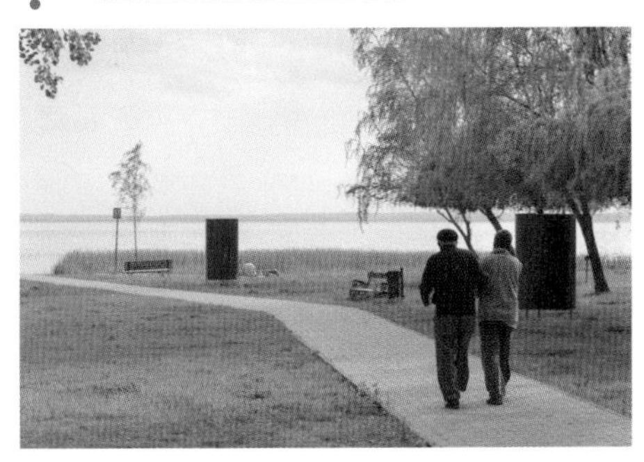

사람들이 계단을 내려오고 있어요.

6

DAY 02 사물 / 사물 + 인물 사진

음원 듣기 ▶ 

1 사물 사진 핵심 사항 02-1.mp3

▪ 사물의 상태를 나타내는 동사 형태

사물의 상태는 주로 현재 수동태나 현재완료 수동태로 나타냅니다. 현재 수동태는 「be동사 + 과거분사(p.p.)」로, 현재완료 수동태는 「have/has been + 과거분사(p.p.)」로 각각 표현하며, 둘 사이에 큰 의미 차이는 없어요.

상자들이 쌓여 있다.

현재 수동태 **be동사 + p.p.** (~되어 있다)

- Boxes **are stacked.**
  = Boxes **have been stacked.** (현재완료 수동태 : have/has been + p.p.)
  상자들이 쌓여 있다.

▪ 사물 주어로 동작 표현하기

사물에 대해 행해지는 동작을 나타낼 때 사물 주어와 함께 '~되어지고 있다, ~되는 중이다'라는 뜻의 현재진행 수동태(be동사 + being + p.p.)가 사용됩니다.

- 테이블이 닦이고 있다.

  A table **is being cleaned.**

  '여자가 테이블을 닦고 있다'라고 묘사할 것으로 예상하기 쉽지만, 사물인 테이블을 주어로 해서 '테이블이 닦이고 있다'와 같이 표현하는 것에 유의해야 해요.

❷ 사물 / 사물 + 인물 사진 동사 표현 익히기 02-2.mp3

사물 명사와 함께 특정 동사 표현들이 시험에 자주 나오기 때문에 미리 익숙해져 있어야 합니다. 다음의 모든 동사 표현들을 완벽히 익혀두면 더욱 쉽게 들릴 거예요.

■ 상점, 식당

Bags are displayed on the shelves.
가방들이 선반에 진열되어 있다.

The shelves have been filled with items.
선반이 제품들로 가득 채워져 있다.

The tables are occupied.
테이블들이 점유되어 있다.
[테이블에 사람이 있다.]

■ 실내

A laptop computer is on a desk.
노트북 컴퓨터가 책상 위에 있다.

Monitors are positioned side by side.
모니터들이 나란히 위치해 있다.

토익 먹기 특강 03
누워서
사물 사진 필수
위치 전치사 표현

Cushions have been arranged on a couch.
쿠션들이 소파 위에 정렬되어 있다.

Some artwork has been mounted on the wall.
미술품이 벽에 걸려 있다.

A potted plant has been placed in the corner.
화분이 구석에 놓여 있다.

■ 야외

Some stairs lead to the beach.
계단이 해변으로 이어져 있다.

Trees have been planted around the house.
나무들이 집 주변에 심어져 있다.

There's a fountain in front of a building.
분수대가 건물 앞에 있다.

■ 교통

Some boats are docked at a pier.
보트들이 부두에 정박되어 있다.

Cars are parked in a row.
차들이 한 줄로 주차되어 있다.

■ 사물 주어로 동작 표현하기

Food is being served.
음식이 제공되는 중이다.

A light fixture is being repaired.
조명이 수리되는 중이다.

A cart is being pushed.
카트가 밀리는 중이다.

3 PRACTICE 02-3.mp3

정답 및 해설 p. 3

음원을 듣고 주어진 사진을 바르게 묘사한 문장이면 O, 아니면 X에 표시해 보세요.

1

(A) Shelves are filled with books. [O X]

(B) Some books are stacked on the floor. [O X]

2

(A) Some boats are docked at a pier. [O X]

(B) Some people are boarding a boat. [O X]

음원을 듣고 주어진 사진을 바르게 묘사한 문장이면 O, 아니면 X에 표시하고, 빈칸을 채워 보세요.

3

(A) Some bicycles are ______ outside. [O X]

(B) Some people are ______ bicycles. [O X]

be filled with ~로 가득 차 있다 stack ~을 쌓다 floor 바닥 dock ~을 정박하다 pier 부두 board ~에 탑승하다 park ~을 주차하다 outside 밖에, 외부에 ride (자전거 등) ~을 타다 bicycle 자전거

기출 맛보기

가이드를 따라 실제 토익 문제를 푸는 순서와 요령을 차근차근 익혀 보세요. 

❶ 듣기 전에 사진 파악하기

음원이 나오기 전에 사진을 미리 훑어봐야 해요.

- ▹ 사물/풍경 사진: 사물을 나타내는 어휘와 위치 관계 파악
- ▹ 인물 + 사물/풍경 사진: 등장 인물의 동작과 자세, 사물의 위치 관계 파악

(A) Some chairs are stacked on the floor.
의자들이 바닥에 쌓여 있다.

(B) Some artworks are hanging on the wall.
몇몇 미술품이 벽에 걸려 있다.

(C) Some people are drawing a picture.
몇몇 사람들이 그림을 그리고 있다.

(D) A carpet is being installed.
카펫이 설치되고 있는 중이다.

❷ 들으면서 오답 소거하기

선택지를 하나씩 들으며 사진에 대한 설명이 맞으면 O, 틀리면 X로 표시하세요.

(A) Some chairs are ~~stacked on the floor~~. X
쌓여 있는 의자 없음

(B) Some artworks are hanging on the wall. O
벽에 그림 몇 점이 걸려 있음

(C) Some people are ~~drawing a picture~~. X
그림을 그리는 사람들이 없음

(D) A carpet ~~is being installed~~. X
카펫은 이미 설치되어 있음

정답 (B)

stack ~을 쌓다 floor 바닥 artwork 미술품, 예술품 hang 걸리다, 매달리다 draw ~을 그리다 carpet 카펫 install ~을 설치하다

실전 감 잡기

정답 및 해설 p. 4

학습한 내용을 적용해 실제 시험 난이도와 비슷한 문제들을 풀어 보세요. 02-5.mp3

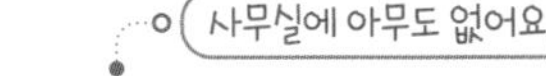

1

책장에 책들이 꽂혀 있어요.

2

장신구가 진열되어 있어요.

3

계단이 해변으로 이어져 있어요.

4

조명 기구들이 천장에 매달려 있어요.

5

배들이 나란히 있어요.

6

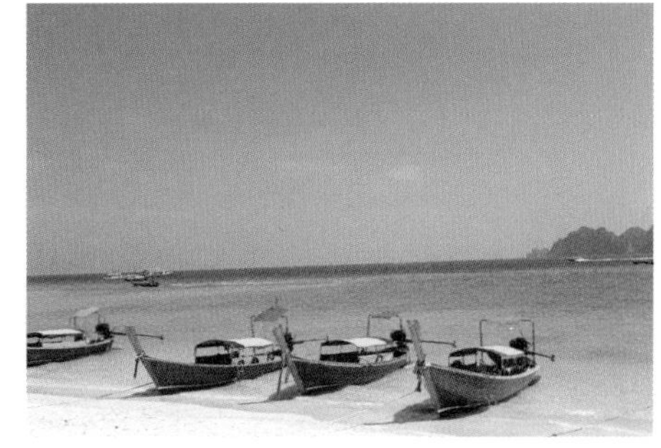

PART 2

미리 보기
이렇게 나와요!

1 **질문에 알맞은 응답을 고르는 문제 유형이에요.**
한 개의 질문을 들려주고, 이에 대한 세 개의 응답 중 가장 적절한 응답을 고르는 문제입니다.

2 **총 25문제가 나와요.**
7번부터 31번까지 총 25문제가 출제됩니다. 문제지에는 답안지에 답을 마킹하라는 지시만 나와 있고, 질문과 응답은 모두 음성으로만 들려줍니다.

3 **반드시 소거법을 이용해야 해요.**
각 선택지를 들을 때 확실한 오답은 X, 확실한 정답은 O, 모호한 것은 △ 표시하며 듣는 것이 좋아요.

DAY 03 When, Where 의문문

음원 듣기 ▶ 

 When (언제) 03-1.mp3

When 의문문은 Part 2에서 가장 쉬운 유형으로, '언제'라는 시점과 관련해 주로 과거나 미래의 일을 묻는 유형입니다. 질문이 시작되는 순간에 집중해서 의문사 When을 잘 듣고 시점 표현을 포함한 선택지를 고를 수 있어야 해요.

언제(When) 개조 공사가 끝날까요?

미래 시점 표현 응답

Q When(언제) will the renovations be finished(끝나다)?	언제 개조 공사가 끝날까요?
A1 Next Friday, I think.	다음 주 금요일인 것 같아요.
A2 Sometime in August.	8월 중에요.
A3 In two weeks.	2주일 후에요.

과거 시점 표현 응답

Q When(언제) did the recycling program start(시작하다)?	언제 재활용 프로그램이 시작되었죠?
A1 Several years ago.	몇 년 전에요.
A2 Last week.	지난주에요.
A3 In June.	6월에요.

② Where (어디) 03-2.mp3

Where 의문문은 '어디'라는 의미로 주로 사물이나 장소 등이 어디에 위치해 있는지, 물건을 어디에 두어야 하는지 등에 관해 묻습니다. 의문사 Where만 잘 들어도 장소/위치 표현으로 된 정답을 찾을 수 있어요.

어디에(Where) 노란색 폴더를 두었나요?

토익 먹기 특강 05
누워서
의문사 의문문 절대 실수 안 하는 비법

장소/위치 표현 응답

Q **Where**(어디) did you **leave**(두다) the yellow folder? 어디에 노란색 폴더를 두었나요?

A In your mailbox. 당신의 우편함 안에요.

Q **Where**(어디)'s the closest **supermarket**(슈퍼마켓)? 어디에 가장 가까운 수퍼마켓이 있죠?

A There's one on Main Street. 메인 스트리트에 하나 있어요.

꿀팁 「There's one + 장소/위치」는 '~에 하나 있어요' 라는 뜻으로, Where 의문문에 There's one ~으로 대답하면 90% 이상 정답이에요.

Q **Where**(어디) can I **find**(찾다) Mr. Chang's office? 장 씨의 사무실을 어디에서 찾을 수 있을까요?

A It's on the 3rd floor. 3층에 있습니다.

3 의외의 응답 03-3.mp3

질문이 무엇이든 '모르겠어요'라고 말하는 답변은 정답인 경우가 많아요. 그 외에 '~에게 물어보세요'나 '아직 결정되지 않았어요'와 같은 말도 정답으로 잘 나오니 꼭 알아 두세요.

언제 마지막 안전 점검이 있었죠?

모르겠어요

Q **When**(언제) was the last **safety inspection**(안전 점검)? 언제 마지막 안전 점검이 있었죠?

A I'm not sure. 잘 모르겠어요.

~에게 물어보세요

Q **Where**(어디) is the main **conference room**(회의실)? 어디에 주 회의실이 있나요?

A Ask the receptionist. 접수 직원에게 물어보세요.

아직 안 정해졌어요

Q **Where**(어디) will the **company picnic**(회사 야유회) be next year? 어디에서 내년 회사 야유회가 열릴까요?

A It hasn't been decided yet. 아직 결정되지 않았어요.

4 PRACTICE 03-4.mp3

음원을 듣고 빈칸을 채워보세요.

정답 및 해설 p. 5

1 ________ will the library open tomorrow?

2 ________ did Sandra ask for a computer upgrade?

3 ________ can I find the service desk?

음원을 듣고 각각의 선택지가 질문에 알맞은 응답이면 O, 아니면 X에 표시해 보세요.

4 (A) At 9 A.M. [O X]

(B) Just down the street. [O X]

(C) Check their Web site. [O X]

5 (A) On my desk. [O X]

(B) A week ago. [O X]

(C) Sometime last week. [O X]

6 (A) In two weeks. [O X]

(B) Down the hall to the left. [O X]

(C) Near the main entrance. [O X]

이 단어만은 꼭!

library 도서관 open 열다 ask for ~을 요청하다 find ~을 찾다 down the street 길 저쪽에, 길을 따라 check ~을 확인하다 시간/기간 + ago: ~ 전에 sometime 언젠가 last week 지난주 in + 기간: ~ 후에 down the hall 복도를 따라 to the left 왼쪽에, 왼편에 near ~ 근처에, 가까이 main entrance 중앙 출입구

맛 기출 보기

가이드를 따라 실제 토익 문제를 푸는 순서와 요령을 차근차근 익혀 보세요. 03-5.mp3

Q. When is the grand opening ceremony?
개장식이 언제인가요?

❶ 첫 부분에 집중해서 듣기

질문이 시작되는 순간 집중해서 의문사를 듣고 시험지 한쪽에 적어 두세요.

▹ When

(A) It's tomorrow.
내일이요.

(B) A new shopping mall.
새로 생긴 쇼핑몰이요.

(C) I can't open this window.
이 창문을 열 수 없어요.

❷ 들으면서 오답 소거하기

선택지를 하나씩 들으면서 질문에 대한 적절한 응답이면 O, 그렇지 않으면 X로 표시하세요.

(A) It's tomorrow. O
시점 답변이므로 정답

(B) A new shopping mall. X
장소 답변이므로 오답

(C) I can't open this window. X
질문의 opening과 발음이 비슷한 open을 활용해 혼동을 유도하는 함정

정답 (A)

Tip

의문사 When을 놓치면 질문의 opening ceremony와 의미상 관련 있는 듯한 new shopping mall이나 발음이 유사한 단어 open(열다)이 들어간 오답 선택지에 이끌려 엉뚱한 답변을 잘못 고를 수 있으므로 반드시 질문이 시작될 때 최대한 집중하세요.

이 단어만은 꼭!

grand opening 개장, 개점 ceremony 의식, 행사

감 실전 잡기

정답 및 해설 p. 6

학습한 내용을 적용해 실제 시험 난이도와 비슷한 문제들을 풀어 보세요. 03-6.mp3

1 Mark your answer. (A) (B) (C)

2 Mark your answer. (A) (B) (C)

3 Mark your answer. (A) (B) (C)

4 Mark your answer. (A) (B) (C)

5 Mark your answer. (A) (B) (C)

6 Mark your answer. (A) (B) (C)

7 Mark your answer. (A) (B) (C)

8 Mark your answer. (A) (B) (C)

9 Mark your answer. (A) (B) (C)

10 Mark your answer. (A) (B) (C)

DAY 04 Who, What, Which 의문문

음원 듣기 ▶ 

 Who (누구) 04-1.mp3

Who 의문문은 '누구'에 관해 묻는 의문문이며, When/Where 의문문과 더불어 Part 2에서 가장 쉬운 유형입니다. Who를 듣자마자 사람 이름이나 직책 등의 답변이 나올 것을 예상하고 선택지를 들으세요.

누가(Who) 매출 보고서를 요청했죠?

사람 이름 응답

Q	**Who** (누가) **requested** (요청하다) the sales report?	누가 매출 보고서를 요청했죠?
A1	Mr. Looper did.	루퍼 씨가 했습니다.
A2	Jerry, the marketing director.	마케팅 이사인 제리 씨요.

직책/부서명 응답

Q	**Who** (누구) can I **talk to** (~에게 말하다) about my vacation?	누구에게 제 휴가에 관해 얘기할 수 있죠?
A1	Your supervisor.	당신의 상사요.
A2	Call the Personnel Department.	인사부에 전화해 보세요.

② What (무엇 / 무슨) 04-2.mp3

What의 뜻은 '무엇'이지만, 뒤에 명사가 이어져서 시간, 날짜, 이름, 주제, 금액 등을 묻는 질문이 될 수 있어요. What 뒤에 이어지는 명사가 가장 중요한 단어라서 강세가 들어가죠. 따라서 놓치지 말고 들어야 해요.

- What's the price of ~? ~의 가격이 얼마인가요?
- What's the fastest way ~? 무엇이 가장 빠른 길[방법]인가요?
- What's the date ~? 며칠에 ~인가요?
- What time ~? 몇 시에 ~인가요?
- What kind of ~? 무슨 종류의 ~인가요?
- What do you think about[of] ~? ~에 대해 어떻게 생각해요?

이 컴퓨터 가격이
얼마(What's the price)인가요?

유형 포인트

What's + 명사

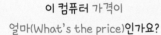

(가격이 얼마)
Q **What's the price** of this computer? 이 컴퓨터 가격이 얼마인가요?

A 800 dollars. 800달러입니다.

What + 명사

(몇 시)
Q **What time** can we check in to the hotel? 몇 시에 호텔에 체크인할 수 있나요?

A Any time after two. 2시 후에 언제든지요.

What do you think about[of]

(~에 대해 어떻게 생각해요?)
Q **What do you think about** this coffee shop? 이 커피숍에 대해 어떻게 생각해요?

A It's my favorite place. 제가 가장 좋아하는 곳이에요.

꿀팁 의견을 묻는 What do you think about[of] ~? 질문은 통째로 기억해 두는 것이 좋아요.

3 Which (어느 / 어느 것) 04-3.mp3

의문사 Which는 '어느' 또는 '어느 것'이라고 해석하며, 「Which + 명사 ~?」 혹은 「Which of + 명사 ~?」의 형태로 출제됩니다. What과 달리 대상의 범위가 정해져 있는 상황에서 사용하죠.

어느 백팩(Which backpack)을 샀나요?

Which + 명사 (어느 ~)

어느 백팩
Q **Which backpack** did you buy? 어느 백팩을 샀나요?

A The cheapest one. 가장 저렴한 것이요.

꿀팁 Which로 묻는 질문에는 대명사 one을 이용한 응답이 정답이 되는 경우가 많아요! 이때 one은 질문에 언급된 명사와 같은 종류의 것 하나를 지칭하는 대명사로 '~인 것'이라고 해석합니다.

어느 홀
Q **Which hall** are we going to use? 우리가 어느 홀을 이용하는 거죠?

A The one on the third floor. 3층에 있는 것이요.

Which of + 명사 (~중 어느 것)

이 색상들 중 어느 것
Q **Which of these colors** do you like? 이 색상들 중 어느 것이 좋으세요?

A I prefer the gray. 저는 회색을 선호합니다.

4 PRACTICE 04-4.mp3

음원을 듣고 빈칸을 채워 보세요.

정답 및 해설 p. 8

1 ______________ are we meeting with the clients?

2 ______________ in charge of scheduling meetings?

3 ______________ floor is the seminar on?

음원을 듣고 각각의 선택지가 질문에 알맞은 응답이면 O, 아니면 X에 표시해 보세요.

4 (A) Yes, I will attend the meeting. [O X]

(B) Conference room B. [O X]

(C) At noon. [O X]

5 (A) Tomorrow morning. [O X]

(B) Mr. Tackett, I guess. [O X]

(C) The project manager. [O X]

6 (A) The fifth. [O X]

(B) About marketing. [O X]

(C) At 9:30 tomorrow. [O X]

meet with (약속하여) ~와 만나다 **client** 고객 **be in charge of** ~을 맡고 있다, 책임지고 있다 **schedule** v. ~의 일정을 잡다 **floor** 층, 바닥 **attend** ~에 참석하다 **conference room** 대회의실 **noon** 정오, 낮 12시 **I guess** (문장 끝에 덧붙여) ~인 것 같다 **fifth** 다섯 번 째(의)

기출 맛보기

가이드를 따라 실제 토익 문제를 푸는 순서와 요령을 차근차근 익혀 보세요. 04-5.mp3

Q. **Who** will take the interns to the restaurant?
누가 인턴들을 식당에 데려갈 건가요?

❶ 첫 부분에 집중해서 듣기
질문이 시작되는 순간 집중해서 의문사를 듣고 시험지 한쪽에 적어 두세요.
▹ Who

(A) Yes, I enjoyed the internship.
네, 전 인턴 기간이 즐거웠어요.

(B) Maria said she would.
마리아가 하겠다고 말했어요.

(C) It was delicious.
맛있었어요.

❷ 들으면서 오답 소거하기
선택지를 하나씩 들으면서 질문에 대한 적절한 응답이면 O, 그렇지 않으면 X로 표시하세요.

(A) Yes, I enjoyed the internship. X
'누구'라고 물었으므로 Yes/No로 대답할 수 없는 오답

(B) Maria said she would. O
Who에 어울리는 사람 이름으로 답변하는 정답

(C) It was delicious. X
질문의 restaurant와 관련 있게 들리는 delicious를 활용해 혼동을 유발하는 오답

정답 (B)

Tip
의문사 의문문은 의문사와 어울리는 답변을 고르는 것이 기본입니다. 따라서 질문이 시작될 때 의문사가 들렸다면 Yes나 No처럼 긍정 또는 부정을 뜻하는 말로 시작되는 선택지는 바로 오답 소거하세요. '누가 ~?'나 '무엇이 ~?'라고 묻는데 '네' 또는 '아뇨'로 대답한다면 당연히 어색하겠죠?

take A to B: A를 B에 데려가다 intern 인턴 internship 인턴 기간, 인턴 제도 delicious 맛있는

실전 감잡기

정답 및 해설 p. 8

학습한 내용을 적용해 실제 시험 난이도와 비슷한 문제들을 풀어 보세요. 04-6.mp3

1 Mark your answer. (A) (B) (C)

2 Mark your answer. (A) (B) (C)

3 Mark your answer. (A) (B) (C)

4 Mark your answer. (A) (B) (C)

5 Mark your answer. (A) (B) (C)

6 Mark your answer. (A) (B) (C)

7 Mark your answer. (A) (B) (C)

8 Mark your answer. (A) (B) (C)

9 Mark your answer. (A) (B) (C)

10 Mark your answer. (A) (B) (C)

DAY 05 Why, How 의문문

음원 듣기 ▶ 

 Why (왜) 05-1.mp3

Why는 '왜'라는 의미로 원인이나 이유를 물을 때 사용하는 의문사입니다. 질문의 전체적인 내용을 정확히 이해해야 적절한 정답을 고를 수 있는 난이도 높은 유형이에요.

왜(Why) 사우스 애비뉴가 폐쇄되어 있나요?

Because (of)를 포함한 응답

Q **Why**(왜) is South **Avenue closed**(길이 폐쇄된)? — 왜 사우스 애비뉴가 폐쇄되어 있나요?

A1 Because it's undergoing repairs. — 수리 작업을 거치는 중이기 때문입니다.

A2 Because of construction. — 공사 때문입니다.

꿀팁 Because + 문장
Because of + 명사(구)

Because 없이 응답

Q **Why**(왜) did **you leave early**(당신이 일찍 가다) yesterday? — 왜 어제 일찍 가신 건가요?

A I had a doctor's appointment. — 병원 예약이 있었어요.

의외의 응답

Q **Why**(왜) did our **sales decrease**(매출이 감소하다) last month? — 왜 우리 매출이 지난 달에 감소했나요?

A Lesli will find out. — 레슬리 씨가 알아볼 겁니다.

❷ How (어떻게) 05-2.mp3

How의 기본 뜻은 '어떻게'로서, 방법이나 수단을 물을 때 사용하기도 하고, 의견을 물을 때 사용하기도 합니다. 두 경우 모두 시험에 잘 나오므로 아래 예시를 통해 확실히 익혀 두세요.

방법이나 수단을 묻는 How	
Q How(어떻게) do I register(등록하다) for the conference?	어떻게 컨퍼런스에 등록하나요?
A Fill out this form.	이 양식을 작성하세요.

의견을 묻는 How	
Q How do you like(어떤가요) your new office?	당신의 새 사무실은 어떤가요?
A Great. It's very spacious.	아주 좋아요. 매우 넓거든요.
Q How was(어땠나요) the workshop yesterday?	어제 워크숍은 어땠나요?
A I really enjoyed it.	정말로 즐거웠어요.

③ How (얼마나) 05-3.mp3

How는 뒤에 형용사나 부사를 동반하여 '얼마나 ~한/~하게'라는 의미로 가격, 수량, 기간, 거리, 정도 등을 물을 때 사용하기도 합니다. 뒤에 오는 형용사/부사에 따라 아주 다양한 의미를 나타내므로 「How + 형용사/부사」를 덩어리째 듣고 그 의미를 정확히 파악해야 합니다.

- How much[many] ~? 얼마나 많이/많은 ~인가요?
- How often ~? 얼마나 자주 ~인가요?
- How long ~? 얼마나 오래 ~인가요?
- How soon ~? 얼마나 빨리 ~인가요?

얼마나 많은(How many)
사람들이 회의에 참석했나요?

유형 포인트

How + 형용사/부사

얼마나 많은
Ⓠ **How many** people attended the meeting? 얼마나 많은 사람들이 회의에 참석했나요?

Ⓐ About 20. 약 20명이요.

얼마(금액)
Ⓠ **How much** does this jacket cost? 이 재킷은 값이 얼마나 하나요?

Ⓐ It's on sale for $99. 99달러에 할인 판매 중입니다.

얼마나 자주
Ⓠ **How often** do you check your e-mail account? 얼마나 자주 이메일 계정을 확인하세요?

Ⓐ Two to three times a day. 하루에 2~3번이요.

4 PRACTICE 05-4.mp3

음원을 듣고 빈칸을 채워 보세요.

정답 및 해설 p. 11

1 ________ did you cancel your trip?

2 ________ do I become a member?

3 ____________ is the flight to Los Angeles?

음원을 듣고 각각의 선택지가 질문에 알맞은 응답이면 O, 아니면 X에 표시해 보세요.

4 (A) To London. [O X]

(B) A round trip ticket. [O X]

(C) Because I had an important meeting. [O X]

5 (A) 50 dollars a month. [O X]

(B) You need to fill out this form. [O X]

(C) Yes, you can. [O X]

6 (A) About two hours. [O X]

(B) Because of a delay. [O X]

(C) The flight leaves tomorrow. [O X]

cancel ~을 취소하다 **become** ~이 되다 **member** 회원 **flight** 비행, 항공편 **round trip ticket** 왕복 티켓 **fill out** ~을 작성하다 **form** 양식, 서식 **about** (숫자 앞에 쓰여) 약, 대략 **because of** ~때문에 **delay** 지연, 지체 **leave** 출발하다, 떠나다

기출 맛보기

가이드를 따라 실제 토익 문제를 푸는 순서와 요령을 차근차근 익혀 보세요. 05-5.mp3

Q. **How much** do you **pay** for your Internet service?
인터넷 서비스에 얼마를 지불하시나요?

❶ 첫 부분에 집중해서 듣기

질문이 시작되는 순간 집중해서 의문사를 듣고 시험지 한쪽에 적어 두세요.

▹ How much

(A) A very good service.
아주 좋은 서비스입니다.

(B) You can register online.
온라인으로 등록하실 수 있어요.

(C) About 30 dollars a month.
한 달에 약 30달러입니다.

❷ 들으면서 오답 소거하기

선택지를 하나씩 들으면서 질문에 대한 적절한 응답이면 O, 그렇지 않으면 X로 표시하세요.

(A) A very good service. X
질문에 포함된 service를 반복해 혼동을 유발하는 오답

(B) You can register online. X
질문의 Internet service와 관련 있게 들리는 online을 활용해 혼동을 유발하는 오답

(C) About 30 dollars a month. O
How much와 pay에 어울리는 대략적인 금액으로 답변하는 정답

정답 (C)

Tip

How 의문문에 대한 답변 중에서, 수량이나 시간, 비용 등을 말하는 답변은 숫자 표현을 포함하게 됩니다. 이때 숫자 표현 앞에 우리말의 '약, 대략'에 해당되는 말을 덧붙일 수 있는데, 이때 자주 쓰이는 것이 about입니다. 같은 뜻을 나타내는 단어로 around, approximately도 있습니다.

pay for ~에 대한 비용을 지불하다 register 등록하다 online 온라인으로, 온라인에서 about (숫자 앞에 쓰여) 약, 대략

실전 감 잡기

정답 및 해설 p. 11

학습한 내용을 적용해 실제 시험 난이도와 비슷한 문제들을 풀어 보세요. 05-6.mp3

1 Mark your answer. (A) (B) (C)

2 Mark your answer. (A) (B) (C)

3 Mark your answer. (A) (B) (C)

4 Mark your answer. (A) (B) (C)

5 Mark your answer. (A) (B) (C)

6 Mark your answer. (A) (B) (C)

7 Mark your answer. (A) (B) (C)

8 Mark your answer. (A) (B) (C)

9 Mark your answer. (A) (B) (C)

10 Mark your answer. (A) (B) (C)

DAY 06 일반 의문문 / 부정 의문문

음원 듣기 ▶ 

1 Be동사 의문문 06-1.mp3

사실이나 정보를 확인하기 위한 의문문이에요. 여기서 Be동사는 형식적인 말일 뿐이기 때문에 뒤에 나오는 동사와 명사, 형용사 등을 잘 듣는 것이 중요해요. 답변은 Yes/No로 시작하는 것이 기본이지만, Yes/No를 생략한 답변도 정답으로 자주 나온답니다.

컴퓨터 교육 시간에 등록되어 (registered) 있으세요?

주어에 따른 be동사 의문문 총정리

be동사 의문문

Q Are you **registered**(등록된) for the computer **training**(교육)? 컴퓨터 교육 시간에 등록되어 있으세요?

A Yes, for the afternoon session. 네, 오후 시간으로요.

Q Is the **printer**(프린터) **out of order**(고장 난)? 프린터가 고장 나 있나요?

A It's working fine. (No 생략) 잘 작동되고 있어요.

Q Was the 2 o'clock **meeting**(회의) **canceled**(취소된)? 2시 회의가 취소되었나요?

A That's what I heard. 그렇게 들었어요.

2 Do/Have 조동사 의문문 06-2.mp3

시제와 주어의 단/복수에 따라 Do는 Do, Does, Did로, Have는 Have, Has로 쓰입니다. Do나 Have 자체보다는 뒤에 나오는 동사구의 내용을 듣는 것이 중요하며, Yes/No를 생략한 답변에 유의해야 합니다.

이 슈퍼마켓에서 쿠키를 판매하나요 (sell cookies)?

Do 조동사 의문문

Q	Does this supermarket **sell cookies**(쿠키를 팔다)?	이 슈퍼마켓에서 쿠키를 판매하나요?
A1	You can find them in aisle 3. (Yes 생략)	3번 통로에서 찾으실 수 있어요.
A2	There's a bakery next door. (No 생략)	옆 건물에 제과점이 있습니다.

Have 조동사 의문문

Q	Have you **tried the new printer**(새 프린터를 사용해보다)?	새 프린터를 사용해 보셨나요?
A1	Yes, it's very fast.	네, 아주 빠릅니다.
A2	I didn't know we got a new one. (No 생략)	우리가 새 것을 구입한지 몰랐어요.

3 부정 의문문 06-3.mp3

"~이지 않나요?", "~하지 않았어요?"와 같이 부정문의 형태로 물어보는 의문문을 부정 의문문이라고 합니다. 부정 의문문은 not이 없는 것으로 간주해 긍정 의문문과 똑같이 해석해야 헷갈리지 않아요.

당신 사무실이 3층에(office on the third floor) 있지 않나요?

토익 먹기 특강 12
누워서
부정 의문문 연음 듣기

유형 포인트

Be동사 / Do 조동사 / Have 조동사 + not

Ⓠ Isn't your **office on the third floor**? (사무실이 3층에) • not 빼고 생각하기 = Is your office on the third floor?	당신 사무실이 3층에 있지 않나요? = 당신 사무실이 3층에 있죠?
Ⓐ No, it's on the fourth floor.	아뇨, 4층에 있어요.
Ⓠ Didn't you **go to the concert** last night? (콘서트에 가다) • not 빼고 생각하기 = Did you go to the concert last night?	어젯밤에 콘서트에 가지 않았어요? = 어젯밤에 콘서트에 갔었죠?
Ⓐ I had to work late. • No 생략	전 야근해야 했어요.
Ⓠ Haven't you **finished writing the report**? (보고서 작성을 끝냈다) • not 빼고 생각하기 = Have you finished writing the report?	보고서 작성을 끝내지 않았나요? = 보고서 작성을 끝냈죠?
Ⓐ Yes, an hour ago.	네, 한 시간 전에요.

4 PRACTICE 06-4.mp3

음원을 듣고 빈칸을 채워 보세요.

정답 및 해설 p. 14

1 Did you ________ a repairman?

2 Are you ____________ for a meeting this afternoon?

3 Haven't you ________ a good restaurant?

음원을 듣고 각각의 선택지가 질문에 알맞은 응답이면 O, 아니면 X에 표시해 보세요.

4 (A) Yes, someone is coming. [O X]

(B) No, not yet. [O X]

(C) It's not working well. [O X]

5 (A) Yes, I'm free in the afternoon. [O X]

(B) No, I'll be out of office. [O X]

(C) Sure. What is it about? [O X]

6 (A) There's one on Main Street. [O X]

(B) No, I'm still looking for one. [O X]

(C) Several new menu items. [O X]

이 단어만은 꼭!

repairman 수리 기사 available (사람이) 시간이 나는, (사물이) 이용 가능한 find ~을 찾다, 발견하다(find-found-found) someone 누군가 not yet (앞선 말에 대해) 아직 아니다 work (기계 등이) 작동되다 free 시간이 나는, 한가한 out of ~ 밖에, ~ 외부에 about ~에 대한 still 여전히, 아직도 look for ~을 찾다 several 여럿의, 몇몇의 item 품목, 제품

기출 맛보기

가이드를 따라 실제 토익 문제를 푸는 순서와 요령을 차근차근 익혀 보세요. 06-5.mp3

Q. Aren't you **coming** to the **party tonight**?
오늘밤 파티에 오시지 않나요?
= 오늘밤 파티에 오시죠?

❶ 동사구에 집중해서 듣기

동사구에 집중해서 듣고 중요 단어를 시험지 한 쪽에 적어 두세요. 부정 의문문일 경우 not은 무시하고 듣습니다.

▹ coming, party, tonight

(A) At a hotel downtown.
시내에 있는 한 호텔에서요.

(B) It was a surprise party.
깜짝 파티였어요.

(C) No, I'm too busy.
아뇨, 너무 바빠요.

❷ 들으면서 오답 소거하기

선택지를 하나씩 들으면서 질문에 대한 적절한 응답이면 O, 그렇지 않으면 X로 표시하세요.

(A) At a hotel downtown. X
질문의 핵심이 '오늘 파티에 오는가'인데
장소로 대답하는 오답

(B) It was a surprise party. X
미래(tonight)에 대한 질문인데
과거의 일(was)을 말하고 있어
앞뒤가 맞지 않는 오답

(C) No, I'm too busy. O
가지 않는다는 뜻을 나타내는 No와 함께
그 이유를 덧붙인 정답

정답 (C)

Tip

부정 의문문은 Isn't he(이즈니), Aren't you(안츄), Didn't you(디든츄), Haven't you(해븐츄)와 같이 발음에 주의해야 합니다. 다만, 그 뒤에 이어지는 동사구의 내용이 더 중요하므로 이 발음들로 시작되면 부정 의문문이라는 것만 인식하고 그 뒤에 제시되는 내용을 듣는 데 집중하세요.

downtown 시내에 **surprise party** 깜짝 파티

실전 감잡기

정답 및 해설 p. 14

학습한 내용을 적용해 실제 시험 난이도와 비슷한 문제들을 풀어 보세요. 06-6.mp3

1 Mark your answer. (A) (B) (C)

2 Mark your answer. (A) (B) (C)

3 Mark your answer. (A) (B) (C)

4 Mark your answer. (A) (B) (C)

5 Mark your answer. (A) (B) (C)

6 Mark your answer. (A) (B) (C)

7 Mark your answer. (A) (B) (C)

8 Mark your answer. (A) (B) (C)

9 Mark your answer. (A) (B) (C)

10 Mark your answer. (A) (B) (C)

DAY 07 제안·요청 의문문 / 선택 의문문

음원 듣기 ▶ 

1 제안·요청 의문문_질문 유형 07-1.mp3

제안·요청 의문문은 '~하는 것이 어때요?'라는 의미로 상대방에게 제안을 하거나, '~ 해 주시겠습니까?'와 같이 요청하는 의문문을 말합니다. 이 유형의 의문문에서는 반드시 동사구의 의미를 정확히 파악해야 해요.

5시에 버스 터미널에서 만나는 게
어때요(Why don't we meet)?

유형 포인트

최빈출 질문 유형	
Q Why don't we(~하는 게 어때요?) meet at the bus terminal at 5?	5시에 버스 터미널에서 만나는 게 어때요?
꿀팁 Why don't we[you]~?는 토익에 가장 많이 나오는 제안 의문문이에요. 이것을 '왜 ~하지 않아요?'라고 해석하면 절대 안돼요.	
Q Would you like to(~하기를 원하세요?) have more salad?	샐러드 좀 더 드시고 싶으세요?
꿀팁 「Would you like + 명사?(~을 원하세요?)」의 형태도 자주 나와요.	
Q Can I(~해도 될까요?) start the presentation now?	발표를 지금 시작해도 될까요?
Q Could you(~해 주시겠어요?) help me set up the meeting room?	회의실에 준비 작업을 하도록 도와 주시겠어요?
꿀팁 Could 대신 Can을 써도 돼요. 의미는 같지만 Could가 좀더 공손한 표현이에요.	

2 제안·요청 의문문_답변 유형 07-2.mp3

제안·요청 의문문에 대해서는 Yes(수락) 또는 No(거절)로 대답하는 것이 기본이지만, 실제 시험에서는 Yes/No 대신 Sure, Of course, Okay, That's a good idea, I'm sorry 등으로 답하는 경우가 많다는 것을 알아 두세요.

좋은 생각입니다
(That's a good idea).

수락

Q Why don't we meet at the bus terminal at 5? 5시에 버스 터미널에서 만나는 게 어때요?

A That's a good idea. 좋은 생각입니다.

직접 거절

Q Would you like to have more salad? 샐러드 좀 더 드시고 싶으세요?

A No, thank you. I'm full. 아뇨, 괜찮습니다. 배불러요.

우회적 거절

Q Can I start the presentation now? 발표를 지금 시작해도 될까요?

A Mr. Gust hasn't come yet. 거스트 씨가 아직 안 오셨어요.

꿀팁 이렇게 우회적으로 거절하는 정답이 고난도 문제로 잘 나와요.

의외의 응답

Q Could you help me set up the meeting room? 회의실에 준비 작업을 하도록 도와 주시겠어요?

A Right now? 지금 당장요?

꿀팁 거절이나 수락의 답변 대신 질문 내용과 관련해 되묻는 경우도 자주 나옵니다.

3 선택 의문문 07-3.mp3

선택 의문문에 대해 답변할 때 질문에 'A or B'의 구조로 제시되는 두 가지 대상 중의 하나를 선택해 답변하는 경우가 가장 많습니다. 하지만 때때로 질문자가 제시한 A나 B 대신 전혀 다른 것을 말하는 경우도 있습니다.

주스(juice)를 드시겠어요, 아니면(or) 물(water)을 드시겠어요?

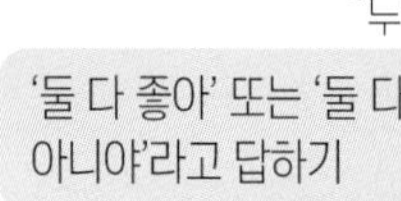

'둘 다 좋아' 또는 '둘 다 아니야'라고 답하기

A, B 둘 중 하나 선택_직접 표현

Q Would you like some **juice**(A) or **water**(B)? 주스를 드시겠어요, 아니면 물을 드시겠어요?

A Water sounds good. 물이 좋겠네요.

A, B 둘 중 하나 선택_우회적 표현

Q Should I pick you up at **8**(A) or **9**(B) tomorrow? 내일 당신을 8시에 데리러 갈까요, 9시에 갈까요?

A Earlier is better. 빠른 게 더 좋겠네요.

꿀팁 8시라고 콕 집어 대답하지 않고 '더 일찍'이라고 돌려서 말하고 있어요.

의외의 응답

Q Do you want to get the concert ticket for **Thursday**(A) or **Friday**(B)? 목요일로 콘서트 입장권을 구입하고 싶으세요, 아니면 금요일로 하고 싶으세요?

A Let me check my schedule. 제 스케줄 좀 확인할게요.

4 PRACTICE 07-4.mp3

음원을 듣고 빈칸을 채워 보세요.

정답 및 해설 p. 17

1 Why don't you ____________ for dinner?

2 Could you ____________ clean up the conference room?

3 Would you like to ________________ or outside on the patio?

음원을 듣고 각각의 선택지가 질문에 알맞은 응답이면 O, 아니면 X에 표시해 보세요.

4 (A) A table for two. [O X]

(B) I have to finish this report. [O X]

(C) Sorry, I have other plans. [O X]

5 (A) Sure, when can we start? [O X]

(B) Sorry, I was about to leave. [O X]

(C) Yes, last week. [O X]

6 (A) I prefer to sit indoors. [O X]

(B) Yes, that'd be great. [O X]

(C) It's too cold outside. [O X]

이 단어만은 꼭!

join ~와 함께 하다, ~에 합류하다 help A do: A가 ~하는 것을 돕다 clean up ~을 깨끗이 치우다 conference room 대회의실 inside 실내에, 안에(= indoors) outside 실외에, 밖에 patio 테라스 finish ~을 끝마치다 report 보고(서) plan 계획 be about to do 막 ~하려는 참이다 leave 나가다, 떠나다, 출발하다 prefer to do ~하는 것을 선호하다, 더 좋아하다 too 너무

기출 맛보기

가이드를 따라 실제 토익 문제를 푸는 순서와 요령을 차근차근 익혀 보세요. 07-5.mp3

Q. **Would you like to** go to the baseball game this Friday?
이번 주 금요일에 야구 경기 보러 가시겠어요?

❶ 첫 부분에 집중해서 듣기

질문이 시작되는 순간 집중해서 들으며 제안·요청 표현으로 시작되는지 확인하고, 수락이나 거절의 답변을 예상하되, 우회적으로 거절하는 답변이 많이 나온다는 점에도 유의합니다.

▹ Would you like to ~? ~ 하시겠어요?

(A) Yes, it was already sold out.
네, 그건 이미 매진되었습니다.

(B) I'll be out of town.
저는 다른 지역에 가 있을 겁니다.

(C) At Broncos Stadium.
브롱코스 경기장에서요.

❷ 들으면서 오답 소거하기

선택지를 하나씩 들으면서 질문에 대한 적절한 응답이면 O, 그렇지 않으면 X로 표시하세요.

(A) Yes, it was already sold out. X
Yes를 듣고 수락하는 답변으로 착각하기 쉽지만, 과거의 일(was)을 말하고 있어 시제가 맞지 않는 오답

(B) I'll be out of town. O
다른 지역에 가 있을 것이라는 말로 우회적으로 거절하는 정답

(C) At Broncos Stadium. X
장소를 말하는 답변이므로 오답

정답 (B)

Tip
주의할 점은 Yes나 No로 시작하는 답변에서 Yes나 No 뒤에 질문 내용과 관련 없는 말이 이어질 수 있다는 것입니다. 따라서 제안 의문문이나 요청 의문문에 대해 Yes나 No만 듣고 바로 정답으로 고르지 않도록 반드시 주의해야 합니다.

sold out 매진된, 품절된 be out of town 다른 지역에 가 있다 stadium 경기장

감 실전 잡기

정답 및 해설 p. 18

학습한 내용을 적용해 실제 시험 난이도와 비슷한 문제들을 풀어 보세요. 07-6.mp3

1 Mark your answer. (A) (B) (C)

2 Mark your answer. (A) (B) (C)

3 Mark your answer. (A) (B) (C)

4 Mark your answer. (A) (B) (C)

5 Mark your answer. (A) (B) (C)

6 Mark your answer. (A) (B) (C)

7 Mark your answer. (A) (B) (C)

8 Mark your answer. (A) (B) (C)

9 Mark your answer. (A) (B) (C)

10 Mark your answer. (A) (B) (C)

DAY 08 평서문 / 부가 의문문

음원 듣기 ▶ 

1 평서문_제시문 유형 08-1.mp3

평서문이란 의문문이 아닌 「주어 + 동사」 또는 명령문 구조로 된 일반 문장을 말합니다. 강하게 발음되는 동사나 명사 등의 내용어를 중심으로 핵심 내용을 빠르게 파악해야 하는 고난도 유형이에요.

점심 식사 후에 그 디자인을 논의해 (discuss the design) 봅시다.

제안·요청

Q Let's **discuss the design** (디자인을 논의하다) after lunch. 점심 식사 후에 그 디자인을 논의해 봅시다.

꿀팁 「Please + 동사원형」으로 된 명령문도 자주 나옵니다.

정보 전달

Q The printer is **not working** (작동되지 않는다). 프린터가 작동이 되지 않아요.

꿀팁 문제점을 알리는 내용이 자주 나옵니다.

의견 제시

Q I think we should really **buy a new copier** (새 복사기를 구매하다). 우리는 정말로 새 복사기를 구입해야 할 것 같아요.

계획

Q I'm **going on a picnic** (나들이하러 가다) this weekend. 저는 이번 주말에 나들이하러 가요.

② 평서문_답변 유형 08-2.mp3

제시되는 평서문 유형이 다양한 만큼 답변 유형도 매우 많은데, 그 중 가장 자주 나오는 유형은 상대의 말에 맞장구를 치는 유형, 해결책을 말하는 유형, 다른 의견을 제시하는 유형, 그리고 내용에 대해 되묻는 유형이에요.

좋아요(OK), 곧 뵙겠습니다.

수락/동의

Ⓠ Let's **discuss the design** after lunch. 점심 식사 후에 그 디자인을 논의해 봅시다.

Ⓐ **OK.** I'll see you soon. 좋아요. 곧 뵙겠습니다.

해결책 제시

Ⓠ The printer is **not working.** 프린터가 작동이 되지 않아요.

Ⓐ **You can use** the one upstairs. 위층에 있는 걸 쓸 수 있어요.

다른 의견 제시

Ⓠ I think we should really **buy a new copier.** 우리는 정말로 새 복사기를 구입해야 할 것 같아요.

Ⓐ **But** our copy machine is working fine. 하지만 우리 복사기는 잘 작동되고 있어요.

되묻기

Ⓠ I'm **going on a picnic** this weekend. 저 이번 주말에 나들이하러 가요.

Ⓐ **Did you check** the weather forecast? 일기 예보를 확인해 보셨나요?

3 부가 의문문 08-3.mp3

부가 의문문은 「평서문, 꼬리말?」구조로 되어 있으며, 동의를 얻거나 사실을 확인하기 위해 쓰입니다. 이때 꼬리말은 전혀 신경 쓸 필요가 없고, 평서문으로 제시되는 의견/계획/제안 등의 의미를 명확히 파악하는 것이 중요해요.

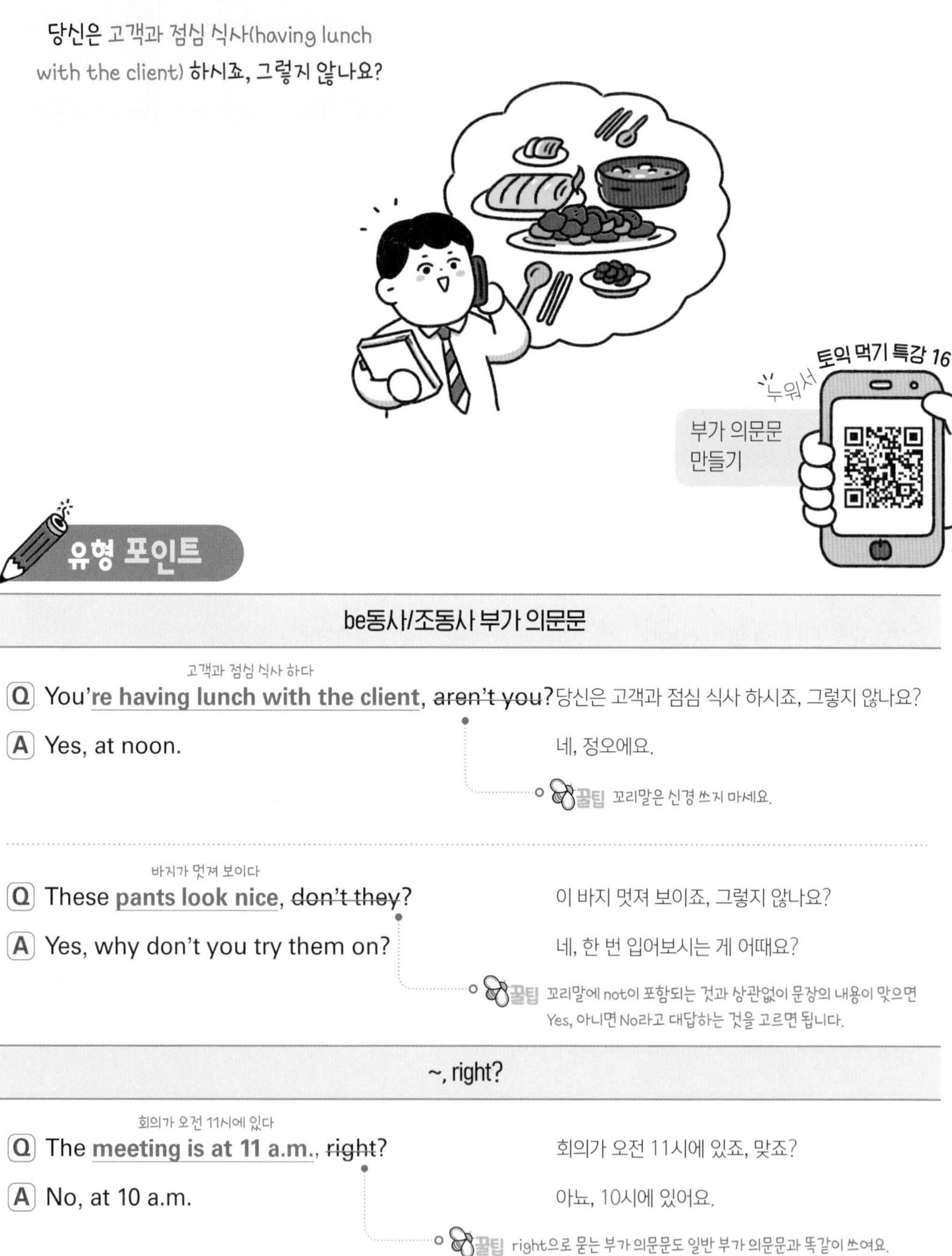

당신은 고객과 점심 식사(having lunch with the client) 하시죠, 그렇지 않나요?
누워서 토익 먹기 특강 16
부가 의문문 만들기

유형 포인트

be동사/조동사 부가 의문문

Q You're **having lunch with the client** (고객과 점심 식사 하다), ~~aren't you~~? 당신은 고객과 점심 식사 하시죠, 그렇지 않나요?

A Yes, at noon. 네, 정오에요.

꿀팁 꼬리말은 신경 쓰지 마세요.

Q These **pants look nice** (바지가 멋져 보이다), ~~don't they~~? 이 바지 멋져 보이죠, 그렇지 않나요?

A Yes, why don't you try them on? 네, 한 번 입어보시는 게 어때요?

꿀팁 꼬리말에 not이 포함되는 것과 상관없이 문장의 내용이 맞으면 Yes, 아니면 No라고 대답하는 것을 고르면 됩니다.

~, right?

Q The **meeting is at 11 a.m.** (회의가 오전 11시에 있다), ~~right~~? 회의가 오전 11시에 있죠, 맞죠?

A No, at 10 a.m. 아뇨, 10시에 있어요.

꿀팁 right으로 묻는 부가 의문문도 일반 부가 의문문과 똑같이 쓰여요.

4 PRACTICE 08-4.mp3

음원을 듣고 빈칸을 채워 보세요.

정답 및 해설 p. 20

1 That was an ____________ speech.

2 You've ____________ in London, haven't you?

3 You're ________________ the conference, aren't you?

음원을 듣고, 각각의 선택지가 질문에 알맞은 응답이면 O, 아니면 X에 표시해 보세요.

4 (A) He is interested in it. [O X]

(B) You're right. It was great. [O X]

(C) Yes, I'd like to. [O X]

5 (A) I don't think he was there. [O X]

(B) It will take five hours by airplane. [O X]

(C) Yes, it was a great experience. [O X]

6 (A) Yes, with Mr. Kim. [O X]

(B) No, they haven't. [O X]

(C) That's what I'm doing now. [O X]

이 단어만은 꼭!

interesting 흥미로운 speech 연설 organize ~을 준비하다, 조직하다 a little 조금, 약간 newsletter 사보, 소식지 be interested in ~에 관심이 있다 take + 시간: ~의 시간이 걸리다 by airplane 비행기로 experience 경험, 경력

맛 기출 보기

가이드를 따라 실제 토익 문제를 푸는 순서와 요령을 차근차근 익혀 보세요. 08-5.mp3

Q. You **know the new supervisor**, don't you?
당신은 새로 오신 부장님을 알고 계시죠, 그렇지 않나요?

❶ 평서문의 핵심 정보에 집중해서 듣기

동사나 명사 등과 같이 핵심 정보가 제시되는 내용어에 집중해 듣습니다.

▹ know / new supervisor

(A) Yes, we've worked together before.
네, 전에 함께 근무한 적이 있어요.

(B) On the third floor.
3층에요.

(C) Several new employees.
몇몇 신입 직원들이요.

❷ 들으면서 오답 소거하기

선택지를 하나씩 들으면서 평서문에 대한 적절한 응답이면 O, 그렇지 않으면 X로 표시하세요.

(A) Yes, we've worked together before. O
Yes라고 긍정한 후, 알게 된 계기를 덧붙이는 정답

(B) On the third floor. X
층수를 말하는 엉뚱한 답변이므로 오답

(C) Several new employees. X
질문의 supervisor와 관련 있게 들리는 employees를 활용해 헷갈리게 만드는 오답

정답 (A)

Tip

평서문(또는 부가 의문문)은 의문문과 달리 어느 부분에 초점을 맞춰 들어야 하는지 예측하기 쉽지 않은데다, 답변 또한 매우 다양해서 어렵습니다. 때문에 『제안/요청 - 수락/거절』, 『문제점 - 해결책』, 『정보 제공 - 감사/계획/의견』, 『사실 확인 - 긍정/부정』 등과 같이 평서문과 정답 답변이 구성되는 관계를 미리 생각하고 들으면 좋습니다.

supervisor 부서장, 책임자, 감독관 **several** 몇몇의, 여럿의 **employee** 직원

실전 감 잡기

정답 및 해설 p. 21

학습한 내용을 적용해 실제 시험 난이도와 비슷한 문제들을 풀어 보세요. 08-6.mp3

1 Mark your answer. (A) (B) (C)

2 Mark your answer. (A) (B) (C)

3 Mark your answer. (A) (B) (C)

4 Mark your answer. (A) (B) (C)

5 Mark your answer. (A) (B) (C)

6 Mark your answer. (A) (B) (C)

7 Mark your answer. (A) (B) (C)

8 Mark your answer. (A) (B) (C)

9 Mark your answer. (A) (B) (C)

10 Mark your answer. (A) (B) (C)

처음토익 550+ LC

PART 3

DAY 09 주제 / 목적 / 문제점 문제

DAY 10 장소 / 업종 / 직업 문제

DAY 11 제안·요청사항 / do next 문제

DAY 12 의도 파악 문제

DAY 13 시각자료 연계 문제

미리 보기 이렇게 나와요!

1 **대화를 듣고 질문에 답하는 문제 유형이에요.**
두 사람 혹은 세 사람이 나누는 대화를 듣고 이 대화 내용에 대한 세 개의 문제를 푸는 유형입니다.

2 **총 39문제가 나와요.**
총 13개 대화가 나오고, 32번부터 70번까지 39문제가 출제됩니다. 문제지에는 질문과 (A), (B), (C), (D) 선택지가 제시되고, 대화가 끝난 뒤 음성으로 질문을 들려줍니다.

3 **반드시 질문을 미리 읽어야 해요.**
대화를 듣기 전에 문제지에 제시된 문제들을 미리 읽어 두어야 해요. 그렇게 하면 대화를 들을 때 문제가 요구하는 정보만 골라 들을 수 있어 정답을 맞힐 확률이 높아져요.

DAY 09 주제/목적/문제점 문제

음원 듣기 ▶ 

1 주제/목적을 묻는 문제

Part 3는 대화 하나당 세 문제씩 출제되는데, 그 중 첫 번째 문제로 대화의 주제 혹은 전화를 건 목적을 묻습니다. **대화의 첫 부분에 힌트**가 나오므로, **첫 번째 화자의 말**을 잘 듣고 **표현이 조금 바뀌어 나온 선택지**를 고르면 됩니다.

매장을 옮기는 일이 일정대로 되어가나요?
네, 건물 매니저에게 7월 1일에 이사한다고 얘기해 놨어요.

우리 매장을 새 장소로 옮기는 것

M: Are we on schedule **to move our store to the new location** next month?

W: Yes, and I already told the building manager that we'll be moving out on July 1.

Q. 대화 주제?
A. 매장 위치를 옮기는 것

주제/목적이 드러나는 문장 유형

■ 첫 번째 화자의 질문

What do you think about the **new e-mail policy**?
새 이메일 정책에 대해 어떻게 생각해요?

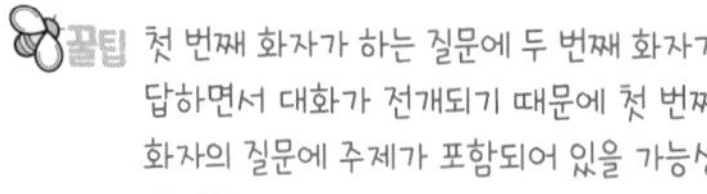

꿀팁 첫 번째 화자가 하는 질문에 두 번째 화자가 답하면서 대화가 전개되기 때문에 첫 번째 화자의 질문에 주제가 포함되어 있을 가능성이 커요.

■ 전화한 용건을 말하는 문장

Hi, **I'm calling to inquire about** shipping some books.
안녕하세요, 책을 배송하는 것에 대해 문의하려고 전화했어요.

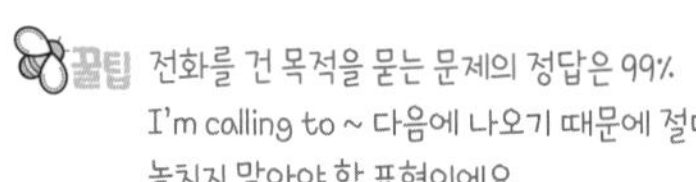

꿀팁 전화를 건 목적을 묻는 문제의 정답은 99% I'm calling to ~ 다음에 나오기 때문에 절대 놓치지 말아야 할 표현이에요.

2 문제점을 묻는 문제 09-2.mp3

문제점을 묻는 문제가 나오면 대화에서 **부정적인 내용(작동이 안 된다 / 너무 비싸다 / 재고가 없다 / 늦었다 등)이 나올 것을 예상**합니다. 특히, 첫 번째 화자가 문제 상황을 꺼내는 경우가 많으므로 **첫 번째 화자의 말**을 놓치지 말고 잘 들어야 합니다.

컨퍼런스 참가 등록을 하고
싶은데, 제 신용카드가 안되네요.
괜찮아요. 등록하시고
나중에 지불하시면 됩니다.

W: Hello, I'm interested in attending this conference. I'd like to register, **but my credit card isn't working.** (신용카드가 작동되지 않고 있어요)

M: That's no problem. You can sign up now and then pay the fee later.

Q. 여자가 말하는 문제점은?
A. 신용카드를 사용할 수 없다.

문제점이 드러나는 문장 유형

■ 문제가 있다

I'm **having a problem** with the lights. They **aren't working properly**.
조명에 문제가 있어요. 제대로 작동하지 않아요.

■ ~할 수 없다

I can't stay for the whole conference. 전 컨퍼런스가 열리는 내내 있을 수 없어요.

■ 부정적인 내용을 말하기 위한 신호

Unfortunately, that train has been delayed. 안타깝게도, 그 기차는 연착되었어요.

3 주제/목적/문제점 문제 형태 09-3.mp3

다양한 문제 형태를 미리 충분히 익혀 두세요. 그렇게 하면 문제 파악에 0.5초 밖에 걸리지 않으므로 **무엇을 들어야 할지 마음의 준비를 하고** 대화를 들을 수 있어 유리합니다.

대화의 주제는 무엇인가

What is the conversation **mainly about**?
대화는 주로 무엇에 관한 것인가?

꿀팁 주제 문제의 단서는 대화의 첫 대사에서 나오는 경우가 대부분이기 때문에 대화가 시작되는 시점에 최대한으로 집중해 첫 대사를 놓치지 말고 들어야 합니다.

What are the speakers **mainly discussing**?
화자들은 주로 무엇을 얘기하고 있는가?

What is the **main topic** of the conversation?
대화의 주제는 무엇인가?

전화의 목적은 무엇인가

Why is the man **calling**?
남자는 왜 전화하는가?

꿀팁 전화 대화에서 전화를 건 목적/이유를 묻는 문제가 잘 나옵니다. 전화 건 사람의 첫 대사를 꼭 듣도록 하세요.

What is the **purpose** of the **call**?
전화의 목적은 무엇인가?

무엇이 문제인가

What is the **problem**?
무엇이 문제인가?

꿀팁 화자에게 닥친 문제점이나 걱정거리가 무엇인지 묻는 유형으로, 부정적인 내용을 말하는 문장에 단서가 있습니다.

What problem does the **man mention**?
남자는 무슨 문제를 언급하는가?

4 PRACTICE 09-4.mp3

음원을 듣고 빈칸을 채운 뒤 질문에 맞는 답을 골라 보세요.

정답 및 해설 p. 23

1 What are the speakers **mainly discussing**?

(A) 교통 체증
(B) 공사 프로젝트

W: Hello, George. I'd like an update on the ______________.
How's the work coming along? Are there any delays?

M: No, we're on schedule. We'll be finished by May.

2 What is the **purpose** of the man's call?

(A) 예약을 하기 위해서
(B) 예약을 바꾸기 위해서

M: Hello, I'm calling to see if I can ______________ with Dr. Towner tomorrow. Do you have an opening in the afternoon?

W: Let me see... Yes, he has time at 2 P.M. tomorrow.

3 What **problem** does the woman mention?

(A) 제품이 잘 팔리지 않고 있다.
(B) 기계가 제대로 작동하지 않고 있다.

W: Unfortunately, we've had some problems with the oven in our store. It won't ______________. That's why I called the technician.

M: Oh, I'm glad you called him. We should get it fixed as soon as possible.

이 단어만은 꼭!

I'd like + 명사: ~을 원합니다 update 최근 소식, 최신 정보 highway 고속 도로 construction 건설, 공사 How's A coming along? A가 어떻게 되어가고 있나요? delay 지연, 지체 be on schedule 일정대로 되어가다 be finished 끝내다 by (기한) ~까지 see if ~인지 알아보다 make an appointment 예약하다 opening 빈 자리, 빈 시간대 unfortunately 안타깝게도 won't: will not의 축약형 turn on 켜지다 technician 기술자 get A fixed: A를 고치다 as soon as possible 가능한 한 빨리

기출 맛보기

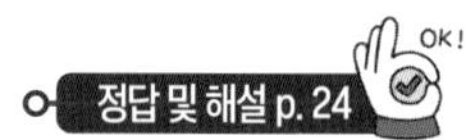

가이드를 따라 실제 토익 문제를 푸는 순서와 요령을 차근차근 익혀 보세요. 09-5.mp3

Q. **What** are the speakers **discussing**?
화자들은 무엇을 논의하고 있는가?

> **❶ 듣기 전에 문제 읽기**
> 먼저 질문을 읽고 키워드와 문제 유형(주제)을 파악해 무엇에 집중해 들어야 하는지 준비하세요.

컨퍼런스를 위한 공간을 예약하고자 합니다

M: Hello. **I'm calling to reserve a space at your hotel for a conference** on June 22.

W: No problem. How many people are you expecting to attend the event?

M: Probably 50.

W: Then I would recommend the Crystal Ballroom.

> **❷ 대화 듣기**
> 주제를 묻는 문제나 전화한 목적을 묻는 문제는 첫 대사에 정답 단서가 나오므로 대화 첫 부분에서 그 단서를 포착해야 해요.

Q. What are the speakers discussing?

(A) Checking in at a hotel
호텔에서 체크인하는 것

(B) Going on a vacation
휴가를 떠나는 것

(C) Renting a car
자동차를 빌리는 것

(D) Reserving a meeting space
모임 공간을 예약하는 것

> **❸ 정답 찾기**
> 다른 말로 살짝 바뀌어 나오는 것(paraphrase)에 유의하여 정답을 찾도록 해요.
>
> reserve a space at your hotel for a conference
> ▸ Reserving a meeting space
>
> 정답 (D)

reserve ~을 예약하다 space 공간 conference 컨퍼런스, 총회, 학회 expect to do ~할 것으로 예상하다 attend ~에 참석하다 event 행사 probably 아마도 then 그럼, 그렇다면 recommend 추천하다 ballroom (호텔 등의) 연회장, 행사장

감 실전 잡기

정답 및 해설 p. 25

학습한 내용을 적용해 실제 시험 난이도와 비슷한 문제들을 풀어 보세요. 09-6.mp3

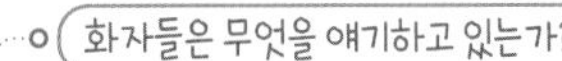

화자들은 무엇을 얘기하고 있는가?

1 What are the speakers discussing?

(A) Clothing
(B) New programs
(C) Meeting schedules
(D) Some events

화자들은 제품에 대해 뭐라고 말하는가?

2 What do the speakers say about the product?

(A) It is not advertised enough.
(B) It sells very well now.
(C) It will be discounted.
(D) It has beautiful designs.

남자는 무엇을 하도록 제안하는가?

3 What does the man suggest doing?

(A) Holding events more often
(B) Offering a membership
(C) Providing more options
(D) Having a meeting with managers

남자는 왜 전화하는가?

4 Why is the man calling?

(A) To purchase an item
(B) To enroll in a class
(C) To register for an event
(D) To inquire about a program

여자에 따르면 남자는 무엇을 해야 하는가?

5 According to the woman, what does the man have to do?

(A) Attend an event
(B) Complete a form
(C) Call another number
(D) Read a manual

여자는 무엇을 요청하는가?

6 What does the woman request?

(A) The man's payment information
(B) The man's home address
(C) The man's company's name
(D) The man's phone number

DAY 10 장소/업종/직업 문제

음원 듣기 ▶

1 대화 장소 / 근무 장소를 묻는 문제
10-1.mp3

대화 장소나 근무 장소를 묻는 문제가 나오면 제품이나 서비스 종류, 직책 등과 같이 **장소를 유추할 수 있는 키워드**를 파악해야 해요. 이때 반드시 **2개 이상의 키워드**를 듣고 정답을 찾아야 합니다.

'조이런 200'이라는 운동화 있나요?

그럼요. 어떤 사이즈를 원하세요?

M: Hi, I'm looking for some **running shoes**(운동화). They're the JoyRun 200s. Do you have them?

W: Of course, we do. That model is currently **on sale**(할인 판매 중). **What size**(무슨 사이즈) do you want?

Q. 대화 장소?
A. 상점

장소	내용
매장 (store)	관련 직업 store clerk 매장 점원 sales representative 판매 직원 customer service representative 고객 서비스 담당 직원 관련 키워드 in stock 재고가 있는 out of stock 재고가 없는 receipt 영수증 discount 할인 refund 환불, 환불해주다 exchange 교환, 교환하다
호텔 (hotel)	관련 직업 front desk clerk 프런트 직원 관련 키워드 check in 입실 수속을 하다 check out 퇴실 수속을 하다 reservation 예약 room service 룸서비스
부동산 중개소 (real estate agency)	관련 직업 real estate agent 부동산 중개인 property manager 부동산 관리인 관련 키워드 resident 주민 tenant 세입자 lease 임대차 계약 rent 임대하다, 임대(료) office space 사무 공간 property 부동산, 건물

❷ 화자 또는 제3자가 누구인지 묻는 문제 10-2.mp3

이 유형의 문제에서는 질문을 읽고 **누구에 대해 묻는지를 먼저 확실히 구분**해야 합니다. 두명의 화자 모두(speakers)에 대해 묻는지, 남자(man), 혹은 여자(woman)에 대해 묻는지, 아니면 제3자에 대해 묻는지를 파악해서 그 사람의 직업을 유추할 수 있는 키워드를 잘 듣도록 하세요.

당신이 좋아할 만한 아파트를 찾았어요.

내일 만나서 볼 수 있을까요?

W: Hi, I'm calling to let you know that I **found an apartment** (아파트를 찾았다) you might like. It's **conveniently located** (편리하게 위치한) in the city center.

M: Oh, great. Can we meet to look at the **property** (건물) tomorrow?

Q. 여자의 직업?
A. 부동산 중개인

유형 포인트

식당 (restaurant)	관련 직업 server 서빙 직원 chef 주방장 restaurant staff 식당 직원 관련 키워드 today's special 오늘의 요리 ready to order 주문할 준비가 된 menu item 메뉴 항목 serve 음식 등을 제공하다 reserve a table 테이블을 예약하다
병원 (medical office)	관련 직업 medical doctor 의사 dentist 치과의사 receptionist 접수 담당자 관련 키워드 make an appointment (진료) 예약을 하다 patient 환자 reschedule an appointment 예약 시간을 다시 잡다 check-up 검진
도서관 (library)	관련 직업 librarian 도서관 사서 관련 키워드 bookshelf 책장 section 구역 author 작가 book signing 도서 사인회 check out a book 책을 대출하다 return a book 책을 반납하다
여행사 (travel agency)	관련 직업 travel agent 여행사 직원 관련 키워드 book a flight 항공편을 예약하다 round-trip ticket 왕복 티켓 vacation 휴가 package tour 패키지 여행

3 장소/업종/직업 문제 형태 10-3.mp3

다양한 문제 형태를 미리 충분히 익혀 두세요. 그렇게 하면 문제 파악에 0.5초 밖에 걸리지 않으므로 **무엇을 들어야 할지 마음의 준비를 하고** 대화를 들을 수 있어 유리합니다.

'대화 장소' 또는 '근무 장소'는 어디인가

Where (most likely) are the **speakers**?
화자들은 어디에 있겠는가?

꿀팁 most likely는 '가장 가능성이 높은'이라는 뜻으로, 크게 신경 쓰지 않아도 돼요. most likely에 괄호를 치면 질문의 핵심이 더 잘 보입니다.

Where is the conversation **taking place**? (일어나다, 발생하다)
대화는 어디에서 이뤄지고 있는가?

Where do the speakers (most likely) **work**?
화자들은 어디에서 근무하겠는가?

Where does the man (most likely) **work**?
남자는 어디에서 근무하겠는가?

'화자' 또는 '제3자'는 누구인가

Who (most likely) are the speakers?
화자들은 누구이겠는가?

꿀팁 질문을 읽을 때 누구에 대해 묻는지 해당 부분에 동그라미를 치면 헷갈리지 않아요.

Who (most likely) is the woman?
여자는 누구이겠는가?

Who is Diane Hassel?
다이앤 하셀은 누구인가?

4 PRACTICE 10-4.mp3

음원을 듣고 빈칸을 채운 뒤 질문에 맞는 답을 골라 보세요.

PART 1 PART 2 PART 3 PART 4

1 **Who** most likely is the **woman**?

(A) 의사
(B) 접수 직원

M: Hello, I'd like to make an ________ with Dr. Mathew for an eye exam today.

W: I'm sorry, but he is out sick today. Dr. Clark is available instead.

2 **Where** do the **speakers** most likely **work**?

(A) 도서관에서
(B) 우체국에서

M: I finished ________ all the books that were returned today.

W: Good. Will you check the children's book section and make sure no books are on the tables?

3 **What type of business** is the **man calling**?

(A) 여행사
(B) 병원

M: Hello, I'm calling to see if I can get cheap ________ to Bangkok. I saw an ad about them.

W: I'm afraid they are all booked.

make an appointment 예약하다 eye exam 눈 검사 be out sick 아파서 결근하다 available (사람이) 시간이 되는 instead 대신에 finish -ing ~하기를 끝내다 arrange ~을 정리하다 return ~을 반환하다 make sure + 절: ~임을 확실히 하다 see if ~인지 알아보다 cheap 값이 싼 flight 항공편 ad 광고(= advertisement) I'm afraid + 절: 유감스럽게도 ~이다 book v. ~을 예약하다

기출 맛보기

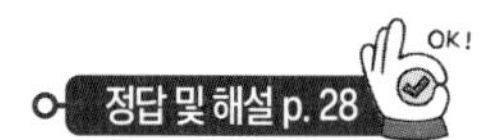

가이드를 따라 실제 토익 문제를 푸는 순서와 요령을 차근차근 익혀 보세요. 10-5.mp3

Q. **Who** most likely is the **woman**?
여자는 누구이겠는가?

❶ 듣기 전에 문제 읽기

먼저 질문을 읽고 키워드와 문제 유형(여자의 신분)을 파악하세요. 이때, 누구에 대해 묻는 문제인지 꼭 확인하세요.

W: Thanks for calling Tescom's **Customer Service** (고객 서비스). How may I help you?

M: Hi, **I ordered a tablet computer** (태블릿 컴퓨터를 주문했다) on Wednesday from your Web site. It was supposed to arrive on Friday. Now it's Saturday and **it's still not here** (아직 안 왔다).

❷ 대화 듣기

여자가 누구인지 묻는 문제이므로 여자의 대사에 유의해서 듣는 것이 원칙이지만, 상대방의 말에 단서가 제시되는 경우도 많으므로 상대방의 말도 집중해 듣도록 합니다.

Q. Who most likely is the woman?

(A) A delivery person
배송 직원

(B) A customer service employee
고객 서비스 직원

(C) A technician
기술자

(D) A travel agent
여행사 직원

❸ 정답 찾기

파악한 특정 정보와 상황을 종합하여 정답을 고릅니다.

Customer Service / I ordered a tablet computer / it's still not here

▸ A customer service employee

정답 (B)

order v. ~을 주문하다 n. 주문품 **tablet computer** 태블릿 컴퓨터 **be supposed to do** ~하기로 되어 있다 **arrive** 도착하다 **delivery** 배송, 배달 **employee** 직원 **technician** 기술자 **travel agent** 여행사 직원

실전 감잡기

학습한 내용을 적용해 실제 시험 난이도와 비슷한 문제들을 풀어 보세요. 10-6.mp3

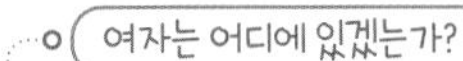

1 Where most likely is the woman?

(A) In an electronics store

(B) In a printing shop

(C) In a hotel

(D) In an office

여자는 무엇을 하고 싶어 하는가?

2 What does the woman want to do?

(A) Call a technician

(B) Print some documents

(C) Buy a new computer

(D) Schedule a meeting

남자는 무엇을 제안하는가?

3 What does the man suggest?

(A) Postponing a meeting

(B) Purchasing a new printer

(C) Using a different computer

(D) Making extra copies

여자는 어디에서 일하는가?

4 Where does the woman work?

(A) At a hotel

(B) At a restaurant

(C) At a travel agency

(D) At a fitness center

남자가 다음 주에 무엇을 할 것이라고 말하는가?

5 What does the man say he will be doing next week?

(A) Meeting with some clients

(B) Starting a business

(C) Traveling overseas

(D) Retiring from his job

여자는 남자에게 무엇을 하도록 요청하는가?

6 What does the woman ask the man to do?

(A) Arrive early

(B) Make a phone call

(C) Complete a form

(D) Meet a deadline

DAY 11 제안·요청 사항/do next 문제

음원 듣기 ▶

1 제안 · 요청 사항을 묻는 문제
11-1.mp3

화자 한 명이 상대방에게 무엇을 하라고 제안 또는 요청하는지를 묻는 문제가 나옵니다. 그 단서가 제안·요청을 나타내는 표현과 함께 제시되므로 **여러 가지 제안·요청 표현**들을 미리 알고 있으면 쉽게 풀 수 있습니다.

무엇을 도와드릴까요?
무선 마우스를 하나 추천해 주시겠어요?

M: Welcome to ACE Electronics. How may I help you?

W: Hi, I'm looking for a **wireless mouse**(무선 마우스). **Would you mind recommending one**(하나 추천해주시겠어요?)?

Q. 여자가 남자에게 요청하는 것?
A. 제품 추천

제안 · 요청 사항 단서 및 정답	
Could you e-mail me the notes you wrote?	당신이 필기한 내용을 이메일로 보내 주시겠어요?
정답 Send some information	정보 보내기
I was wondering if you could set up the projector.	당신이 프로젝터를 설치해 주실 수 있나 궁금했어요.
정답 Set up some equipment	장비 설치하기
You should fill out this form.	이 서식을 작성하셔야 합니다.
정답 Complete a form	서식 작성하기
Why don't you call Jim and say that we'll be late?	짐한테 전화해서 우리가 늦을 거라고 말해 줄래요?
정답 Make a phone call	전화하기

2 do next 문제 11-2.mp3

특정 화자 또는 화자들의 다음 행동을 묻는 문제로 그 **힌트는 대화의 맨 마지막**에 나옵니다. 주로 **미래 시제(I will ~, I'm going to ~)로 자신의 계획**을 밝히는 문장, 또는 **제안 및 그에 대한 동의**를 나타내는 부분에서 단서를 찾을 수 있습니다.

회원권이 없으시면
여기서 신청하실 수 있어요.
membership
잘됐네요, 당장 할게요.

W: We offer front row seats only to members. If you **don't have a membership** (회원권이 없다), **you can sign up for one here.** (여기서 신청하실 수 있어요)

M: Oh, great. **I'll do that right now.** (당장 할게요)

Q. 남자의 다음 할 일?
A. 회원권 신청

유형 포인트

do next 문제 단서 및 정답	
You can **order** tickets **through our homepage.**	저희 홈페이지에서 티켓을 주문할 수 있습니다.
정답 Visit[Go to] a Web site	웹 사이트 방문하기
Let me **call Jamie in Technical Support** right away.	기술 지원부의 제이미 씨에게 지금 바로 전화해 볼게요.
정답 Contact a coworker	동료에게 연락하기
I'll **take a look at the budget** and let you know.	예산을 살펴보고 알려 줄게요.
정답 Review a budget	예산 검토하기
I need your **signature on this registration form.**	이 등록 양식에 당신의 서명이 필요해요.
정답 Sign a form	서식에 서명하기

3 제안·요청 사항 / do next 문제 형태 11-3.mp3

다양한 문제 형태를 미리 충분히 익혀 두세요. 그렇게 하면 문제 파악에 0.5초 밖에 걸리지 않으므로 **무엇을 들어야 할지 마음의 준비를 하고** 대화를 들을 수 있어 유리합니다.

제안·요청 사항을 묻는 문제

남자가 요청하다
What does **the man ask** the woman to do? ➲ 남자가 하는 말에 집중
남자는 여자에게 무엇을 하도록 요청하는가?

꿀팁 가장 중요한 것은 누가 누구에게 제안하는지를 잘 파악하는 것입니다. 특히 남자 또는 여자가 요청하는 것을 묻는지(능동태) 요청 받는 것을 묻는지(수동태) 구분할 수 있어야 해요.

남자가 요청받다
What is the man asked to do? ➲ 상대방인 여자가 하는 말에 집중
남자는 무엇을 하도록 요청받는가?

남자가 제안하다
What does **the man suggest** the woman do?
남자는 여자에게 무엇을 하도록 제안하는가?

남자가 추천하다
What does **the man recommend doing**?
남자는 무엇을 할 것을 추천하는가?

do next 문제

What will the **speakers** (most likely) **do next**?
화자들은 다음에 무엇을 하겠는가?

꿀팁 이 유형의 문제는 거의 do next?로 끝나기 때문에 do next가 보이면 다음 할 일을 묻는 문제라고 생각하고 대화의 마지막 부분에 초집중하세요.

What will the **woman** probably **do next**?
여자는 다음에 무엇을 하겠는가?

4 PRACTICE 11-4.mp3

음원을 듣고 빈칸을 채운 뒤 질문에 맞는 답을 골라보세요.

1 **What is the woman asked to do?**

(A) 손님 명단 만들기
(B) 행사장 장식하기

M: Tara, I need to know how many people are coming to our party. Could you ______ of all the guests?

W: Sure!

2 **What** does the **woman ask** the **man** to **do**?

(A) 컴퓨터 수리하기
(B) 서식 작성하기

M: I'd like the computer fixed as soon as possible because I need it for work.

W: Alright, just ______ this form and we'll have one of our technicians take a look at it.

3 What will the **woman** probably **do next**?

(A) 동료와 이야기하기
(B) 회의 취소하기

M: Amber said she could help you with the presentation slides for the meeting tomorrow.

W: Oh, great. I'll ______ and see if she can start working on them right away.

이 단어만은 꼭!

make a list of ~의 목록을 만들다 guest 손님 would like A + 과거분사: A가 ~되길 바라다 fix ~을 고치다, 수리하다 as soon as possible 가능한 한 빨리 fill out ~을 작성하다 form 서식 have A 동사원형: A에게 ~하게 하다 technician 기술자 take a look at ~을 살펴보다 help A with B: B에 대해 A를 돕다 presentation 발표 slide 슬라이드 give A a call: A에게 전화하다 see if ~인지 알아보다 work on ~에 대한 작업을 하다 right away 당장

기출 맛보기

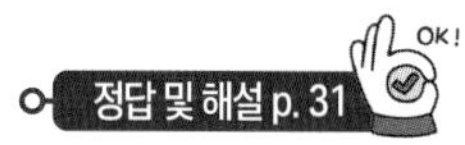

가이드를 따라 실제 토익 문제를 푸는 순서와 요령을 차근차근 익혀 보세요. 11-5.mp3

Q. **What** does the **woman suggest** the **man do**?
여자는 남자에게 무엇을 하도록 제안하는가?

❶ 듣기 전에 문제 읽기
먼저 질문을 읽고 누가 누구에게 제안하는 것을 묻는지를 정확히 파악해 두세요.

W: Are you ready to enjoy your vacation?

M: I booked my flight to Hawaii, but the resort that was offering good rates is completely full.

W: Too bad. But I know of a good **Web site** that gives discounts on global hotel chains. **Why don't you check it out?**

웹 사이트

그걸 확인해보는 게 어때요?

❷ 대화 듣기
여자가 남자에게 제안하는 것을 묻는 문제이므로 여자의 말에서 제안 표현이 나오는 부분을 잘 들어야 합니다.

Q. What does the woman suggest the man do?

(A) **Visit a Web site**
웹사이트 방문하기

(B) Go on a vacation
휴가 떠나기

(C) Book a flight
항공편 예약하기

(D) Make a payment
지불하기

❸ 정답 찾기
파악한 특정 정보와 상황을 종합하여 정답을 고릅니다.

Web site / check it out
▹ Visit a Web site

정답 (A)

be ready to do ~할 준비가 되다 enjoy ~을 즐기다 book ~을 예약하다 flight 항공편 offer ~을 제공하다 rate 요금, 가격 completely 완전히 full 가득 찬 know of (들어서) ~을 알다 discount 할인 Why don't you ~? ~하는 게 어때요? check out ~을 확인하다

실전 감잡기

정답 및 해설 p. 31

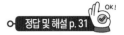

학습한 내용을 적용해 실제 시험 난이도와 비슷한 문제들을 풀어 보세요. 11-6.mp3

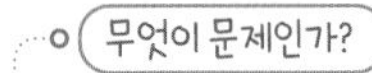

1 What is the problem?

(A) A delivery was delayed.
(B) An event was rescheduled.
(C) A meeting was canceled.
(D) A device is faulty.

여자는 남자에게 무엇을 하도록 제안하는가?

2 What does the woman suggest the man do?

(A) Talk to his manager
(B) Get a full refund
(C) Borrow another machine
(D) Schedule a repair service

남자는 무엇을 해야 하는가?

3 What does the man need to do?

(A) Visit a department
(B) Fill out a form
(C) Prepare for a meeting
(D) Call a repairperson

화자들은 어디에 있겠는가?

4 Where most likely are the speakers?

(A) At a car repair shop
(B) At a museum
(C) At a warehouse
(D) At an electronics store

여자는 무엇에 대해 우려하는가?

5 What is the woman concerned about?

(A) The repair fees
(B) The number of employees
(C) The quality of a service
(D) The delivery time

남자는 다음에 무엇을 할 것 같은가?

6 What will the man probably do next?

(A) Contact other stores
(B) Make a presentation
(C) Visit the headquarters
(D) Talk to his coworker

DAY 12 의도 파악 문제

음원 듣기 ▶

1 화자가 한 말의 의미/속뜻은 무엇인가? 12-1.mp3

한 명의 화자가 대화 중에 하게 될 말을 문제에서 미리 보여주고, **대화 흐름상 그 말이 어떤 의미/속뜻**을 갖는지 묻는 문제가 나옵니다.

오늘 아침에 회사까지 저 좀
태워 주시겠어요?

사실, 전 지금 공항이에요.

오늘 오전에 회사까지 저 좀 태워 주시겠어요?

W: Mike, it's Becky. **Would you mind giving me a ride to work this morning**? My car won't start for some reason.

사실 전 지금 공항이에요

M: **Actually, I'm at the airport now**. I have an important meeting in Carson City today.

Q. 이 말의 속뜻은 무엇인가?
A. 여자를 도와줄 수 없다.

이렇게 풀어요!

❶ 여자가 남자에게 전화를 건 상황이군요. 자신의 차에 문제가 생겨 회사까지 차를 태워줄 수 있는지 묻고 있네요. 그러자 남자가 "사실 전 지금 공항이에요."라고 대답합니다.

❷ 이러한 대화 상황에서 지금 공항에 있다는 말의 속뜻은 무엇일까요?

❸ 타도시에서 회의가 있어서 지금 공항에 와 있다는 말은 여자가 부탁한대로 사무실까지 태워줄 수 없다, 즉 '도와줄 수가 없다'는 뜻이겠죠.

❹ 이와 같이 의도 파악 문제는 인용 문장의 바로 앞 부분에 결정적인 힌트가 나오는 경우가 많아요.

❷ 화자가 왜 ~라고 말하는가? 12-2.mp3

한 명의 화자가 어떤 말을 하는 이유를 묻는 문제로, 이 유형의 문제에서 **선택지는 To부정사구(~하기 위해) 형태**로 제시되는 경우가 많아요.

저는 린 애담스라고 합니다.
진료 예약을 확인하려고요.
네, 성함이 있군요. 저희 주차장이 공사 중이라 이용할 수 없어요. 하지만 저희 건물은 지하철 역에서 매우 가깝답니다.

W: Hi, this is Lynne Adams. I'd like to confirm my appointment with Dr. Lee.

M: Yes, we have your name at 4 o'clock.

Please note that **our parking area is not available because of construction.** (저희 주차장이 공사 중이라 이용할 수 없어요.)

But our building is very close to the subway station. (하지만 저희 건물은 지하철 역에서 매우 가깝답니다)

Q. 왜 이 말을 하는가?
A. 지하철을 이용하도록 권하기 위해

이렇게 풀어요!

❶ 남자가 여자에게 주차장이 공사 중이라고 알려주면서 병원 건물이 지하철 역과 매우 가깝다는 말을 덧붙이고 있네요.
❷ 왜 지하철 역이 가깝다는 얘기를 했을까요?
❸ 주차장을 이용할 수 없으니 지하철을 이용하기를 권하기 위해서겠죠.
❹ 바로 앞 문장의 내용(주차장이 공사 중이라 이용할 수 없음을 알리는)이 결정적인 단서를 제공해 주고 있어요.

3 의도 파악 문제 형태 12-3.mp3

의도 파악 문제는 무조건 **다음 세 가지 형태로만 제시**되기 때문에 의도 파악 문제임을 쉽게 알 수 있어요. 따라서, 문제를 읽을 때 따옴표와 함께 인용 문장이 나오면 의도 파악 문제임을 알고 **먼저 인용 문장을 해석**한 뒤, **대화에서 해당 문장이 나오는 순간을 잘 포착**해야 해요.

누워서 토익 먹기 특강 18

토익에서 가장 잘 나오는
의도 파악 문제 유형 TOP 3

의미

What does the woman **mean** when she says, "I'm not sure"?
여자가 "확실하지 않아요"라고 말할 때 그 말의 의미는 무엇인가?

속뜻

What does the man **imply** when he says, "I'll be out of town next week"?
남자가 "전 다음 주에 다른 지역에 가 있을 거예요"라고 말할 때 그 말의 속뜻은 무엇인가?

말하는 이유

Why does the woman **say**, "I did that work when I was an intern"?
여자가 "저도 인턴 때 그 일을 했어요"라고 말하는 이유는 무엇인가?

꿀팁 의도 파악 문제는 주어진 문장 자체의 의미를 묻는 것이 아니라 그 말을 한 의도, 이유를 묻는 문제입니다. 따라서 단순히 주어진 문장 자체의 의미만 따져서는 정답을 고를 수 없어요. 인용 문장을 그냥 단순히 다른 말로 바꾼 선택지는 함정이랍니다.

음원을 듣고 빈칸을 채운 뒤 질문에 맞는 답을 골라 보세요.

1 Why does the man say, "Mario studied in China"?

(A) 마리오가 여자를 도와줄 수 있음을 제안하기 위해
(B) 마리오를 승진 대상으로 추천하기 위해

W: I just got a fax from a client in China and it's written in Chinese. I need someone to __________ it.
M: You know, Mario studied in China.
W: That's right. I'll contact him right away.

2 What does the man mean when he says, "You're in luck"?

(A) 다른 선택 대상을 구매할 수 있다.
(B) 제품 반품이 가능하다.

M: How do you like this laptop? It's lightweight and has a large screen.
W: It's great. But, I don't like that color.
M: You're in luck. The company also __________ a silver model. Let me find one to show to you.

3 What does the woman mean when she says, "I was just about to leave"?

(A) 남자를 차로 태워 주려고 한다.
(B) 이야기를 나눌 시간이 많지 않다.

M: Hi, Ms. Keller. I was looking for you. I finally heard back from our client about the ad campaign.
W: I was just about to leave, but what did he say?
M: He said he's __________ about running ads on TV.

client 의뢰인, 고객 Chinese 중국어 translate ~을 번역하다 contact ~에게 연락하다 right away 당장 How do you like A? A는 어떠세요?, A가 마음에 드세요? lightweight 가벼운 in luck 운이 좋은(= lucky) show~을 보여주다 look for ~을 찾다 finally 드디어, 마침내 hear back from ~로부터 답변을 듣다 ad campaign 광고 캠페인 be about to do 막 ~하려는 참이다 leave 나가다, 떠나다 be unsure about ~에 대해 확신이 없다 run an ad 광고를 내다

맛보기 기출

가이드를 따라 실제 토익 문제를 푸는 순서와 요령을 차근차근 익혀 보세요. 12-5.mp3

Q. What does the woman mean when she says, "I play soccer Wednesday evenings"?
"전 수요일 저녁마다 축구를 해요"라고 말한 의미는?

❶ 듣기 전에 문제 읽기
문제 형태를 통해 의도 파악 문제임을 파악한 뒤, 인용 문장에 밑줄을 긋고 미리 해석해 둡니다.

M: I'm trying to find someone to cover my evening shifts at the library. Would you be interested?

W: Actually, I'd love to work extra hours. I'm trying to save money for a new laptop.

M: Great! ❶ Which evenings would you prefer to work? — ❶ 어느 요일 저녁이 좋아요?

W: Well, I play soccer Wednesday evenings.

M: ❷ How about Monday and Thursday then? — ❷ 그럼 월요일과 목요일이 어때요?

W: Sure.

❷ 대화 듣기
대화의 흐름을 따라가며 어떤 상황인지 파악합니다. 주로 인용 문장 바로 앞(①)에 상황적인 중요 단서가 있고, 문장 바로 다음(②)에 정답에 쐐기를 박는 단서가 나오기 때문에 앞뒤를 다 듣는 것이 좋아요.

(A) She likes to play sports.
스포츠 경기하는 것을 좋아한다.

(B) She is inviting the man to a soccer game.
남자를 축구 경기에 초대하고 있다.

(C) She cannot help the man on Wednesday.
수요일에는 남자를 도와줄 수 없다.

(D) She tries to exercise regularly.
규칙적으로 운동하려고 노력한다.

❸ 정답 찾기
대화 흐름 속에서 인용 문장이 의미하는 바를 찾습니다. 단순히 인용 문장 자체의 의미를 반복한 선택지는 오답임에 유의하세요.

정답 (C)

실전 감 잡기

정답 및 해설 p. 35

학습한 내용을 적용해 실제 시험 난이도와 비슷한 문제들을 풀어 보세요.

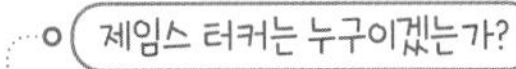

12-6.mp3

제임스 터커는 누구이겠는가?

1 Who most likely is James Tucker?

(A) A writer

(B) A famous critic

(C) A library employee

(D) A sales representative

"그것에 대해 계속 생각하고 있어요."의 속뜻은?

2 What does the woman imply when she says, "I keep thinking about it"?

(A) She is considering moving to a new house.

(B) She thinks a book is very impressive.

(C) She could not solve a problem at work.

(D) She is concerned about an event schedule.

여자는 무엇을 하겠다고 제안하는가?

3 What does the woman offer to do?

(A) Provide the man with a discount

(B) Deliver a product immediately

(C) Lend an item to the man

(D) E-mail some information

남자는 어떤 직책에 대해 문의하는가?

4 What position is the man most likely inquiring about?

(A) Web designer

(B) Editor

(C) Branch manager

(D) Accountant

"그럼 괜찮을 거예요"의 의미는?

5 What does the man mean when he says, "then it should be okay"?

(A) He is qualified for a job.

(B) He can change a schedule.

(C) He will be available.

(D) He can come up with an idea.

여자는 남자에게 무엇을 하도록 요청하는가?

6 What does the woman ask the man to do?

(A) Write an article

(B) Check out a Web site

(C) Provide a photograph

(D) Send a document

DAY **13** 시각자료 연계 문제

음원 듣기 ▶ 

❶ 리스트형 시각자료 13-1.mp3

시각자료 문제로 가장 많이 출제되는 유형입니다. 이 유형 중에서는 **가격 목록**이 가장 자주 나오고, 그 다음으로 **일정표**, **건물의 층별 안내**(directory), **명부**(사무실 호수/내선번호, 업무 담당자) 등이 골고루 출제되고 있습니다.

문서를 출력할 만한 곳이
이 호텔에 있나요?
XX HOTEL
저희 비즈니스 센터에서 프린터를
이용하실 수 있어요.

M: Excuse me, is there some place in the hotel where I can print some documents? I need to do it right away.

저희 비즈니스 센터에서 프린터를 이용하실 수 있어요.
W: **You can use a printer at our Business Center.**

Triumph Hotel	
Floor 1	Restaurant 식당
Floor 2	Fitness Center 피트니스 센터
Floor 3	**Business Center** 비즈니스 센터
Floor 4 - 10	Guest Rooms 객실

Q. 남자는 몇 층에 갈 것인가?
A. 3층

이렇게 풀어요!

❶ 호텔의 층별 안내가 시각자료로 제시되어 있고, 질문은 남자가 몇 층으로 갈 것인지 묻고 있네요.
❷ 대화를 들어보면 남자가 문서 출력을 할 수 있는 곳이 있는지 묻자, 여자가 비즈니스 센터에서 할 수 있다고 알려주고 있어요.
❸ 시각자료를 보면 비즈니스 센터가 3층에 있다고 나와 있으므로, 남자가 3층으로 갈 것이라는 것을 알 수 있죠.

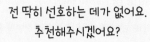

❷ 지도형 시각자료 13-2.mp3

리스트형 시각자료 다음으로 자주 출제되는 유형입니다. 특정 위치를 찾아야 하는 유형이므로 지도나 평면도가 시각자료로 제시되면 대화 중에 결정적인 단서가 되는 **위치나 방향 관련 표현에 반드시 집중**해야 합니다.

전 딱히 선호하는 데가 없어요.
추천해주시겠어요?
직원 휴게실과 비품실 사이에 있는
사무실 어때요?

M: Well, I have no preference. Any recommendations?

직원 휴게실과 비품실 사이의 사무실

W: How about the office between the employee lounge and the supply room?

Meeting Room 회의실	Office 1 사무실 1	Kitchen 주방	Office 2 사무실 2	
				Door 문
Office 4 사무실 4	Employee Lounge 직원 휴게실	**Office 3** 사무실 3	Supply Room 비품실	

Q. 여자가 추천하는 사무실은?
A. 3번 사무실

이렇게 풀어요!

❶ 평면도가 제시되어 있고, 질문은 여자가 추천하는 사무실을 묻고 있네요.
❷ 대화를 들어보면 여자가 Employee Lounge와 Supply Room 사이에 있는 사무실을 추천하고 있습니다.
❸ 시각자료를 보면 직원 휴게실과 비품실 사이에 있는 사무실이 Office 3임을 알 수 있죠.

③ 위치 관계 묘사 표현 13-3.mp3

- go straight 직진하다
- next to ~의 바로 옆에
- at the end of ~의 끝에
- in front of ~의 앞에
- between A and B A와 B 사이에
- turn left[right] 좌[우]회전하다
- on[to] one's left ~의 왼쪽에
- (right) across from ~의 (바로) 맞은편에
- on the other side of ~의 반대편에
- first door by the entrance 출입구 옆 첫번째 문

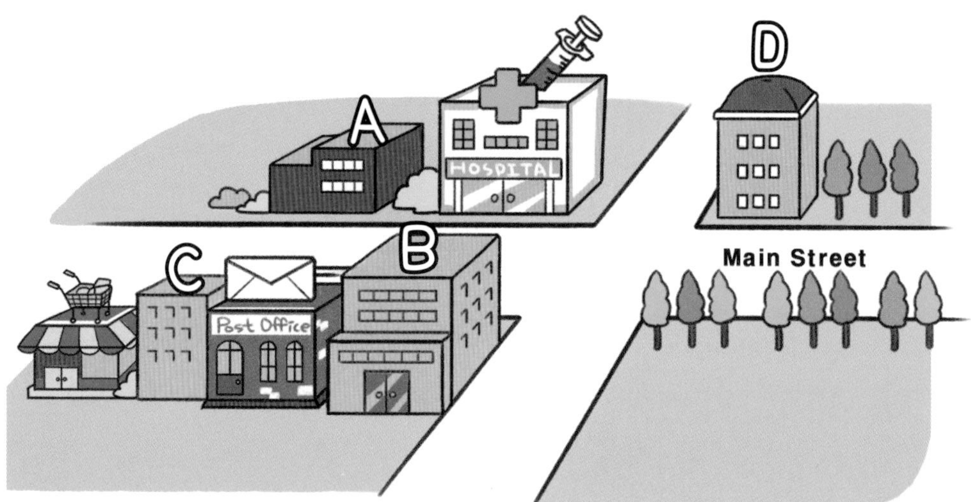

- Building A is next to the hospital.
  건물 A는 그 병원 옆에 있다.
- Building B is right across from the hospital.
  건물 B는 그 병원의 바로 맞은편에 있다.
- Building C is between the post office and the supermarket.
  건물 C는 우체국과 슈퍼마켓의 사이에 있다.
- Building D is on Main Street.
  건물 D는 메인스트리트에 있다.

4 PRACTICE 13-4.mp3

음원을 듣고 빈칸을 채운 뒤 질문에 맞는 답을 골라 보세요.

정답 및 해설 p. 37

Employee Directory	
Name	**Extension No.**
Ira Fowler	11
Clayton Casey	15
Amelia Cannon	16
Steve Simmons	17

1 Look at the graphic. What number will the woman most likely call?

(A) 11
(B) 15
(C) 16
(D) 17

W: I have a severe toothache. I think I'll have to leave work early today to see my dentist. Do you know who I should ________ to discuss this?

M: Call Steve Simmons in Personnel and get approval from him.

Room 4		Staff Lounge	Room 1
Meeting Room			Reception Desk
Room 3			Room 2

2 Look at the graphic. Which room should the man go to next?

(A) Room 1
(B) Room 2
(C) Room 3
(D) Room 4

M: I'm scheduled to see Dr. Bailey at 3:00.

W: Okay, I see your name here. He's ready to see you now.

M: Great. Would you tell me which room to go to?

W: Just go behind this reception desk. It's right ________ the staff lounge.

이 단어만은 꼭!

employee directory 직원 명부 extension 내선 (번호) severe 심한 toothache 치통 leave work 퇴근하다 early 일찍 dentist 치과 의사 contact ~에게 연락하다 discuss ~을 논의하다 Personnel 인사팀 approval 승인 reception desk 접수대
be scheduled to do ~하기로 예정되다 be ready to do ~할 준비가 되다 behind ~의 뒤에 right (강조) 바로 next to ~의 옆에 staff lounge 직원 휴게실

기출 맛보기

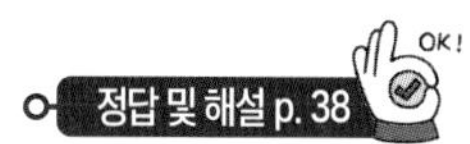

가이드를 따라 실제 토익 문제를 푸는 순서와 요령을 차근차근 익혀 보세요. 13-5.mp3

Q. Look at the graphic. **Which course** will the **man** most likely **recommend**?
남자는 어떤 강좌를 가장 추천하겠는가?

Course Title 강좌 제목	Time 시간
Mentoring 멘토링	7 p.m. – 9 p.m.
Communication 의사 소통	4 p.m. – 6 p.m.
Motivation 동기 부여	8 p.m. – 10 p.m.
Time management 시간 관리	6 p.m. – 8 p.m.

❶ 듣기 전에 문제 읽기

문제를 먼저 읽고 주어진 시각자료에 제시된 정보를 파악합니다.

M: Which course are you interested in?

W: I'll just sign up for the one that best suits my schedule.

M: Okay. When would you be available?

W: I finish work quite late. So, **one that starts at 8 p.m. would be perfect.** — 저녁 8시에 시작하는 것이 가장 좋다

❷ 대화 듣기

대화를 들을 때 시선은 시각자료에 두세요. 들으면서 미리 파악해 두었던 시각자료의 정보와 관련된 내용이 언급될 때, 그 연결 고리를 포착해야 합니다.

Q. Look at the graphic. Which course will the man most likely recommend?

(A) Mentoring 멘토링
(B) Communication 의사 소통
(C) Motivation 동기 부여
(D) Time management 시간 관리

❸ 정답 찾기

대화에 언급되는 단서를 토대로 시각자료에서 해당 정보를 찾아 정답을 고릅니다.

one that starts at 8 p.m.
8 p.m. – 10 p.m.
▹ Motivation

정답 (C)

course 강좌 **be interested in** ~에 관심이 있다 **sign up for** ~에 등록하다, ~을 신청하다 **suit** ~에 맞다, 적합하다 **available** (사람이) 시간이 나는 **quite** 꽤, 상당히 **perfect** 완벽한

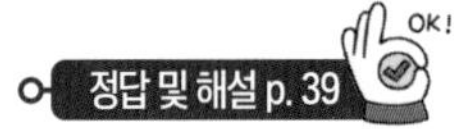

학습한 내용을 적용해 실제 시험 난이도와 비슷한 문제들을 풀어 보세요. 13-6.mp3

Carla's schedule - Saturday	
Time	**What to do**
8:00 – 9:00	Morning exercise
9:00 – 10:00	Gardening
10:00 – 11:00	Wash a car
11:00 – 12:00	Go to a grocery store

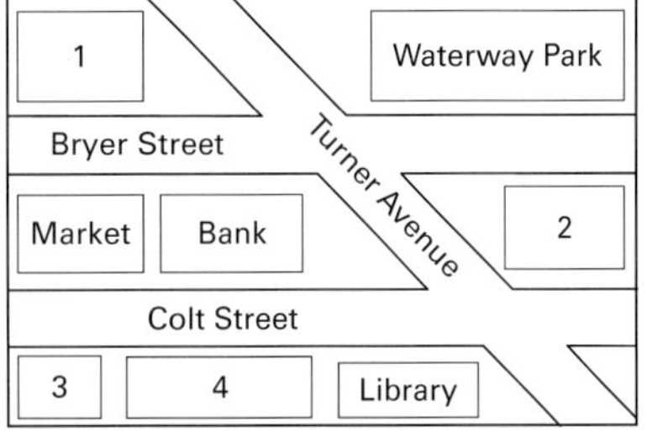

남자는 무엇에 대해 일하는 중인가?

1 What is the man working on?

(A) A sports event
(B) A fundraiser
(C) A company dinner
(D) A music festival

남자는 여자에게 무엇을 하도록 요청하는가?

2 What does the man ask the woman to do?

(A) Work at a desk
(B) Review a pamphlet
(C) Contact an office
(D) Buy some products

여자는 어떤 활동 일정을 조정하겠는가?

3 Look at the graphic. Which activity will the woman reschedule?

(A) Morning exercise
(B) Gardening
(C) Wash a car
(D) Go to a grocery store

화자들은 어디에서 일하겠는가?

4 Where do the speakers most likely work?

(A) An interior design firm
(B) A publishing company
(C) An art gallery
(D) A bookstore

화자들은 금요일에 어느 건물에 갈 것인가?

5 Look at the graphic. Which building will the speakers go to on Friday?

(A) Building 1
(B) Building 2
(C) Building 3
(D) Building 4

남자는 무엇을 하겠다고 제안하는가?

6 What does the man offer to do?

(A) Change a contract
(B) Reschedule a meeting
(C) Give the woman a ride
(D) Contact a colleague

PART 4

미리 보기

이렇게 나와요!

1 **담화를 듣고 질문에 답하는 문제 유형이에요.**
한 사람이 말하는 담화를 듣고 이 담화 내용에 대한 세 개의 문제를 푸는 유형입니다.

2 **총 30문제가 나와요.**
총 10개 담화가 나오고, 71번부터 100번까지 30문제가 출제됩니다. 문제지에는 질문과 (A), (B), (C), (D) 선택지가 제시되고, 담화가 끝난 뒤 음성으로 질문을 들려줍니다.

3 **반드시 질문을 미리 읽어야 해요.**
담화를 듣기 전에 문제지에 제시된 문제를 미리 읽어 두어야 해요. 그렇게 하면 담화를 들을 때 문제가 요구하는 정보만 골라 들을 수 있어 정답을 맞힐 확률이 높아져요.

DAY 14 최빈출 담화 유형 1

음원 듣기 ▶

1 전화 메시지 14-1.mp3

전화 메시지의 내용은 예약 확인, 약속 시간 변경, 정보 요구, 부탁, 주문 확인, 업무 관련 문의나 지시 등 매우 다양합니다. 하지만 **내용이 전개되는 방식이 거의 일정**하기 때문에 그 **흐름**을 알고 있으면 담화 내용이 훨씬 잘 들립니다. 아래 예시를 통해 전화 메시지의 내용 흐름을 확실히 익혀 두세요.

안녕하세요, 이 메시지는 린 포웰 씨에게 전하는 것입니다. 저는 푸드투유 출장요리 업체의 찰리 모이어입니다. — ❶ 자기 소개

주문하신 요리에 대해 전화 드렸어요. 식사는 준비되었지만, 디저트가 지연되고 있습니다. 5시에 두 가지 품목을 한꺼번에 보내 드릴까요, 아니면 식사를 먼저 보내고 쿠키를 나중에 보내 드리기를 원하세요? — ❷ 전화 건 용건

345-5655로 연락 주셔서 결정 사항을 알려주시기 바랍니다. — ❸ 당부 및 요청 사항

전화 메시지 빈출 표현

This message is for + 사람 이름	OOO 씨에게 전하는 메시지입니다
This is 사람 이름 + at/from + 소속	저는 ~에서 근무하는 OOO입니다
I'm calling about/regarding ~	~에 관한 내용으로 전화 드립니다
I'm calling to do	~하기 위해 전화 드립니다
I'd like you to do	귀하께서 ~해 주셨으면 합니다
Please call/contact me at + 전화번호	제게 ~번으로 전화/연락 주세요

2 PRACTICE 14-2.mp3

다음 전화 메시지를 듣고 질문에 맞는 답을 골라 보세요.

정답 및 해설 p. 40

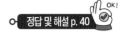

1 화자가 근무하는 곳은 어디인가?

(A) A catering company
(B) A travel agency

Hello, this message is for Lynn Powell.

This is Charlie Moyer from **Food To You Catering**.

푸드투유 출장요리 업체

2 무엇이 문제인가?

(A) Some items are not ready.
(B) A machine is not working.

하지만 디저트가 지연되고 있어요

I'm calling about the dishes you ordered.

The meals are ready, **but there's a delay with the dessert**.

Should I send both items together at 5 o'clock or do you want the meals first, and the cookies later?

3 청자에게 무엇을 하도록 요청하는가?

(A) Cancel an order
(B) Make a phone call

Please contact me at 345-5655 and let me know your decision.

345-5655로 연락 주세요

이 단어만은 꼭!

catering 출장요리 제공(업) item 물품, 품목 ready 준비된 work (기계 등이) 작동하다 dish 요리 order v. ~을 주문하다 n. 주문(품) meal 식사 delay 지연 dessert 디저트 both 둘 모두의 later 나중에 cancel ~을 취소하다 make a phone call 전화하다 contact ~에게 연락하다 let A know B: A에게 B를 알려주다 decision 결정(한 것)

3 사내 공지 14-3.mp3

회사에서 직원들에게 업무 일정 변경, 새로운 정책 소개, 공사 일정, 행사 일정, 업무 관련 지시 사항 등을 공지하는 내용이 Part 4에 자주 나옵니다. 특히, **회의 시간에 공지 사항을 이야기하는 상황**이 잘 나오며, 주로 다음과 같이 전개됩니다.

이번 전 직원 회의에 참석해 주셔서 감사합니다. 가장 먼저 말씀드리고자 하는 것은 페인트 작업입니다. — ❶ 인사 및 공지 주제 안내

작업자들이 사무실에 페인트칠을 하기 위해 내일 여기 올 것입니다. 그들은 토요일 아침 일찍 작업을 시작할 예정이며, 일요일 저녁까지 작업을 끝낼 수 있다고 제게 말해주었습니다. — ❷ 공지 세부사항 안내

오늘 저녁 퇴근하기 전에, 반드시 여러분의 책상과 의자를 이 천으로 덮어 주시기 바랍니다. — ❸ 당부 및 요청 사항

사내 공지 빈출 표현

The first thing I'd like to talk about is ~	가장 먼저 드리고 싶은 말씀은 ~입니다
The next item on our agenda is ~	다음 회의 안건은 ~입니다
I've called this meeting to do	~하기 위해 이 회의를 소집했습니다
Let me start by -ing	~하면서 오늘 일정을 시작하겠습니다
I'd like to remind you that + 절	~라는 점을 상기시켜드리고자 합니다
I want to give you an update on ~	~에 대한 새로운 소식을 알려드리고자 합니다
Please be sure to do	반드시 ~하십시오

다음 공지를 듣고 질문에 맞는 답을 골라 보세요.

1 공지의 주제는 무엇인가?

(A) A construction project
(B) A painting job

Thank you for attending this all-staff meeting.

The first thing I'd like to talk about is the **painting project.**

페인트 작업

2 일요일 저녁에 무슨 일이 있을 것인가?

(A) A job will be finished.
(B) A schedule will change.

The workers will be here tomorrow to paint the office.

They're going to start early on Saturday morning, and they told me **they can finish the job by Sunday evening.**

그들은 일요일 저녁까지 작업을 끝낼 수 있다

3 청자들에게 무엇을 하도록 요청하는가?

(A) Cover their workstations
(B) Work more hours

반드시 여러분의 책상과 의자를 덮어 주세요

Before you leave tonight, **please be sure to cover your desks and chairs** with these cloths.

construction 공사 painting 페인트칠 attend ~에 참석하다 all-staff 전체 직원의 would like to do ~하고자 하다 paint ~에 페인트칠을 하다 be going to do ~할 예정이다 tell A (that) + 절: A에게 ~라고 말하다 finish ~을 끝내다 cover ~을 덮다 workstation 업무 공간, 업무 자리 work more hours 추가 근무를 하다 leave 나가다, 떠나다 be sure to do 반드시 ~하다 cloth 천, 직물

기출 맛보기

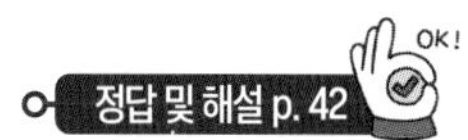

정답 및 해설 p. 42

가이드를 따라 실제 토익 문제를 푸는 순서와 요령을 차근차근 익혀 보세요. 14-5.mp3

Q. **Why** is the **speaker calling** Ms. Gray?
화자는 왜 그레이 씨에게 전화하는가?

❶ 듣기 전에 문제 읽기

담화를 듣기 전에 문제를 미리 읽어 둡니다. 전화를 건 이유를 묻고 있네요.

점검 일정을 확인해 주다

Hello, Ms. Gray. This is Peter Carson from Carson's Car Repair.

I'm calling to **confirm your inspection** on September 3, which is scheduled for 2 p.m.

We'd like you to show up at least 10 minutes before your appointment. Thank you.

❷ 담화 듣기

전화 메시지에서 전화를 건 이유를 밝히는 부분은 I'm calling to/about~ 표현으로 잘 나오기 때문에 메시지 초반부에 이 표현과 함께 언급되는 정보를 제대로 들으면 풀 수 있어요.

Q. Why is the speaker calling Ms. Gray?

(A) To return a call
답신 전화를 하기 위해

(B) To introduce a new service
신규 서비스를 소개하기 위해

(C) To offer a discount
할인을 제공하기 위해

(D) To confirm an appointment
예약을 확인해 주기 위해

❸ 정답 찾기

파악한 특정 정보와 상황을 종합하여 정답을 고릅니다.

confirm your inspection
▸ confirm an appointment

정답 (D)

car repair 자동차 수리 confirm ~을 확인하다 inspection 점검, 검사 be scheduled for + 일시: ~로 예정되어 있다 would like A to do: A에게 ~하기를 바라다 show up 나타나다 at least 적어도, 최소한 appointment 예약, 약속 return a call 답신 전화를 하다 introduce ~을 소개하다 offer ~을 제공하다 discount 할인

실전 감 잡기

정답 및 해설 p. 42

학습한 내용을 적용해 실제 시험 난이도와 비슷한 문제들을 풀어 보세요.

14-6.mp3

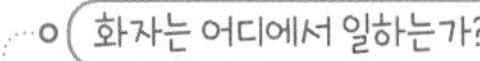

화자는 어디에서 일하는가?

1 Where does the speaker probably work?

(A) At a furniture store
(B) At a local bank
(C) At a car repair shop
(D) At an electronics shop

"그리고 그건 시작에 불과해요"의 속뜻은?

2 What does the speaker imply when he says, "And, that's just the beginning"?

(A) He is disappointed with the result.
(B) He found some better options.
(C) He needs assistance now.
(D) He noticed more problems.

화자는 무엇을 할 것이라고 말하는가?

3 What does the speaker say he will do?

(A) Purchase some machines
(B) Read an e-mail
(C) Visit a local shop
(D) Send an estimate

Building Directory	
Floor	**Department**
1	Marketing
2	Human Resources
3	Finance
4	Customer Service

무엇에 대해 얘기 중인가?

4 What is the speaker mainly discussing?

(A) A new manager
(B) An office renovation
(C) Tour schedules
(D) Computer upgrades

화자는 무슨 문제를 언급하는가?

5 What problem does the speaker mention?

(A) An employee is absent today.
(B) A delivery has been rescheduled.
(C) Some devices are causing trouble.
(D) Some programs were not installed.

청자들은 어느 부서로 가도록 요청 받는가?

6 Look at the graphic. Which department are the listeners asked to go to?

(A) Marketing
(B) Human Resources
(C) Finance
(D) Customer Service

DAY 15 최빈출 담화 유형 2

음원 듣기 ▶ 

1 연설 15-1.mp3

사회자가 **각종 행사(시상식, 은퇴식, 개업식 등)를 소개**하는 연설과 **인물(강연자, 수상자, 새로 온 직원 등)을 소개**하는 연설 두 가지 유형이 주로 나옵니다. 환영 인사로 시작하여, 행사의 목적이나 인물을 소개하고 진행 일정을 안내한 뒤, 특정 인물을 무대로 부르거나 다음 순서를 소개하는 것으로 끝맺습니다.

안녕하세요, 오늘 저녁 로보 의류 사의 시상식 만찬에 참석해 주셔서 감사합니다.	❶ 인사말 및 행사 소개
달턴 씨에게 '올해의 직원상'을 수여하게 되어 기쁩니다. 올해, 달턴 씨는 유럽에 다섯 개의 매장을 개장함으로써 국제적으로 우리 회사를 확장시켰습니다.	❷ 행사의 목적 및 인물 소개
이제, 달턴 씨가 우리에게 그의 도전에 관해 얘기해줄 겁니다. 달턴 씨를 따뜻하게 환영해 줍시다.	❸ 다음 순서 소개/무대 호출

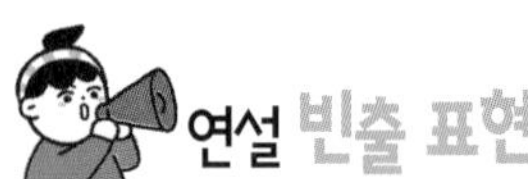

연설 빈출 표현

Let me introduce 사람 이름	OOO 씨를 소개해 드리겠습니다
It's my pleasure to do	~하게 되어 기쁩니다
사람 이름 will be talking about ~	OOO 씨가 ~에 대해 말씀해 주실 것입니다
사람 이름 is well known for ~	OOO 씨는 ~로 잘 알려져 있습니다
사람 이름 has served as ~	OOO 씨는 ~로서 근무해 오셨습니다
Let's give a warm welcome to + 사람 이름	OOO 씨를 따뜻하게 환영해 주십시오

2 PRACTICE 15-2.mp3

다음 연설을 듣고 질문에 맞는 답을 골라 보세요.

정답 및 해설 p. 44

1 청자들은 어디에 있는가?

(A) At an awards banquet
(B) At an international conference

Good evening, and thank you for attending tonight's Robo Clothing's **Awards Dinner**.

시상식 만찬

2 달턴 씨는 올해 무엇을 했는가?

(A) He published a book.
(B) He opened overseas stores.

It's my pleasure to present Mr. Dalton with the Employee of the Year Award.

This year, **he expanded our company internationally by opening five stores in Europe**.

그는 유럽에 5개의 매장을 오픈함으로써 우리 회사를 국제적으로 확장했습니다

3 청자들은 다음으로 무엇을 할 것인가?

(A) Watch a video
(B) Listen to a speech

Now, **Mr. Dalton will be talking to us** about his challenges.

Let's give him a warm welcome.

달턴 씨가 우리에게 얘기해줄 겁니다

이 단어만은 꼭!

awards banquet 시상식 연회 international 국제적인 conference 학회, 총회 attend ~에 참석하다 publish ~을 출간하다 overseas 해외의 It's my pleasure to do ~하게 되어 기쁩니다 present A with B: A에게 B를 제공하다, 주다 Employee of the Year Award 올해의 직원 상 expand ~을 확장하다 internationally 국제적으로 by -ing (방법) ~함으로써 challenge 도전 give A B: A에게 B를 주다 warm 따뜻한 welcome 환영

3 라디오 방송 15-3.mp3

라디오 방송도 Part 4에 자주 나오는 담화 중 하나입니다. 주로 초대 손님 소개, 일기 예보, 교통 방송, 지역 뉴스 등의 내용이 나오며, **방송에서 잘 쓰이는 특수한 표현**들이 있기 때문에 이 표현들을 미리 익혀 두면 유리합니다.

안녕하세요, '서울 딜라이트'를 청취해 주셔서 감사합니다. 저는 준 킴이며, 아침 소식과 함께 프로그램을 시작하겠습니다. — ❶ 방송 주제

오늘 오전에는, 34번 고속도로에 정체를 예상하셔야 합니다. 자동차 충돌 사고가 그 지역 교통 흐름을 늦추고 있습니다. 따라서, 30번 고속도로를 대신 이용하도록 권해 드립니다. — ❷ 구체적인 정보

짧은 광고 방송 후에 다시 돌아오겠습니다. — ❸ 다음 순서 안내

Thanks for tuning in to + 프로그램명	~을 청취해 주셔서 감사합니다.
I'm your host, 사람 이름	저는 진행자인 OOO입니다
Today, we're happy to have + 사람 이름	오늘, OOO 씨를 모시게 되어 기쁩니다
We're expecting a rainy day.	비가 올 것으로 예상합니다.
Stay tuned for more details on ~	~에 대한 더 상세한 소식을 듣기 위해 계속 청취해 주세요
Drivers are advised to do ~	운전자들은 ~하시기 바랍니다
Coming up next is ~	다음 순서로 ~가 이어지겠습니다
I'll be back after a commercial break.	광고 방송 후에 다시 돌아오겠습니다.

4 PRACTICE 15-4.mp3

다음 라디오 방송을 듣고 질문에 맞는 답을 골라 보세요.

정답 및 해설 p. 45

1 화자는 누구이겠는가?

(A) A radio host
(B) A tour guide

~을 청취해 주셔서 감사합니다

Good morning, **thanks for tuning in to** 'Seoul Delight'.

This is Jun Kim and I'll begin the show with the morning traffic report.

2 청자들에게 무엇을 하도록 권하는가?

(A) Use public transportation
(B) Take a different road

This morning, you should expect a delay on Highway 34.

A car crash is slowing the traffic in the area. So, **I recommend taking Highway 30 instead.**

30번 고속도로를 대신 이용하도록 권해 드립니다

3 청자들은 다음으로 무엇을 들을 것인가?

(A) Advertisements
(B) A weather report

I'll be back after a short **commercial break.**

광고 방송 시간

radio host 라디오 진행자 tour guide 관광 가이드 tune in to ~을 청취하다, ~에 채널을 맞추다 traffic report 교통 소식 public transportation 대중 교통 take (교통편, 도로 등) ~을 이용하다 expect ~을 예상하다 delay 지연, 지체 crash 충돌 사고 slow v. ~을 늦추다, 더디게 하다 area 지역 recommend -ing ~하도록 권하다 instead 대신에 advertisement 광고 be back 돌아오다 commercial break 광고 방송 시간

맛 기출 보기

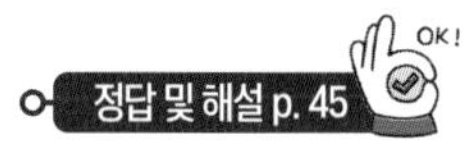

가이드를 따라 실제 토익 문제를 푸는 순서와 요령을 차근차근 익혀 보세요. 15-5.mp3

Q. What are the **listeners advised to do**?
청자들에게 무엇을 하도록 권해지는가?

❶ 듣기 전에 문제 읽기

담화를 듣기 전에 문제를 미리 읽어 둡니다. 청자들에게 무엇을 하도록 권하는지 묻고 있네요.

반드시 재킷을 입으세요

Here's your Sunday morning weather report.

The temperatures will drop due to heavy rain. So, **be sure to put on a jacket** if you're planning to go outside today.

Coming up next is, local sports news.

❷ 담화 듣기

교통 방송이나 일기 예보에서는 청자들에게 당부하는 내용이 나오고, 이 부분이 문제화되기 때문에 be sure to ~, Please ~ 등의 표현을 통해 당부하는 내용을 말하는 부분을 잘 들어야 합니다.

Q. What are the listeners advised to do?

(A) Stay inside
실내에 머무르기

(B) Wear a jacket
재킷을 입기

(C) Take an umbrella
우산을 가져가기

(D) Use public transportation
대중교통을 이용하기

❸ 정답 선택하기

파악한 특정 정보와 상황을 종합하여 정답을 고릅니다.

be sure to put on a jacket
▹ Wear a jacket

정답 (B)

be advised to do ~하도록 권해지다 temperature 기온 drop 떨어지다, 하락하다 due to ~ 때문에 heavy rain 폭우 be sure to do 반드시 ~하다 put on ~을 입다 plan to do ~할 계획이다 go outside 외출하다 Coming up next is ~ 다음 순서는 ~입니다

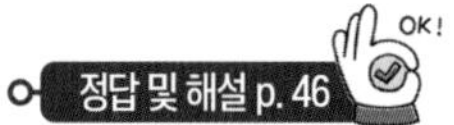

학습한 내용을 적용해 실제 시험 난이도와 비슷한 문제들을 풀어 보세요. 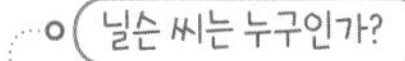

닐슨 씨는 누구인가?

1 Who is Mr. Nilson?

(A) A sales director
(B) A celebrity
(C) A university professor
(D) A group leader

닐슨 씨의 연설의 주제는?

2 What is the subject of Mr. Nilson's speech?

(A) Effective advertisements
(B) Eco-friendly items
(C) Urban development methods
(D) Customer relations

청자들은 연설 후에 무엇을 할 것인가?

3 What will the listeners probably do after the speech?

(A) Fill out a survey
(B) Tour a building
(C) Attend a discussion
(D) Register for an event

방송의 주제는?

4 What is the main topic of the broadcast?

(A) Modern lifestyles
(B) Conflicts at work
(C) Market research
(D) Recent movies

브라이언 그레이는 누구인가?

5 Who is Brian Gray?

(A) A famous cook
(B) A business owner
(C) A movie director
(D) A radio show host

청자들은 다음으로 무엇을 들을 것인가?

6 What will the listeners hear next?

(A) A movie soundtrack
(B) An advertisement
(C) A weather forecast
(D) A traffic report

READING COMPREHENSION

RC

처음토익 550+ RC

PART 5

미리 보기
이렇게 나와요!

1 **단문 빈칸 채우기 문제 유형이에요.**
한 문장의 빈칸에 알맞은 어휘나 표현을 (A), (B), (C), (D) 4개의 선택지 중에서 고르는 유형입니다.

2 **총 30문제가 나와요.**
101번부터 130번까지 총 30문제가 출제되며, 문법 문제와 어휘 문제가 섞여 나오는데, 그 비중은 대략 문법 60%, 어휘 40% 정도입니다.

3 **일일이 해석하지 말고 문법 지식을 이용해 빠르게 풀어야 해요.**
문제당 권장 풀이 시간이 20~30초 정도로 매우 짧기 때문에 일일이 해석해서 풀 수 없습니다. 매월 반복 출제되는 빈출 유형들을 철저히 연습해서 빠르게 풀이하는 능력을 길러야 해요.

DAY 01 명사

1 명사의 기본 개념

▪ 명사의 정의

명사는 사람 또는 사물의 이름을 나타내는 단어입니다.

▪ 명사의 특징

셀 수 있는 명사(가산명사) 하나를 나타내는 단수명사는 앞에 부정관사 a 또는 an이 옵니다.
셀 수 있는 명사 둘 이상을 나타내는 복수명사는 끝에 -s 또는 -es가 붙습니다.
셀 수 없는 명사(불가산명사) 앞에는 부정관사도 붙지 않고 복수형이 될 수도 없습니다.
명사는 문장의 주어, 목적어, 보어로 사용됩니다.

알맞은 단어를 고르시오. 정답 및 해설 p. 48

1 We reserved a [room / rooms] two weeks ago.
우리는 객실 하나를 2주 전에 예약했습니다.

② 명사의 형태

영어 단어는 기본적으로 단어의 끝 모양만 보면 어떤 품사인지 구분할 수 있습니다. 아래에 제시된 명사의 대표적인 형태를 기억한다면 선택지 단어들의 뜻을 고민할 필요 없이 바로 명사에 해당하는 단어를 정답으로 고를 수 있습니다.

-ment로 끝나면 명사

We rescheduled your appointment.
저희가 귀하의 예약을 재조정했습니다.

명사의 대표적인 형태

기본 단어	끝 모양	예
동사	-tion, -sion, -ment, -ance	renovation 보수공사 production 생산(량) replacement 후임, 교체(물) appointment 약속, 예약 attendance 참석(자 수)
	-al	proposal 제안(서) approval 승인 removal 제거 renewal 갱신 rental 임대
	-ive	alternative 대안 representative 대표, (판매) 직원
	-ing	cleaning 청소 recycling 재활용 spending 지출 accounting 회계 opening 공석 advertising 광고
	-er, -or, -ant	manufacturer 제조업체 supervisor 관리자, 상사 assistant 보조직원 applicant 지원자
	특별한 형태	receipt 영수증 pleasure 즐거움 response 응답, 대응
형용사	-ist	specialist 전문가 environmentalist 환경운동가
	-ty, -cy, -ce, -ness	happiness 행복 privacy 사생활 diligence 근면함
	-ity	popularity 인기 responsibility 책임 personality 성격

알맞은 단어를 고르시오. 정답 및 해설 p. 48

2 [Payment / Paid] can be made by cash or credit card.
지불은 현금 또는 신용카드로 이뤄질 수 있습니다.

3 명사의 위치

명사는 기본적으로 관사, 대명사 소유격, 전치사, 형용사 뒤에 사용됩니다.

■ 관사(a/an, the) 뒤

관사의 유일한 기능은 명사를 앞에서 꾸며주는 것입니다. 부정관사 a/an처럼 하나라는 수를 나타내거나 정관사 the처럼 누구나 분명하게 알 수 있는 특정 존재를 나타냅니다.

정관사

The **opening** of our downtown mall was a great success.
우리 시내 쇼핑몰의 **개장**은 대성공이었습니다.

부정관사

We are hiring a **specialist** in wedding photography.
우리는 결혼 사진 **전문가** 한 명을 채용하고 있습니다.

■ 소유격(my, your, his, her, our, their, 명사's 등) 뒤

소유격의 유일한 기능은 명사의 앞에서 소유자를 나타내는 것입니다.

소유격

Your **application** must be received by October 31.
귀하의 **신청서**는 반드시 10월 31일까지 접수되어야 합니다.

■ 전치사 뒤

전치사가 명사를 다른 단어와 연결하므로, 전치사의 뒤는 명사가 들어갈 자리입니다.

전치사

The city government will plan the construction of **a bridge**.
정부는 **다리 하나의** 건설을 계획할 것입니다.

알맞은 단어를 고르시오.

정답 및 해설 p. 48

3 The record shop is closed for [renovation / renovate].
그 레코드 가게는 보수 공사를 위해 문을 닫았다.

■ 형용사의 뒤

o 형용사

GreenFood is the top supplier of healthy food in the area.
그린푸드 사는 이 지역에서 최고의 건강 식품 **공급 업체**이다.

o 복수 수량 형용사

Child safety is the main concern of many parents.
어린이 안전은 많은 **부모들**의 주요 관심사이다.

형용사와 명사의 수 일치 공식

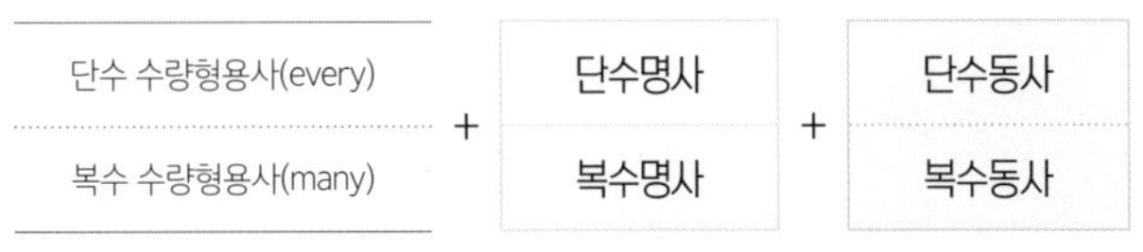

수량형용사		명사		동사
단수 수량형용사(every)	+	단수명사	+	단수동사
복수 수량형용사(many)	+	복수명사	+	복수동사

■ 동사 앞 주어 자리 또는 동사 뒤 목적어 자리

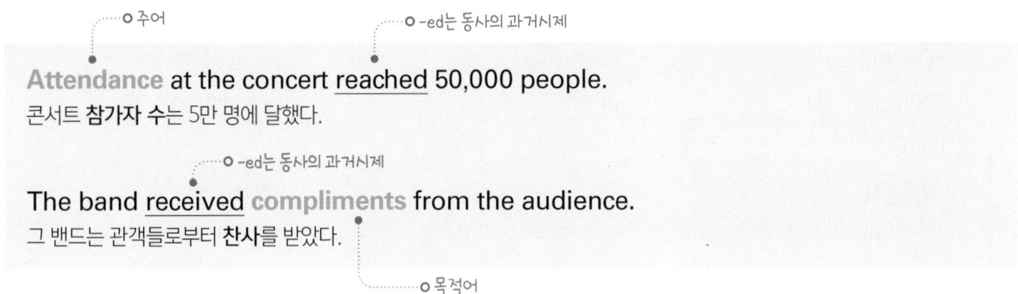

o 주어　o -ed는 동사의 과거시제

Attendance at the concert reached 50,000 people.
콘서트 **참가자 수**는 5만 명에 달했다.

o -ed는 동사의 과거시제

The band received compliments from the audience.
그 밴드는 관객들로부터 **찬사**를 받았다.

o 목적어

알맞은 단어를 고르시오.　정답 및 해설 p. 48

4 Please contact our customer service for more [inform / information].
더 많은 정보를 원하시면, 저희 고객서비스팀에 연락하세요.

4 토익에 자주 나오는 명사 초간단 정리

명사를 고르는 문제는 ① **선택지에 명사 하나만 나오는 경우**, 그리고 ② **선택지에 명사가 두 개 이상**(주로 두 개) 나오는 경우의 두 가지 유형으로 출제됩니다.

①은 앞에서 정리된 명사의 대표적인 형태만 기억한다면 바로 답을 고를 수 있는 기본적인 유형입니다. 그런데 ②는 두 개의 명사 중에서 한 번 더 선택을 해야 하는데, 다음 명사 족보만 잘 기억한다면 ①과 마찬가지로 바로 정답을 선택할 수 있습니다. 특히 **사람명사와 행위명사의 형태를 짝으로 잘 기억해두시기 바랍니다.**

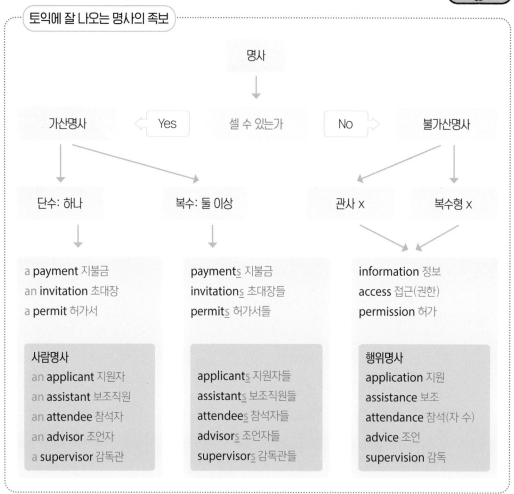

토익에 잘 나오는 명사의 족보

명사 → 셀 수 있는가

- Yes → 가산명사
  - 단수: 하나
  - 복수: 둘 이상
- No → 불가산명사
  - 관사 x
  - 복수형 x

단수: 하나	복수: 둘 이상	불가산명사 (관사 x, 복수형 x)
a payment 지불금	payments 지불금	information 정보
an invitation 초대장	invitations 초대장들	access 접근(권한)
a permit 허가서	permits 허가서들	permission 허가
사람명사		**행위명사**
an applicant 지원자	applicants 지원자들	application 지원
an assistant 보조직원	assistants 보조직원들	assistance 보조
an attendee 참석자	attendees 참석자들	attendance 참석(자 수)
an advisor 조언자	advisors 조언자들	advice 조언
a supervisor 감독관	supervisors 감독관들	supervision 감독

알맞은 단어를 고르시오.

정답 및 해설 p. 48

5 Talk to your [supervisor / supervision] about your work schedule.
업무 일정에 관해 여러분의 상사와 얘기하세요.

기출 맛보기

가이드를 따라 실제 토익 문제를 푸는 순서와 요령을 차근차근 익혀 보세요.

■ 관사 다음 빈칸에 명사 넣기

A ------- will be delivered on Tuesday.

(A) replace
(B) replaces
(C) replaced
(D) replacement

STEP 1 선택지 읽기

선택지가 replace의 변형이므로 빈칸에 적합한 품사를 찾는 문제입니다. 선택지의 단어들이 같은 단어의 변형이면 문장을 다 읽지 말고 빈칸 앞 단어와 빈칸만 봅니다.

A ------- will be delivered on Tuesday.

교체품 하나가 화요일에 배송될 것입니다.

STEP 2 단서 찾기

빈칸 앞에 하나를 나타내는 부정관사 a가 있습니다. 부정관사는 명사 앞에만 사용되므로 빈칸은 명사 자리입니다.

(A) replace
(B) replaces
(C) replaced
(D) replacement

STEP 3 명사 정답 찾기

이제 선택지에서 명사를 고르면 되는데, 앞에서 학습한 명사의 단어 형태를 떠올려보면 -ment로 끝나는 (D) replacement가 정답인 것을 알 수 있습니다.

정답 (D)

be delivered 배송되다 deliver 배송하다 replace 교체하다 replaced 교체된 replacement 교체품

■ 관사가 없는 빈칸에 명사 넣기

CS Foods decided to increase ------- in the dessert division.

(A) produced
(B) produce
(C) production
(D) productive

STEP 1 선택지 읽기

선택지가 produce의 변형이므로 빈칸에 적합한 품사를 찾는 문제입니다. 선택지의 단어들이 같은 단어의 변형이면 문장을 다 읽지 말고 빈칸 앞 단어와 빈칸만 봅니다.

CS Foods decided to **increase** ------- in the dessert division.

CS 푸드는 디저트 부문의 **생산량**을 늘리기로 결정했다.

STEP 2 단서 찾기

빈칸 앞에 동사 increase가 있는데, increase는 뒤에 목적어, 즉 명사를 가집니다.

(A) produced
(B) produce
(C) production
(D) productive

STEP 3 명사 정답 찾기

이제 선택지에서 명사를 고르면 되는데, 앞에서 학습한 명사의 단어 형태를 떠올려보면 -tion으로 끝나는 (C) production이 정답인 것을 알 수 있습니다.

정답 (C)

decide 결정하다 increase 늘리다 dessert 디저트 division 부문, 구분 produce 생산하다 production 생산, 생산량 productive 생산적인

앞에서 공부한 내용을 바탕으로 제공된 힌트를 활용하여 토익 문제를 풀어보세요.

명사's는 소유격의 일반적인 형태입니다.

1 We are proud of exceeding our customers' -------.

(A) expect
(B) expected
(C) expectantly
(D) expectations

동사 앞이자 문장 시작 부분은 주어, 즉 명사 자리입니다.

2 ------- to the party have been sent to all members.

(A) Invitations
(B) Invite
(C) Inviting
(D) Invitation

문장의 구성이 완전한데 명사 뒤에 빈칸이 있다면, 우선 복합명사인지 의심해야 합니다.

3 To solve this problem, please speak with our shipping -------.

(A) represent
(B) represents
(C) representatives
(D) representation

사람명사와 행위명사가 동시에 나오면, 어느 명사가 동사와 더 어울리는지 확인합니다.

4 The Belford Farm is the largest ------- of meat in the city.

(A) produce
(B) production
(C) product
(D) producer

빈칸 앞 make는 목적어가 필요한 동사이고, 목적어가 될 수 있는 단어는 명사죠.

5 Managers make ------- on business strategies.

(A) decide
(B) decidedly
(C) decisive
(D) decisions

DAY 02 대명사

1 대명사의 종류

명사를 대신하여 사용하는 단어를 대명사라고 하며, 크게 인칭대명사, 지시대명사, 부정대명사로 나뉩니다. **토익에서는 가리키는 대상의 수(단수/복수) 그리고 주어/목적어/보어 중 무엇으로 사용되어야 하는지를 묻는 '격'을 파악하는 것이 가장 중요합니다.**

■ 인칭대명사

사람이나 사물의 이름을 대신해서 쓰는 대명사입니다.

	1인칭	2인칭	3인칭
단수	나 I	너 you	나와 너를 제외한 제3자 그 남자 he 그 여자 she 그것 it
복수	나와 너 우리들 we	나를 제외한 다수 너희들 you	나와 너를 제외한 다수 그들 they 그것들 they

■ 지시대명사

화자와 화자가 가리키는 대상과의 상대적인 거리에 따라 사용하는 대명사입니다.

	화자로부터 가까운 것	화자로부터 멀리 있는 것
단수	이것 this 이 사람 this	저것 that 저 사람 that
복수	이것들 these 이 사람들 these	저것들 those 저 사람들 those

알맞은 단어를 고르시오.

정답 및 해설 p. 49

1 There are 100 <u>bikes</u> for rent, and [it / they] are provided by the government.
100대의 대여용 자전거가 있는데, 그것들은 정부에 의해 제공되고 있습니다.

2 인칭대명사의 격

인칭대명사는 가리키는 명사가 사용된 격(주어, 목적어, 보어)에 맞추어 사용해야 합니다.

■ 인칭대명사의 격과 소유대명사, 재귀대명사

	주격		소유격		목적격		소유대명사		재귀대명사	
	단수	복수	단수	복수	단수	복수	단수	복수	단수	복수
1인칭	I	we	my	our	me	us	mine	ours	myself	ourselves
2인칭	you	you	your	your	you	you	yours	yours	yourself	yourselves
3인칭	he	they	his	their	him	them	his	theirs	himself	themselves
	she		her		her		hers		herself	
	it		its		it		없음		itself	

■ 주격: 동사의 앞 자리

주어 자리에서 동사의 행위자를 나타내는 대명사입니다.

ㅇ 동사 is 앞이므로 3인칭 단수 주격

She is giving a speech in front of a large audience.
그녀는 많은 청중 앞에서 연설을 하고 있습니다.

■ 소유격: 명사의 앞 자리

명사 앞에서 명사의 소유자를 나타내는 대명사이며, 소유대명사(~의 것)와 구분해야 합니다.

ㅇ 명사 앞은 무조건 소유격

Please send us **your** résumé by this Friday.
귀하의 이력서를 이번 주 금요일까지 저희에게 보내주세요.

■ 목적격: 동사/전치사의 뒤

동사 또는 전치사 뒤에서 목적어를 나타내며, 재귀대명사(~ 자신)와 구분해야 합니다.

ㅇ 동사 ask의 목적어

Ms. Howard will ask **her** to check the store.
하워드 씨는 **그녀에게** 가게를 확인하도록 요청할 것입니다.

1초 퀴즈 알맞은 단어를 고르시오. 정답 및 해설 p. 49

2 [We / Our] serve our meals at reasonable prices.
우리는 합리적인 가격에 식사를 제공합니다.

■ 소유대명사: 주어/목적어/보어 자리

소유대명사는 소유격과 명사가 합쳐진 형태입니다. 명사와 마찬가지로 주어, 목적어, 또는 보어로 사용되며 「~의 것」이라고 해석됩니다. 소유격과 구분해야 합니다.

소유대명사 mine = my report

Mr. Wilson finished his report, but I haven't finished mine yet.
윌슨 씨는 그의 보고서를 끝냈지만, 나는 내 것을 아직 끝내지 못했다.

■ 재귀대명사: 목적어 또는 부사 자리

재귀대명사는 「주어 = 목적어」인 특수한 상황에서 목적어로 사용되는 대명사로, 주어의 인칭/수/성별에 맞게 선택합니다. 예를 들어, 주어가 본인(I)이면 재귀대명사로 myself를 선택하고, 1명의 남자라면 himself를 선택합니다.

Johnson = himself

Johnson motivates **himself** to go to the gym.
존슨은 체육관에 가도록 **스스로에게** 동기를 부여했다.

알맞은 단어를 고르시오.

정답 및 해설 p. 49

3 The document on the table is [my / mine].
테이블 위에 있는 문서는 제것입니다.

③ 지시대명사

지시대명사는 대상이 되는 사물 또는 사람과의 거리를 나타내기 위해 사용되는 대명사입니다. 대상의 수에 따라 단수형과 복수형을 구분해야 하며, 명사와 마찬가지로 주어, 목적어, 보어 위치에 사용됩니다.

	대상이 가까이 있을 때	대상이 멀리 있을 때
단수	this (이것, 이 사람)	that(저것, 저 사람)
복수	these (이것들, 이 사람들)	those(저것들, 저 사람들)

복수명사 apartments를 가리킴

We need to raise the rates for our apartments as **these** are very popular.
우리 아파트의 요금을 올릴 필요가 있는데, **이것들은** 인기가 아주 높기 때문입니다.

토익에서 지시대명사는 주로 「those + who + 동사」(~하는 사람들)의 형태로 출제됩니다. 여기서 those는 people의 뜻으로, 그냥 숙어로 외워두는 것이 좋습니다.

those + who = ~하는 사람들

Those who are attending the seminar should arrive by 9 a.m.
세미나에 참석하는 사람들은 오전 9시까지 도착해야 합니다.

지시대명사는 명사 자체를 대신하기도 하지만, 명사 앞에 위치해 형용사로 쓰이기도 합니다. 이렇게 명사를 수식할 때는 지시형용사라고 하며, 실제로 지시형용사의 출제 빈도가 더 높습니다.

복수명사를 수식 / 동사도 복수형태

These applications are used by business professionals.
이 애플리케이션들은 비즈니스 전문가들에 의해 사용된다.

알맞은 단어를 고르시오. 정답 및 해설 p. 50

4 [This / Those] coupon can be used on any item under 20 dollars.
이 할인 쿠폰은 20달러 미만의 어떤 상품에도 사용될 수 있습니다.

4 부정대명사

불특정한 대상을 가리킬 때 사용하는 부정대명사는 '어떤 사람, 어떤 것'처럼 단수의 불특정 대상 또는 '일부, 대부분, 모두'처럼 복수의 불특정 대상을 나타냅니다.

■ 불특정 명사를 세는 토익 빈출 부정대명사

one	아무거나 하나	others	앞에 제시된 것 말고 다른 것들
another	앞에 제시된 것과 종류가 같은 것 또 하나	the others	정해진 범위에서 나머지

You can easily transfer music from one device to **another**. (또 하나의 device)
여러분은 한 기기에서 다른 기기로 쉽게 음악을 전송할 수 있습니다.

If you lose your id card, the personnel department will issue **another**. (또 하나의 id card)
만약 신분증을 분실한다면, 인사부에서 또 다른 것으로 발급해 줄 것입니다.

Strawberry is our most popular flavor, but **others** are available. (딸기 말고 다른 flavors)
딸기가 가장 인기있는 맛이지만, 다른 맛들도 있습니다.

■ 복수 불특정 명사의 수량을 나타내는 부정대명사

복수 불특정 명사의 수량을 나타내는 부정대명사는 「of the 복수명사」와 함께 사용하며 '~들의 …'라고 해석합니다.

Some 일부 Most 대부분 Half 절반 All 모두 Few 극소수 Several 몇몇 Many 다수 Any 누구라도 None 어느 누구도	+	of the 복수명사	+	복수동사

All of the employees want another lecture on marketing strategies.
직원들 **모두**가 마케팅 전략에 관한 또 다른 강연을 원합니다.

알맞은 단어를 고르시오.

정답 및 해설 p. 50

5 Due to the delayed train, [most / another] of the staff members were late.
연착된 열차로 인해, 대부분의 직원들이 지각했다.

기출 맛보기

가이드를 따라 실제 토익 문제를 푸는 순서와 요령을 차근차근 익혀 보세요.

■ 빈칸 위치를 파악하고 알맞은 대명사 넣기

While Ms. Evans is on vacation,
Mr. Jones will take over ------- project.

(A) she
(B) her
(C) hers
(D) herself

STEP 1 선택지 읽기

선택지가 모두 대명사이면 빈칸의 앞과 뒤를 살피고 빈칸의 역할(= 격)이 무엇인지 파악합니다. 선택지가 인칭대명사 she, her, hers, herself이므로 빈칸에 들어갈 대명사의 격을 찾는 문제입니다.

PART 5 PART 6 PART 7

While Ms. Evans is on vacation, Mr. Jones will take over ------- **project.**

에반스 씨가 휴가 중인 동안, 존스 씨가 **그녀의** 프로젝트를 넘겨 받을 것이다.

STEP 2 단서 찾기

절대 해석하지 말고 빈칸 앞뒤만 보세요. 빈칸 뒤에 project라는 명사가 있습니다. 이 명사 앞에 올 수 있는 대명사의 격을 고르면 됩니다.

(A) she
(B) her
(C) hers
(D) herself

STEP 3 대명사 정답 찾기

대명사 중에서 명사 앞에 쓰일 수 있는 것은 소유격이므로 보기 중 소유격인 (B) her가 정답입니다.

정답 (B)

while ~하는 동안 be on vacation 휴가 중이다 take over 넘겨 받다, 인수하다

■ 소유대명사 넣기

The paintings on display in the east hall are -------.

(A) me
(B) my
(C) mine
(D) I

STEP 1 선택지 읽기

선택지가 me, my, mine, I로 구성되어 있으므로 빈칸에 적합한 인칭대명사를 고르는 문제라는 것을 알 수 있습니다. 인칭대명사 문제에서는 빈칸이 어떤 역할을 하는지를 먼저 파악합니다.

The paintings on display in the east hall **are** -------.

동쪽 홀에 전시되어 있는 그림들은 **나의 것**이다.

STEP 2 단서 찾기

빈칸 앞이 be동사이므로 빈칸은 보어 역할을 하는 명사 자리인 것을 알 수 있습니다.

(A) me
(B) my
(C) mine
(D) I

STEP 3 대명사 정답 찾기

빈칸은 보어 역할을 하면서도 명사 자리에 올 수 있는 소유대명사가 들어갈 자리입니다. 따라서 정답은 (C) mine이며, 문맥상 의미는 '나의 그림'입니다.

정답 (C)

painting 그림 on display 전시 중인, 진열 중인 east 동쪽의

정답 및 해설 p. 50

앞에서 공부한 내용을 바탕으로 제공된 힌트를 활용하여 토익 문제를 풀어보세요.

동사 앞이 빈칸이면 주어 자리입니다.

1 After Ms. Soma left the company, ------- opened a café.

(A) she
(B) herself
(C) her
(D) hers

빈칸 앞에 전치사가 있다고 곧장 목적격을 정답으로 찍으면 안 돼요!

2 Several car makers are experiencing higher demand for ------- products.

(A) they
(B) their
(C) themselves
(D) them

선택지가 모두 대명사일 때는 대명사가 가리키고 있는 앞의 명사가 무엇인지 확인해 보세요.

3 We found that your address was different from ------- in our customer database.

(A) all
(B) that
(C) others
(D) one

빈칸 뒤에 위치한 who와 함께 쓰이는 대명사를 찾아봅니다.

4 A farewell party will be held to honor ------- who will retire this month.

(A) this
(B) those
(C) that
(D) it

빈칸 뒤에 「of + 복수명사」가 있으므로 이와 함께 쓰이는 대명사가 선택지에 있는지 찾아봅니다.

5 Passengers were informed that ------- of the cruises are cancelled due to heavy storms.

(A) all
(B) what
(C) no one
(D) much

DAY 03 동사의 종류

영어 문장에는 기본적으로 최소 하나 이상의 동사가 존재해야 합니다. 동사는 동작이나 상태를 나타내며, 동사의 동작이나 상태의 주체를 주어라고 합니다. 동사 뒤에는 목적어, 보어 또는 부사가 올 수 있습니다.

1 자동사

자동사는 주어 뒤에 단독으로 사용될 수 있는 1형식 자동사와 주어의 상태를 설명하는 말인 보어를 가지는 2형식 자동사로 구분합니다.

■ 단독으로 사용되는 1형식 자동사

1형식 자동사가 쓰이는 문장의 기본 구조는 「주어 + 동사」이며 동사 뒤에 목적어나 보어가 이어지지 않습니다. 대신, 상황을 보충 설명하는 부사 또는 부사 역할을 하는 전치사구가 뒤에 올 수 있습니다. 전치사구는 「전치사 + 명사」로 이루어진 구이며, 부사처럼 주로 동사를 수식합니다.

동사를 수식하는 전치사구

Mr. Simpson arrived on time.
심슨 씨는 제시간에 도착했다.

1형식 자동사의 종류

이동	go 가다 come 오다 arrive 도착하다 leave 떠나다 depart 떠나다
존재	be동사(am/is/are 등) 있다 exist 존재하다 live 살다 stay 머무르다
발생	begin 시작하다 end 끝나다 happen 발생하다 occur 발생하다
증감	increase 증가하다 decrease 감소하다 rise 상승하다 drop 하락하다
단순 행위	look 보다 work 일하다 succeed 성공하다 fail 실패하다

알맞은 단어를 고르시오.

정답 및 해설 p. 51

1 I [arrived / reached] at the concert early.
나는 콘서트장에 일찍 도착했다.

■ 주격보어를 가지는 2형식 자동사

자동사 뒤에 형용사 또는 명사가 위치하면, 그 형용사나 명사는 주어를 보충 설명하는 주격보어 역할을 합니다. 목적어가 아닌 이유는 동사의 행위 대상이 아니라 주어와 동격을 이루기 때문입니다.

주어를 보충 설명하는 보어

Your proposal **looks** interesting.
당신의 제안은 **흥미로워** 보입니다. (당신의 제안 = 흥미로운)

2형식 자동사의 종류

상태 변화	**be동사** ~이다 **become** ~이 되다, ~한 상태가 되다 **look** ~하게 보이다 **seem** ~하게 보이다 **remain** ~한 상태로 남아있다 **stay** ~한 상태로 있다 **grow** 점점 ~해지다 **get** ~해지다 **go** ~한 상태가 되다

※ be동사, look, stay, grow, remain 등 2형식 자동사는 1형식 자동사로도 사용될 수 있으며, 이때 의미가 달라지는 것 「be동사(있다), look(보다), stay(머무르다), grow(증가하다), remain(남다)」에 유의하세요.

2형식 자동사 / 주어를 보충 설명하는 보어

Mr. Song **looked** tired. 송 씨는 피곤해 **보였다**.

자동사를 수식하는 전치사구

Mr. Song **looked** at the monitor. 송 씨는 모니터를 **보았다**.

1형식 자동사

다음 문장에서 동사(went)의 종류를 고르시오.

정답 및 해설 p. 51

2 My orders went missing during shipping. [1형식 / 2형식]
내 주문품이 배송 중에 분실된 상태가 되었다.

② 타동사

타동사는 동사가 나타내는 동작 또는 상태가 영향을 미치는 대상을 가지며, 이것을 목적어라고 합니다. 목적어로는 명사, 대명사, 동명사, to부정사, 명사절이 사용될 수 있으며, '~을/를'로 해석합니다.

■ 목적어를 하나만 가지는 3형식 타동사

목적어를 하나만 가져서 「주어 + 동사 + 목적어」 구조를 이루는 동사를 3형식 타동사라고 부릅니다.

목적어

We always **have** lunch at this restaurant.
우리는 항상 이 식당에서 점심을 **먹습니다**.

목적어

The company will **hire** more staff next month.
회사는 다음달에 더 많은 직원들을 **채용할 것이다**.

목적어

We will **open** a store this month.
우리는 이달에 매장 하나를 **개장할 것입니다**.

1초 퀴즈 다음 문장에서 동사(offer)의 종류를 고르시오.

정답 및 해설 p. 51

3 We offer free shuttle service to the airport. [자동사 / 타동사]
저희는 공항으로 가는 무료 셔틀버스 서비스를 제공합니다.

■ 목적어를 두 개 가지는 4형식 타동사

사람목적어(= 간접목적어)와 사물목적어(= 직접목적어) 등 두 개의 목적어를 항상 나란히 가지는 타동사들이 있습니다. 이렇게 목적어를 2개 가져서 「주어 + 간접목적어 + 직접목적어」 구조를 이루는 동사를 4형식 타동사라고 부릅니다. 이 동사들은 사람에게 사물을 '준다'는 기본 의미를 가지기 때문에 수여동사라고도 부릅니다.

(me: 간접목적어 / this month's sales report: 직접목적어)

Ms. Gomez **sent** me this month's sales report.
고메즈 씨는 나에게 이달의 매출 보고서를 **보내주었다**.

(all employees: 간접목적어 / a big bonus: 직접목적어)

We will **offer** all employees a big bonus.
우리는 전 직원에게 큰 보너스를 **제공할 것입니다**.

4형식 타동사(= 수여동사)의 종류

수여 동사	give 주다 award 상을 주다 grant 허락하다 offer 제공하다 teach 가르쳐주다 show 보여주다 bring 가져다 주다 lend 빌려주다 send 보내주다 buy 사주다 make 만들어주다

4형식 문장은 목적어의 위치를 서로 바꾸어 3형식 구문으로 변형될 수 있습니다. 이때 간접목적어(사람명사) 앞에 전치사가 새로 추가된다는 것에 유의하세요. 이 전치사는 동사에 따라 달라집니다.

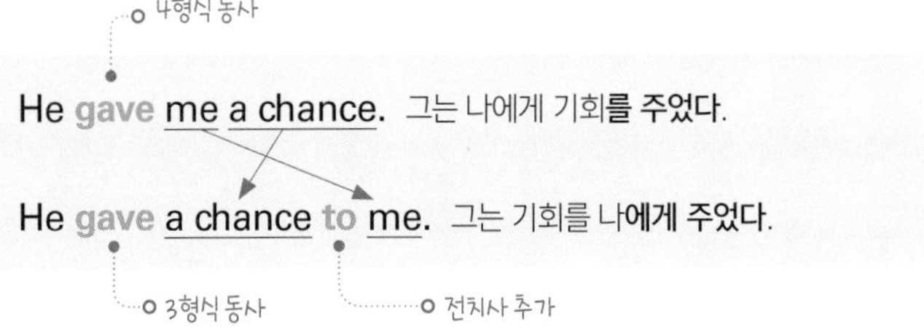

4형식 동사
He gave me a chance. 그는 나에게 기회를 주었다.
He gave a chance to me. 그는 기회를 나에게 주었다.
3형식 동사
전치사 추가

1초 퀴즈 알맞은 단어를 고르시오. 정답 및 해설 p. 51

4 If you have questions, please [occur / send] me an e-mail.
질문이 있다면, 저에게 이메일을 보내주세요.

■ 목적어와 목적격보어를 가지는 5형식 타동사

목적어로는 불충분하여 목적어를 설명하는 보어를 동시에 가져야 하는 타동사를 5형식 타동사라고 합니다. 이렇게 사용되는 보어를 목적격보어라고 하며, 주로 명사, 형용사, to부정사, 분사 등이 사용됩니다.

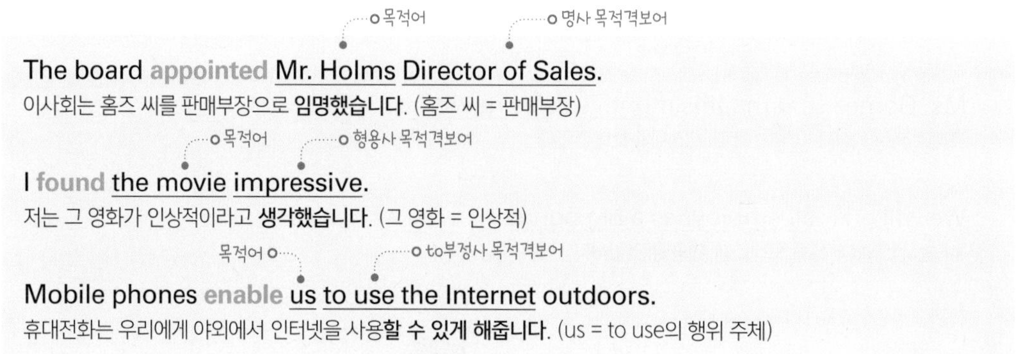

목적어
명사 목적격보어
The board **appointed** Mr. Holms Director of Sales.
이사회는 홈즈 씨를 판매부장으로 **임명했습니다**. (홈즈 씨 = 판매부장)
목적어
형용사 목적격보어
I **found** the movie impressive.
저는 그 영화가 인상적이라고 **생각했습니다**. (그 영화 = 인상적)
목적어
to부정사 목적격보어
Mobile phones **enable** us to use the Internet outdoors.
휴대전화는 우리에게 야외에서 인터넷을 사용**할 수 있게 해줍니다**. (us = to use의 행위 주체)

누워서 토익 먹기 특강 06

목적격보어의 이해

5형식 동사의 목적격보어

동사		목적어		보어
name …을 ~라고 이름 짓다 **call** …을 ~라고 부르다 **appoint** …을 ~로 임명하다	+	목적어	+	명사 보어
find …을 ~라고 생각하다 **keep** …을 계속 ~하다 **deem** …을 …라고 생각하다 **consider** …을 ~라고 여기다 **make** …을 ~로 만들다				형용사 보어
ask …에게 ~하도록 요청하다 **require** …에게 ~하도록 요구하다 **recommend** …에게 ~하도록 권하다 **advise** …에게 ~하도록 조언하다 **encourage** …에게 ~하도록 권고하다 **allow** …가 ~하도록 허용하다 **enable** …가 ~할 수 있게 하다				to부정사 보어

알맞은 단어를 고르시오. 정답 및 해설 p. 51

5 Mr. Thomson [gave / asked] me to help him.

톰슨 씨는 나에게 자신을 도와달라고 요청했다.

기출 맛보기

가이드를 따라 실제 토익 문제를 푸는 순서와 요령을 차근차근 익혀 보세요.

■ 목적어를 취하지 않는 자동사 찾기

Ms. Heggle ------- with me at a financial company before.

(A) regarded
(B) involved
(C) worked
(D) conducted

STEP 1 선택지 읽기

선택지가 모두 동사이므로 빈칸에 적합한 동사를 찾는 문제입니다. 선택지의 단어들이 각각 다른 동사이면 문장 구조에 맞는 동사를 찾아야 합니다.

Ms. Heggle ------- with me at a financial company before.
헤글 씨는 전에 나와 함께 금융회사에서 **일했다.**

STEP 2 단서 찾기

빈칸 앞에 주어 Ms. Heggle이 있고, 빈칸 뒤에 전치사 with가 이끄는 전치사구가 있습니다. 따라서 빈칸에 들어갈 동사는 목적어를 취하지 않습니다.

(A) regarded
(B) involved
(C) worked
(D) conducted

STEP 3 자동사 정답 찾기

이제 선택지에서 목적어를 취하지 않는 자동사를 고르면 되는데, 앞에서 학습한 자동사를 떠올려보면 (C) worked가 목적어를 가지지 않는 자동사인 것을 알 수 있습니다.

정답 (C)

work with ~와 함께 일하다 financial 금융의, 재정의 regard 여기다 involve 포함하다, 관여시키다 conduct 수행하다

■ 목적격보어로 to부정사를 쓰는 동사 고르기

A powerful PC would ------- employees to perform better.

(A) limit
(B) bring
(C) enable
(D) keep

STEP 1 선택지 읽기

선택지가 모두 동사이므로 빈칸에 적합한 동사를 찾는 문제입니다. 선택지의 단어들이 각각 다른 동사이면 문장 구조에 맞는 동사가 있는지 먼저 확인해야 합니다.

A powerful PC would ------- **employees to perform** better.

강력한 PC는 직원들에게 일을 더 잘하도록 **해줄 것이다**.

STEP 2 단서 찾기

빈칸 뒤에 명사 employees가 있고 그 뒤에 to부정사 to perform이 있으므로, 명사 목적어 뒤에 to부정사가 목적격보어로 쓰였음을 알 수 있습니다.

(A) limit
(B) bring
(C) enable
(D) keep

STEP 3 5형식 타동사 정답 찾기

이제 선택지에서 to부정사를 목적격보어로 취하는 5형식 타동사를 고르면 되는데, 앞에서 학습한 5형식 타동사를 떠올려보면 (C) enable이 정답인 것을 알 수 있습니다. (D) keep이 5형식 타동사이지만, 목적격보어로 to부정사가 아니라 형용사 또는 분사를 사용하므로 오답입니다.

정답 (C)

powerful 강력한 **employee** 직원 **perform** 일하다, 수행하다 **better** 더 잘, 더 좋게 **limit** 제한하다 **bring** 가져오다 **enable** …에게 ~할 수 있게 하다 **keep** 유지하다

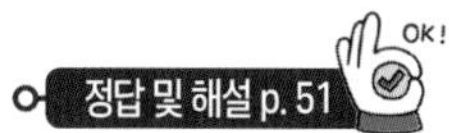

정답 및 해설 p. 51

앞에서 공부한 내용을 바탕으로 제공된 힌트를 활용하여 토익 문제를 풀어보세요.

빈칸 뒤에 목적어가 없고 전치사구만 있어요.

1 After a six-month trial of the new software, the shipping department decided to ------- to their original system.

(A) resist
(B) request
(C) recover
(D) return

빈칸은 동사 자리이고 빈칸 뒤에는 전치사구만 있어요.

2 Some of our employees will ------- to overseas offices to learn about the global market.

(A) travel
(B) visit
(C) prefer
(D) take

빈칸 뒤의 costs가 명사 목적어이므로 타동사를 찾아야 합니다.

3 Inskill Company would like to ------- costs by introducing a new packaging system.

(A) happen
(B) succeed
(C) rise
(D) reduce

빈칸 뒤에 사람명사 factory workers와 사물명사 full protection이 나란히 있네요.

4 In order to ------- factory workers full protection, management requires them to wear a hard hat.

(A) qualify
(B) equip
(C) complete
(D) give

빈칸 뒤에 목적어인 명사와 목적격보어인 형용사가 있네요

5 Mr. Lesley ------- the new software beneficial when he managed the customer database.

(A) received
(B) found
(C) renewed
(D) increased

DAY 04 동사의 특성

영어의 모든 문장에는 기본적으로 **하나 이상의 동사**가 존재하며,
두 개 이상의 동사가 쓰이려면 반드시 접속사로 연결되어야 합니다.
동사는 행위의 발생 시점에 따라 형태 변화(= **시제 변화**)를 합니다.
또한, 동사는 주어(= 행위자)의 수에 맞추어 형태 변화(=**수 일치**)하고
주어(= 행위자)와 행위 대상 사이의 관계에 따른 형태 변화(= **능동태/수동태**)
도 합니다.

1 시제

동사의 행위가 발생하는 시점을 나타내며, 크게 현재, 과거, 미래로 나뉩니다.

■ 현재시제: ~이다, ~하다

현재시제는 습관 등 반복적인 행위, 규정이나 기업 활동 등 일반적인 사실, 현재의 상태를 나타냅니다.
주어가 3인칭 단수일 때는 동사에 -s 또는 -es를 붙이는 수 일치 변화를 합니다. **현재시제를 파악하는 방법은 현재를 나타내는 부사 또는 반복 주기를 나타내는 부사가 있는지 확인하는 것**입니다.

현재시제의 정답 단서로 자주 쓰이는 부사
now(지금), always(항상), usually(일반적으로), sometimes(가끔), often(종종), frequently(종종), currently(현재), 「every + 시간명사」(~마다)

○ 주어가 3인칭 단수라서 -s 붙음
○ 반복적 행위를 나타내는 시간부사

Elsa Financial Group **holds** a staff meeting every Monday morning.
엘사 금융 그룹은 월요일 아침에 직원 회의를 **엽니다**.

알맞은 단어를 고르시오.

정답 및 해설 p. 52

1 First Bank currently [offers / offered] the best interest rates.
퍼스트 뱅크는 현재 최고의 이자율을 제공한다.

■ 과거시제: '~였다', '~했다'

과거에 발생한 행위를 말할 때 사용하는 시제입니다. 과거시제의 기본 형태는 「동사 + -(e)d」이지만, 이 규칙을 따르지 않고 특정 형태의 과거형을 가지는 불규칙 동사들은 따로 암기해야 합니다. **토익에서 과거시제를 파악하기 위해서는 과거시점을 나타내는 부사를 찾아야 합니다.**

> 과거시제의 정답 단서로 자주 쓰이는 부사
> ago(전에), yesterday(어제), 「last + 시간명사」(지난 ~에)

He **arrived** at the office early yesterday.
그는 어제 사무실에 일찍 **도착했습니다**.

She **went** on a business trip last week.
그녀는 지난주에 출장을 **떠났습니다**.

■ 미래시제: ~할 것이다

앞으로 일어날 일에 대한 계획, 의지 또는 예측을 말할 때 사용하는 시제입니다. 일반적으로 **미래를 나타내는 조동사 will과 동사원형**을 함께 써서 '~할 것이다'라는 의미를 나타냅니다. 또는 **미래조동사구 「be동사(is/am/are) + going to」와 동사원형**을 함께 사용하여 미래시제를 나타내기도 합니다. **미래시제는** 또한 **미래시점을 나타내는 부사**와 함께 사용되기도 합니다.

> 미래시제의 정답 단서로 자주 쓰이는 부사
> tomorrow(내일), later(나중에), 「next + 시점명사」(다음 ~에), 「this + 시점명사」(이번 ~에), in the future(앞으로), soon(곧), 「when/if + 현재시제」(~할 때, ~하면)

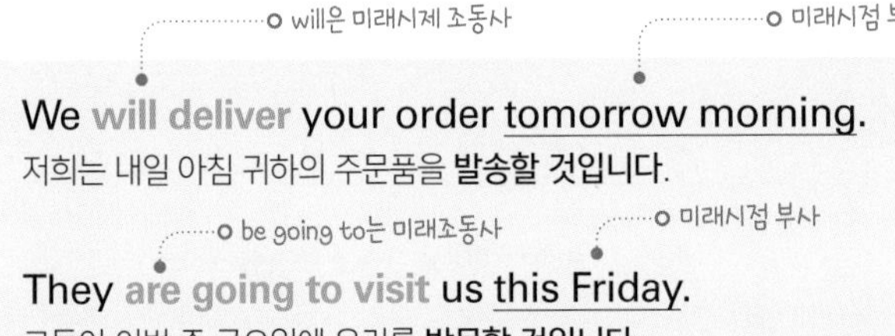

We **will deliver** your order tomorrow morning.
저희는 내일 아침 귀하의 주문품을 **발송할 것입니다**.

They **are going to visit** us this Friday.
그들이 이번 주 금요일에 우리를 **방문할 것입니다**.

알맞은 단어를 고르시오. 정답 및 해설 p. 53

2 KG Electronics [launched / will launch] a new smartphone next month.
KG전자는 다음 달에 신형 스마트폰을 출시할 것입니다.

■ 현재완료시제: ~했다(완료), ~해 왔다(계속)

완료시제는 **한 시점에 발생한 일의 상태 또는 효과가 지속되는** 것을 나타냅니다. 현재, 과거, 미래에 대해 모두 적용되지만 토익에서는 현재완료시제가 주로 출제됩니다. 현재완료시제는 「have/has p.p.(과거분사)」의 형태를 갖고 있으며, 「완료/계속/경험/결과」라는 4가지 용법이 있습니다. 이 중 토익에서는 **완료와 계속 용법이 자주 출제**되며, 각각의 용법으로 사용되는 부사를 숙지하는 것이 중요합니다.

과거시제와 현재완료시제의 차이를 구분하는 방법

과거시제	현재완료시제
과거에 시작하여 과거에 종료됨	과거에 시작하여 현재 막 완료 또는 계속됨
지난달에 그 책을 읽었어요. (지금 읽고 있지 않음)	한 달 동안 그 책을 읽고 있어요. (한 달 전에 시작하여 지금도 읽는 중)

❶ 완료: 과거에 시작된 일이 현재까지 계속되다가 방금 완료되었다는 의미입니다.

> 완료 용법의 정답 단서로 자주 쓰이는 부사
> just(방금, 막), already(이미, 벌써), yet(아직), recently(최근에)

o 완료시점 부사

Your samples **have** just **arrived**.
귀하의 샘플이 방금 **도착했습니다**.

❷ 계속: 과거에 시작된 일이 현재까지 계속되고 있다는 의미입니다.

> 계속 용법의 정답 단서로 자주 쓰이는 부사
> 「for/over + 기간」(~ 동안), 「since + 과거시점 명사」(~이후로 계속), 「since + 주어 + 과거시제」(~ 이후로 계속)

o 「for + 기간」은 '계속'을 나타내는 부사구

Mr. Shaw **has worked** for the company for 10 years.
쇼 씨는 그 회사에서 10년 동안 **일해 왔습니다**. (10년 전부터 지금까지 계속 일하고 있음)

알맞은 단어를 고르시오. 정답 및 해설 p. 53

3 We [held / have held] staff golf competitions every year since our company began.
회사가 설립된 이후, 우리는 직원 골프 대회를 매년 개최해왔습니다.

2 주어의 인칭과 수에 대한 일치

단수주어 + 단수동사

현재시제 동사는 사물주어가 단수일 때 또는 사람주어가 3인칭 단수일 때 끝에 -(e)s를 붙인 단수형으로 사용됩니다. 단수주어로는 셀 수 있는 명사의 단수 형태는 물론, 불가산명사도 포함됩니다. 또한 곧 배울 동명사, to부정사, 명사절도 주어로 쓰일 수 있는데, 이 세 가지도 단수주어로 취급합니다.

> be동사의 3인칭 단수 형태
> 현재시제(is) / 과거시제(was) / 현재완료시제(has + 과거분사)

3인칭 단수주어 / 단수동사 go + -es

Mr. Weaver goes on a business trip once a month.
위버 씨는 한 달에 한 번 출장을 **갑니다.**

단수동사 need(필요하다) + -s

Max Services needs to upgrade its system.
맥스 서비스는 자사의 시스템을 업그레이드하는 것이 **필요합니다.**

회사명 등 고유명사는 복수 형태라도 단수 취급

복수주어 + 복수동사

복수명사가 주어이며 현재시제일 경우에 동사는 복수 형태가 되어야 합니다. **복수동사 형태는 동사원형**이 사용되며, 주어가 2인칭 또는 3인칭 복수일 때 be동사로 are(현재)와 were(과거)가 사용됩니다.

be동사 3인칭 복수 / 복수주어

All workers at our factory are required to wear a helmet at all times.
우리 공장에서 일하는 모든 근로자들은 항상 헬멧을 착용해야 합니다.

> 주어와 동사 사이의 전치사구 주의
> 주어와 동사 사이에 at our factory와 같이 「전치사 + 명사」로 이루어진 전치사구가 오는 경우, 전치사 뒤에 있는 명사(factory)를 주어로 주어로 오인하여 이 명사에 동사의 수를 일치시키지 않도록 유의해야 합니다.

1초 퀴즈 알맞은 단어를 고르시오. 정답 및 해설 p. 53

4 Many employees [has / have] their lunch in the cafeteria.
많은 직원들이 구내식당에서 점심을 먹습니다.

3 능동태/수동태

태는 주어와 행위 대상 사이의 관계를 나타내며, 주어가 동사의 주체인 능동태와 주어가 동사의 행위 대상인 수동태 두 가지가 있습니다. 자동사일 경우는 무조건 능동태로 쓰이며, 목적어를 필요로 하는 타동사의 경우에 능동태와 수동태로 모두 사용 가능합니다.

■ 능동태

주어가 동사의 행위를 하는 주체인 경우이며, 타동사 구문의 기본 형태인 「주어 + 동사 + 목적어」 구조입니다.

뒤에 명사 목적어가 있으므로 타동사 predict(예측하다)는 능동태

Mr. Hawkins predicts an increase in SUV sales next year.
호킨스 씨는 내년에 SUV 차량의 매출 증가를 **예측한다**.

■ 수동태

주어가 동사의 행위대상이 되는 경우이며, 타동사의 목적어가 주어 자리로 이동하여 「주어(능동태의 목적어) + be p.p. + by + 행위자(능동태의 주어)」 구조를 지닙니다. **목적어가 없는 자동사는 수동태가 될 수 없으며, 타동사 뒤에 목적어가 없으면 수동태로 쓰여야 한다는 것을** 꼭 기억해 두세요.

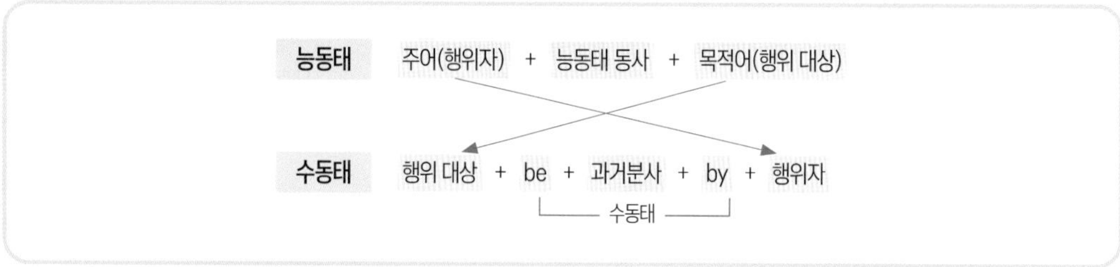

The landlord raised the rent last month. [능동]
지난달에 집주인이 집세를 **인상했다**.

The rent was raised by the landlord last month. [수동]
지난달에 집주인에 의해 집세가 **인상되었다**.

알맞은 단어를 고르시오.

정답 및 해설 p. 53

5 Mr. Mendes (hired / was hired) by our company.
멘데스 씨가 우리 회사에 채용되었습니다.

기출 맛보기

가이드를 따라 실제 토익 문제를 푸는 순서와 요령을 차근차근 익혀 보세요.

■ 알맞은 동사 시제 찾기

Many news channels ------- extensive damage in the region since the last earthquake.

(A) report
(B) will report
(C) have reported
(D) reported

STEP 1 선택지 읽기

선택지가 동사 report의 여러 시제이므로 빈칸에 적합한 시제를 찾는 문제입니다. 선택지에 여러 시제가 나와 있으면 해당 문장에서 시제의 단서가 되는 표현을 찾아봅니다.

Many news channels ------- extensive damage in the region **since the last earthquake.**

지난번 지진 이후로 여러 뉴스 채널들이 그 지역 내의 광범위한 피해를 **보도해왔다**.

STEP 2 단서 찾기

문장 맨 뒤에 since the last earthquake가 있는 것을 확인하고 「since + 과거시점(last)」 표현과 함께 쓰이는 시제가 현재완료시제라는 점을 이용합니다.

(A) report
(B) will report
(C) have reported
(D) reported

STEP 3 알맞은 시제 정답 찾기

이제 선택지에서 현재완료시제를 고르면 되는데, 현재완료시제의 형태가 「have + p.p.(과거분사)」 이므로 (C) have reported가 정답입니다.

정답 (C)

channel 방송 채널 report 보도하다, 보도 extensive 광범위한, 대규모의 damage 피해, 손상 region 지역 since ~ 이후로 (계속) last 지난번의, 마지막의 earthquake 지진

■ 동사의 알맞은 태 고르기

After this year's National Book Awards, a book signing event ------- in the Event Hall.

(A) held
(B) was held
(C) be holding
(D) have held

STEP 1 선택지 읽기

선택지에 타동사 hold의 과거시제, 과거시제 수동태, 진행형, 현재완료시제가 쓰여 있습니다. 과거시제, 진행형, 현재완료시제가 능동태이므로 능동태/수동태를 구분하는 문제입니다. 따라서, 빈칸 뒤 목적어의 유무를 확인합니다.

After this year's National Book Awards, a book signing event ------- **in the Event Hall.**

올해의 전국 도서 시상식 후에, 저자 사인회가 이벤트홀에서 **열렸다**.

STEP 2 단서 찾기

빈칸 뒤에 목적어 없이 전치사구(in the Event Hall)가 바로 이어집니다. 즉 목적어를 필요로 하는 타동사 hold의 목적어가 없는 구조이므로 hold가 수동태로 쓰여야 함을 알 수 있습니다.

(A) held
(B) was held
(C) be holding
(D) have held

STEP 3 알맞은 태 정답 찾기

선택지에서 수동태 형태는 (B) was held 밖에 없으므로 (B)가 정답입니다.

정답 (B)

after ~ 후에 award 상 book signing event 저자 사인회 hold (행사 등) ~을 열다, 개최하다(hold-held-held)

실전 감 잡기

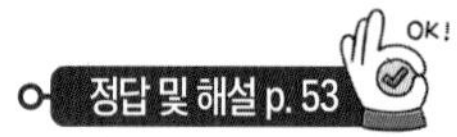

앞에서 공부한 내용을 바탕으로 제공된 힌트를 활용하여 토익 문제를 풀어보세요.

> 시점을 나타내는 부사를 통해 동사의 시제를 알 수 있습니다.

1 LightSpeed Manufacturing Inc. ------- yesterday that it will move its factories to China over the next year.
(A) announced
(B) has announced
(C) announcing
(D) announces

> 시점을 나타내는 부사를 찾아보세요.

2 Next month, the student cafeteria in the dormitory ------- closing at 6 p.m.
(A) are
(B) has been
(C) was
(D) will be

> 전치사구만으로는 주어가 될 수 없으므로 빈칸은 명사 자리이며, 동사와 수가 일치해야 합니다.

3 ------- to the Natural History Museum are asked to register in advance for the guided tour service.
(A) Visitor
(B) Visit
(C) Visitors
(D) Visited

> 선택지에 능동태/수동태가 섞여 있더라도, 시간 표현이 있다면 그것을 먼저 확인해야 합니다.

4 Café Maurice ------- a new store at Rocksville Shopping Center last week.
(A) opens
(B) is opening
(C) opened
(D) is opened

> 빈칸 앞에 be동사가 있고 빈칸 뒤에 목적어가 없는 구조입니다.

5 Please remember that all customer complaints are ------- by Ms. Hawkins in the Customer Service Center.
(A) to handle
(B) handling
(C) handled
(D) handles

DAY 05 동명사

동사에 -ing를 붙이면 그 이하 부분 전체를 하나의 명사 덩어리처럼 사용할 수 있습니다. 동명사는 명사와 마찬가지로 문장의 주어, 동사와 전치사의 목적어, 그리고 보어로 사용됩니다. 또한 동명사는 명사와 마찬가지로 소유격으로 행위 주체를 나타냅니다. 단, 동명사는 명사처럼 앞에 관사가 붙거나 수 변화를 하지 않고 항상 단수동사로 받습니다. 또한, 동명사는 부사의 수식을 받기 때문에 형용사가 앞에서 수식하지 않습니다.

1 동명사의 원리

■ 동명사의 생성 원리

명사 하나로 상황을 제대로 표현하기가 어려운 경우, 하나의 절에서 주어를 제외하고 동사에 -ing를 붙여서 통째로 명사처럼 사용하는 것을 동명사라고 합니다.

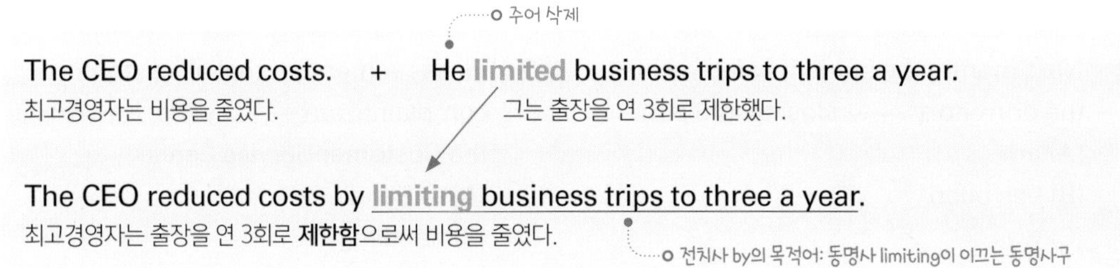

주어 삭제
The CEO reduced costs. + He limited business trips to three a year.
최고경영자는 비용을 줄였다.
그는 출장을 연 3회로 제한했다.
The CEO reduced costs by limiting business trips to three a year.
최고경영자는 출장을 연 3회로 제한함으로써 비용을 줄였다.
전치사 by의 목적어: 동명사 limiting이 이끄는 동명사구

■ 동명사 사용 시 주의사항

동명사는 동사의 성질을 유지하고 있기 때문에 동사에 따라 필요한 요소를 빠짐없이 갖추어야 합니다. 예를 들어, 목적어를 가져야 할 타동사가 동명사로 쓰인다면 반드시 뒤에 목적어가 따라와야 합니다.

타동사 build가 변화한 동명사 Building의 목적어

Building a new plant in China is the top priority for Rey Electronics.
중국에 새로운 공장을 **건설하는 것**이 레이 전자회사에게 최우선 순위이다.

알맞은 단어를 고르시오. 정답 및 해설 p. 54

1 Mr. Watson is responsible for [reporting / report] sales data.
왓슨 씨는 매출 자료를 보고하는 일을 맡고 있다.

② 동명사의 명사적 특성

동사에서 변화된 명사인 동명사는 명사가 가지는 3대 기능인 주어, 목적어, 보어로 사용할 수 있습니다. 즉 동명사는 명사로만 가능하며, 동사 역할을 하지 않습니다.

■ 주어 또는 보어로 사용

동명사가 문장 내에서 **주어로 사용되면 '~하는 것은' 또는 '~하는 것이'**라고 해석하며, **보어로 사용되는 경우 주로 be동사 뒤에 위치해 '~하는 것이다'**라고 해석합니다.

주어: 동명사 Working이 이끄는 동명사구 (~와 일하는 것)
단수동사 (동명사는 단수명사 취급)

Working with other people is always enjoyable for me.
다른 사람들과 함께 **일하는 것이** 나에게는 늘 즐겁다.

주어: 동명사 Arriving이 이끄는 동명사구 (도착하는 것)

Arriving early at the event hall is recommended.
행사장에 일찍 **도착하는 것이** 권고됩니다.
단수동사

동사를 동명사로 바꾸는 방법
arrive와 같은 동사를 동명사로 만들 때 발음되지 않는 철자 e는 생략하고 -ing를 붙입니다.
get, begin, stop 등 「모음 /a/, /e/, /i/, /o/, /u/ + 자음」으로 끝나는 동사에 -ing를 붙일 때에는 getting, beginning, stopping처럼 끝 자음을 한번 더 반복하고 -ing를 붙입니다.

2형식 동사
동명사 training이 이끄는 동명사구 (~을 교육하는 것)

His primary responsibility is **training** new employees.
그의 주된 책임은 신입사원들을 **교육하는 것이다**.

1초 퀴즈 알맞은 단어를 고르시오. 정답 및 해설 p. 54

2 [Upgrading / Upgrade] the system will improve your learning experience.
시스템을 업그레이드하는 것이 귀하의 학습 경험을 개선해줄 것입니다.

■ 전치사의 목적어로 사용

전치사는 반드시 뒤에 명사가 이어져야 합니다. 따라서 동명사도 전치사 뒤에 올 수 있습니다. **토익에서 가장 많이 사용되는 동명사 용법이 바로 전치사의 목적어 역할을 하는 것입니다.**

전치사 Before의 목적어

Before **leaving** the office, please turn all the lights off.
퇴근하기 전에 모든 전등을 끄십시오.

전치사의 목적어로 사용되는 동명사 용법은 한정되어 있기 때문에 빈출 「전치사 + 동명사」 표현들을 숙어로 암기해두는 것이 좋습니다.

look forward to + 동명사: ~하기를 고대하다 / 전치사 to의 목적어

I look forward to **hearing** from you soon.
저는 당신으로부터 곧 소식을 **듣기**를 고대합니다.

be interested in + 동명사: ~하는 것에 관심이 있다

Mr. Benson is always interested in **joining** discussions.
벤슨 씨는 언제나 토론에 **참여하는 것**에 관심이 있다.

전치사 in의 목적어

빈출 동명사 숙어

- be committed to -ing ~하는 것에 전념하다
- be dedicated to -ing ~하는 것에 전념하다
- be accustomed to -ing ~하는 것에 익숙하다
- be used to -ing ~하는 것에 익숙하다
- look forward to -ing ~하기를 고대하다
- be interested in -ing ~하는 것에 관심이 있다
- succeed in -ing ~하는 것에 성공하다
- be capable of -ing ~할 수 있다
- on[upon] -ing ~하자마자

알맞은 단어를 고르시오. 정답 및 해설 p. 54

3 We are committed to [promote / promoting] our staff's welfare.
우리는 직원들의 복지를 증진하는 것에 전념하고 있습니다.

■ 타동사의 목적어로 사용

타동사는 반드시 뒤에 명사 목적어가 이어져야 합니다. 따라서 명사와 동급인 동명사도 타동사의 목적어 자리에 올 수 있습니다. 주의해야 할 점은 동명사를 목적어로 취하는 동사가 따로 있다는 것입니다. **타동사의 목적어로 사용되는 동명사는 '~하는 것을'**이라고 해석합니다.

동명사를 목적어로 취하는 동사 / 목적어: 동명사 transferring이 이끄는 동명사구 (~로 전근하는 것)

You should consider **transferring** to the London office.
당신은 런던 지사로 **전근하는 것을 고려해야** 합니다.

동명사를 목적어로 취하는 동사 / 목적어: 동명사 paying이 이끄는 동명사구 (연체료를 지불하는 것)

Please return your book now to avoid **paying** a late fee.
연체료를 **지불하는 것을 피하기** 위해 지금 도서를 반납하십시오.

동명사를 목적어로 취하는 동사

enjoy 즐기다	mind 꺼리다	deny 부정하다	avoid 피하다
consider 고려하다	finish 끝내다	suggest 제안하다	recommend 추천하다
admit 시인하다	keep 계속 ~하다	postpone 연기하다	put off 연기하다
delay 연기하다, 지연시키다	stop 그만두다, 멈추다	give up 그만두다, 포기하다	quit 그만두다
discontinue 중단하다			

1초 퀴즈 알맞은 단어를 고르시오. 정답 및 해설 p. 54

4 Jane hasn't finished [to read / reading] the book yet.
제인은 그 책 읽기를 아직 끝마치지 않았다.

3 동명사의 동사적 특성

동명사는 동사가 가지고 있는 속성에 따라 부사의 수식을 받을 수 있고, 보어 또는 목적어를 가질 수 있습니다. 그리고 특정 전치사와 결합해 쓰이는 동사가 동명사로 바뀔 때에는 그 전치사와 결합된 상태 그대로 동명사가 되어야 합니다.

■ 동명사는 목적어 또는 보어를 가진다

o 타동사 reduced의 동명사인 reducing의 목적어

The accounting manager suggested **reducing** staff.
회계부장은 직원을 **줄이는 것을** 제안했다.

o 5형식 동사 make의 동명사인 making의 목적격보어

Making your workplace organized will increase your productivity.
업무 공간을 정돈**하는 것이** 여러분의 생산성을 증가시킬 것입니다.

■ 동명사는 부사 또는 전치사구의 수식을 받는다

o 동명사 reviewing을 수식하는 부사

After **reviewing** all the documents thoroughly, Chris signed the contract.
모든 서류를 꼼꼼하게 **검토한** 후에, 크리스는 계약서에 서명했다.

1형식 자동사 뒤에 전치사구가 이어지는 「자동사 + 전치사 + 목적어」의 구조일 때, 이 자동사가 동명사로 변하면 그 뒤에 위치한 「전치사 + 목적어」 구조 즉, 전치사구도 그대로 유지되어야 합니다.

o 동명사 consulting을 수식하는 전치사구

Mr. Peterson made his decision after **consulting** with his lawyer.
피터슨 씨는 변호사와 **상담한** 후에 결정을 내렸다.

o consult with: ~와 상담하다

알맞은 단어를 고르시오.

정답 및 해설 p. 55

5 Examine the product after [receipt / receiving] the delivery.
배송품을 받은 후에 제품을 검사하시기 바랍니다.

맛보기 기출

가이드를 따라 실제 토익 문제를 푸는 순서와 요령을 차근차근 익혀 보세요.

■ 주어 자리에 동명사 넣기

------- a passport is recommended when you travel from the U.S. to Canada.

(A) Carry
(B) Carrying
(C) Carried
(D) Carries

STEP 1 선택지 읽기

선택지가 모두 동사 carry의 여러 형태이므로 빈칸에 적합한 문법적인 형태를 찾는 문제입니다. 선택지의 단어들이 같은 동사의 여러 형태라면 빈칸의 앞뒤 구조를 먼저 확인해야 합니다.

------- **a passport is recommended** when you travel from the U.S. to Canada.

미국에서 캐나다로 여행을 갈 때, 여권을 **갖고 가는 것이** 권장된다.

STEP 2 단서 찾기

빈칸 뒤에 명사 a passport가 있고, 그 뒤에 '동사, is recommended'가 있습니다. 따라서 동사 앞에 위치한 「빈칸 + a passport」가 주어 역할을 해야 합니다.

(A) Carry
(B) Carrying
(C) Carried
(D) Carries

STEP 3 동명사 정답 찾기

타동사 carry가 a passport를 목적어로 취하면서 문장의 주어 역할을 하려면 동명사로 변해야 하므로 동명사 형태인 (B) Carrying이 정답입니다.

정답 (B)

carry 가지고 다니다 **passport** 여권 **recommend** 권장하다, 추천하다 **travel** 여행하다, 이동하다

■ 목적어 자리에 동명사 넣기

Ms. Elliot is responsible for ------- personal information into the database system.

(A) to enter
(B) enters
(C) entrance
(D) entering

STEP 1 선택지 읽기

선택지가 모두 enter의 여러 형태이므로 빈칸에 적합한 문법적인 형태를 찾는 문제입니다. 선택지의 단어들이 같은 동사의 여러 형태라면 빈칸의 앞뒤 구조를 먼저 확인해야 합니다.

Ms. Elliot is responsible **for** ------- **personal information** into the database system.

엘리엇 씨는 데이터베이스 시스템에 개인 정보를 **입력하는 것**을 책임지고 있다.

STEP 2 단서 찾기

빈칸 앞에 전치사 for가 있고, 빈칸 뒤에는 personal information이라는 명사가 있으므로 빈칸은 personal information을 목적어로 취하면서 전치사 for의 목적어 역할을 할 수 있는 동명사가 위치해야 한다는 것을 알 수 있습니다.

(A) to enter
(B) enters
(C) entrance
(D) entering

STEP 3 동명사 정답 찾기

선택지에서 동명사인 (D) entering을 정답으로 고릅니다. (C) entrance는 명사로서 바로 뒤에 목적어를 가질 수 없으므로 오답입니다.

정답 (D)

be responsible for ~을 책임지다 enter 입력하다 personal 개인적인 information 정보

실전 감 잡기

정답 및 해설 p. 55

앞에서 공부한 내용을 바탕으로 제공된 힌트를 활용하여 토익 문제를 풀어보세요.

선택지가 모두 동사이므로, 목적어로 동명사 형태를 사용하는 동사를 찾아야 해요.

1 We always ------- having you come to our convention.

(A) ask
(B) hope
(C) agree
(D) enjoy

선택지가 모두 동사의 ing형이고 빈칸 앞은 be동사(is)입니다. 그렇다면, 빈칸 뒤의 taking은 빈칸에 들어갈 동사의 목적어 역할을 하는 동명사랍니다.

2 Ms. Hubbert is ------- taking a long holiday this summer.

(A) considering
(B) thinking
(C) hoping
(D) planning

전치사의 목적어이면서 명사 목적어를 가질 수 있는 형태는 무엇일까요?

3 Before ------- the workplace, you have to read these guidelines carefully.

(A) enter
(B) enters
(C) entrance
(D) entering

전치사와 명사 사이에 빈칸이 있어요. 그리고 수동태는 목적어를 가지지 않아요.

4 We are planning on ------- a new plant to increase production.

(A) built
(B) build
(C) building
(D) being built

빈칸 앞에 전치사 of가 있고 빈칸 뒤에는 it이라는 목적격 대명사가 있어요.

5 We will return your dry cleaning within 2 days of ------- it.

(A) receiving
(B) receive
(C) received
(D) will receive

DAY 06 분사

1 분사의 종류

동사에 -ing 또는 -ed를 붙여서 만드는 분사는 형용사 역할을 합니다. 즉, **분사는 기본적으로 명사를 수식**하는데, 수식하는 명사와의 관계에 따라 두 가지 유형으로 나뉩니다.

■ 능동 관계를 나타내는 현재분사: 동사원형 + -ing(~하는)

현재분사는 수식하는 명사가 행위 주체(~하는)인 능동 관계를 나타냅니다.

(growing: 현재분사 / profits: 증가하는 행위 주체(growing의 주어))

We enjoyed growing profits last quarter.

우리는 지난 분기에 **증가하는** 수익을 누렸다.

토익에서 자주 출제되는 현재분사 형용사		
charming 매력적인	changing 변하는	departing 떠나는
leading 일류의, 선두의	remaining 남아 있는	surrounding 주위의

■ 수동 관계를 나타내는 과거분사: 동사원형 + -ed(~된)

과거분사는 수식받는 명사가 행위 대상(~된, ~ 당하는)인 수동 관계를 나타냅니다.

(hired: 과거분사 / employees: 분사가 수식하는 명사)

We have planned an orientation for the newly hired employees.

우리는 새로 **채용된** 직원들을 위한 오리엔테이션을 계획해 두었습니다.

토익에서 자주 출제되는 과거분사 형용사		
attached 첨부된	detailed 상세한	limited 제한된
proposed 제안된	priced 가격이 매겨진	revised 개정된

알맞은 단어를 고르시오. 정답 및 해설 p. 56

1 There is an [increasing / increase] demand for wearable devices.
몸에 착용하는 기기들에 대한 증가하는 수요가 존재합니다.

② 분사의 기능

분사는 동사를 형용사로 사용하기 위해 변화된 것이므로 **형용사처럼 명사를 수식**할 수 있습니다. 즉, 분사는 명사를 앞뒤에서 수식하거나 **2형식/5형식 동사의 보어 역할**을 합니다.

■ 명사를 수식하는 형용사 역할

일반적으로 분사는 명사를 앞에서 수식합니다.

ㅇ 자동사 come의 현재분사
ㅇ 분사가 수식하는 명사

Today, Palmer Industry will announce its goals for the coming year.

오늘, 파머 인더스트리 사가 **다가오는** 해에 대한 목표를 발표할 것이다.

2단어 이하의 분사는 명사를 앞에서 수식하며, 부속 요소가 역순으로 배치됩니다.

ㅇ 원래 어순은 growing rapidly (빠르게 성장하는)

Artificial intelligence is a rapidly growing field.

인공 지능은 **빠르게 성장하는** 분야이다.

3단어 이상의 긴 분사구는 명사를 뒤에서 수식하며, 일반적인 어순을 그대로 사용합니다.

ㅇ remaining으로 시작하는 분사구

Guests remaining after the seminar will receive a special gift box.

세미나 후에 남아 있는 손님들은 특별 선물 상자를 받으실 것입니다.

■ 보어의 역할

분사는 2형식 문장의 주격보어와 5형식 문장의 목적격보어로 사용될 수 있습니다.

2형식 동사 ㅇ
ㅇ 과거분사 closed: 닫힌 (주격보어)

The front door of the building should remain closed.
건물 정문은 계속 **닫혀 있어야** 한다.

ㅇ 5형식 동사 ㅇ 목적어 ㅇ 과거분사 stocked: 비축된 (목적격보어)

We always keep office supplies stocked in the warehouse.
저희는 항상 사무용품들을 창고에 **비축된 상태로 유지합니다**.

알맞은 단어를 고르시오. 정답 및 해설 p. 56

2 We need [update / updated] documents before starting a meeting.
우리는 회의를 시작하기 전에 업데이트된 문서들이 필요합니다.

3 감정동사의 분사형

감정동사는 타동사로서 '사람에게 감정을 느끼게 만들다'라는 의미를 가지고 있습니다. 따라서, 이 **감정동사의 현재분사는 '감정을 유발하는'**이라는 **능동의 의미**를, 그리고 **과거분사는 '감정을 느낀'**이라는 **수동의 의미**를 나타냅니다.

■ 감정동사의 현재분사/과거분사

감정동사의 현재분사는 감정을 일으키는 원인인 **사물명사**를 수식하거나 보충 설명합니다. 반면에, **과거분사**는 주로 감정을 느끼는 **사람명사 또는 대명사**를 수식하거나 보충 설명합니다.

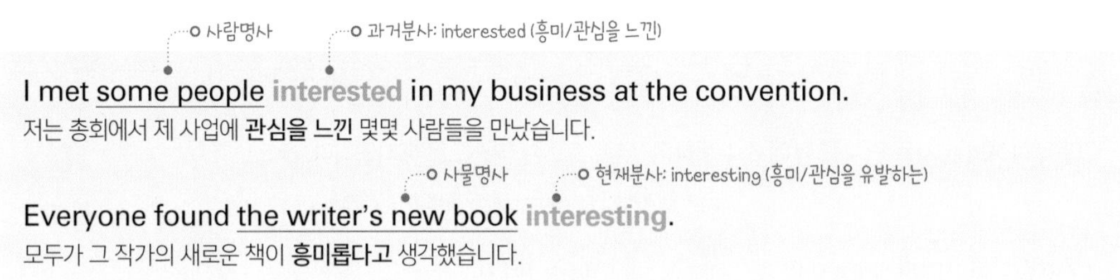

사람명사
과거분사: interested (흥미/관심을 느낀)
I met some people interested in my business at the convention.
저는 총회에서 제 사업에 관심을 느낀 몇몇 사람들을 만났습니다.
사물명사
현재분사: interesting (흥미/관심을 유발하는)
Everyone found the writer's new book interesting.
모두가 그 작가의 새로운 책이 흥미롭다고 생각했습니다.

■ 자주 쓰이는 감정동사의 분사형

감정동사	현재분사: 사물(감정 유발 주체) 수식	과거분사: 사람 수식
excite 흥분시키다, 들뜨게 하다	exciting 흥분시키는, 들뜨게 하는	excited 흥분한, 들뜬
surprise 놀라게 하다	surprising 놀라게 하는	surprised 놀란
satisfy 만족시키다	satisfying 만족시키는, 만족스러운	satisfied 만족한, 만족을 느낀
disappoint 실망시키다	disappointing 실망시키는	disappointed 실망한, 실망을 느낀
please 기쁘게 하다	pleasing 기쁘게 하는	pleased 기쁜

알맞은 단어를 고르시오.

정답 및 해설 p. 56

3 Kevin was [surprised / surprising] when he was announced as a winner.
케빈은 자신이 수상자로 발표되었을 때 놀랐다.

기출 맛보기

가이드를 따라 실제 토익 문제를 푸는 순서와 요령을 차근차근 익혀 보세요.

■ 알맞은 분사 넣기

You can purchase the ticket in advance at a ------- price online.

(A) reduce
(B) reduced
(C) reducing
(D) reduction

STEP 1 선택지 읽기

선택지가 모두 동사 reduce의 여러 형태이므로 빈칸에 적합한 문법적인 형태를 찾는 문제입니다. 선택지의 단어들이 동사의 여러 형태라면 빈칸의 앞뒤 구조를 먼저 확인해야 합니다.

You can purchase the ticket in advance **at a ------- price** online.

여러분은 온라인에서 **할인된** 가격으로 티켓을 미리 구매할 수 있습니다.

STEP 2 단서 찾기

빈칸 뒤에 price라는 명사가 있고, 빈칸 앞에는 전치사 at이 있으므로 빈칸에는 명사를 수식할 형용사가 필요합니다. 그런데, 선택지에 형용사가 없으므로 형용사 역할을 하는 분사를 선택하면 되는데, 선택지에 분사가 두 개 있습니다.

(A) reduce
(B) reduced
(C) reducing
(D) reduction

STEP 3 분사 정답 찾기

분사를 고를 때는 분사와 명사 사이의 의미 관계를 고려해야 합니다. 티켓 가격(price)은 사람에 의해 '할인되는' 대상이므로 수동 의미를 나타내는 과거분사 (B) reduced가 정답입니다.

정답 (B)

purchase 구매하다 in advance 미리, 사전에 reduced 할인된, 감소된 price 가격 online 온라인에서 reduce 감소시키다, 할인하다 reduction 할인, 감소

■ 알맞은 감정동사의 분사형 넣기

Remax Corporation's profits for this year are -------.

(A) disappointing
(B) disappointed
(C) disappoint
(D) disappoints

STEP 1 선택지 읽기

선택지가 모두 동사 disappoint의 여러 형태이므로 빈칸에 적합한 문법적인 형태를 찾는 문제입니다. 선택지의 단어들이 동사의 여러 형태라면 빈칸의 앞뒤 구조를 먼저 확인해야 합니다.

Remax Corporation's **profits** for this year **are** -------.

리맥스 사의 올해 수익은 **실망스럽다**.

STEP 2 단서 찾기

빈칸 앞에 be동사 are가 있으므로 빈칸은 주격보어, 즉 형용사 자리이고, 동사가 형용사처럼 쓰이려면 분사의 형태가 되어야 합니다. 그런데 선택지에 두 개의 분사가 있습니다. 감정동사의 분사를 고를 때는, 수식하고 있는 명사가 사물인지 사람인지 파악해야 합니다.

(A) disappointing
(B) disappointed
(C) disappoint
(D) disappoints

STEP 3 분사 정답 찾기

빈칸은 be동사 are 뒤에 위치한 주격보어 자리이고, 이 보어가 수식/설명하고 있는 명사는 주어인 profits입니다. profits는 사물명사, 즉 감정을 유발하는 주체입니다. 따라서 현재분사인 (A) disappointing이 정답입니다.

정답 (A)

corporation 기업, 회사 profit 수익 disappointing 실망시키는 disappointed 실망한 disappoint 실망시키다

정답 및 해설 p. 56

앞에서 공부한 내용을 바탕으로 제공된 힌트를 활용하여 토익 문제를 풀어보세요.

빈칸 뒤 gas prices라는 명사를 수식할 단어를 찾으세요.

1 Despite ------- gas prices, more people drive to work.

(A) rising
(B) rose
(C) risen
(D) rises

정관사 the와 명사 instructions 사이에 위치한 빈칸은 명사를 수식할 수 있는 단어가 필요한 자리예요.

2 Please carefully follow the ------- instructions if you want a refund on the electric hairdryer.

(A) attach
(B) attaches
(C) attached
(D) to attach

두 개의 분사 중 하나를 고를 때는 수식하는 명사와의 의미 관계를 확인하세요.

3 The ------- product catalog contains the full range of Harry's Hardware merchandise.

(A) revision
(B) revising
(C) revised
(D) revise

감정동사의 분사형을 고를 때는 수식하는 명사가 사람명사인지 사물명사(감정을 유발하는 주체)인지 확인하세요.

4 The results of the customer satisfaction survey show that customers are ------- with our services.

(A) satisfy
(B) satisfied
(C) satisfying
(D) satisfies

should contact라는 문장의 주 동사가 있으므로 완전한 동사 형태는 정답이 될 수 없습니다.

5 Anyone ------- to attend the marketing workshop next week should contact Mr. Lopez.

(A) have wished
(B) wishes
(C) wishing
(D) is wishing

DAY 07 to부정사

동사를 변형해 명사, 형용사, 부사 등 다양한 용도로 사용하기 위한 형태입니다. 동사원형 앞에 to를 붙인 형태이며, **동사의 성질을 그대로 유지합니다.** 명사를 수식하는 형용사 역할도 하는데, 이때 명사를 앞에서 수식하지 못합니다.

1 to부정사의 명사 역할

to부정사는 문장에서 **명사 역할**을 할 수 있습니다. 따라서 **문장의 주어, 목적어, 보어 자리**에 올 수 있습니다. 그런데 토익에서는 주어 자리에 거의 사용되지 않으며, 주로 목적어나 보어로 출제됩니다. 특히 타동사의 목적어 자리에 to부정사가 오는 경우에는 이 타동사가 wish, decide, plan 등 특정 동사일 때만 가능합니다.

to부정사를 목적어로 가지는 토익 빈출 동사

want 원하다	wish 원하다	would like 원하다
plan 계획하다	need 필요하다	promise 약속하다
decide 결정하다	hope 희망하다	intend 의도하다

타동사 decide의 목적어: expand(확장하다)

The Campton Hotel Group decided **to expand** into China next year.
캠튼 호텔 그룹은 내년에 중국으로 사업을 **확장하기로** 결정했다.

be동사 is의 주격보어: goal = to buy

Jason's goal is **to buy** an electric car.
제이슨의 목표는 전기자동차를 **구입하는 것이다.**

알맞은 단어를 고르시오.

정답 및 해설 p. 57

1 Jenny plans [to have / having] a long vacation.
제니는 긴 휴가를 가려고 계획한다.

2 to부정사의 형용사 역할

to부정사는 명사를 수식하는 **형용사 역할**을 할 수 있는데, 이때 명사 뒤에만 위치합니다. to부정사는 chance, opportunity, effort, plan 등 **특정 명사를 주로 수식**하므로 이 명사들을 잘 기억해두는 것이 좋습니다.

to부정사의 수식을 받는 명사

opportunity 기회	chance 기회	way 방법
effort 노력	plan 계획	right 권리
time 시간	ability 능력	decision 결정

형용사 역할을 하는 to부정사는 수식하는 명사의 의미에 따라 다르게 해석됩니다.

Mr. Thompson announced his decision to resign as CEO.
톰슨 씨는 최고경영자 자리에서 물러나겠다는 결정을 발표했다.

effort to do: ~하기 위한 노력

They have made every effort **to keep** the lead in the market.
그들은 시장에서 우위를 **유지하기 위한** 모든 노력을 다해왔다.

chance to do: ~할 수 있는 기회

Now we have a chance **to increase** our market share by 50%.
현재 우리는 시장 점유율을 50퍼센트나 **늘릴 수 있는** 기회를 가지고 있다.

time to do: ~할 수 있는 시간

Thank you so much for taking the time **to visit** our office.
저희 사무실을 **방문할** 시간을 내주셔서 대단히 감사합니다.

1초 퀴즈 알맞은 단어를 고르시오. 정답 및 해설 p. 57

2 Ms. Wilson made her final decision to [move / moving] to a rival company.
윌슨 씨는 경쟁사로 옮기겠다는 최종 결정을 내렸다.

③ to부정사의 부사 역할

to부정사는 **부사처럼 형용사를 수식**할 수도 있습니다. 형용사를 수식할 때 to부정사의 위치는 형용사 뒤입니다. to부정사는 문장부사처럼 **문장 전체를 수식할 수 있으며, 이 경우 목적을 나타냅니다.** 문장 전체를 수식하는 경우, to부정사는 문장 맨 앞에 혹은 맨 뒤에 위치합니다.

■ 형용사를 수식

형용사 ready를 수식

The marketing team is ready **to launch** a nationwide advertising campaign.
마케팅 팀은 전국적인 광고 캠페인을 **시작할 준비가 되어 있다.**

토익에 나오는 「형용사 + to부정사」 표현

be likely + to부정사 ~할 것 같다, ~할 가능성이 있다	be able + to부정사 ~할 수 있다
be eager + to부정사 ~하기를 간절히 바라다	be willing + to부정사 기꺼이 ~하다
be ready + to부정사 ~할 준비가 되어 있다	be eligible + to부정사 ~할 자격이 있다
be hesitant + to부정사 ~하는 것을 망설이다	

■ 문장을 수식

to부정사가 문장 전체를 수식하는 경우에는 '~하기 위해'처럼 목적의 의미로 해석됩니다.

부사 역할: 문장 전체 수식

To meet increasing demand, we are going to hire more factory workers.

늘어나는 수요를 **맞추기 위해**, 우리는 더 많은 공장 근로자들을 고용할 계획이다.

알맞은 단어를 고르시오. 정답 및 해설 p. 57

3 Joanne is eligible [to receive / receive] one month of paid leave.
조앤은 한 달의 유급 휴가를 받을 자격이 있다.

기출 맛보기

가이드를 따라 실제 토익 문제를 푸는 순서와 요령을 차근차근 익혀 보세요.

■ to부정사를 목적어로 가지는 동사

Lisa needs ------- a wooden case for packaging before Friday.

(A) order
(B) ordered
(C) ordering
(D) to order

STEP 1 선택지 읽기

선택지가 기본 단어 order를 바탕으로 하는 여러 형태이므로 빈칸에 적합한 형태를 찾는 문제입니다. 선택지의 단어들이 동사의 여러 형태라면 빈칸의 앞뒤 구조를 먼저 확인해야 합니다.

Lisa **needs** ------- a wooden case for packaging before Friday.

리사는 포장용 나무상자를 금요일 전에 **주문할** 필요가 있다.

STEP 2 단서 찾기

빈칸 앞에 위치한 동사 needs는 to부정사를 목적어로 삼는 동사입니다.

(A) order
(B) ordered
(C) ordering
(D) to order

STEP 3 to부정사 정답 찾기

따라서 to부정사의 형태를 갖춘 (D) to order가 정답이 됩니다.

정답 (D)

order 주문하다 wooden 나무의, 나무로 된 case 상자, 케이스 packaging 포장

PART 5 PART 6 PART 7

■ to부정사의 수식을 받는 명사

All staff members have made a lot of effort ------- hospital services.

(A) will improve
(B) to improve
(C) improved
(D) improvement

STEP 1 선택지 읽기

선택지가 기본 단어 improve를 바탕으로 하는 여러 형태이므로 빈칸에 적합한 형태를 찾는 문제입니다. 선택지의 단어들이 동사의 여러 형태라면 빈칸의 앞뒤 구조를 먼저 확인해야 합니다.

All staff members have made a lot of effort ------- hospital services.

모든 직원들이 병원 서비스를 **개선하려는** 많은 노력을 하고 있다.

STEP 2 단서 찾기

빈칸 앞에 '노력'을 의미하는 명사 effort가 쓰여 있는데, effort는 to부정사의 수식을 받는 명사입니다.

(A) will improve
(B) to improve
(C) improved
(D) improvement

STEP 3 to부정사 정답 찾기

따라서 정답은 to부정사 형태인 (B) to improve 입니다.

정답 (B)

staff members 직원들 a lot of effort 많은 노력을 하다 improve 개선하다, 향상시키다 hospital 병원 improvement 개선, 향상

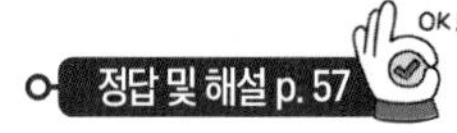

앞에서 공부한 내용을 바탕으로 제공된 힌트를 활용하여 토익 문제를 풀어보세요.

빈칸 앞의 동사는 to부정사를 목적어로 가지는 plan이며, 빈칸 앞에 이미 to가 있어요.

1 Prime Bank is planning to ------- stocks in several international firms.

(A) purchased
(B) purchases
(C) purchasing
(D) purchase

빈칸 앞의 동사 expect가 가지는 목적어 형태가 무엇일까요?

2 Mr. Dawson expects ------- the financial manager position this month.

(A) fill
(B) filling
(C) to fill
(D) fills

빈칸 앞에 위치한 명사 opportunity를 수식할 수 있는 동사의 형태를 생각해 보세요.

3 The research will give our team an opportunity ------- the most advanced eco-friendly technology.

(A) to develop
(B) develops
(C) will develop
(D) had developed

주어와 동사를 모두 갖춘 문장 전체를 앞에서 수식할 수 있는 것이 무엇일까요?

4 ------- a longer lifespan for your appliances, only authorized parts should be used when you make repairs.

(A) Ensure
(B) Ensures
(C) To ensure
(D) Ensured

수동태와 연결되는 동사 형태는 숙어로 암기해 두세요.

5 Passengers are reminded ------- the carry-on packing list before leaving home.

(A) check
(B) checks
(C) to check
(D) checking

DAY 08 형용사/부사

1 형용사의 역할과 위치

형용사는 **사람 또는 사물의 성질이나 상태**를 나타내는 단어입니다. **명사를 앞뒤에서 수식**하기도 하고, 2형식/5형식 동사 뒤에서 **주어 또는 목적어를 보충 설명하는 보어의 역할**도 합니다.

■ 명사 수식

형용사는 명사 앞 또는 뒤에 위치하여 명사를 수식합니다.

명사 앞에 위치한 형용사: 최근의, 최신의

Our latest advertising campaign was successful.
우리의 **최근** 광고 캠페인은 성공적이었습니다.

■ 2형식 동사의 주격보어 또는 5형식 동사의 목적격보어

- 주어 + 2형식 동사 + 주격보어(=형용사) [주어 = 보어]
- 주어 + 5형식 동사 + 목적어 + 목적격보어(=형용사) [목적어 = 보어]

2형식 동사 / 주격보어

Today's interviewee seems very knowledgeable.
오늘의 면접자는 매우 **박식한** 것처럼 보인다. (면접자 = 박식한)

5형식 동사 / 목적어 / 목적격보어

Everyone considers our new product successful.
모두가 우리 신제품이 **성공적**이라고 생각합니다. (신제품 = 성공적)

알맞은 단어를 고르시오.

정답 및 해설 p. 58

1 All [qualified / qualification] applicants will be considered for the position.
자격을 갖춘 모든 지원자들이 그 자리에 대해 검토될 것입니다.

❷ 부사의 역할과 위치

정도나 방법을 나타내기도 하고 상태를 **강조**하기도 하는 부사는 **동사, 형용사, 부사, 전치사구, 또는 문장 전체를 수식**할 수 있습니다.

■ 동사 수식

부사는 동사를 앞, 뒤, 또는 중간에서 수식합니다. 단, 타동사일 때는 목적어 뒤에 위치합니다.

동사를 앞에서 수식

People can easily understand the procedure.

사람들이 그 절차를 **쉽게 이해할** 수 있습니다.

■ 형용사 수식

부사는 형용사의 앞 또는 뒤에 위치하여 형용사를 수식합니다.

형용사를 앞에서 수식

Mr. Miller's paintings have become increasingly popular.

밀러 씨의 그림이 **점점 더 인기 있는** 상태가 되었습니다.

■ 다른 부사 수식

부사는 다른 부사를 수식하여 그 의미를 강조합니다.

다른 부사를 강조 수식

Ms. Clark is studying very hard to pass the exam.

클라크 씨는 시험에 합격하기 위해 **매우 열심히** 공부하고 있다.

■ 전치사구를 수식

전치사구를 수식

The course is designed only for university students.

그 강좌는 **오직 대학생만을 위해** 기획되었습니다.

알맞은 단어를 고르시오.

정답 및 해설 p. 58

2 We are [conveniently / convenient] located near the station.

저희는 역 근처에 편리하게 위치해 있습니다.

3 형용사와 부사의 형태

■ 형용사는 동사나 명사에 -able, -ive, -al, -ic, -ful 등의 어미를 붙입니다.

동사를 변형하는 경우			
-able	preferable 더 좋은	reusable 재사용 가능한	avoidable 피할 수 있는
-ive	creative 창의적인	aggressive 공격적인	extensive 넓은

명사를 변형하는 경우			
-al	traditional 전통적인	formal 공식적인	managerial 관리의
-ic	fantastic 환상적인	scientific 과학적인	economic 경제의
-ful	beautiful 아름다운	successful 성공적인	wonderful 훌륭한

■ 부사는 형용사에 -ly를 붙여서 만듭니다.

형용사 + -ly = 부사	easily 쉽게	correctly 정확하게	approximately 대략
	usually 보통	conveniently 편리하게	creatively 창의적으로
예외적인 형태	well 잘	soon 곧	very 매우

■ 형용사와 부사가 동일한 형태

형용사 = 부사		
fast 빠른/빠르게	deep 깊은/깊게	late 늦은/늦게
hard 열심인/열심히	enough 충분한/충분히	early 이른/일찍

■ 명사 + -ly = 형용사 (부사 아님)

-ly로 끝나는 형용사 (명사 + -ly)		
daily 매일의	lovely 사랑스러운	costly 비용이 비싼
weekly 매주의	timely 제시간에 맞춘	friendly 친근한

알맞은 단어를 고르시오. 정답 및 해설 p. 59

3 Applicants should have 10 years of [managerial / manager] experience.
지원자들은 10년의 관리직 경력을 지녀야 합니다.

기출 맛보기

가이드를 따라 실제 토익 문제를 푸는 순서와 요령을 차근차근 익혀 보세요.

■ 명사 앞에 형용사 넣기

Employees should back up their files on a ------- basis.

(A) regularly
(B) regular
(C) regularity
(D) regularize

STEP 1 선택지 읽기

선택지가 모두 regular의 여러 형태이므로 빈칸에 적합한 문법적인 형태를 찾는 문제입니다.

Employees should back up their files on **a** ------- **basis**.

직원들은 **주기적으로** 각자의 파일을 백업해야 한다.

STEP 2 단서 찾기

빈칸 앞에 부정관사 a가, 빈칸 뒤에는 명사 basis가 있으므로, 빈칸은 명사를 앞에서 수식하는 형용사 자리입니다.

(A) regularly
(B) regular
(C) regularity
(D) regularize

STEP 3 형용사 정답 찾기

선택지에서 형용사는 -ar로 끝나는 regular이므로 (B) regular가 정답이 됩니다.

정답 (B)

back up (파일 등) 백업하다 **on a regular basis** 주기적인 방식으로 **regularly** 주기적으로 **regular** 주기적인 **regularity** 주기적임 **regularize** 조직화하다

■ 동사 앞에 부사 넣기

Passengers ------- complained about the delayed departure.

(A) form
(B) forms
(C) formal
(D) formally

STEP 1 선택지 읽기

선택지가 form의 여러 형태이므로 빈칸에 적합한 문법적인 형태를 찾는 문제입니다.

Passengers ------- complained about the delayed departure.
승객들이 지연된 출발에 대해 **정식으로** 불만을 제기했다.

STEP 2 단서 찾기

빈칸 앞에 주어가 있고 빈칸 뒤에는 동사가 있습니다. 주어와 동사 사이는 동사를 수식하는 부사 자리입니다.

(A) form
(B) forms
(C) formal
(D) formally

STEP 3 부사 정답 찾기

선택지에서 부사를 고를 때는 먼저 부사의 기본 형태인 -ly를 찾습니다. 선택지에 -ly로 끝나는 formally가 있으므로 (D) formally가 정답입니다.

정답 (D)

이 단어만은 꼭!

passenger 승객 complain 불만을 제기하다, 불평하다 formally 공식적으로 delayed 지연된 departure 출발 form 서식, 형성하다 formal 공식적인

실전 감 잡기

정답 및 해설 p. 59

앞에서 공부한 내용을 바탕으로 제공된 힌트를 활용하여 토익 문제를 풀어보세요.

명사 앞에는 동사 또는 형용사가 올 수 있어요.

1 Our recipes will surely enable you to make healthy and tasty meals with ------- effort.

(A) minimize
(B) minimizes
(C) minimal
(D) minimally

「동사 + 목적어」 사이에는 목적어를 꾸며주는 단어가 필요해요.

2 Employees at Ernest Airlines receive ------- support for their overseas assignments.

(A) extend
(B) extensive
(C) extensively
(D) extends

「동사 + 목적어」 뒤에는 동사를 꾸며주는 단어가 필요해요.

3 Mr. Hamilton visits the sales offices ------- to understand market trends.

(A) regularly
(B) regular
(C) regularize
(D) regulation

현재진행시제인 「be동사 + 현재분사」 구조에서 현재분사 앞에는 동사를 꾸며주는 단어가 필요해요.

4 The Samuelson Group is ------- marketing its products overseas.

(A) aggression
(B) aggressive
(C) aggressively
(D) aggressor

동사 뒤에는 목적어인 명사 또는 부사가 올 수 있어요.

5 You will work ------- with Mr. Perry if you are selected for this job.

(A) close
(B) closed
(C) closing
(D) closely

DAY 09 접속사

문장에서 두 가지 동일한 요소를 연결하는 접착제 역할을 하는 접속사는 연결하는 의미 관계에 따라 **대등한 관계로 연결하는 등위접속사**, 그리고 **하나의 절을 다른 절의 부속 요소로 만드는 종속접속사**로 나뉘어집니다.

1 등위접속사

등위접속사는 단어-단어, 구-구, 또는 절-절 등 문법적으로 대등한 문장 요소들을 연결합니다. 연결 요소가 단어인 경우에는 동일한 품사를 연결하는 것이 원칙입니다. 즉, 명사와 명사를 연결하며, 명사와 형용사를 연결하지는 않습니다.

등위접속사

토익에 잘 나오는 등위접속사

A and B	A 그리고 B	A와 B를 순차적으로 연결
A but B	A 하지만 B	A와 B를 상반된 의미 관계로 연결
A or B	A 또는 B	A와 B 중에서 하나를 선택

단어(명사) 단어(명사)

You should bring the item **and** the receipt to get a refund.
환불 받으시려면, **제품과 영수증**을 가지고 오셔야 합니다.

1초 퀴즈 알맞은 단어를 고르시오. 정답 및 해설 p. 60

1 I called Mr. Flint last night, [and / but] he didn't answer.
내가 어젯밤에 플린트 씨에게 전화했지만, 그는 받지 않았다.

② 상관접속사

등위접속사의 의미를 강조하기 위해 등위접속사로 연결되는 두 요소 앞에 부사를 추가하여 사용하는 경우에, 이 부사와 등위접속사를 합쳐서 상관접속사라고 부릅니다. **상관접속사는 짝으로 사용되는 부사와 등위접속사가 정해져 있으며**, 반드시 이 짝에 맞추어 사용해야 합니다.

등위접속사는 단순히 윌슨 씨가 좋아하는 과일 두 개를 나열함

Mr. Wilson likes apples and mangoes.
윌슨 씨는 사과 **그리고** 망고를 좋아한다.

상관접속사는 두 가지 연결 요소의 상호관계를 중요시하여 '사과와 망고 모두'라고 강조함

Mr. Wilson likes both apples and mangoes.
윌슨 씨는 사과 **그리고** 망고 **둘 다** 좋아한다.

토익에 잘 나오는 상관접속사

both A and B	A와 B 모두 (둘 다 포함)	We will invite both staff and management to the party. 우리는 직원**과** 경영진 **둘 다** 파티에 초대할 것입니다.
either A or B	A와 B 중 하나 (하나만 선택)	Either Jane or Jason will be the leader of our next project. 제인 **또는** 제이슨 **둘 중 한 명**이 우리의 다음 프로젝트의 리더가 될 것입니다.
neither A nor B	A도 B도 아닌 (둘 다 제외)	Neither Jane nor Jason will be the leader of our next project. 제인**과** 제이슨 **둘 다** 우리의 다음 프로젝트의 리더가 되지 **않을** 것입니다.
not only A but also B	A뿐만 아니라 B도 (하나를 더 추가)	He is not only a doctor but also a football player. 그는 의사일 **뿐만 아니라** 축구선수**이기도** 합니다.

등위접속사가 and라면 both가 필요

This camera is for both amateurs and professionals.
이 카메라는 아마추어**와** 전문가 **모두를** 위한 것입니다.

알맞은 단어를 고르시오. 정답 및 해설 p. 60

2 [Neither / Either] visitors nor staff can park here.
방문객과 직원 누구든지 이곳에 주차할 수 없습니다.

③ 종속접속사

종속접속사는 하나의 절을 문장의 일부로 종속[포함]시키는 역할을 하며, 이때 종속접속사가 이끄는 절을 종속접속사절 또는 종속절, 그리고 종속접속사절의 수식을 받는 절을 주절이라고 합니다. **주절과 종속절의 내용은 종속접속사의 의미에 맞게 연결되어야 합니다.**

■ 부사절 접속사

종속접속사 중에서 가장 많이 사용되는 것이 하나의 절을 부사처럼 사용할 수 있게 만들어주는 부사절 접속사입니다. 부사절(또는 종속절)은 주절의 앞에 올 수도 있고, 주절의 뒤에 올 수 있습니다. **주절의 앞에 올 경우 종속절 끝에 콤마(,)를 붙이고, 주절의 뒤에 올 경우에는 주절 뒤에 콤마 없이 바로 종속절이 연결됩니다.**

토익에 잘 나오는 부사접속사

이유	because ~하기 때문에 since ~하니까
시간	before ~하기 전에 until ~할 때까지 when ~할 때 after ~한 후에
양보	although 비록 ~하지만 even though 비록 ~하지만
조건	if 만약 ~한다면
대조	whereas ~인 반면

○ 부사절은 주절의 뒤에 올 수 있음

Mr. Smith couldn't attend the meeting (주절) **because** he was busy (종속절: 주절의 이유).

스미스 씨는 회의에 참석하지 못했는데, 그가 바빴기 **때문이었다**.

○ 부사절은 주절의 앞에 올 수 있음

If you agree with the proposal (종속절: 주절의 조건), please raise your hand (주절).

만약 이 제안에 **동의하신다면**, 손을 들어주세요.

알맞은 단어를 고르시오. 정답 및 해설 p. 60

3 Jane will become the CEO of First Bank [before / although] she is young.
제인은 비록 젊지만, 퍼스트 은행의 CEO가 될 것이다.

■ 명사절 접속사

종속접속사의 한 종류인 명사절 접속사는 하나의 절을 이끌어 주어나 목적어 등의 명사 요소로 만들어줍니다. 토익에서 가장 많이 출제되는 명사절 접속사는 that과 whether인데, **이 접속사들이 이끄는 명사절은 주로 타동사의 목적어로 사용됩니다.**

토익에 잘 나오는 명사절 접속사

that	~라는 것	동사 announce(발표하다), show(보여주다), indicate(나타내다), explain(설명하다), request(요청하다) 등의 목적어로서, 확실히 정해진 내용을 전달할 때 사용됩니다.
whether	~인지	동사 decide(결정하다), determine(결정하다), find out(알아내다) 등의 목적어로서, 아직 알 수 없거나 확정되지 않은 내용을 전달할 때 사용됩니다.

명사절 접속사: ~라는 것

A new study shows **that** walking is better for your health than running.

명사절 = 동사 show의 목적어

새로운 연구는 달리기보다 걷기가 건강에 더 좋다는 **것을 보여준다**.

미래시제: 아직 결정되지 않음 / 명사절 접속사: ~인지

Ms. Page will decide today **whether** she will attend next week's workshop.

명사절 = 동사 decide의 목적어

오늘 페이지 씨가 다음 주에 열릴 워크숍에 **참석할지 결정할** 것이다.

동사 decide처럼 that 명사절과 whether 명사절을 모두 목적어로 취하는 경우가 있습니다. 이때 먼저 명사절의 내용을 해석해 보고, 결정된 사실을 나타내면 that을, 아직 결정되지 않은 내용을 나타낼 때는 whether를 선택하면 됩니다.

과거시제: 이미 결정된 내용

Ms. Page decided **that** she will not attend next week's workshop.

명사절 = 동사 decided의 목적어

페이지 씨는 다음 주에 열릴 워크숍에 참석하지 **않겠다고 결정했다**.

알맞은 단어를 고르시오.

정답 및 해설 p. 60

4 He couldn't decide [whether / that] he would come to the party.

그는 자신이 파티에 참석할 것인지 결정할 수 없었다.

기출 맛보기

가이드를 따라 실제 토익 문제를 푸는 순서와 요령을 차근차근 익혀 보세요.

■ 등위접속사

We will begin selling tickets for the opera on Friday ------- Saturday.

(A) and
(B) or
(C) also
(D) so

STEP 1 선택지 읽기

선택지가 접속사들이므로 먼저 빈칸 앞뒤의 관계를 파악해 연결 관계에 알맞은 접속사를 찾는 문제임을 알 수 있습니다.

We will **begin** selling tickets for the opera on **Friday** ------- **Saturday**.

우리는 금요일 **또는** 토요일에 오페라의 입장권을 판매하기 시작할 것입니다.

STEP 2 단서 찾기

빈칸 앞뒤에 같은 요소인 두 개의 요일이 연결되어야 하므로 빈칸은 등위접속사 자리입니다.

(A) and
(B) or
(C) also
(D) so

STEP 3 등위접속사 정답 찾기

그런데 표를 판매하기 시작하는 날은 하나일 수밖에 없습니다. 그러므로, 둘 중 하나를 선택하는 등위접속사 or가 정답입니다.

정답 (B)

begin -ing ~하는 것을 시작하다 sell ~를 팔다 opera 오페라 or 또는 also 또한 so 그러므로

■ 상관접속사

All new employees should attend ------- the June 10 orientation and the July 5 workshop.

(A) and
(B) either
(C) nor
(D) both

STEP 1 선택지 읽기

선택지가 모두 특정 상관접속사를 구성하는 하나의 요소들이므로 빈칸 앞뒤의 형태에 주목합니다.

All new employees should attend ------- the June 10 orientation **and** the July 5 workshop.

모든 신입사원들은 6월 10일 **오리엔테이션, 그리고** 7월 5일 워크숍 **둘 다** 참석해야 합니다.

STEP 2 단서 찾기

빈칸 뒤에 동일한 형태로 된 두 개의 명사구가 「A and B」의 구조로 나와 있습니다. 그리고 등위접속사 and로 연결된 구 앞에 빈칸이 있으므로 빈칸에는 상관접속사의 일부인 부사가 올 자리라는 것을 알 수 있습니다.

(A) and
(B) either
(C) nor
(D) both

STEP 3 상관접속사 정답 찾기

등위접속사 and와 결합하여 상관접속사를 구성하는 부사는 both이므로 (D)가 정답입니다. 참고로, (B) either와 결합하는 등위접속사는 or이며, 등위접속사인 (C) nor는 부사 neither와 결합한다는 것도 함께 알아 두세요.

정답 (D)

employee 직원 **attend** 참석하다 **orientation** 오리엔테이션, 사전 직무 교육 **workshop** 워크숍, 강습회 **both A and B:** A와 B 둘 모두 **either A or B:** A 또는 B 둘 중 어느 하나 **neither A nor B:** A도 B도 아닌

■ 종속접속사

------- reviewers praised the movie, it failed commercially.

(A) When
(B) Although
(C) And
(D) Because

STEP 1 선택지 읽기

선택지가 모두 접속사들로 구성되어 있으므로 알맞은 접속사를 고르는 문제입니다. 그런데 빈칸이 문장 맨 앞에 있으므로 종속접속사 자리라는 것을 알 수 있습니다. 따라서 해석을 통해 연결 관계를 찾아야 합니다.

------- reviewers **praised** the movie, it **failed** commercially.

비록 평론가들이 그 영화를 **칭찬하기는 했지만**, 그 영화는 상업적으로 **실패했다**.

STEP 2 단서 찾기

평론가들이 영화를 칭찬했다면 성공을 기대할 수 있는데, 주절에서는 영화가 실패했다는 상반된 내용을 제시하고 있습니다.

(A) When
(B) Although
(C) And
(D) Because

STEP 3 종속접속사 정답 찾기

선택지에서 서로 상반된 관계를 나타내는 양보 종속접속사를 찾아보면, '비록 ~이지만'이라는 의미인 (B) Although가 나와 있습니다. 참고로, 등위 접속사인 (C) And가 절과 절을 연결하는 경우, 두 절의 사이에만 올 수 있으므로 (C)는 오답입니다.

정답 (B)

reviewer 비평가, 평론가 **praise** 칭찬하다 **fail** 실패하다 **commercially** 상업적으로

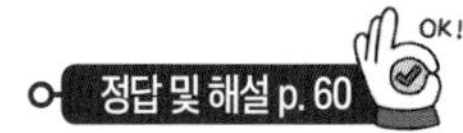

앞에서 공부한 내용을 바탕으로 제공된 힌트를 활용하여 토익 문제를 풀어보세요.

빈칸 앞뒤 절은 각각 프린터의 단점과 장점을 말하는 상반된 관계입니다.

1 The new printer is difficult to use, ------- it prints documents fast.

(A) and
(B) or
(C) but
(D) nor

빈칸 뒤로 동일한 요소인 by 전치사구가 「A or B」의 구조로 이어져 있습니다.

2 Patients may make appointments with Dr. Schultz ------- by calling the office or by using our mobile app.

(A) and
(B) but
(C) either
(D) neither

안내 데스크를 통과하여 행사장에 들어가는 것이 자연스러운 순서입니다.

3 ------- attendees enter the convention hall, they should pick up their welcome packet from the front desk.

(A) Although
(B) Before
(C) Until
(D) Whereas

야유회 일정을 재조정한 것과 앞으로 비가 오게 될 것은 결과와 원인의 연결 관계입니다.

4 The company picnic has been rescheduled ------- it will rain all weekend.

(A) since
(B) even though
(C) after
(D) if

타동사 determine의 시제가 미래이므로 목적어로 사용된 명사절은 아직 결정되지 않은 내용입니다.

5 The survey will determine ------- our company releases a new model in our GX tablet computer series.

(A) that
(B) either
(C) while
(D) whether

DAY 10 관계사

두 개의 절을 연결하여 하나의 문장을 만드는 방법 중 가장 대표적인 것이 바로 앞에서 배운 접속사인데, 관계사도 **두 개의 절을 연결하는 접속사 기능을 합니다**. 다만, 관계사가 접속사와 다른 점은, 관계사가 이끄는 절이 주절에 속한 **명사(선행사)를 수식하는 기능을 한다**는 것입니다. 관계사는 그 기능에 따라 관계대명사(which, who, that, what)와 관계부사(when, where, why, how)로 나뉩니다.

1 관계대명사절이 만들어지는 과정

Mr. Rogers is the sales manager. + Mr. Rogers was hired last week.
로저스 씨는 판매부장이다. 로저스 씨는 지난 주에 채용되었다.

❶ 두 번째 문장에서 중복된 요소를 인칭대명사로 교체합니다.

앞 절의 sales manager를 지칭하는 인칭대명사 (남성 주격대명사)로 주어 교체

Mr. Rogers is the sales manager. + He was hired last week.

❷ 인칭대명사를 격에 맞추어 관계대명사로 교체합니다.

남성 주격 대명사를 주격 관계대명사로 교체

Mr. Rogers is the sales manager. + Who was hired last week.

❸ 첫 문장의 마침표를 없애고 한 문장으로 결합합니다.

선행사(사람) / 사람 선행사를 수식하는 관계대명사절

Mr. Rogers is the sales manager who was hired last week.
로저스 씨는 **지난 주에 채용된 판매부장**이다.

알맞은 단어를 고르시오. 정답 및 해설 p. 61

1 Our guest speaker is a journalist [who / he] won an international award.
우리의 초청 연사는 국제적인 상을 수상한 언론인입니다.

② 관계대명사의 기능

토익에서 관계대명사는 다음 두 가지만 명심한다면 바로 점수를 얻을 수 있습니다.

첫째, 대명사의 기능을 하는 관계대명사는 각각의 격에 따라 **관계대명사절에서 주격, 목적격, 소유격으로 구분해 사용**되어야 합니다.

둘째, **선행사가 사람인지 아니면 사물인지를 구분**해 그에 어울리는 관계대명사를 사용합니다. 관계대명사절의 수식을 받는 명사인 이 선행사는 주로 관계대명사 바로 앞에 위치합니다.

관계대명사의 격

선행사	주격	목적격(생략 가능)	소유격
사람	who + 동사	whom + 명사 + 동사	whose + 명사 + 동사
사물	which + 동사	which + 명사 + 동사	of which + 명사 + 동사 whose + 명사 + 동사
공통	that + 동사	that + 명사 + 동사	없음

사람 선행사를 수식하는 주격 관계대명사

We contacted a designer **who** has his own brand.
우리는 **자신의 브랜드를 가지고 있는 디자이너에게** 연락했다.

사물 선행사를 수식하는 목적격 관계대명사 (생략 가능)

Mr. Powell wrote the report **which** we reviewed last week.
파월 씨는 **우리가 지난 주에 검토한 그 보고서**를 작성했다.

소유격 + 명사 / 선행사

We will choose the candidate whose score is the highest.

우리는 점수가 가장 높은 후보자를 선택할 것이다.

알맞은 단어를 고르시오.

정답 및 해설 p. 61

2 Work safety is something [that / who] is always important.
작업장 안전은 항상 중요한 것이다.

3 관계대명사절의 수 일치

주격 관계대명사절의 동사는 선행사에 수를 일치시킵니다. 반면, 목적격/소유격의 동사는 관계대명사 바로 뒤에 위치하는 명사(= 관계대명사절의 주어)와 수를 일치시킵니다.

사람 선행사 & 단수 / 사람 주격 관계대명사

Mr. Fuller will interview the applicant who is the most qualified for the job.

풀러 씨는 그 자리에 가장 적격인 지원자를 면접할 것입니다. — 단수 선행사 the applicant와 수 일치

소유격 + 명사(= 주어) / 사람 선행사

Today, we will meet the artist whose design is used in our advertising.

오늘 우리는 디자인이 우리 광고에 사용된 아티스트를 만날 것이다.

주절의 주어와 동사 사이에 관계사절이 위치할 때, 멀리 떨어진 주절의 주어와 동사의 수를 일치시키는 데 주의해야 합니다. 관계사절의 끝에 주절 동사의 수를 혼동시키는 명사가 들어갈 수 있기 때문입니다.

사람 주격 관계대명사 / 단수 선행사 Anyone에 수 일치 / 주절 주어 Anyone과 동사의 수 일치 (바로 앞의 복수 명사 classes에 속기 쉬움)

Anyone who takes evening classes is eligible for free parking.

저녁 강의를 듣는 누구든 무료 주차권을 받을 자격이 있습니다.

사람 선행사 & 단수(= 주절 주어)

알맞은 단어를 고르시오. 정답 및 해설 p. 61

3 Any employee who [works / work] overtime should report to their manager.
초과 근무를 하는 직원은 누구든 소속 부서장에게 보고해야 합니다.

4 관계부사

관계부사란 관계대명사처럼 주절의 명사를 수식하지만, **대명사가 아닌 부사의 역할**을 하는 것을 말합니다. 이때 **선행사의 종류에 따라 알맞은 관계부사를 선택**합니다. 예를 들어, 선행사가 시간과 관련된 명사이면 관계부사 when을, 장소와 관련된 명사라면 관계부사 where를 사용합니다.

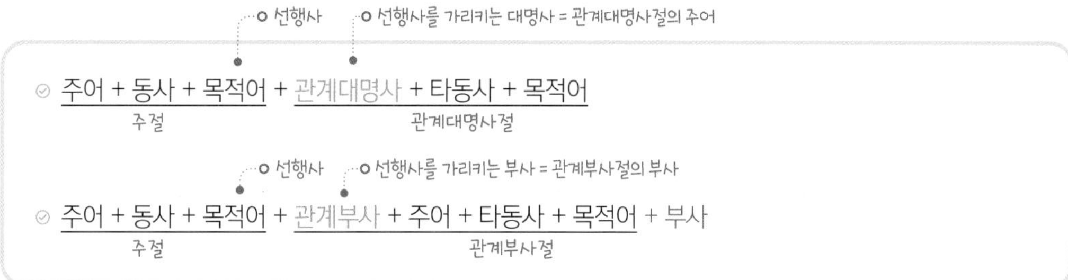

관계부사절은 다음과 같은 원리로 만들어집니다.

James joined another firm. + He gained a lot of experience at the firm.

제임스는 **또 다른 회사**에 들어갔다. 그는 **그 회사에서** 많은 경험을 얻었다.

❶ 두 번째 문장에서 선행사와 동일한 장소를 나타내는 부사구를 문장 앞으로 이동시킵니다.

(선행사와 중복되는 장소를 나타내는 부사구)

James joined another firm. + At the firm, he gained a lot of experience.

❷ 두 번째 문장에서 선행사와 동일한 장소 명사를 관계대명사로 바꿉니다.

(장소 전치사)

James joined another firm. + At which, he gained a lot of experience.

(= another firm)

❸ 관계대명사절의 「장소 전치사 + 관계대명사」를 선행사에 맞는 관계부사로 대체합니다.

(장소 관계부사 = at which)

James joined another firm where he gained a lot of experience.
제임스는 **또 다른 회사**에 들어갔으며 **그곳에서** 많은 경험을 얻었다.

알맞은 단어를 고르시오.

정답 및 해설 p. 61

4 I would like to stay at a hotel [where / which] 24-hour room service is offered.
저는 24시간 룸서비스가 제공되는 호텔에 머물고 싶습니다.

기출 맛보기

가이드를 따라 실제 토익 문제를 푸는 순서와 요령을 차근차근 익혀 보세요.

■ 사람 선행사를 수식하는 주격 관계대명사

A free keyboard is provided to customers ------- purchase this latest model.

(A) whom
(B) who
(C) whose
(D) which

STEP 1 선택지 읽기

선택지가 모두 관계대명사일 때는 우선 선행사가 사람인지 아니면 사물인지를 파악합니다. 다음, 관계대명사절에서 빈칸(관계대명사가 들어갈 자리)의 역할을 파악합니다.

A free keyboard is provided to **customers** ------- purchase this latest model.

이 최신 모델을 구매하는 **고객들에게** 무료 키보드가 제공됩니다.

STEP 2 단서 찾기

선행사 customers는 사람명사입니다. 그리고 빈칸 뒤에 동사 purchase가 나오므로 빈칸은 주어 자리입니다. 그러므로 빈칸에는 사람 선행사를 수식하면서 주어 역할을 할 수 있는 주격 관계대명사가 와야 합니다.

(A) whom
(B) who
(C) whose
(D) which

STEP 3 관계대명사 정답 찾기

선택지 중에서 사람 선행사를 수식할 수 있는 주격 관계대명사는 (B) who입니다. (D) which는 선행사가 사물일 때 사용합니다. 참고로, whom은 목적격, whose는 소유격입니다.

정답 (B)

free 무료의 be provided 제공되다 customer 고객 purchase 구매하다 latest 최신의

■ 주격 관계대명사절의 동사는 선행사와 수 일치

Artists who ------- to display work at next month's exhibition should contact Mr. Kim.

(A) wish
(B) wishes
(C) to wish
(D) wishing

STEP 1 선택지 읽기

선택지가 동사 wish의 변형이므로 빈칸에 적합한 동사 형태를 찾는 문제입니다. 동사의 형태 문제에서는 가장 먼저 빈칸이 동사 자리인지를 확인합니다.

Artists who ------- to display work at next month's exhibition should contact Mr. Kim.

다음 달의 전시회에서 작품을 전시하고 싶은 예술가들은 킴 씨에게 연락해야 합니다.

STEP 2 단서 찾기

주격 관계대명사 who 바로 뒤에 빈칸이 있으므로, 빈칸에는 동사가 필요합니다. 따라서 to부정사 (C)와 분사 (D)는 정답이 될 수 없습니다.

(A) wish
(B) wishes
(C) to wish
(D) wishing

STEP 3 수가 일치하는 동사 정답 찾기

남은 선택지 중에서 선행사와 수가 일치하는 형태를 골라야 합니다. 복수동사의 형태인 (A)는 복수명사와 함께 사용되고, 단수동사의 형태인 (B)는 단수명사와 함께 사용되는데, who 앞에 위치한 선행사 Artists가 복수명사이므로 복수동사 형태인 (A) wish가 정답입니다.

정답 (A)

artist 예술가 display 전시하다, 진열하다 work (글, 그림 등의) 작품 exhibition 전시회 contact 연락하다 wish to do ~하고 싶다

PART 5 PART 6 PART 7

■ 시간명사를 선행사로 가지는 관계부사

Please review the itinerary before the time ------- you leave for the convention.

(A) where
(B) when
(C) how
(D) why

STEP 1 선택지 읽기

선택지가 모두 관계부사로 이루어져 있으므로 적절한 관계부사를 찾는 유형입니다. 그러므로 먼저 선행사의 종류를 파악해야 합니다.

Please review the itinerary before the time ------- you leave for the convention.

총회를 위해 출발하는 시간에 앞서 일정표를 검토하십시오.

STEP 2 단서 찾기

빈칸 앞에 the time이라는 시간 명사가 쓰여 있습니다. 그러므로 빈칸은 시간 명사를 수식하는 관계부사가 들어갈 자리입니다.

(A) where
(B) when
(C) how
(D) why

STEP 3 관계부사 정답 찾기

선택지들 중에서 시간을 나타내는 관계부사는 when이므로 (B) when이 정답입니다. 참고로, 관계부사는 the place where(~하는 곳)처럼 숙어로 기억해두면, 문장 전체를 해석하지 않고도 선행사만 보고 바로 정답을 찾을 수 있습니다.

정답 (B)

review 검토하다, 확인하다 itinerary 일정 before ~전에 leave 출발하다, 떠나다 convention 총회

정답 및 해설 p. 62

앞에서 공부한 내용을 바탕으로 제공된 힌트를 활용하여 토익 문제를 풀어보세요.

선택지가 모두 관계사이므로 빈칸 앞에 위치한 명사(선행사)의 종류와 함께 빈칸 다음 부분의 구조를 파악해야 해요.

1 The person ------- job is to process job applications is the human resources manager, Susan Nelson.

(A) who
(B) which
(C) whose
(D) when

명사와 동사 사이에 쓰일 수 없는 인칭대명사 them을 제외하고, 나머지 관계대명사들 중에서 하나를 골라야 해요.

2 Any hotel guests ------- need to conduct meetings can use our fully-equipped conference room.

(A) who
(B) whose
(C) which
(D) them

관계대명사 that이 수식하는 선행사 a new subway line에 관계대명사절의 동사를 수 일치시켜야 해요.

3 The Bay City Council decided to open a new subway line that ------- its international airport terminal with downtown areas.

(A) connection
(B) connecting
(C) connects
(D) connect

빈칸 앞에 위치한 선행사가 장소 명사일 때는 관계사절의 구조를 잘 파악해야 해요.

4 The conference room ------- the shareholders' meeting will be held is located on the fifth floor.

(A) where
(B) which
(C) whom
(D) who

빈칸 앞에 위치한 선행사 a new digital camera가 사물을 나타내는 명사라는 것에 유의하세요.

5 Last week, Ace Optics, Inc. launched a new digital camera ------- is smaller and lighter than any other camera on the market.

(A) that
(B) who
(C) them
(D) where

DAY 11 전치사

1 전치사의 기능

전치사는 명사의 역할을 하는 요소, 즉 명사와 대명사 또는 동명사의 앞에 위치해 다른 단어와 특별한 관계로 연결하는 기능을 합니다. 이렇게 **전치사와 연결되는 단어들은 주로 명사 또는 동사**입니다.

전치사 뒤에 위치하는 명사 요소를 전치사의 목적어라고 하는데, 대명사가 위치할 경우에는 목적격 형태가 되어야 합니다. 전치사와 명사가 결합한 형태를 전치사구라고 하며, 전치사구는 하나의 부사와 같은 역할을 합니다.

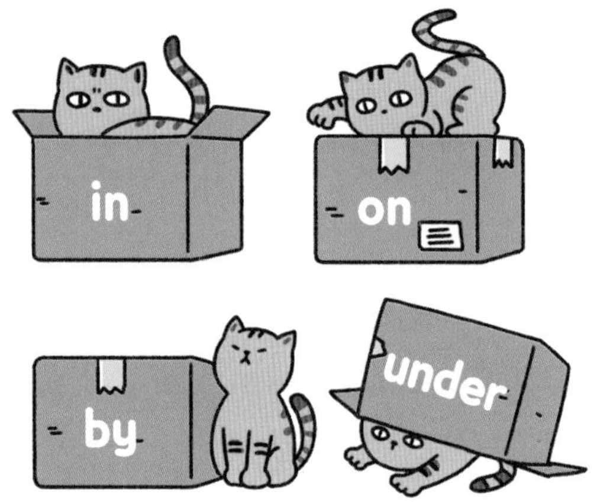

방향 전치사 + 목적지 / 수단 전치사 + 교통수단

I go **to** work **by** bus.

나는 버스**를 타고** 회사**에** 간다.

시간 전치사 / 소유 전치사

We will move our office **at** the end **of** the month.

우리는 이번 달**의** 말일**에** 사무실을 옮길 것이다.

알맞은 단어를 고르시오.

정답 및 해설 p. 63

1 Our advertising campaign begins [so / at] the first of each month.
우리 광고 캠페인은 매달 초에 시작됩니다.

② 장소/위치를 나타내는 전치사

장소를 나타내는 전치사는 주로 특정 장소와의 위치 또는 거리 관계를 나타냅니다. 흔히 장소 전치사 at과 in을 혼동하기 쉬운데, 기본적으로 **경계가 있는 하나의 넓은 '공간' 개념이면 in**, 하나의 **특정한 '지점' 개념이면 at**을 사용합니다.

토익 먹기 특강 21
누워서
장소/위치 전치사

PART 5 PART 6 PART 7

at	at은 하나의 지점을 나타내며 '~에(서)'로 해석합니다. 대개 특정 목적을 가지는 공간 또는 장소를 나타냅니다. 근무 장소를 나타내는 기업 이름 앞에도 at을 사용합니다. stand at the bus stop 버스 정류소에 서있다 / buy at the store 상점에서 구입하다 / meet at the office 사무실에서 만나다
on	on은 표면이나 지면을 가리키며 '~ (위)에'로 해석합니다. 표면이나 지면에 접촉되어 있는 경우입니다. work on the roof 지붕 위에서 일하다 / walk on the street 거리에서 걷다 / put on the top shelf 꼭대기 선반 위에 놓다
in	in은 사방이 막히거나 경계가 분명한 공간 속을 나타내며, '~ (안)에'로 해석합니다. 주로 분명한 경계를 지닌 도시 또는 나라 이름에 즉, 그 공간에 속하는 경우에 사용합니다. sit in a car 차 안에 앉다 / stay in Seoul 서울에 머무르다 / live in France 프랑스에 살다

장소 전치사 / 회사 이름

We at Siwonschool value dedication and cooperation.
시원스쿨에 근무하는 우리들은 헌신과 협력을 중요시합니다.

1초 퀴즈 알맞은 단어를 고르시오. 정답 및 해설 p. 63

2 The summer festival will be held [in / on] Miami.
여름 축제는 마이애미에서 열릴 것이다.

3 시간을 나타내는 전치사

시간 전치사 in, on, at은 모두 '~에'로 **해석**되지만, 목적어로 취하는 **시간 명사의 성격은 모두 다릅니다.**

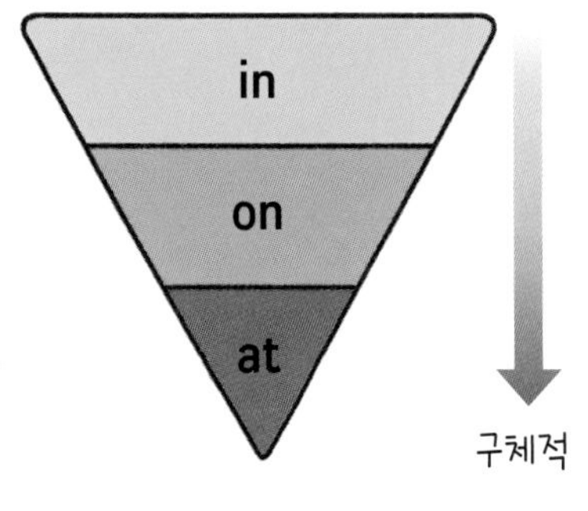

in	연도, 월, 계절, 막연한 시간(아침, 점심, 저녁)		
	in July 7월에	in summer 여름에	in the morning 아침에, 오전에
on	날짜, 요일, 특정한 날		
	on Monday 월요일에	on the anniversary 기념일에	
at	시각, 구체적인 시점		
	at 2 p.m. 오후 2시에	at noon 정오에	at the end of the month 월말에

토익에 가장 자주 나오는 시간 전치사인 during, within, until의 뜻과 쓰임도 알아두세요.

during

일의 **기간**을 나타내며 '~ **동안에**'로 해석합니다. 목적어로 기간을 포함하는 명사가 쓰입니다.

The employees participated in many exciting activities during Friday's workshop. (Friday's workshop: 기간을 가지는 활동)

직원들은 금요일 워크숍 **동안** 여러 흥미로운 활동에 참가했다.

within

일의 **시한**을 나타내며 '**~이내에**'로 해석합니다. 목적어로 기간을 표현하는 명사가 쓰입니다.

If you have any problems, please contact us within one week. (one week: 일이 발생할 시한)

어떤 문제라도 생긴다면, 1주일 **이내에** 저희에게 연락주세요.

until

일의 **종료 시점**을 나타내며 '**~까지**'로 해석합니다. 목적어로 시점을 표현하는 명사가 쓰입니다.

Our store will be unavailable until next Friday. (next Friday: 종료 시점)

저희 가게는 다음 주 금요일**까지** 이용할 수 없을 것입니다.

알맞은 단어를 고르시오.

정답 및 해설 p. 63

3 The staff meeting begins [in / at] 11 a.m. on Monday.
직원회의는 월요일 오전 11시에 시작합니다.

4 기타 전치사

그 밖에 주제, 소유, 목적 등의 의미를 나타내는 전치사로 about, on, of, for, with등이 토익에 자주 출제됩니다. 그런데 이 유형의 전치사는 전치사 앞뒤 단어의 연결 관계를 나타내므로, **빈칸 다음 단어뿐만 아니라, 빈칸 앞 단어의 의미도 함께 따져보는 것이 좋습니다.**

about **on**	말이나 글의 주제를 나타내며, '~에 관해서'로 해석합니다. I'd like to talk **about** your plan. 귀하의 계획에 관해서 이야기하고 싶습니다.
of	주로 소유 또는 소속 관계를 나타내며, of 다음 명사에 '~의'를 붙여서 해석합니다. The servers **of** the restaurant always respond with pleasure. 그 식당의 종업원들은 언제나 즐겁게 응대합니다.
for	주로 목적 또는 용도를 나타내며 for 다음의 명사에 '~을 위하여'를 붙여 해석합니다. Rachel's Restaurant has been reserved **for** Paul's retirement party. 레이첼 식당이 폴의 퇴직 파티를 위해 예약되었습니다.
with	토익에서 주로 수단(~로써, ~을 가지고) 또는 동반(~와 함께)의 의미를 나타냅니다. The carrot cake will be replaced **with** apple pie. 당근 케이크가 사과 파이로 대체될 것입니다. We are pleased to work **with** Amy. 에이미와 함께 일하게 되어 기쁩니다.

알맞은 단어를 고르시오.

정답 및 해설 p. 63

4 Please feel free to ask any questions [about / of] the workshop.
워크숍에 관한 어떤 질문도 자유롭게 하시기 바랍니다.

기출 맛보기

가이드를 따라 실제 토익 문제를 푸는 순서와 요령을 차근차근 익혀 보세요.

■ 장소를 나타내는 전치사

Our staff can arrange amazing city tours ------- the front desk.

(A) of
(B) at
(C) for
(D) with

STEP 1 선택지 읽기

선택지가 모두 전치사이므로 빈칸 뒤에 위치한 명사 목적어의 성격을 먼저 파악해야 합니다.

Our staff can arrange amazing city tours ------- **the front desk.**

저희 직원들이 **안내 데스크에서** 멋진 도시 여행을 마련해 드릴 수 있습니다.

STEP 2 단서 찾기

빈칸에 들어갈 전치사의 목적어인 명사 the front desk는 하나의 지점에 해당되는 장소를 나타냅니다.

(A) of
(B) at
(C) for
(D) with

STEP 3 장소 전치사 정답 찾기

선택지에서 하나의 지점을 나타낼 수 있는 장소 전치사는 (B) at뿐이므로 (B)가 정답입니다.

정답 (B)

staff 직원들 arrange 마련하다, 조치하다 amazing 멋진, 놀라운 tour 여행 front desk 안내 데스크

■ 시간을 나타내는 전치사

The World IT Exposition will close ------- 9 p.m. tonight.

(A) on
(B) in
(C) at
(D) of

STEP 1 선택지 읽기

선택지가 모두 전치사인데, 전치사는 그 뒤에 위치하는 명사, 즉 전치사의 목적어와 밀접한 관련이 있습니다.

The World IT Exposition will close ------- **9 p.m.** tonight.

세계 IT 박람회가 오늘 밤 **9시에** 끝날 것입니다.

STEP 2 단서 찾기

빈칸 뒤에서 9 p.m.이라는 명사가 목적어로 사용되었는데, 이 명사는 특정 시각을 나타냅니다.

(A) on
(B) in
(C) at
(D) of

STEP 3 시간 전치사 정답 찾기

그러므로 선택지에서 시각을 나타내는 시간 전치사 (C) at을 정답으로 고릅니다. 시간 전치사 on은 날짜나 요일 앞에, in은 월이나 연도 앞에 사용됩니다.

정답 (C)

이 단어만은 꼭!

IT 정보통신 기술(= information technology) **exposition** 박람회 **close** 끝나다

■ 기타 전치사

On our Web site, you can find various videos ------- job seeking skills.

(A) about
(B) to
(C) with
(D) at

STEP 1 선택지 읽기

선택지가 모두 전치사이므로, 전치사 자리인 빈칸 앞뒤에 위치한 단어들의 의미를 파악해야 합니다.

On our Web site, you can find various **videos ------- job seeking skills.**

저희 웹사이트에서 **구직 기술에 관한** 다양한 동영상들을 찾으실 수 있습니다.

STEP 2 단서 찾기

빈칸 앞에는 videos가 있고 뒤에는 job seeking skills가 나와 있습니다. job seeking skills가 '구직 기술'이라는 뜻이므로 videos(동영상)에서 다루어지는 내용이라는 것을 알 수 있습니다.

(A) about
(B) to
(C) with
(D) at

STEP 3 주제 전치사 정답 찾기

그러므로, 빈칸에는 동영상 내용의 주제를 나타내는 전치사가 필요합니다. 선택지 중에 '~에 대해'라는 의미를 지닌 (A) about이 정답입니다.

정답 (A)

find 찾다, 발견하다 various 다양한 job seeking 구직 활동 skill 기술

앞에서 공부한 내용을 바탕으로 제공된 힌트를 활용하여 토익 문제를 풀어보세요.

시간을 나타내는 전치사 중 빈칸 뒤의 날짜 표현에 유의하여 선택하세요.

1 The ceiling repair work in the auditorium is scheduled to end ------- April 20.

(A) on
(B) at
(C) in
(D) during

빈칸 뒤에 장소명사가 쓰여 있으므로 이 명사의 특성에 어울리는 전치사를 골라야 해요.

2 The upcoming workshop will be held ------- conference room B.

(A) with
(B) for
(C) in
(D) on

동사 learn과 어울려 배울 내용의 주제를 나타내는 전치사가 필요해요.

3 The mayor asked residents to learn more ------- the city's history in order to support its tourism industry.

(A) about
(B) to
(C) with
(D) at

빈칸 뒤에 '오후 2시'라는 시간이 쓰여 있네요.

4 Ms. Turner has an appointment with one of her clients ------- 2 p.m.

(A) at
(B) in
(C) on
(D) to

빈칸 뒤의 your full work experience는 이력서에 기재될 내용이므로 「동반」의 의미를 나타내는 전치사가 필요해요.

5 To apply for this position, please send us your résumé ------- your full work experience.

(A) if
(B) while
(C) by
(D) with

PART 6

DAY 12 접속부사

DAY 13 문맥 유형 연습

미리 보기 이렇게 나와요!

1 **장문 빈칸 채우기 문제 유형이에요.**
한 개의 지문에 네 개의 빈칸이 들어 있고, 그 빈칸에 들어갈 알맞은 어휘/표현/문장을 (A), (B), (C), (D) 네 개의 선택지 중에서 고르는 유형입니다.

2 **총 16문제가 나와요.**
총 네 개 지문이 나오고, 131번부터 146번까지 16문제가 출제됩니다. Part 5와 마찬가지로 문법 문제와 어휘 문제가 섞여 있으며, 문장 고르기 문제는 지문당 1개씩, 총 4문제가 출제됩니다.

3 **전체 지문을 읽으며 문맥을 파악해야 해요.**
빨리 풀겠다는 욕심에 빈칸의 앞뒤만 보고 풀려고 하면 더 어려워요. 지문 시작부분부터 차분히 보면서 한 문제씩 해결해 나가되, 접속부사, 지시어, 대명사 등을 적극 활용하여 문맥을 파악하려고 노력하세요.

DAY 12 접속부사

1 접속부사의 개념

부사는 수식어 기능을 가진 단어로, 다른 단어(동사, 형용사 또 다른 부사) 또는 주어와 동사를 갖춘 문장 전체를 수식할 수 있습니다. 특히 **문장 전체를 수식하는 부사를 문장부사라고 합니다.**

그런데 한 문장이 문장부사를 포함하는 다른 문장과 연결되는 경우, 문장부사가 마치 두 문장을 연결하는 접속사처럼 해석될 수 있는데, 이렇게 **두 문장의 의미가 연결되는 관계를 보여주는 문장부사를 가리켜 접속부사라고 부릅니다.** 대표적인 접속부사로는 상반된 관계를 나타내는 「However(하지만)」가 있습니다.

■ 부사의 기본 용법

부사는 일반적으로 동사, 형용사, 다른 부사를 수식합니다.

- 주어 + **동사** + 부사.
- 주어 + 동사 + 부사 + **형용사/부사**.

문장부사는 문장 전체를 수식하며, 주로 맨 앞에 오지만, 중간도 가능합니다.

- 문장부사, **주어** + **동사**.
- **주어** + 문장부사 + **동사**.

■ 접속부사의 기본 용법

한 문장 뒤에 문장부사를 포함하는 또 다른 문장이 이어지는 경우에, 두 번째 문장의 문장부사가 접속부사에 해당됩니다. 원래 두 번째 문장을 수식하는 기능을 하지만, 실제는 두 문장의 의미 연결 관계를 나타냅니다.

= 접속부사

- **주어** + **동사**. 문장부사, **주어** + **동사**.

제안이 아주 인상적이면 받아들여질 것으로 예측됨

받아들이지 않겠다는 상반된 결과

Mr. Wright's proposal is quite impressive. However, we cannot accept it because it requires too much cost.

라이트 씨의 제안은 **아주 인상적입니다. 하지만,** 그것이 높은 비용을 요구하기 때문에 우리는 그것을 **수락할 수 없습니다.**

접속부사 however: 예상과 상반된 내용을 연결

이 단어만은 꼭!

proposal 제안 quite 매우 impressive 인상적인 however 하지만 accept 받아들이다 because ~하기 때문에 require 요구하다 too much 너무도 많은 cost 비용

2 접속부사의 종류

접속부사는 Part 6에서 매달 1문제 정도 출제되며, 문맥 문제에서 중요한 단서를 제공하는 중요한 부분입니다. 접속부사별로 두 문장의 의미 관계를 어떻게 연결하는지만 잘 알아두면 됩니다.

■ 상반 관계 접속부사

문장의 의미가 서로 상반 관계라는 것을 나타냅니다. 상반되는 관계의 종류는 「긍정 + 부정」이 일반적이지만, 「장점 + 단점」 또는 「동의 + 거절」의 구조들도 사용되고 있습니다. **상반 관계 접속부사로는 「However(하지만, 그러나)」**가 70% 정도 출제되고, **거절을 나타내는 「Unfortunately(안타깝게도)」**가 15% 정도 출제됩니다.

Some employees think that our on-site training **is very helpful**. [**However** / For example], other employees say that it **is not informative**.

일부 직원들은 우리 현장 교육이 **매우 도움이 된다**고 생각합니다. **하지만**, 다른 직원들은 그것이 **유익하지 않다**고 말합니다.

문제 풀이 전략

❶ 유형 파악하기 | 선택지가 모두 접속부사이므로 두 문장의 의미 연결 관계를 나타내는 접속부사를 찾는 유형임을 알 수 있습니다. 따라서 먼저 앞뒤 문장을 해석할 준비를 합니다.

❷ 의미 비교하기 | 앞 문장에 교육이 매우 도움이 된다(very helpful)는 긍정적인 의견이 제시됩니다. 그런데 다음 문장에는 그 교육(it)이 유익하지 않다(not informative)라는 부정적인 의견이 제시되어 있습니다.

❸ 접속부사 찾기 | 두 문장이 「긍정 + 부정」의 상반된 내용으로 연결되고 있으므로 상반 관계를 나타내는 접속부사가 필요합니다. 따라서 '하지만'이라는 뜻의 상반 관계 접속부사 However가 정답입니다.

이 단어만은 꼭!

some 일부의, 약간의 employee 직원 on-site 현장에서 이루어지는 training 교육, 훈련 helpful 도움이 되는 however 하지만 for example 예를 들면 other 다른 say that절 ~라고 말하다 informative 유익한

■ 추가 관계 접속부사

「장점 + 장점」, 「주의사항 + 주의사항」, 「정책 + 정책」 등과 같이 동일한 성격을 지닌 두 개의 문장이 나열되어 있을 때, 둘째 문장 앞에 추가 관계를 나타내는 접속부사가 사용됩니다. **추가 관계 접속부사로는 「In addition(덧붙여, 추가로)」**이 50% 정도 출제됩니다. 다음으로 **「Also(또한)」**가 20%, 그리고 **「In fact(사실은)」, 「Furthermore(게다가)」, 「Additionally(추가로)」**가 각각 10% 정도 출제됩니다.

The contract **includes the full details of your job**. [However / **In addition**], the document **contains information on our benefits package**.

계약서는 **귀하의 직무에 대한 모든 상세 정보를 포함하고** 있습니다. **덧붙여**, 그 문서는 **저희 복지 혜택에 관한 정보도 담고 있습니다.**

문제 풀이 전략

❶ **유형 파악하기** | 선택지가 모두 접속부사이므로 두 문장의 의미 연결 관계를 나타내는 접속부사를 찾는 유형임을 알 수 있습니다. 따라서 먼저 앞뒤 문장을 해석할 준비를 합니다.

❷ **의미 비교하기** | 앞 문장은 계약서가 직무의 상세 정보를 포함하고 있다는 내용입니다. 그리고 다음 문장은 이 문서 (앞 문장의 계약서를 지칭)가 직원 복지 혜택에 관한 정보를 담고 있다는 내용입니다.

❸ **접속부사 찾기** | 두 문장이 계약서가 일반적으로 포함하는 두 가지 내용을 나열하고 있으므로 추가 관계로 연결되어야 한다는 것을 알 수 있습니다. 따라서 '덧붙여, 추가로'라는 뜻의 추가 관계 접속부사 In addition이 정답입니다.

이 단어만은 꼭!

contract 계약(서) include 포함하다 full 모든, 완전한 details 세부사항, 상세 정보 however 하지만, 그러나 in addition 덧붙여, 추가로 document 문서 contain 포함하다, 담고 있다 information 정보 benefits package 직원 복지 혜택, 복리 후생 제도

■ 인과 관계 접속부사

두 개의 문장이 「원인 + 결과」 또는 「근거 + 결론」의 관계로 연결될 때 둘째 문장 앞에 인과 관계를 나타내는 접속부사를 사용합니다. **인과 관계 접속부사로는 「Therefore(그러므로)」**가 40% 정도 출제되고, **「As a result(그 결과)」**와 **「For that[this] reason(그러한 이유로)」**가 20%, 그리고 **「Accordingly(따라서)」**와 **「Thus(그리하여)」**가 각각 10% 정도 출제됩니다.

We **have found some technical problems.** [Additionally / **Therefore**], our Website **will be shut down temporarily for urgent maintenance.**

저희는 약간의 **기술적 문제점들을 발견했습니다. 따라서,** 저희 웹사이트가 **긴급 보수를 위해 일시적으로 폐쇄될 것입니다.**

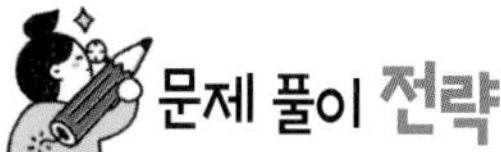

❶ **유형 파악하기** | 선택지가 모두 접속부사이므로 두 문장의 의미 연결 관계를 나타내는 접속부사를 찾는 유형임을 알 수 있습니다. 따라서 먼저 앞뒤 문장을 해석할 준비를 합니다.

❷ **의미 비교하기** | 앞 문장은 기술적 문제점들을 발견했다는 내용이며, 다음 문장은 긴급 보수를 위해 웹사이트를 잠시 폐쇄한다는 내용입니다.

❸ **접속부사 찾기** | 문제점을 발견한 결과로 사이트가 긴급 보수를 받게 되는 것이므로 두 문장은 「원인 + 결과」라는 의미 관계를 지니고 있습니다. 그러므로 두 문장 사이에 '그러므로, 따라서'라는 뜻의 인과 관계 접속부사 Therefore가 들어가야 합니다.

이 단어만은 꼭!

find 발견하다(find-found-found) technical 기술적인 problem 문제 additionally 덧붙여, 추가로 therefore 그러므로, 따라서 Website 웹사이트 be shut down 폐쇄되다 temporarily 일시적으로, 임시로 urgent 긴급한 maintenance 보수 (작업)

■ 기타 토익에 자주 출제되는 접속부사

앞에서 배운 상반, 추가, 인과 관계를 나타내는 접속부사 외에도 토익에서는 **「가정(그렇다면)」, 「예시(예를 들면)」, 「시간(그 후에, 이전에)」, 「대체(그 대신)」** 등 다양한 연결 관계를 나타내는 접속부사들이 출제되고 있습니다.

When we complete the reviewing process, **a vote will be conducted** to select the top 4 candidates. [**Afterward** / However], **the winner will be posted** on our Web site.

저희가 심사 과정을 완료하면, 상위 4명의 후보자를 선정하는 **투표가 실시될 것입니다. 그 후에**, 저희 웹사이트에 **우승자가 게시될 것입니다.**

문제 풀이 전략

❶ **유형 파악하기** | 선택지가 모두 접속부사이므로 두 문장의 의미 연결 관계를 나타내는 접속부사를 찾는 유형임을 알 수 있습니다. 따라서 먼저 앞뒤 문장을 해석할 준비를 합니다.

❷ **의미 비교하기** | 앞 문장에 상위 4명의 후보자를 선정하는 투표가 실시될 것이라는 내용이 제시되었으며, 다음 문장에는 우승자가 웹사이트에 게시될 것이라고 쓰여 있습니다.

❸ **접속부사 찾기** | 두 문장은 우승자가 결정되는 과정을 순차적으로 설명하고 있습니다. 따라서 순차적으로 진행되는 두 가지 내용을 연결할 수 있는 접속부사로, 발생 시간의 전후 관계를 나타내는 Afterward(그 후에, 나중에)가 정답으로 가장 적절합니다.

이 단어만은 꼭!

complete 완료하다 reviewing process 심사 과정 vote 투표 be conducted 실시되다 select 선정하다 candidate 후보자 afterward 그 후에, 나중에 however 하지만, 그러나 winner 최종 우승자 be posted on ~에 게시되다

기출 맛보기

가이드를 따라 실제 토익 문제를 푸는 순서와 요령을 차근차근 익혀 보세요.

■ 추가 관계 접속부사

(A) Unfortunately
(B) Also

STEP 1 선택지 읽기
선택지가 모두 접속부사이므로 알맞은 접속부사를 찾는 문제입니다. 접속부사 문제는 빈칸 앞뒤 문장들의 의미를 정확히 이해하고 그 흐름을 파악하는 것이 가장 중요합니다.

Candidates for this position **should have a degree in graphic design.**
-------, **those with qualifications in other related fields will be considered.**
(A) Unfortunately
(B) Also

STEP 2 단서 찾기
빈칸 앞 문장에는 특정 학위가 있어야 한다(should have)는 채용 요건이 언급되어 있습니다. 그리고 빈칸 다음 문장은 다른 관련 분야의 자격을 갖춘 사람들이 고려될 수 있다는 내용으로, 또 다른 채용 조건을 제시하고 있습니다.

STEP 3 추가 관계 접속부사 정답 찾기
두 문장이 모두 어떠한 직책에 지원하는 채용 조건들을 나타내므로, 동일한 성격을 지니는 내용의 추가 관계임을 알 수 있습니다. 따라서 추가 접속부사인 (B) Also가 정답입니다.

정답 (B)

해석
이 직책에 대한 지원자들은 그래픽 디자인 학위를 소지해야 합니다. **또한**, 기타 관련 분야에 대한 자격을 지닌 지원자들도 고려될 것입니다.

이 단어만은 꼭!

candidate 지원자 position 직책, 일자리 degree 학위 those with ~을 갖고 있는 사람들(= people who have) qualification 자격(증) related 관련된 field 분야 be considered 고려되다 Unfortunately 안타깝게도 also 또한

■ 인과 관계 접속부사

(A) For example
(B) As a result

STEP 1 선택지 읽기

선택지가 모두 접속부사이므로 알맞은 접속부사를 찾는 문제입니다. 접속부사 문제는 빈칸 앞뒤 문장들의 의미를 정확히 이해하고 그 흐름을 파악하는 것이 가장 중요합니다.

We have noted that **the number of customers ordering our fruit beverages keeps decreasing** these days. -------, **I would like to reduce the number of fruits in our daily order** starting next Monday.

(A) For example
(B) As a result

STEP 2 단서 찾기

빈칸 앞 문장은 과일 음료를 주문하는 고객들의 수가 계속 감소하고 있다는 내용입니다. 그리고 빈칸 다음 문장에는 일일 주문품에서 과일의 숫자를 줄이고 싶다는 언급이 나와 있습니다. 즉, 과일 음료 판매량이 감소하고 있기 때문에 그 재료의 구매량을 줄이려는 결과가 발생한 것으로 볼 수 있습니다.

STEP 3 인과 관계 접속부사 정답 찾기

두 문장이 '과일 음료 고객 감소'라는 원인과 '제품 원료인 과일 주문 수량 축소'라는 결과의 관계로 연결되므로 인과 관계 접속부사인 (B) As a result가 정답입니다.

정답 (B)

해석

저희는 요즘 저희 과일 음료를 주문하는 고객들의 숫자가 계속 감소하고 있음을 알게 되었습니다. **그 결과**, 저는 다음 주 월요일부터 저희 일일 주문품에서 과일의 숫자를 줄이고자 합니다.

note that절 ~임을 알게 되다, ~임에 주목하다 the number of ~의 수 order 주문하다, 주문(품) beverage 음료 keep -ing 계속 ~하다 decrease 감소하다, 하락하다 would like to do ~하고 싶다 reduce 줄이다, 감소시키다 daily 일일의, 매일의 starting + 요일/날짜 ~부터 for example 예를 들어 as a result 그 결과

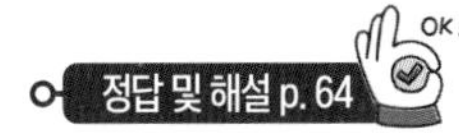

앞에서 공부한 내용을 바탕으로 제공된 힌트를 활용하여 토익 문제를 풀어보세요.

Questions 1-4 refer to the following e-mail.

Dear Mr. Setzer,

I would like to offer you my congratulations. We ❶ ------- the proposal of Setzer Security Solutions to provide security equipment at our laboratory. Your technicians will have access to the ❷ ------- on June 1.

As specified in the enclosed agreement, Setzer Security Solutions will be responsible for installing security devices. ❸ -------, it will provide guards to patrol the grounds between 7 p.m. and 8 a.m. Please contact me directly if you have any questions. ❹ -------.

Sincerely,
Leonard Geller, Operations Manager

상대방의 제안에 대한 결정이 막 완료되자마자 축하 인사를 하게 됩니다.

1 (A) may accept
(B) would accept
(C) have accepted
(D) were accepting

access to 다음에 바로 앞의 our laboratory를 대신할 장소 명사가 필요합니다.

2 (A) results
(B) benefits
(C) facilities
(D) positions

보안 장치들을 설치한다는 앞 문장과 경비원들을 제공한다는 뒤 문장은 같은 성격의 내용입니다.

3 (A) However
(B) In addition
(C) For example
(D) Previously

궁금하면 연락하라는 말은 정보를 전달하는 이메일 등에서 마지막에 등장하는 상투적인 표현입니다. 그럼, 질문이 있을 경우에 직접 연락하라고 말하는 이유는 무엇일까요?

4 (A) Unfortunately, we offered the contract to a different firm.
(B) Once again, congratulations on receiving your promotion.
(C) We will inform you of the final decision as soon as possible.
(D) I will be happy to provide you with more information.

DAY 13 문맥 유형 연습

1 동사의 시제 찾기

한 문장 내에서 시점 관련 단서를 찾아야 하는 Part 5와 달리, Part 6의 동사 시제 찾기 문제는 다른 문장에 등장하는 날짜, 동사 시제 또는 지문의 전체 흐름에 따라 단서를 찾아야 합니다.

■ 과거시제 찾기

○ 이메일 작성일

Date: **June 13**

○ 식사를 한 날짜

Thank you for choosing the Wiley Restaurant for your party on **June 10**. We hope you and your guests [will enjoy / **enjoyed**] your meals.

날짜: 6월 13일

와일리 식당을 귀하의 **6월 10일** 파티 장소로 선택해 주셔서 감사합니다. 저희는 귀하와 하객분들이 식사를 **즐기셨기를** 바랍니다.

문제 풀이 전략

① **상황 파악하기** | We hope는 과거에 일어난 일과 미래에 일어날 일에 대한 바람을 모두 나타낼 수 있어요. 따라서 이 문장만 봐서는 식사 행위의 시점을 알 수 없어요.

② **단서 찾기** | 지문 내에 날짜가 나온다면 이메일 작성일 정보와 비교해 볼 수 있습니다. 첫 문장의 your party on June 10을 통해 식사를 한 날이 6월 10일임을 알 수 있군요.

③ **날짜 비교하기** | 이제 이메일 작성일과 식사 시점을 비교하면 됩니다. 이메일 작성 시점이 「Date: June 13」이므로 '과거'에 식사를 했다는 것을 알 수 있습니다. 따라서 과거시제인 enjoyed가 정답입니다.

이 단어만은 꼭!

choose 선택하다 hope 바라다, 희망하다 guest 손님 enjoy 즐기다 meal 식사

■ 미래시제 찾기

Part 6에서는 시제 문제의 단서가 단순하게 시간 표현으로 제시되지 않고, 아래의 예시처럼 **연관된 다른 일의 동사 시제와 비교해 동사 시제를 파악해야 하는 경우**가 종종 있습니다.

계획 중 = 아직 발생하지 않음

Movie director Graham Bonham **is planning a new work**. His new film [**will be produced** / has been produced] with his daughter, Lisa Bonham.

영화감독 그래엄 본햄이 **새로운 작품을 계획하고 있습니다**. 그의 새 영화는 자신의 딸인 리사 본햄과 함께 **제작될 것입니다**.

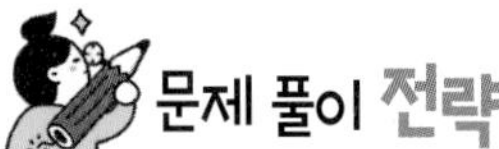

문제 풀이 전략

① 상황 파악하기 | 문장 안에 시점을 알 수 있는 시간 표현이 없어 동사의 시제를 파악하기 어려운 상황이죠. 따라서 다른 문장을 통해 단서를 찾아야 합니다.

② 단서 찾기 | 주어 His new film이 가리키는 단어가 앞 문장의 a new work입니다. 그리고 동사 is planning이 현재진행시제이므로 '지금 새 작품을 계획 중이다'라는 뜻이죠.

③ 날짜 비교하기 | 현재 계획 중인 작품이 제작되는 시점은 언제일까요? 계획한 뒤에 제작을 하니까 미래 시점이 되겠죠? 그러므로 미래시제 동사인 will be produced가 정답입니다.

이 단어만은 꼭!

director 감독 plan 계획하다 work 작품 be produced 제작되다

❷ 문맥상 적절한 문장 찾기

빈칸 앞 또는 뒤의 내용 흐름이 자연스럽게 연결되는 문장을 고르는 유형입니다. 문장의 전체 내용 또는 특정 단어를 가리키는 **지시어를 단서로 활용하는 방법**, 그리고 두 문장의 의미 관계를 나타내는 **접속부사를 단서로 활용하는 방법**이 있습니다.

■ 지시어를 활용하기

선택지의 문장에 **지시대명사(this/these), 정관사(the), 대명사(they, them, it)** 등의 지시어가 포함되어 있다면, 이 문장의 앞에는 이 지시어가 가리키는 대상이 존재해야 합니다. 이와 같은 연결 관계를 확인하여 빈칸에 알맞은 문장을 선택합니다.

The maintenance office has posted **power shutoff notices** around the building. -------. We apologize for any inconveniences.

(A) Utility bills will be charged separately.
(B) Please read **them** carefully.

시설 관리사무실에서 **정전 안내문들**을 건물 곳곳에 게시하였습니다. **그것들을** 주의 깊게 읽어 보시기 바랍니다. 불편을 끼쳐드려 죄송합니다.

(A) 공과금이 분리되어 청구될 것입니다.
(B) **그것들을** 주의 깊게 읽어 보시기 바랍니다.

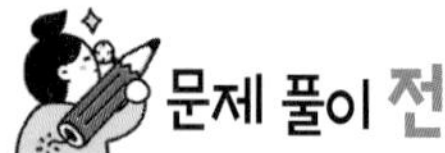

❶ 상황 파악하기	가장 먼저 선택지에 지시어가 포함된 문장이 있는지 살펴봅니다. 그리고 지시어가 가리키는 대상이 앞 문장에 있는지도 함께 확인합니다.
❷ 단서 찾기	(B)에 지시어 them이 포함되어 있고, 이 지시어는 복수명사를 가리킵니다. 그리고 빈칸 앞 문장에 복수명사구인 power shutoff notices가 있습니다.
❸ 알맞은 문장 고르기	이제 지시어 단서를 활용해서 두 문장이 자연스럽게 연결되는지 확인하면 됩니다. 안내문들이 게시되었고 '그것들(안내문들)'을 잘 읽어보라는 내용으로 자연스럽게 연결되므로 (B)가 정답입니다.

이 단어만은 꼭!

maintenance 시설 관리 post (글을) 게시하다 power shutoff 정전 notice 공지, 안내문 around ~주위에, 곳곳에 apologize for ~에 대해 사과하다 inconvenience 불편 utility bill 공과금 be charged 청구되다 separately 분리되어, 개별적으로 carefully 주의 깊게

■ 접속부사 활용하기

접속부사는 두 문장의 내용을 논리적으로 연결하는 기능을 합니다. 그러므로 빈칸 앞 문장의 내용이 접속부사로 시작하는 선택지 문장의 내용과 자연스럽게 이어지는지를 확인하면 쉽게 정답을 찾을 수 있습니다.

Part 6의 접속부사 단서

Gold Coupon Books are only available to residents in Dundee. **They are valid for one year.** -------. They feature paintings and photographs by local artists.

(A) **Also**, *Gold Coupon Books* come with a set of postcards.
(B) Further discounts are available for online orders.

'골드 쿠폰북'은 던디 지역 주민들만 이용 가능합니다. **이 쿠폰북은 일 년 동안 유효합니다.** 또한, 이 쿠폰북은 엽서 세트가 딸려 있습니다. 그것들은 현지 예술가들의 그림과 사진을 담고 있습니다.

(A) 또한 이 쿠폰북은 엽서 세트가 딸려 있습니다.
(B) 온라인 주문에 대해서는 추가 할인이 가능합니다.

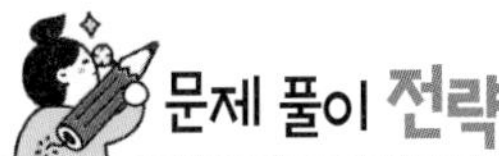

문제 풀이 전략

❶ 앞 내용 파악하기 | 빈칸 앞 문장의 내용을 파악합니다. 쿠폰북에 대해 설명하는 문장으로, 일 년 동안 유효하다는 내용입니다.

❷ 접속부사 파악하기 | 선택지에서 접속부사의 의미에 따라 앞 문장과 논리적으로 자연스럽게 이어지는 문장이 있는지 살펴봅니다. 그런데, 유사한 내용을 추가할 때 사용하는 접속부사 Also로 시작하는 문장이 있습니다.

❸ 알맞은 내용 고르기 | Also로 시작하는 문장 내용을 살펴보면, 이 쿠폰북에 엽서가 딸려 있다는 내용입니다. 이 쿠폰북의 첫 번째 설명인 앞 문장에 이어 추가 정보가 자연스럽게 연결되므로 정답은 (A)입니다.

이 단어만은 꼭!

coupon 할인권 available to ~가 이용할 수 있는 resident 주민 valid 유효한 feature 포함하다, 특징으로 하다 painting 그림 photograph 사진 local 지역의 artist 예술가 also 또한 come with ~가 딸려 있다 a set of ~ 한 세트 postcard 엽서 further 추가적인 discount 할인 order 주문(품)

맛 기출 보기

가이드를 따라 실제 토익 문제를 푸는 순서와 요령을 차근차근 익혀 보세요.

■ 미래시제 찾기

(A) will send
(B) send

STEP 1 선택지 읽기

선택지가 모두 동사 형태이고 시제만 다르므로 알맞은 시제를 찾는 문제입니다. 시제 문제일 때는 문장을 꼼꼼하게 해석하기보다는 앞뒤 내용의 시간 순서만 파악하면 됩니다.

We at Green Power **ask all people to bring** their old cell phone batteries to any store that sells Green Power products. The store **then** ------- the batteries to a special processing plant to remove harmful materials.

STEP 2 단서 찾기

빈칸 앞에 then이라는 부사가 있는데, then은 '그런 다음, 그러고 나서' 등의 의미로 뒤이어 발생하는 일을 나타냅니다. 따라서 앞 문장 내용보다 나중에 발생하는 일을 말한다는 것을 알 수 있습니다.

(A) will send
(B) send

STEP 3 미래시제 정답 찾기

빈칸 앞 문장은 그린파워라는 회사가 사람들에게 할 일을 요청하는 내용입니다. 현재시제 동사 ask로 요청하고 있으므로 그 후에 발생할 일을 나타내는 빈칸의 동사는 미래시제가 되어야 자연스럽습니다. 따라서 미래시제인 (A)가 정답입니다.

정답 (A)

해석

저희 「그린파워」는 모든 사람들에게 그린파워 제품을 판매하는 어떤 매장으로든 저희 오래된 휴대전화 배터리를 가져오도록 요청합니다. 매장은 그 후에 유해물질을 제거하기 위해 배터리들을 특별 처리 공장으로 **보낼 것입니다**.

ask A to do: A에게 ~하도록 요청하다 bring A to B: A를 B로 가져오다 cell phone 휴대전화 sell 판매하다 product 제품 then 그 후에, 그러고 나서 send A to B: A를 B로 보내다 processing 처리 plant 공장 remove 제거하다 harmful 유해한 material 물질, 물체

■ 지시어 단서로 문맥상 적절한 문장 찾기

(A) I see no reason to maintain this policy any longer.
(B) Men are expected to wear a jacket and tie.

STEP 1 선택지 읽기

선택지에 지시어가 포함된 문장이 있는지 살펴봅니다. (A)에 단수명사를 지칭하는 this와 함께 policy가 언급되어 있습니다.

It's been **a longstanding policy** at our company to have a strict dress code for client meetings. -------. Since most client meetings are now done over video chat, employees may begin dressing more casually.

(A) I see no reason to maintain **this policy** any longer.
(B) Men are expected to wear a jacket and tie.

STEP 2 단서 찾기

this policy는 빈칸 앞 문장에 단수명사구로 제시된 a longstanding policy를 가리키는 것으로 볼 수 있습니다. 이제 빈칸 앞뒤 문장과 this policy가 포함된 선택지 문장 사이의 의미 관계를 확인합니다.

STEP 3 문맥상 적절한 문장 정답 찾기

고객 회의에 대해 엄격한 복장 규정을 갖는 것이 회사의 오래된 정책이라는 말이 앞 문장에, 그리고 이제 화상 회의로 인해 더 편하게 옷을 입어도 된다는 말이 뒤에 이어져 있습니다. 이는 정책의 변화를 나타냅니다. 따라서 오래된 정책을 this policy로 지칭해 더 이상 이 정책을 유지할 이유가 없다고 알리고 있는 (A)가 흐름상 어울리는 정답입니다.

정답 (A)

해석

고객과의 회의에 대해 엄격한 복장 규정을 갖는 것은 우리 회사의 오래된 정책이었습니다. **저는 이 정책을 더 이상 유지할 이유가 없다고 봅니다.** 대부분의 고객 회의가 현재 화상 회의를 통해 이뤄지고 있으므로, 이제부터 직원들은 더 편하게 차려 입어도 됩니다.

(A) 저는 이 정책을 더 이상 유지할 이유가 없다고 봅니다.
(B) 남성들은 정장 상의를 입고 넥타이를 맬 것입니다.

이 단어만은 꼭!

longstanding 오래된 policy 정책 strict 엄격한 dress code 복장 규정 due to ~ 때문에, ~로 인해 client 고객 since ~이므로 over ~을 통해, ~을 이용해 video chat 화상 통화 begin -ing ~하는 것을 시작하다 dress 옷을 입다 casually 편하게, 격식을 갖추지 않고 reason to do ~하는 이유 maintain 유지하다 any longer 더 이상(~않다) be expected to do ~할 것으로 예상되다

■ 접속부사 단서로 문맥상 적절한 문장 찾기

(A) Also, we can write your press releases.
(B) Our product line has continued to grow.

STEP 1 선택지 읽기

선택지에 접속부사 단서가 포함된 문장이 있는지 살펴봅니다. (A)에서 접속부사 Also를 발견할 수 있습니다.

Royal Solutions **has a goal** to enhance your company's image. We can accomplish this **through social media campaigns, event planning, or customer surveys** about your business. -------.

(A) **Also**, we can **write your press releases.**
(B) Our product line has continued to grow.

STEP 2 단서 찾기

Also 뒤에는 한 회사가 보도자료를 대신 작성해주는 서비스를 제공할 수 있다는 내용입니다. Also가 유사한 내용을 추가하는 접속부사이므로, 빈칸 앞에 '보도자료 작성'과 비슷한 서비스가 있는지 확인해 봅니다.

STEP 3 문맥상 적절한 문장 정답 찾기

빈칸 앞에 소셜미디어 활동, 이벤트 기획, 고객 설문조사 등으로 기업 이미지를 개선해줄 수 있다는 내용이 언급되고 있습니다. 이 세 가지 서비스에 보도자료를 대신 작성하는 서비스가 추가되는 내용의 흐름이 자연스러우므로 (A)가 정답입니다.

정답 (A)

해석

로열 솔루션즈는 여러분 회사의 이미지를 강화하는 것을 목표로 합니다. 소셜미디어 활동, 행사 기획, 또는 여러분의 회사에 대한 고객 설문조사를 통해 이 목표를 달성할 수 있습니다. **또한, 저희는 여러분 회사의 보도자료를 작성해 드릴 수 있습니다.**

(A) 또한 저희는 여러분 회사의 보도자료를 작성해 드릴 수 있습니다.
(B) 저희의 상품군은 계속 늘어나고 있습니다.

goal 목표 enhance 강화하다 image 이미지 accomplish 달성하다 through ~을 통해 social media 소셜미디어 campaign 활동, 운동 planning 기획 customer 고객 survey 설문조사 business 기업 also 또한 press release 보도자료 product line 제품군 continue 계속하다 grow 증가하다

정답 및 해설 p. 65

앞에서 공부한 내용을 바탕으로 제공된 힌트를 활용하여 토익 문제를 풀어보세요.

Questions 1-4 refer to the following e-mail.

Dear Mr. Reynolds,

I am writing to you to show our ❶ ------- for the accounting skills training class you had at our business on November 8. We asked our staff to fill out comment cards ❷ ------- and everyone praised your class. Many employees ❸ ------- feelings that the workshop was surprisingly informative and valuable. ❹ -------. Please let me know if you would revisit us next month.

Best regards,
Patricia Kim

인칭대명사 소유격 다음에 위치할 수 있는 품사는 무엇일까요?

1 (A) appreciate
(B) appreciative
(C) appreciated
(D) appreciation

빈칸 앞에 「동사 + 목적어」가 있으므로 빈칸은 부사가 올 자리죠. 고객의견카드는 행사가 끝난 뒤에 작성합니다.

2 (A) towards
(B) besides
(C) afterwards
(D) almost

고객의견카드 작성을 요청한 시제가 asked로 과거입니다. 그러면 카드를 작성하며 의견을 나타내는 시점은 언제일까요?

3 (A) expressed
(B) is expressing
(C) will express
(D) has expressed

문맥상 어울리는 문장이 필요하므로 지시어나 접속부사 등을 활용해 풀어야 해요.

4 (A) The lesson will be held every Monday at 9 A.M.
(B) Therefore, we would like to invite you for a follow-up lesson.
(C) We are glad that you enjoyed the training session.
(D) We hope this problem can be solved during the next class.

PART 5 PART 6 PART 7

PART 7

DAY 14 세부사항 / 목적 / 요청사항

DAY 15 동의어 / 표현의도 / 문장삽입

미리 보기

이렇게 나와요!

1 **지문 읽고 문제 풀기 유형이에요.**
주어진 글을 읽고 질문에 답하는 유형입니다. 한 개의 지문을 읽고 푸는 유형, 두 개의 지문을 읽고 푸는 유형, 세 개의 지문을 읽고 푸는 유형이 있습니다.

2 **총 54문제가 나와요.**
147번부터 200번까지 총 54문제가 출제됩니다. 한 개의 지문을 읽고 푸는 문제가 29문제, 두 개의 지문을 읽고 푸는 문제가 10문제, 그리고 세 개의 지문을 읽고 푸는 문제가 15문제 출제됩니다.

3 **단어 암기를 꾸준히 하고 지문 유형을 미리 익혀 두세요.**
단어를 모르고 독해를 할 수 없겠죠. 평소 토익 단어 암기를 꾸준히 하는 것이 가장 기본입니다. 또한 출제되는 지문 유형이 정해져 있기 때문에 지문 유형에 따라 어떤 내용이 배치되는지를 파악해두면 좀 더 자신 있게 문제를 풀 수 있습니다.

DAY 14 세부사항 / 목적 / 요청사항

① 세부사항 확인하기

단편적인 사항을 묻는 질문 유형으로, 질문에서 주어진 특정 사물 또는 사람의 이름을 지문에서 찾아 **관련 정보를 선택지와 비교**합니다.

■ 빈출 질문 유형

단순 정보: What (무엇인가?)

- **What** does Ms. Parker request by e-mail? 파커 씨는 이메일로 무엇을 요청하는가?
- **What** special offer is mentioned/stated? 어떤 특별 혜택이 언급되는가?

직업/신분: Who (누구인가?)

- **Who** is Ms. Benny Jones? 베니 존스 씨는 누구인가?

Reviewers highly praised action star Jason Parker, who appears in **a new TV drama produced by Diane Lopez.**

Q. Who is Ms. Lopez?

평론가들이 액션 스타 제이슨 파커를 매우 칭찬했는데, 그는 **다이앤 로페즈에 의해 제작된 새 TV 드라마**에 출연한다.

Q. 로페즈 씨는 누구인가?

(A) TV 드라마 제작자 (B) 영화 배우

문제 풀이 단서 찾기

❶ 질문 파악하기
Who를 통해 직업 또는 신분을 묻는 질문임을 파악합니다.

❷ 단서 찾기
질문에 제시된 사람 이름(대문자)을 지문에서 찾으면 앞뒤에 직업의 단서가 나옵니다.

❸ 단서 비교하기
Diane Lopez 앞에 a new TV drama produced by라고 나오므로 직업은 (A) TV 드라마 제작자입니다.

이 단어만은 꼭!

reviewer 평론가 highly 몹시, 매우 praise 칭찬하다 appear 출연하다, 등장하다 produced by ~에 의해 제작된

❷ 글의 목적 찾기

토익 Part 7에서 글의 주제 또는 글을 쓴 목적은 대부분 문의, 요청, 지시, 발표, 공유 등을 나타내는 표현과 함께 제시됩니다. 따라서 Can you ~?, Could you ~?, Would you ~? 등의 요청이나 Please와 같은 지시를 나타내는 명령문 표현 뒤에 단서가 숨어 있습니다.

■ 빈출 질문 유형

목적

- **What** is the **purpose** of the notice? 이 공지의 목적은 무엇인가?
- **What** is the e-mail **about?** 이 이메일은 무엇에 관한 것인가?

이유

- **Why** was the memo **written?** 이 메모가 쓰여진 이유는 무엇인가?
- **Why** was the information **sent?** 이 정보가 보내진 이유는 무엇인가?

PART 5 PART 6 PART 7

Could you please let me know how many pages your printer can print per minute?

Q. What is the purpose of the e-mail?

귀사의 프린터가 분당 몇 페이지를 출력할 수 있는지 **알려 주시겠습니까?**

Q. 이 이메일의 목적은 무엇인가?

(A) 제품에 대해 문의하기　　(B) 파손된 물건에 대해 항의하기

문제 풀이 단서 찾기

❶ 질문 파악하기
purpose를 보고 글의 목적을 묻는 문제임을 파악합니다.

❷ 단서 찾기
목적의 단서를 이끄는 Can/Could/Would you (please) ~? 질문에서 요청 사항을 확인합니다.

❸ 단서 비교하기
let me know 다음에 나오는 내용에서 제품에 대한 문의가 이메일의 목적인 것을 알 수 있으므로 (A)가 정답입니다.

이 단어만은 꼭!

Could you please~ ~해주시겠습니까? let me know 알려주세요 per minute 분당

③ 요청사항 찾기

요청을 이끄는 단서 표현을 찾는 것은 목적 찾기 유형과 비슷하지만, 이 유형은 **구체적인 요청 또는 지시 내용**을 묻는다는 점에서 차이가 있습니다.

■ 빈출 질문 유형

직접 요청하기

- **What** are employees **asked to do?** 직원들은 무엇을 하도록 요청 받는가?
- **What information** does Ms. Kelly **request?** 켈리 씨는 무슨 정보를 요청하는가?

제3자에게 요청하기

- **What** does Mr. Evans **recommend Ms. Ryan do?** 에반스 씨는 라이언 씨에게 무엇을 하도록 권고하는가?
- **What** is Ms. Choi **advised to do?** 최 씨는 무엇을 하도록 권고받는가?

Please be advised that you should leave at least two hours early to avoid traffic.

Q. What are attendees advised to do?

교통 혼잡을 피하려면 **적어도 두 시간은 일찍 떠나셔야 한다는 점에 유의하시기 바랍니다.**

Q. 참석자들은 무엇을 하도록 권고받는가?

(A) 온라인으로 등록하기 (B) 일찍 출발하기

문제 풀이 단서 찾기

① 질문 파악하기
질문의 동사 advised를 통해 요청사항을 묻는 질문임을 파악합니다.

② 단서 찾기
요청 내용을 이끄는 표현인 Please be advised(~하시기 바랍니다) 뒤의 that절이 바로 요청 내용에 해당합니다.

③ 단서 비교하기
'적어도 두 시간 일찍 떠나도록(leave)' 요청하고 있으므로 '일찍 떠나다'와 의미가 유사한 선택지인 (B)가 정답입니다.

이 단어만은 꼭!

Please be advised that ~라는 점에 유의하십시오 leave 떠나다 at least 적어도 early 일찍 avoid 피하다 traffic 교통 혼잡

기출 맛보기

가이드를 따라 실제 토익 문제를 푸는 순서와 요령을 차근차근 익혀 보세요.

■ 세부사항 확인하기

Q. What is the cause of the price increase?
가격 인상의 원인은 무엇인가?

STEP 1 질문 읽기
질문의 키워드인 「가격 인상(price increase)」을 지문에서 찾아야 합니다.

BestTyres, the world's leading tire manufacturer, **announced price increases** last week. A spokesperson for the company said that **the recent hike in the price of raw materials** has made it impossible to keep the same price.

STEP 2 단서 찾기
지문 상단에서 '가격 인상을 발표했다(announced price increases)'는 표현을 찾을 수 있습니다. 기사 지문에서 가격 변동 같은 중요한 내용이 발표될 때는 바로 이어서 그 이유를 밝혀주는 것이 일반적입니다. 바로 다음 문장에 대변인이 '원자재 가격의 상승(the recent hike in the price of raw materials)' 때문이라며 이유를 말하고 있습니다.

(A) The economic slowdown
경기 침체

(B) The higher cost
더 높은 비용

해석
세계 일류의 타이어 제조사인 베스트타이어 사가 지난주에 가격 인상을 발표했다. 이 회사 대변인은 최근의 원자재 가격 상승이 같은 가격을 유지하는 것을 불가능하게 했다고 밝혔다.

STEP 3 세부사항 정답 찾기
단서를 바탕으로 정답을 찾을 때 지문의 단서 표현들이 선택지에서는 동의어를 사용하여 살짝 달라진다는 것에 유의해야 합니다.
[지문] hike in the price (가격 인상) ⇒
[정답] higher cost (더 높은 비용)
이와 같은 동의어 관계를 통해 (B)가 정답임을 알 수 있습니다.

정답 (B)

leading 일류의 manufacturer 제조사 announce 발표하다 increase 인상 spokesperson 대변인 recent 최근의 hike 급등 raw materials 원자재 make it impossible to do ~하기가 불가능하게 하다 keep 유지하다 slowdown 침체 cost 비용

■ 글의 목적 찾기

Q. What is the purpose of the memo?
이 회람의 목적은 무엇인가?

STEP 1 질문 읽기
목적을 묻는 질문이므로 요청/문의/지시 등을 나타내는 표현을 찾습니다.

All Staff Members,

To prevent any unauthorized employees from entering our laboratory, management has decided to install a new security system. **Please note that, from November 22, all employees are required** to electronically verify that they are allowed to enter the facility.

STEP 2 단서 찾기
지시를 나타내는 명령문 Please note that으로 시작하는 문장에 주목합니다. that절의 동사 be required(~해야 한다) 등은 규정을 나타낼 때 자주 사용되는 표현인데, 그 앞의 날짜 from November 22와 어울려 '11월 22일부터 ~해야 한다'라는 의미를 나타냅니다.

(A) To describe a new policy
새로운 정책을 설명하는 것

(B) To change a renovation schedule
수리 일정을 변경하는 것

STEP 3 글의 목적 정답 찾기
새롭게 해야 하는 일을 지시하는 것은 새로운 정책을 알리는 것과 같습니다. 따라서 새로운 정책을 설명하는 것이라는 뜻을 지닌 (A)가 정답임을 알 수 있습니다.

정답 (A)

해석
직원 여러분,
인가받지 않은 직원이 우리 연구소에 출입하는 것을 막기 위해, 경영진은 새로운 보안 시스템을 설치하기로 결정하였습니다. 11월 22일부터 전 직원은 자신이 이 시설에 출입하는 것을 허락받았음을 전자 장치로 입증해야 한다는 점에 유의하십시오

prevent A from -ing: A가 ~하는 것을 막다 unauthorized 인가받지 않은 employee 직원 enter 출입하다 laboratory 연구소 management 경영진 decide 결정하다 install 설치하다 note that절 ~라는 점에 유의하다 security 보안 be required to do ~해야 하다 electronically 전자 장치로 verify that ~임을 입증하다 be allowed to do ~하도록 허락 받다 facility 시설 describe 설명하다 policy 정책 renovation 보수, 개조

정답 및 해설 p. 66

앞에서 공부한 내용을 바탕으로 제공된 힌트를 활용하여 토익 문제를 풀어보세요.

Questions 1-2 refer to the following memo.

MEMORANDUM

❶ **Effective today, employees will be responsible** for cleaning the staff break room. A schedule will be put up at 8:30 A.M. each Monday, and you should check this before you begin work.

Also, whenever you put a food or drink inside the refrigerator, ❷ **attach a sticker to it and write your name and the date on the sticker**. We want to make sure that no items are left in there longer than seven days.

「effective + 날짜(~부로)」는 정책을 고지할 때 사용하는 표현

1 What is **the purpose** of the memo?

(A) To announce a new policy
(B) To thank employees for their efforts
(C) To report staff complaints
(D) To advertise a cleaning product

이름과 날짜가 적힌 스티커를 부착하도록 하십시오.

2 What are **staff members asked to do**?

(A) Clean their desks
(B) Label items in a refrigerator
(C) Turn off their computers
(D) Come to work before 8:30

PART 5 PART 6 PART 7

DAY 15 동의어 / 표현의도 / 문장삽입

1 동의어 찾기

지문의 특정 단어와 같은 의미로 사용된 단어를 고르는 문제 유형입니다. 주의할 점은, 선택지에 출제 단어의 동의어가 둘 이상 존재하기 때문에 문장을 읽지 않고 출제 단어의 동의어를 고르면 오답일 수 있습니다. **반드시 해당 문장을 해석하고 문장 내에서 사용된 정확한 의미에 맞추어 동의어를 선택해야 합니다.**

■ 빈출 질문 유형

In the memo, **the word "direct" in paragraph 1, line 2,** is closest in meaning to

메모에서 첫째 단락 둘째 줄의 단어 "direct"와 의미가 가장 가까운 것은?

We have recently received several complaints about our new product. **These complaints** should be **addressed** immediately.

Q. In the memo, the word "addressed" in paragraph 1, line 2, is closest in meaning to

최근 우리 신제품에 대한 몇 가지 불만을 접수했습니다. 이 **불만들**은 즉시 **처리되어야** 합니다.

Q. 메모에서 첫째 단락 둘째 줄의 단어 "addressed"와 의미가 가장 가까운 것은?

(A) sent 보내진 (B) resolved 해결된

문제 풀이 단서 찾기

1 기본 의미 파악하기
동사 address의 기본 의미:
사람을 호칭하다(= call)
문제를 처리하다(= resolve)
주소로 보내다(= send)
연설하다(= speak, tell)

➡

2 문장 해석하기
These complaints should be addressed immediately. (이 불만들은 즉시 처리되어야 합니다.)

➡

3 동의어 선택하기
주어 complaints(불만)가 처리되어야 하는 속성이 있으므로 정답은 (B) resolved입니다.

이 단어만은 꼭!

recently 최근에 receive 받다 several 몇몇의 complaint 불만 product 제품 address 사람을 호칭하다, 문제를 처리하다, 주소로 보내다, 연설하다 immediately 즉시 resolve 해결하다

② 표현의도 파악하기

질문에서 특정 표현의 기본 의미를 파악한 후, 지문에서 그 표현을 찾아 그렇게 표현하는 의도를 파악하는 유형입니다. 표현 자체의 의미를 묻는 것이 아니라, **그 말을 하게 된 숨은 의도를 묻는 문맥 유형이므로 앞 사람의 말과 연결하여 의도를 파악해야 합니다.**

■ 빈출 질문 유형

At 11:23 a.m., what does **Ms. Cooper** imply when she writes, "**Sorry**"?

오전 11시23분에, 쿠퍼 씨는 어떤 의미로 "Sorry"라고 쓰는가?

SALLY (3:45 p.m.) I decided to take aerobics classes at Central **Gym**. Did you **join a place** near your home?

ANJELICA (3:46 p.m.) **I'm still looking.**

Q. At 3:46 p.m., what does Anjelica imply when she writes, "I'm still looking"?

샐리 (3:45 p.m.) 난 센트럴 **체육관**에서 에어로빅 강습을 받기로 결정했어. 넌 **집 근처에 있는 곳에 가입했니**?

안젤리카 (3:46 p.m.) **난 아직 찾는 중이야.**

Q. 오후 3시46분에, 안젤리카는 어떤 의미로 "I'm still looking"이라고 쓰는가?

(A) 새로운 아파트를 찾고 있다.　　(B) 다니는 체육관이 없다.

문제 풀이 단서 찾기

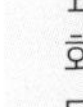

❶ 기본 의미 파악하기

먼저 질문에 포함된 특정 표현인 "I'm still looking"의 기본 의미(아직 찾는 중이야)를 파악합니다.

❷ 대화 흐름 파악하기

앞 사람의 말을 해석하여 대화의 흐름을 파악해야 합니다. 샐리의 질문에서 '집 근처의 장소(place)'는 '집 근처의 체육관(gym)'을 가리키므로, 샐리는 '집 근처 체육관에 가입했니?'라고 묻는 것입니다.

❸ 표현의도 알아내기

이 질문에 대해 '아직 찾는 중이야'라고 대답했다면, 다닐 체육관을 아직 찾지 못했다는 뜻입니다. 따라서 '다니는 체육관이 없다'라는 의미인 (B)가 가장 적절한 표현의도라고 할 수 있습니다.

이 단어만은 꼭!

decide to do ~하기로 결정하다 take aerobics classes 에어로빅 강습을 받다 gym 체육관 join 가입하다 place 장소 near ~ 근처의 still 아직도, 여전히 look 찾아보다

③ 문장삽입 위치 파악

내용 흐름상 주어진 문장이 들어갈 가장 알맞은 위치를 지문에서 고르는 유형으로서 정해진 위치에 알맞은 문장을 골라 넣는 Part 6의 문장삽입 유형과 정답을 고르는 원리가 같습니다. 따라서 **주어진 문장에 들어있는 대명사(this, these, that, those, they, them, it) 또는 정관사(the) 등의 지시어를 활용해 알맞은 삽입 위치를 찾으면 됩니다.**

■ 빈출 질문 유형

In which of the positions marked [1], [2], [3], and [4] **does the following sentence best belong**?

[1], [2], [3], 그리고 [4] 중에서 **다음 문장이 가장 잘 어울리는 위치는** 어느 것인가?

My favorite thing about the cruise was the friendly **crew members**. — [1] —. Everyone always greeted me with a warm smile. If the cruise has any real weakness, it's the breakfast buffet in the main dining room. — [2] —.

Q. In which of the positions marked [1], [2], [3], and [4] does the following sentence best belong?
"Many of **them** got to know our names within just hours of meeting us."

이 유람선 여행에 대해 제가 가장 좋았던 점은 **친절한 승무원들**이었어요. 그분들의 대다수가 우리를 만난지 몇 시간만에 우리들 이름을 알게 되었어요. 모두가 언제나 따뜻한 미소로 저를 맞이해 주었죠. 이 유람선 여행에 정말 어떤 단점이든 있다면, 그건 주 식당의 조식 뷔페예요.

Q. [1] 그리고 [2] 중에서 다음 문장이 가장 잘 어울리는 위치는 어느 것인가?
그분들의 대다수가 우리를 만난지 몇 시간만에 우리들 이름을 알게 되었어요.

(A) [1] (B) [2]

문제 풀이 단서 찾기

① 지시어 파악하기

제시된 문장에 지시어인 대명사 them이 포함되어 있는 것을 확인할 수 있습니다.

② 대명사 단서 찾기

대명사 them이 있다는 것은 앞 문장에 복수형 명사가 있다는 신호입니다. 그런데 [1] 앞에 복수형으로 쓰인 사람명사 crew members가 있습니다.

③ 연결 관계 확인하기

[1]에 해당 문장을 넣고 해석해 보면, '승무원들 중 많은 이들이 몇 시간만에 우리 이름을 외웠다'라는 내용 흐름도 자연스러우므로 (A)가 정답입니다.

이 단어만은 꼭!

favorite 가장 좋아하는 cruise 유람선 여행 friendly 친절한 crew member 승무원 greet 맞이하다 a warm smile 따뜻한 미소 real 정말, 진정한 weakness 단점 breakfast 아침식사 buffet 뷔페 main 주된 dining room 식당 within ~ 이내에

기출 맛보기

가이드를 따라 실제 토익 문제를 푸는 순서와 요령을 차근차근 익혀 보세요.

■ 동의어 찾기

Q. In the memo, the word "**issues**" **in paragraph 1, line 5,** is closest in meaning to

메모에서, 첫째 단락 다섯 번째 줄에서 "issues"의 의미와 가장 가까운 것은?

STEP 1 질문 읽기

질문에 제시된 명사 issue의 다양한 의미를 먼저 떠올립니다.

쟁점(=point), (발행물의)권, 부(=copy), 문제(=matter), 발급/제공(=supply)

Dear Chris,

The Tenants Association meets on the 10th of every month. All members are encouraged to attend these meetings and to talk about the neighborhood. You can also get the latest **issues** of ***The Mountainview Apartments Newsletter*** at our monthly meetings.

STEP 2 지문 읽기

issues가 포함된 문장을 간략히 해석합니다. Newsletter라는 단어를 통해 The Mountainview Apartments Newsletter가 출판물임을 알 수 있습니다. 그러므로 issues가 이 문장에서 '출판물의 호/판'이라는 의미인 것도 알 수 있습니다.

(A) points 쟁점

(B) copies 판

해석

크리스 씨께,

입주자 조합은 매달 10일에 모임을 가집니다. 모든 조합원들께서는 이 모임에 참석하셔서 우리 지역에 관해 이야기하도록 권장됩니다. 또한 저희 월례 모임에서 마운틴뷰 아파트 회보의 최신판을 가져가실 수도 있습니다.

STEP 3 동의어 정답 찾기

출판물을 세는 표현인 (B) copies(~권, ~부)가 issues와 같은 의미이므로 (B)가 정답입니다.

정답 (B)

이 단어만은 꼭!

tenant 입주자 association 조합, 연합 be encouraged to do ~하도록 권장되다 attend 참석하다 neighborhood 지역, 동네 also 또한 get 얻다, 가져가다 latest 최신의 issue (발행물) 호, 판 newsletter 회보 monthly 매달의, 월례적인

■ 표현의도 파악하기

Q. At 10:50 a.m., what does Dennis imply when he writes, **"It's just around the corner"**?
오전 10시 50분에 데니스는 어떤 의미로 "It's just around the corner"라고 쓰는가?

STEP 1 제시된 표현 파악하기
질문에 제시된 표현 "It's just around the corner."는 「아주 가까이 있다」라는 뜻인데, 시간이나 거리상의 가까움을 나타냅니다.

DENNIS 10:45 a.m. Olga... our rooms have been booked at Ana Hotel.

OLGA 10:48 a.m. Great! **And is the hotel close to the client's office?** We don't want to waste any time.

DENNIS 10:50 a.m. **It's just around the corner.**

STEP 2 지문 읽기
이 표현의 앞에서 OLGA가 "And is the hotel close to the client's office?" (호텔이 고객 사무실과 가깝나요?) 라고 묻고 있습니다. 즉, 거리를 묻는 질문입니다.

(A) An event will take place soon.
행사가 곧 열릴 것이다.

(B) A building is conveniently located.
건물이 편리한 곳에 위치해 있다.

해석
데니스 오전 10:45 : 올가… 우리 객실이 애나 호텔에 예약되었어요.
올가 오전 10:48 : 잘됐군요! 그리고 호텔이 고객의 사무실과 가깝나요? 조금의 시간이라도 허비하면 안되잖아요.
데니스 오전 10:50: 아주 가까워요.

STEP 3 표현의도 정답 찾기
선택지 (A)는 곧 발생할 사건을 나타내고 있어서 호텔이 가깝냐는 질문에 대한 답이 될 수 없습니다. (B)에서 conveniently located는 건물(= 호텔)이 편리한 곳에 위치해 있다는 의미인데, 교통이 편리하거나 가까운 곳에 위치한 것을 나타내는 토익 단골 표현입니다. 따라서 (B)가 정답입니다.

정답 (B)

be booked 예약되다 Great! 잘됐군요!, 대단해요! close to ~와 가까운 client 고객 waste 낭비하다 just around the corner 아주 가까운 take place (일이) 발생하다 soon 곧 conveniently 편리하게 be located 위치해 있다

■ 문장삽입 위치 파악하기

Q. In which of the positions marked [1] and [2] does the following sentence best belong?

"Such items are considered hazardous."

[1]과 [2]로 표시된 위치 중 다음 문장이 가장 잘 어울리는 곳은?
"**그러한 물품들**은 위험한 것으로 여겨집니다."

STEP 1 표현 파악하기

문장삽입 유형에서는 지시어 단서를 찾는 것이 가장 우선입니다. 주어 Such items에서 Such는 앞에 제시된 것과 같은 종류를 나타내므로, 어떤 사물들이 나열되는 문장을 찾아야 합니다.

— [1] —. Please be advised that we are not authorized to collect **vehicle batteries, chemicals, or medical waste** during typical collections. — [2] —. Bulky materials like mattresses are also not acceptable for normal collections.

STEP 2 지문 읽기

[2]의 앞 문장에서 수거하지 않는 물건들을 「차량 배터리, 화학물질들, 또는 의료 폐기물」이라고 나열하고 있습니다. 문장의 주어인 Such items(그러한 물건)가 앞의 물건들을 가리키면서 자연스럽게 연결됩니다.

(A) [1]
(B) [2]

해석

우리가 일반적인 수거 작업 중에 차량 배터리, 화학물질, 또는 의료 폐기물을 수거하도록 허가받지 않았다는 점에 유의하세요. 그러한 물품들은 위험한 것으로 여겨집니다. 매트리스 같은 대형 물품 또한 일반적인 수거 활동에서 허용되지 않습니다.

STEP 3 문장삽입 위치 정답 찾기

「차량 배터리, 화학 물품, 또는 의료 폐기물」이 위험하다(hazardous)고 묘사될 수 있으므로 [2]가 정답입니다.

정답 (B)

이 단어만은 꼭!

such 그러한 item 물품, 제품 be considered ~라고 여겨지다 hazardous 위험한 be advised that ~라는 점에 유의하세요 be authorized to do ~하도록 허가받다 collect 수거하다 vehicle batteries 차량 배터리 chemical 화학물질 medical 의료의 waste 폐기물, 쓰레기 during ~동안 typical 일반적인 collection 수거, 수집 bulky 대형의 like ~같은 mattress 매트리스 also 또한 acceptable 용인되는, 받아들일 수 있는 normal 일반적인

앞에서 공부한 내용을 바탕으로 제공된 힌트를 활용하여 토익 문제를 풀어보세요.

Questions 1-2 refer to the following online chat discussion.

SILAS EASTON 9:22 a.m.

Mary, ❶ **when I handled salaries at the Leeds branch**, we would normally send out pay slips a few days prior to the payments. Are things different here?

MARY BONNER 9:24 a.m.

We used to do that, but starting from this month, pay slips will be distributed the day after payment.

SILAS EASTON 9:25 a.m.

Sorry, but ❷ **won't this produce complaints from employees**?

MARY BONNER 9:28 a.m.

Let's think about it when the time comes. We'd better focus on getting this month's payroll done for now.

이 사람의 이름이 제시된 첫 번째 메시지에, Leeds 지사에서 급여 관련 업무를 맡았다는 것을 알 수 있어요.

1 What is mentioned about **Mr. Easton**?

(A) He did not receive his pay.
(B) He has received a pay increase.
(C) He previously worked at a different office.
(D) He forgot to send some documents to employees.

It이 가리키는 것은 앞 사람이 말하는 상황을 나타냅니다. 앞에서 Easton 씨는 직원들의 불만 발생 가능성에 대해 묻고 있습니다.

2 At 9:28 a.m., what does Ms. Bonner mean when she writes, "**Let's think about it when the time comes**"?

(A) She will recalculate paychecks.
(B) She intends to hire more employees.
(C) She will deal with complaints later.
(D) She plans to take a business trip.

Questions 3-4 refer to the following e-mail.

Dear Ms. Roriel,

I'm writing to you because ❸ **you expressed interest in presenting your new line of clothing at our fashion show** in June. — [1] —. We feel that your summer products would be perfect. — [2] —.

Every participant in the event will ❹ **receive a free stay** at the Astora Hotel for three nights. — [3] —. I look forward to hearing from you. — [4] —.

Kindest regards,

Sara Dalton
Event Organizer

PART 5
PART 6
PART 7

Ms. Roriel은 수신자이고, 이메일에서 you로 지칭됩니다.

3 What is **Ms. Roriel's occupation**?

(A) A fashion designer
(B) A magazine writer
(C) A guest speaker
(D) A hotel manager

부사 also는 앞 문장에 선물을 받는 일(receive various gifts)과 유사한 혜택이 언급되어 있다는 것을 나타냅니다.

4 In which of the positions marked [1], [2], [3], and [4] does the following sentence best belong?

"You'll **also** receive various gifts."

(A) [1]
(B) [2]
(C) [3]
(D) [4]

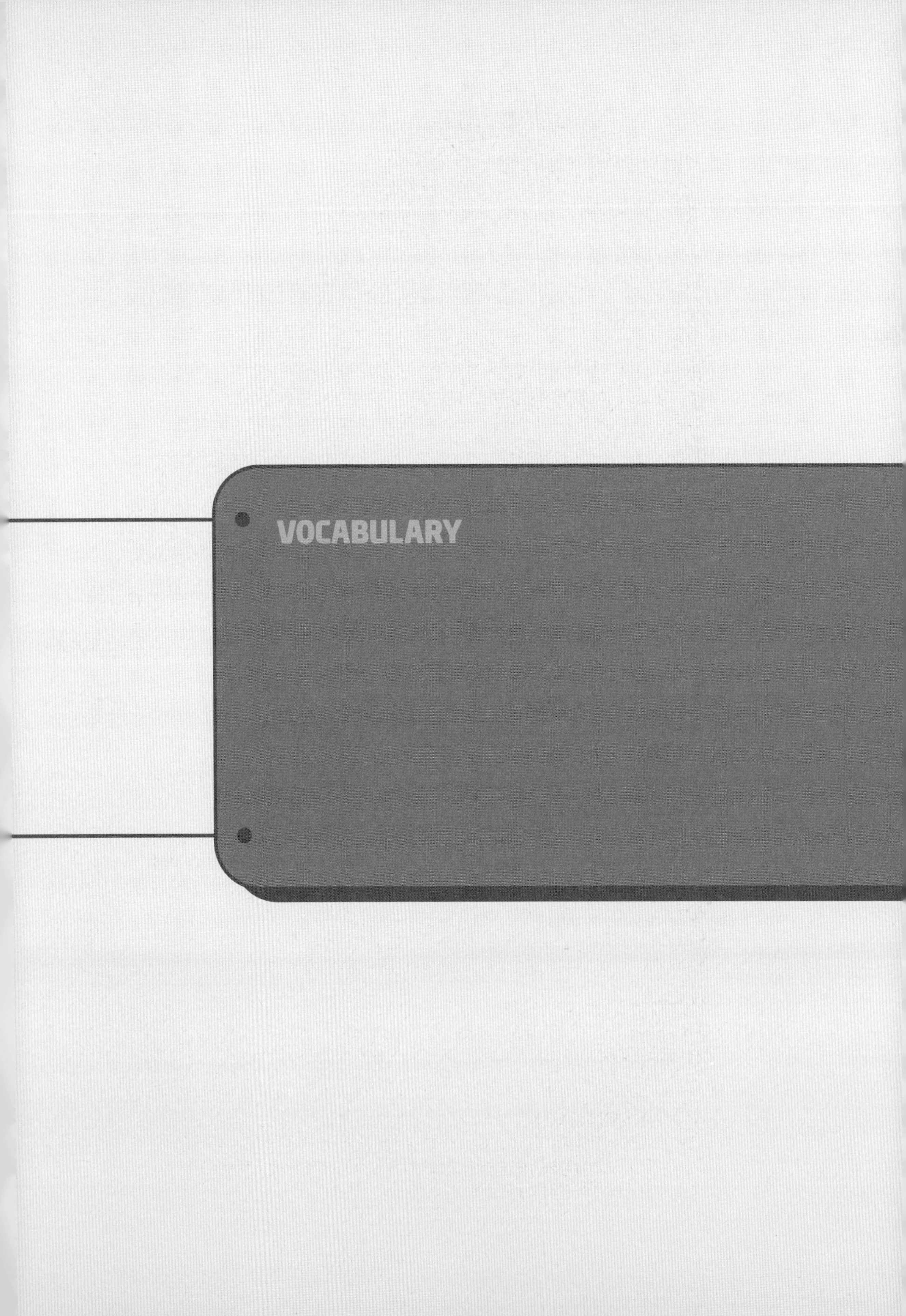

VOCABULARY

VOCA

DAY 01 Part 5&6 최빈출 정답 어휘_명사 1

핵심 단어들을 확인한 후, 기출 표현을 통해 각 단어의 쓰임새를 익히도록 합니다. 시원스쿨랩 홈페이지에서 음원을 다운로드하여 발음도 함께 익혀보세요.

figure /쀠규어ㄹ/
명 수치, 인물
동 생각하다

look over the sales **figures**
매출 **수치**를 살펴보다

experience /익스삐-뤼언(스)/
명 경험, 경력
동 경험하다

have a good **experience** with the company
회사에서 좋은 **경험**을 하다

proposal /프뤄포우절/
명 제안(서)

make a **proposal**
제안하다

preference /프뤠뿨런스/
명 선호(도), 선호하는 것, 취향

an increasing **preference** for online shopping
온라인 쇼핑에 대해 증가하는 **선호도**

measure /메줘ㄹ/
명 조치, 측정, 치수
동 재다, 측정하다

take strict **measures**
엄격한 **조치**를 취하다

view /뷰-/
명 견해, 관점, 경관
동 보다, 여기다

rooms with a **view** of the ocean
바다 **경관**이 보이는 객실들

defect /디쀅(트)/
명 결함, 하자, 흠

discover serious product **defects**
심각한 제품 **결함**을 발견하다

effort /에뿨ㄹ웃(트)/
명 노력, 수고

in an **effort** to boost sales
매출을 증대하기 위한 **노력**으로

practice /프랙티스/
명 관행, 실행, 연습, (병원) 영업
동 연습하다, 행하다

environmentally friendly **practices**
환경 친화적인 **관행**

order /어ㄹ더ㄹ/
명 주문(품), 순서, 지시, 명령
동 주문하다

place[make] an **order**
주문하다

rate /뤠잇/
명 요금, 등급, 비율, 속도
동 등급을 매기다, 평가하다

the production **rate**
생산율

concern /컨써ㄹ언/
명 우려, 걱정, 관심(사)
동 걱정시키다

growing **concern** about the issue
그 문제에 대해 늘어나는 **우려**

demand /디맨(드)/
명 수요, 요구
동 요구하다

meet the **demand** for the new product
신제품에 대한 **수요**를 충족하다

right /롸잇/
명 권리

reserve the **right** to change the schedule without notice
통보 없이 일정을 변경할 **권리**를 갖고 있다

damage /대미쥐/
명 손상, 손해, 피해
동 손상시키다, 피해를 입히다

cause **damage** to the goods in transit
운송 중인 상품에 **손상**을 초래하다

result /뤼절(트)/
명 결과(물)

the **results** of the recent survey
최근의 설문 조사 **결과**

토익 맛보기 퀴즈 알맞은 단어를 고르시오. 정답 및 해설 p. 69

1. A workshop was held in an [effort / experience] to improve workplace communication.
2. There was growing [rate / concern] about our company's financial issues.
3. Ms. Johnson's [proposal / defect] for a new novel has been accepted.

DAY 02 Part 5&6

최빈출 정답 어휘_명사 2

핵심 단어들을 확인한 후, 기출 표현을 통해 각 단어의 쓰임새를 익히도록 합니다.

purpose /퍼ㄹ퍼즈/
명 목적

be used for commercial **purposes**
상업적인 **목적**으로 사용되다

promotion /프뤄모-션/
명 승진, 홍보, 판촉, 촉진

This **promotion** ends on May 31st.
이 **판촉 행사**는 5월 31일에 끝납니다.

location /로우케이션/
명 장소, 위치, 사무소, 지점

open a new **location** in New York
뉴욕에 신규 **지점**을 개장하다

refund /뤼뿬(드)/
명 환불(액)
동 환불해주다 /뤼뿬(드)/

for a full **refund**
전액 **환불**을 받기 위해

benefit /베너삣/
명 혜택, 이득, (급여 외의) 특전
동 유익하다, 이득을 보다

offer attractive **benefits**
매력적인 **혜택**을 제공하다

opportunity /아퍼ㄹ튜너티/
명 기회

an **opportunity** to join the team
팀에 합류할 **기회**

ability /어빌러티/
명 능력

her exceptional problem-solving **ability**
그녀의 탁월한 문제 해결 **능력**

contribution /칸추뤄뷰션/
명 기여, 공헌, 기부(금), 기고(문)

make a **contribution** to
~에 **기여**하다, ~에 **기부**하다

release /릴리스/

명 출시, 공개, 발표
동 출시하다, 공개하다

the **release** of a new book
신간 도서의 **출시**

advancement
/앳밴스먼(트)/

명 발전, 승진

the widespread **advancement** in social networking
소셜 네트워킹 분야의 광범위한 **발전**

value /밸류/

명 가치, 값어치, 유용성
동 소중하게 여기다

The item is of great **value**.
그 물품은 대단한 **가치**가 있다.

agreement /억뤼-먼(트)/

명 계약(서), 합의(서)

sign an **agreement**
계약서[합의서]에 서명하다

difference /디뿨런스/

명 차이, 다름

There was no **difference** between the two.
그 둘 사이에 **차이**가 없었다.

replacement
/뤼플레이스먼(트)/

명 교체(품), 대체(자), 후임

train one's **replacement**
후임자를 교육하다

term /터ㄹ엄/

명 조건, 용어, 기간

terms of the contract[agreement]
계약 **조건**

request /뤼퀘스(트)/

명 요청(서)
동 요청하다

make a **request**
요청하다

VOCA

토익 맛보기 퀴즈 알맞은 단어를 고르시오.

정답 및 해설 p. 69

1. Full [refunds / differences] can be offered within 15 days of purchase.
2. Mr. Kim has the [advancement / ability] to solve the problem.
3. We are pleased to announce the [release / request] of a new product.

DAY 03 Part 5&6 최빈출 정답 어휘_명사 3

핵심 단어들을 확인한 후, 기출 표현을 통해 각 단어의 쓰임새를 익히도록 합니다.

condition /컨디션/
명 상태, 조건, 환경, 질병

arrive in damaged **condition**
손상된 **상태**로 도착하다

source /써ㄹ스/
명 근원, 출처, 소식통

seek new **sources** of income
새로운 소득**원**을 찾다

application /어플리케이션/
명 신청(서), 지원(서), 적용

a completed **application**
작성 완료된 **신청서**

response /뤼스판스/
명 반응, 대응, 응답

response to your presentation
당신의 발표에 대한 **반응**

reach /뤼-취/
명 도달, 손이 닿는 범위
동 도달하다, 연락하다

out of the **reach** of children
아이들의 **손이 닿는 곳** 외에

permission /퍼ㄹ미션/
명 허가

have **permission** to build a parking facility
주차 시설을 건축하도록 **허가**를 받다

conduct /칸덕(트)/
명 행동, 처신
동 실시하다, 수행하다 /컨덕(트)/

appropriate[proper] **conduct**
적절한 **처신**

appointment /어퍼인(트)먼(트)/
명 약속, 예약, 임명

make an **appointment**
약속을 잡다, **예약**하다

advice /앳봐이스/

명 충고, 조언

offer excellent **advice** on
~에 관한 훌륭한 **조언**을 제공하다

appearance /어피어런스/

명 외관, 외형, 외모, 등장, 출연

improve the **appearance** of the office
사무실의 **외관**을 개선하다

suggestion /써줴스쳔/

명 제안, 의견, 암시

We welcome your **suggestions** regarding any of our products.
어느 저희 제품과 관련된 **제안**이든 환영합니다.

employment /임플러이먼(트)/

명 고용, 취업, 직장

seek[look for] **employment**
직장을 구하다

admission /앳미션/

명 입장 (허가), 입회, 인정

receive free **admission** to
~로의 무료 **입장** 허가를 받다

reputation /뤠퓨테이션/

명 평판, 명성

gain a **reputation** as
~로서 **명성**을 얻다

registration /뤠지스트뤠이션/

명 등록

fill in the **registration** form
등록 양식을 작성하다

operation /아퍼뤠이션/

명 운영, 작동, 조작, 운행

expand its **operations** nationwide
전국적으로 **운영**을 확대하다

VOCA

토익 **맛**보기 **퀴즈** 알맞은 단어를 고르시오. 정답 및 해설 p. 69

1. Only a few employees have [permission / advice] to view the file.
2. A completed [response / application] must be submitted by July 25.
3. The company has gained a [registration / reputation] as a reliable service provider.

DAY 04 Part 5&6

최빈출 정답 어휘_동사 1

핵심 단어들을 확인한 후, 기출 표현을 통해 각 단어의 쓰임새를 익히도록 합니다.

operate /아퍼뤠잇/

동 운영하다, 작동하다, 운행하다

learn how to **operate** the machine

기계를 **작동하는** 방법을 배우다

attract /어추뢕(트)/

동 끌어들이다, 마음을 끌다

attract tourists to the area

지역으로 관광객들을 **끌어들이다**

announce /어나운스/

동 발표하다, 알리다

announce the sales figures for December

12월에 대한 매출 수치를 **발표하다**

delay /딜레이/

동 연기하다, 지연시키다

명 지연, 지체

delay the opening until May

개장을 5월까지 **연기하다**

decline /디클라인/

동 하락하다, 줄어들다, 거절하다

typically **decline** during the winter season

일반적으로 겨울철에 **하락하다**

support /써포ㄹ웃(트)/

동 지원하다, 지지하다, 후원하다

명 지원, 지지, 후원

support the nationwide effort to save our economy

경제를 살리기 위한 전국적 노력을 **지지하다**

promote /프뤄모웃/

동 홍보하다, 촉진하다, 승진시키다

promote the ideas to potential customers

잠재 고객들에게 아이디어를 **홍보하다**

recommend /뤠커멘드/

동 추천하다, 권장하다

strongly **recommend** a new product

신제품을 강력히 **추천하다**

include /인클루-(드)/

동 포함하다

include one's account number
계좌 번호를 **포함하다**

issue /이슈/

동 발급하다, 지급하다, 발표하다
명 문제, 사안, (출판물의) 호

issue employees identification badges
직원들에게 사원증을 **발급하다**

determine /디터ㄹ-민/

동 결정하다, 알아내다

determine what caused the damage
무엇이 손상을 초래했는지 **알아내다**

access /액세스/

동 접근하다, 이용하다
명 접근(권한), 이용(권한)

access important files
중요한 파일에 **접근하다**

continue /컨티뉴-/

동 계속하다, 계속되다

continue enjoying the convenience of online payment
온라인 결제의 편리함을 누리는 것을 **계속하다**

remain /뤼메인/

동 남아 있다, (~인 상태를) 유지하다

remain open for a limited time only
제한된 시간에만 문을 연 **상태를 유지하다**

organize /어ㄹ거나이즈/

동 조직하다, 준비하다

organize a charity event
자선 행사를 **조직하다**

exchange /익스췌인쥐/

동 교환하다
명 교환

exchange the printer for a more portable one
프린터를 더 휴대성이 좋은 것으로 **교환하다**

VOCA

토익 맛보기 퀴즈 알맞은 단어를 고르시오.

정답 및 해설 p. 69

1. We will create an advertisement to [promote / attract] our new mobile device.
2. Please make sure to [announce / include] your phone number in your résumé.
3. You should enter a code to [access / exchange] the company's network.

DAY 05 Part 5&6 최빈출 정답 어휘_동사 2

핵심 단어들을 확인한 후, 기출 표현을 통해 각 단어의 쓰임새를 익히도록 합니다.

participate /파ㄹ**티**서페잇/
동 참가하다

participate in the program[event]
프로그램[행사]에 **참가하다**

increase /인크**뤼**스/
동 증가시키다, 인상하다
명 증가, 인상 /**인**크뤼스/

increase the production rate
생산율을 **증가시키다**

accept /억**셉**(트)/
동 받아들이다, 수락하다

accept an invitation
초대를 **수락하다**

address /어드**뤠**스/
동 연설하다, (문제 등을) 다루다, 처리하다
명 주소 /**애**드뤠스/

address many issues at the meeting
회의에서 많은 사안들을 **다루다**

present /프뤼**젠**(트)/
동 발표하다, 제시하다, (선물, 상 등을) 주다
형 현재의, 참석한 /**프뤠**젠(트)/

present Mr. Smith with an award
스미스 씨에게 상을 **주다**

apply /어플**라**이/
동 지원하다, 신청하다, 적용하다, 바르다

apply for a position
일자리에 **지원하다**

reduce /뤼**듀**-쓰/
동 줄이다, 낮추다

reduce waste by 40 percent
쓰레기를 40퍼센트 **줄이다**

acquire /억**콰**이어ㄹ/
동 얻다, 획득하다, (회사 등을) 인수하다

acquire necessary skills
필요한 기술을 **습득하다**

join /쥐인/

동 참여하다, 가입하다, 합류하다

join a company
회사에 **입사하다**

replace /뤼플레이스/

동 교체하다, 대체하다

replace our current e-mail system
우리의 현 이메일 시스템을 **교체하다**

prevent /프뤼붼(트)/

동 방지하다, 예방하다, 못하게 하다

prevent unexpected failure
예기치 못한 고장을 **방지하다**

provide /프뤄봐이(드)/

동 제공하다

provide customers with excellent services
고객들에게 훌륭한 서비스를 **제공하다**

express /익스프뤠스/

동 (감정을) 표현하다, 나타내다
형 급행의, 신속한

express one's interest in publishing the story
그 이야기를 출간하는 것에 관심을 **표현하다**

encourage /인커뤼쥐/

동 권장하다, 장려하다

encourage employees to submit suggestions
직원들에게 의견을 제출하도록 **권하다**

launch /러언취/

동 공개하다, 출시하다, 착수하다
명 공개, 출시, 착수

launch a new product
신제품을 **출시하다**

face /쀄이스/

동 직면하다, 마주보다

face a serious problem
심각한 문제에 **직면하다**

VOCA

토익 맛보기 퀴즈 알맞은 단어를 고르시오.

정답 및 해설 p. 70

1. It is important to [increase / acquire] the production rate.
2. The tour guide will [reduce / present] us with coupons for a free meal.
3. To promote the event, they will [launch / express] a variety of advertisements.

DAY 06 Part 5&6

최빈출 정답 어휘_동사 3

핵심 단어들을 확인한 후, 기출 표현을 통해 각 단어의 쓰임새를 익히도록 합니다.

develop /디벨럽/

동 개발하다, 발전시키다, 성장하다, 발달하다

develop a new residential area
새로운 주택 지구를 **개발하다**

require /뤼콰이어ㄹ/

동 요구하다, 필요로 하다

require them to hold the meeting
그들에게 회의를 개최하도록 **요구하다**

consider /컨시더ㄹ/

동 고려하다, 간주하다, 여기다

consider relocating to London
런던으로 이전하는 것을 **고려하다**

expect /익스펙(트)/

동 예상하다, 기대하다

expect to learn some new skills
몇몇 새로운 기술을 배울 것으로 **예상하다**

attend /어텐(드)/

동 참석하다

sign up to **attend** the workshop
워크숍에 **참석하기** 위해 신청하다

offer /어뿨ㄹ/

동 제공하다, 제안하다
명 제공(되는 것), 제안

offer a 10 percent discount to customers
고객들에게 10퍼센트 할인을 **제공하다**

select /씰렉트/

동 선택하다, 선정하다

select candidates for interviews
면접 후보자들을 **선정하다**

allow /얼라우/

동 허용하다, 하게 해 주다, 감안하다

allow us to access the system
우리에게 시스템에 접근**하게 해 주다**

handle /핸들/
동 다루다, 처리하다, 취급하다

handle customer complaints efficiently
고객 불만을 효율적으로 **처리하다**

intend /인텐(드)/
동 의도하다, 계획하다

intend to raise money
돈을 모금할 **계획이다**

anticipate /앤티서페잇/
동 예상하다, 기대하다

anticipate significant revenue increases
상당한 수입 증가를 **예상하다**

seek /씨-익/
동 찾다, 구하다

seek new sources of income
새로운 소득원을 **찾다**

recognize /뤠컥나이즈/
동 인정하다, 표창하다, 알아보다, 인식하다

be **recognized** by one's colleagues
동료들에 의해 **인정받다**

cancel /캔슬/
동 취소하다

cancel an appointment
예약을 **취소하다**

distinguish /디스팅귀쉬/
동 구별하다, 식별하다

can be **distinguished** by their unique designs
그것들의 독특한 디자인으로 **구별될** 수 있다

boost /부-슷(트)/
동 증대하다(= increase), 촉진하다
명 증대, 촉진

will **boost** our revenue next year
내년에 우리의 수익을 **증대할** 것이다

VOCA

토익 맛보기 퀴즈 알맞은 단어를 고르시오. 정답 및 해설 p. 70

1. We have decided to [offer / select] discounts to regular customers.
2. The team leader [intends / requires] his members to submit their reports on time.
3. Some experts are expected to [attend / anticipate] the annual seminar.

DAY 07

Part 5&6

최빈출 정답 어휘_형용사 1

핵심 단어들을 확인한 후, 기출 표현을 통해 각 단어의 쓰임새를 익히도록 합니다.

particular /파ㄹ티큘러ㄹ/

형 특별한, 특정한

pay **particular** attention to
~에 **특별한** 관심을 기울이다

helpful /헤웁뿔/

형 유익한, 도움이 되는

provide some **helpful** services
몇몇 **유익한** 서비스를 제공하다

pleased /플리-즈(드)/

형 기쁜, 즐거운, 만족하는

be **pleased** to release a new item
신제품을 출시하게 되어 **기쁘다**

current /커뤈(트)/

형 현재의

add new members to the **current** staff
현재의 직원 규모에 새 인원들을 추가하다

qualified /콸러빠잇/

형 자격 있는, 적격인

qualified repair technicians
자격 있는 수리 기사들

accessible /억쎄써블/

형 접근 가능한, 이용 가능한(= available)

easily **accessible** by bus
버스로 쉽게 **접근 가능한**

additional /어디셔널/

형 추가적인, 별도의

If you need **additional** information
추가 정보가 필요하다면

comparable /캄퍼러블/

형 비슷한, 비교할 만한

other products of **comparable** quality
비슷한 품질의 다른 제품들

expensive /익스**펜**시입/

형 비싼, 비용이 많이 드는(= costly)

reduce the need for **expensive** repairs
비용이 많이 드는 수리에 대한 필요성을 줄이다

necessary /네써쎄뤼/

형 필요한, 필수의

take the **necessary** steps
필요한 조치를 취하다

valuable /**밸**류어블/

형 소중한, 값비싼

an extremely **valuable** asset to our team
우리 팀에 매우 **소중한** 자원

appropriate /어프**로**우프뤼엇/

형 적합한, 적절한

recommend an **appropriate** place
적절한 장소를 추천하다

various /**봬**뤼어스/

형 여러 가지의, 다양한

combine information from **various** sources
다양한 소식통으로부터 나온 정보를 종합하다

complicated /**캄**플러케이팃/

형 복잡한, 난해한

resolve **complicated** issues
복잡한 문제들을 해결하다

familiar /뿨**밀**려ㄹ/

형 익숙한, 잘 아는

be **familiar** with accounting theory
회계 이론을 **잘 알고** 있다

effective /이**쀅**팁/

형 효과적인, 효력을 발생하는, 시행되는

highly **effective** measures to reduce costs
비용을 줄이기 위한 매우 **효과적인** 조치

VOCA

토익 맛보기 퀴즈 알맞은 단어를 고르시오. 정답 및 해설 p. 70

1. We are [pleased / familiar] to inform you that your service has been upgraded.
2. The company is seeking [current / qualified] applicants for a manager position.
3. We will discuss the most [effective / additional] marketing strategy.

DAY 08 Part 5&6 최빈출 정답 어휘_형용사 2

핵심 단어들을 확인한 후, 기출 표현을 통해 각 단어의 쓰임새를 익히도록 합니다.

popular /파퓰러ㄹ/
형 인기 있는, 대중적인

the most **popular** event ever
지금까지 중에서 가장 **인기 있는** 행사

extensive /익스텐십/
형 폭넓은, 광범위한

receive **extensive** financial support
폭넓은 재정 지원을 받다

successful /석쎄스풸/
형 성공적인

write **successful** business proposals
성공적인 비즈니스 제안서를 작성하다

available /어붸일러블/
형 (사물) 이용 가능한, (사람) 시간이 나는

be **available** beginning next week
다음 주부터 **이용 가능하다**

responsible /뤼스판서블/
형 책임이 있는

be **responsible** for marketing planning
마케팅 기획에 대한 **책임이 있다**

convenient /컨뷔년(트)/
형 편리한

offer **convenient** customer service hours
편리한 고객 서비스 시간을 제공하다

outstanding /아웃스탠딩/
형 우수한, 뛰어난, 미지불 상태의

receive awards for one's **outstanding** work
뛰어난 업무에 대해 상을 받다

detailed /디테일(드)/
형 상세한

a **detailed** report of the department's expenditures
부서의 지출에 대한 **상세한** 보고서

comfortable /컴뿨ㄹ터블/

형 편안한, 안락한, 쾌적한

create a **comfortable** work environment
편안한 근무 환경을 만들다

efficient /이쀠션(트)/

형 효율적인

in a consistently **efficient** manner
꾸준히 **효율적인** 방식으로

beneficial /베너쀠셜/

형 이로운, 유익한

beneficial to the environment
환경에 **이로운**

specific /스퍼씨쀡/

형 구체적인, 특정한

consider **specific** features such as size and location
크기 및 위치와 같은 **구체적인** 특징들을 고려하다

potential /퍼텐셜/

형 잠재적인
명 잠재력

attract **potential** customers
잠재적인 고객을 끌어들이다

equal /이퀄/

형 같은, 동등한(to)

receive a bonus **equal** to one month's salary
한 달 월급과 **동등한** 보너스를 받다

limited /리미팃/

형 제한된, 한정된

remain open for a **limited** time only
제한된 시간 동안만 문을 연 상태로 있다

apparent /어패뤈(트)/

형 분명한, 명백한(= clear)

There is no **apparent** difference between the two candidates.
두 후보자들 사이에 **분명한** 차이가 없다.

VOCA

토익 맛보기 퀴즈 알맞은 단어를 고르시오. 정답 및 해설 p. 71

1. Ms. Blake is [responsible / successful] for designing the company logo.
2. A variety of music files will be [comfortable / available] starting next week.
3. Mr. Thompson will talk about ways to attract [apparent / potential] customers.

DAY 09 Part 5&6

최빈출 정답 어휘_부사 1

핵심 단어들을 확인한 후, 기출 표현을 통해 각 단어의 쓰임새를 익히도록 합니다.

regularly /뤠귤러ㄹ리/
부 정기적으로, 규칙적으로

regularly participate in the training program
정기적으로 교육 프로그램에 참가하다

rather /뢔-더ㄹ/
부 다소, 오히려, 좀, 약간

rather slow in the second quarter
2분기에 **다소** 둔화된

nearly /니얼리/
부 거의(= almost, approximately)

nearly identical
거의 똑같은

immediately /이미디엇(틀)리/
부 즉시, 당장

immediately after the items went on sale
제품들이 판매에 돌입한 후에 **즉시**

carefully /케어뻘리/
부 조심스럽게, 신중하게

handle the plates **carefully**
접시들을 **조심스럽게** 다루다

easily /이질리/
부 쉽게, 수월하게

can **easily** enroll online
온라인으로 **쉽게** 등록할 수 있다

actively /액티블리/
부 활발히, 적극적으로

actively engage employees in wellness programs
직원들을 복지 프로그램에 **적극적으로** 참여시키다

usually /유주얼리/
부 보통, 일반적으로

usually leave work at 7 p.m.
보통 오후 7시에 퇴근하다

increasingly /인크**뤼**징리/

㊕ 점점 더, 더욱

became **increasingly** popular
점점 더 인기 있는 상태가 되다

recently /**뤼**슨(틀)-리/

㊕ 최근에

recently purchased a few items
최근에 몇몇 제품을 구입했다

exactly /익**잭**(틀)리/

㊕ 정확하게

know **exactly** when the product will be released
정확히 언제 제품이 출시될지 알다

generally /**제**너뤌리/

㊕ 보통, 일반적으로

It **generally** takes one day to process the request.
그 요청을 처리하는 데 **보통** 하루가 걸린다.

gradually /그**뢔**쥬얼리/

㊕ 점차적으로, 점점

gradually replace traditional methods
전통적인 방법들을 **점차적으로** 대체하다

directly /다이**뤡**(틀)리, 디**뤡**(틀)리/

㊕ 직접적으로, 곧바로

contact the Personnel manager **directly**
인사부장에게 **곧바로** 연락하다

cautiously /**커**셔슬리/

㊕ 조심스럽게, 신중히

cautiously predict an increase in revenue
수익의 증가를 **조심스럽게** 예측하다

relatively /**뤨**러팁(을)리/

㊕ 상대적으로, 비교적

at **relatively** affordable prices
상대적으로 저렴한 가격에

VOCA

토익 맛보기 퀴즈 알맞은 단어를 고르시오.

정답 및 해설 p. 71

1. Some departments have [recently / generally] purchased new photocopiers.
2. Ms. Hudson [gradually / usually] leaves the office at 6 p.m.
3. The sales report for the past three quarters is [actively / nearly] complete.

DAY 10

Part 5&6 최빈출 정답 어휘_부사 2

핵심 단어들을 확인한 후, 기출 표현을 통해 각 단어의 쓰임새를 익히도록 합니다.

once /원스/
부 한 번, (과거에) 한때

have been to Beijing **once**
베이징에 **한 번** 가본 적이 있다

highly /하일리/
부 대단히, 매우

a **highly** regarded businessman
매우 존경받는 기업가

already /얼뤠디/
부 이미

employees who have **already** participated in the event
이미 그 행사에 참가했던 직원들

finally /퐈이널리/
부 마침내, 드디어

be **finally** accepted by the management
경영진에 의해 **마침내** 수락되다

long /러엉/
부 오래

The seminar lasted **long**.
그 세미나는 **오래** 지속되었다.

conveniently /컨뷔년(틀)리/
부 편리하게

conveniently located in the center of the city
도심 지역에 **편리하게** 위치한

completely /컴플릿(틀)리/
부 완전히, 전적으로

fill out[in] the form **completely**
양식을 **완전히** 작성하다

soon /쑤운/
부 곧, 조만간

be expected to rise **soon**
곧 상승할 것으로 예상되다

currently /커런(틀)리/
부 현재, 지금

be **currently** inaccessible
현재 접근할 수 없다

largely /라-ㄹ쥘리/
부 주로, 대체로

largely responsible for the decrease in sales
매출 하락에 대해 **대체로** 책임이 있는

specifically /스퍼씨쀠컬리/
부 특히, 구체적으로

focus **specifically** on
~에 **특히** 집중하다

consistently /컨씨스턴(틀)리/
부 지속적으로, 끊임없이

be **consistently** late for work
지속적으로 회사에 지각하다

properly /프롸퍼ㄹ리/
부 제대로, 적절하게

check if the device is **properly** installed
장치가 **제대로** 설치되어 있는지 확인하다

primarily /프롸이메뤌리/
부 주로(= mostly, chiefly)

be **primarily** responsible for quality control
주로 품질 관리를 책임지고 있다

ideally /아이디얼리/
부 이상적으로

be **ideally** suitable for the position of personnel manager
인사부장 직책에 **이상적으로** 적합하다

promptly /프람픗(틀)리/
부 즉시, 지체 없이, ~ 정각에

begin **promptly** at 3 p.m.
오후 3시 **정각에** 시작하다

VOCA

토익 맛보기 퀴즈 알맞은 단어를 고르시오. 정답 및 해설 p. 71

1. Mr. Craig is a [currently / highly] regarded analyst in the business field.
2. The mall is [specifically / conveniently] located in the heart of the city.
3. Employees should check if the new software is [actively / properly] installed.

DAY 11 Part 5&6
최빈출 정답 어휘_숙어 1

토익 최빈출 숙어들을 학습하고 예문을 통해 익히도록 합니다.

be likely to do
~할 가능성이 있다, ~할 것 같다

Mr. Hillman **is likely to** be promoted.
Hillman 씨는 승진**될 가능성이 있다**.

be satisfied with
~에 만족하다

Customers **are satisfied with** the new item.
고객들이 신제품**에 만족하고 있다**.

be willing to do
~할 의향이 있다, 기꺼이 ~하다

We **are willing to** accept your proposal.
저희는 귀하의 제안을 받아들**일 의향이 있습니다**.

take a look at
~을 한 번 보다

Could you please **take a look at** the equipment?
그 장비**를 한번 봐** 주시겠습니까?

apply for
~에 지원하다, ~을 신청하다

Mr. Kim **applied for** the manager position.
킴 씨는 그 책임자 직책**에 지원했다**.

be popular with
~에게 인기가 있다

The device **is popular with** the customers.
그 기기는 고객들**에게 인기 있다**.

be dedicated to -ing
(= be committed to -ing)
~하는 데 전념하다, 헌신하다

We **are dedicated to** improv**ing** our environment.
저희는 환경을 개선**하는 데 전념하고 있습니다**.

participate in
~에 참가하다

All employees should **participate in** the upcoming workshop.
모든 직원들이 다가오는 워크숍**에 참가해야** 한다.

inform A of B
(= notify A of B)
A에게 B에 대해 알리다

Please **inform** him **of** the delay.
그에게 지연에 대해 알려 주세요.

provide A with B
A에게 B를 제공하다

The company **provided** us **with** materials.
그 회사는 우리에게 재료를 제공했다.

specialize in
~을 전문으로 하다

We **specialize in** sportswear.
저희는 스포츠 의류를 전문으로 합니다.

search for
~을 찾다, ~을 검색하다

He **searched for** some information online.
그는 온라인으로 약간의 정보를 검색했다.

ask A to do
A에게 ~하도록 요청하다

The manager **asked** us **to** come early.
부장님께서 우리에게 일찍 오도록 요청하셨다.

be responsible for
~에 대한 책임이 있다

We **are** not **responsible for** the damage.
저희는 그 손상에 대한 책임이 없습니다.

fill out
(= fill in, complete)
~을 작성하다

Please **fill out** the form immediately.
즉시 그 양식을 작성해 주십시오.

be pleased to do
(= be happy to do, be delighted to do)
~해서 기쁘다

We **are pleased to** announce an upgrade.
저희는 업그레이드를 알려 드리게 되어 기쁩니다.

VOCA

토익 맛보기 퀴즈 알맞은 단어를 고르시오. 정답 및 해설 p. 71

1. Our company is [please / pleased] to announce the new construction project.
2. Mr. Jeong is [dedicated / dedicating] to helping the team create better designs.
3. The store provides its customers [with / for] quality office supplies.

DAY 12

Part 5&6

최빈출 정답 어휘_숙어 2

토익 최빈출 숙어들을 학습하고 예문을 통해 익히도록 합니다.

be interested in

~에 관심이 있다

Please call us if you **are interested in** the event.

행사**에 관심 있으시면** 저희에게 전화 주십시오.

make a change

변경하다, 변화시키다

We are planning to **make a change** to the policy.

우리는 그 정책을 **변경할** 계획입니다.

get in touch with

~에게 연락하다

We need to **get in touch with** him right away.

우리는 당장 그**에게 연락해야** 합니다.

go on sale

판매가 시작되다

The new item will **go on sale** tomorrow.

신제품이 내일 **판매될** 것이다.

be concerned about

(= be worried about)

~을 우려하다, 걱정하다

The residents **are concerned about** the issue.

주민들이 그 문제를 **우려하고 있다**.

make an appointment

예약하다, 약속을 잡다

I'd like to **make an appointment** for Thursday.

목요일로 **예약하고자** 합니다.

be able[unable] to do

~할 수 있다[없다]

They **are able to** solve the problem.

그들은 그 문제를 해결**할 수 있다**.

place an order

(= make an order)

주문하다

Joanne **places an order** for office supplies.

조앤이 사무용품에 대한 **주문을 한다**.

sign up for

~에 등록하다, ~을 신청하다

Please **sign up for** the membership program.
회원 프로그램**에 등록하시기** 바랍니다.

free of charge

(= for free)

무료로

We will deliver the product **free of charge.**
저희는 **무료로** 그 제품을 배송해 드릴 것입니다.

make a presentation

(= give a presentation)

발표하다

He is going to **make a presentation** at the seminar.
그가 세미나에서 **발표할** 예정입니다.

register for

(= enroll in)

~에 등록하다

Employees **registered for** the training session.
직원들이 그 교육 강좌**에 등록했다**.

have access to

~을 이용할 수 있다, ~에 접근할 수 있다

Only authorized personnel **have access to** the data.
오직 승인된 직원들만 그 데이터**를 이용할 수 있다**.

remind A of B

A에게 B를 상기시키다

He **reminded** us **of** his upcoming vacation.
그가 우리**에게** 곧 있을 자신의 휴가**를 상기시켜주었다**.

a variety of

(= a selection of, a range of)

다양한

The firm introduced **a variety of** interesting items.
그 회사는 **다양한** 흥미로운 제품을 소개했다.

at a reasonable price

알맞은 가격에

The product is available **at a reasonable price.**
그 제품은 **알맞은 가격에** 구입 가능하다.

VOCA

토익 맛보기 퀴즈 알맞은 단어를 고르시오. 정답 및 해설 p. 72

1. Successful applicants will handle a [variety / term] of important projects.
2. The management asked us to register [about / for] one of the training workshops.
3. Ms. Beltran said that her company is very [interesting / interested] in the merger.

DAY 13

Part 3&4

Paraphrasing 어휘

Part 3, 4에서 단서가 정답으로 바뀌어 나올 때 자주 쓰이는 어휘들을 익혀 두세요.

go over 검토하다	review 검토하다	**attend** 참석하다	participate in 참석하다
sales are down 매출이 줄다	sales are decreasing 매출이 줄고 있다	**visit** 방문하다	come by, stop by 들르다
finish 끝내다	complete 완료하다	**look at carefully** 유심히 보다	examine 자세히 보다
help 돕다	assist, give a hand 돕다	**free of charge** 무료로	complimentary 무료의 at no cost 무료로
is not allowed = is not permitted 허용되지 않다	is prohibited 금지되다	**take notes** 메모하다	write down 적다
come back 돌아오다	return 돌아오다	**set up a time** 시간을 정하다	schedule 일정을 정하다
fill out 작성하다	complete 작성하다	**discount** 할인	reduced price 할인가
not available 구할 수 없는	out of stock 재고가 없는	**international** 국제적인	worldwide 세계적인 global 세계적인

affordable 비싸지 않은	reasonable (가격이) 적정한 inexpensive 비싸지 않은	**annual** 연례의	every year 매년 once a year 일 년에 한 번
receipt 영수증	proof of purchase 구매 증거	**hand in** 제출하다	turn in, submit 제출하다
out of order = broken 고장 난	not working 작동하지 않는	**inclement weather** 악천후, 나쁜 날씨	heavy rain 폭우 snowstorm 눈보라
launch 출시하다	release 출시하다	**human resources** 인사과	personnel 인사과
hand out 나눠주다	distribute 배포하다	**workout** 운동	exercise, fitness 운동, 체력 단련
start = begin 시작하다	get A started A를 시작하다	**factory = plant** 공장	manufacturing facility 제조 시설
start later 나중에 시작하다	postpone, delay 미루다	**talk to** ~에게 이야기하다	speak with ~와 이야기하다
employ 고용하다	hire 고용하다	**voucher** 상품권, 할인권	coupon 쿠폰 gift certificate 상품권
clinic 진료소	medical office 병원	**award** 상	prize 상, 상품

DAY 14 Part 7 동의어 문제 빈출 어휘 1

토익 Part 7에서 자주 출제되는 동의어들을 알고 있으면 문제 풀이에 많은 도움이 됩니다. 주어진 단어의 여러 가지 뜻과 동의어를 익혀 두세요.

property

❶ 소유물(= possession)
❷ 특성(= characteristic)
❸ 건물, 부동산, 부지(= location)

아주 많은 불만 사항으로 인해, 이 property에서는 더 이상 애완 동물이 허용되지 않습니다.

애완 동물이 허용되지 않는다는 방침은 특정 위치나 장소에서 적용되는 것으로 생각할 수 있으므로 '건물'이라는 뜻으로 쓰인 것을 알 수 있다.

critical

❶ 중대한, 중요한(= essential, important)
❷ 비판적인, 부정적인(= negative)

지난 분기의 수익과 관련된 일부 critical한 수치가 빠져 있었으므로, 보고서를 다시 작성하셔야 합니다.

빠져 있는 수치 때문에 보고서 작업을 다시 해야 하는 상황이므로 그 수치 정보가 중요한 것임을 알 수 있다.

meet

❶ 만나다(= get together)
❷ 충족시키다(= fulfill)

우리 공장은 이제 새로운 환경법이 요구하는 바를 meet 해야 합니다.

법이 요구하는 바를 '충족시키다'라는 의미가 자연스럽다.

significant

❶ 중요한(= important)
❷ 거대한(= enormous)

그 골프 토너먼트는 그 자선 단체에게 있어 가장 significant한 기금 마련 행사들 중의 하나로, 일부 부유한 기부자들이 참석해 기부한다.

기부자들이 참석한다는 말을 통해 중요한 의미를 지니는 행사라는 것을 알 수 있다.

handle

❶ 만지다(= touch)
❷ 다루다, 처리하다(= manage)

우리가 더 많은 종업원들을 고용하지 않는다면, 레스토랑 직원들이 일요일 점심 시간의 분주함을 handle할 수 없을 것입니다.

레스토랑 직원들이 분주한 상황과 관련해 할 수 있는 행위를 의미해야 하므로, '처리하다, 대처하다'라는 뜻으로 쓰였다는 것을 알 수 있다.

release

❶ 풀어주다(= set free)
❷ 내쫓다, 해고하다(= dismiss)
❸ 출시하다, 공개하다, 발표하다 (= make available)

KLM 스튜디오의 직원이 오늘 소셜 미디어를 통해 잭 오차드 시리즈의 최신 영화에 관한 새로운 소식을 release했다.

✪ 새로운 소식과 관련해 할 수 있는 행위를 의미해야 하므로 '발표하다, 공개하다'를 뜻한다는 것을 알 수 있다.

entry

❶ 참가(작)(= submission to a contest)
❷ 입구(= doorway)

귀하의 entry인 "해 질 무렵 호수"가 히긴스 미술 장학금에 대한 입상 작품임을 알려 드리게 되어 기쁩니다.

✪ entry가 특정 명칭(Dusk at the Lake)과 함께 쓰였고 장학금에 대한 입상 작품이라는 말이 있으므로 대회 등에 제출하는 대상, 즉 출품작을 가리킨다는 것을 알 수 있다.

value

❶ 평가하다(= estimate, evaluate)
❷ 가치있게 생각하다, 소중하게 여기다 (= appreciate)

우리의 식료품 새벽 배송 서비스를 이용하는 고객들이 급격히 늘고 있는데, 이는 우리 고객들이 이 서비스를 특별히 value하기 때문입니다.

✪ 고객들이 업체의 특정 서비스를 가치 있게 여기기 때문에 이를 많이 이용하고 있다는 문맥이 자연스럽다.

draw

❶ 끌어들이다(= attract)
❷ 스케치하다(= sketch)

그 행사는 좋아하는 스타의 모습을 볼 수 있기를 간절히 바라는 팬들로 구성된 많은 사람들을 draw할 것으로 예상된다.

✪ 행사의 목적으로서 스타를 보고자 하는 많은 사람들을 대상으로 할 수 있는 일을 나타내야 하므로 '~을 끌어들이다'라는 의미임을 알 수 있다.

good

❶ 유효한(= valid)
❷ 품질이 좋은(= high quality)

할인 코드 "SDC535"는 6월 한 달 동안 내내 어떠한 제품 구매에 대해서도 5퍼센트의 할인을 받는 데 good입니다.

✪ 할인 코드가 특정 서비스에 대해 일정 기간 중에 '좋다'는 말은 그 기간에 사용 가능하다는 뜻이다. 이는 해당 기간에 유효하다는 의미와 같다.

feature

❶ 특징(= characteristic)
❷ 특집 기사(= story)

무어 씨에 관한 훌륭한 feature가 <월간 비즈니스> 최신 호에 실렸다.

✪ feature가 잡지 등의 출판물에 어떤 사람에 관해 실리는 것을 나타내므로 기사를 의미한다는 것을 알 수 있다. 이는 그 사람과 관련된 하나의 이야기를 뜻한다.

VOCA

DAY 15 Part 7

동의어 문제 빈출 어휘 2

토익 Part 7에서 자주 출제되는 동의어들을 알고 있으면 문제 풀이에 많은 도움이 됩니다. 주어진 단어의 여러 가지 뜻과 동의어를 익혀 두세요.

figure

❶ 모양, 형태(= shape)
❷ 수치, 액수(= amount)

지출 보고서를 검토하자마자, 저는 직원들의 출장 관련 계좌에 대한 여러 figures가 잘못 표기되었음을 발견했습니다.

지출 보고서의 출장 관련 계좌에 포함된 정보로서 잘못 표기될 수 있는 것은 지출 비용과 관련된 수치(액수)여야 한다.

term

❶ 기간, 학기(= duration)
❷ 조건(= condition)

온라인 비즈니스 과정의 첫 번째 term이 2월부터 5월까지 지속될 것이며, 마지막 달에 기말 고사가 진행됩니다.

교육 과정과 관련해 2월부터 5월까지 지속되는 것을 나타내야 하므로 term이 '기간, 학기'를 의미한다는 것을 알 수 있다.

register

❶ 등록하다(= enroll)
❷ 기록하다(= record)

출근 확인용 소프트웨어가 지난 달에 대한 여러분의 초과 근무 시간을 정확히 register했는지 확실히 할 수 있도록 급여 명세서를 확인해 보시기 바랍니다.

출근 확인용 소프트웨어가 초과 근무 시간과 관련해 하는 일을 나타내는 동사로 register가 쓰였으므로 해당 소프트웨어가 그 시간을 '기록한다'는 의미가 되어야 알맞다.

treat

❶ 다루다, 처리하다(= manage, handle)
❷ 대접하다(= entertain)

저희 가족은 1년 동안 동일한 수의사를 이용해 왔는데, 그분은 항상 저희 애완 동물들을 세심하게 treat해 주시기 때문입니다.

수의사가 애완 동물에 대해 세심하게 할 수 있는 일을 나타내야 하므로 treat가 '~을 다루다, 대하다' 등의 의미로 쓰였음을 알 수 있다.

perform

❶ 공연하다(= appear on stage)
❷ 실행하다, 수행하다(= carry out)

두 명의 안전 담당관들이 내일 공장에서 점검을 perform할 것입니다.

안전 담당관들이 공장에서 할 일로 적절한 것은 점검을 '실행하는' 일이다.

carry

❶ 취급하다, 재고로 갖고 있다 (= keep in stock)
❷ 휴대하다, 나르다(= transport)

제가 도시에 있는 모든 식료품점을 확인해 봤지만, 홀츠 아이스크림은 오직 푸드랜드에서만 carry하는 것 같습니다.

매장과 특정 제품 사이의 관계를 나타내야 하므로 매장에 제품이 있다는 의미임을 알 수 있으며, 이는 재고가 있다는 말과 같다.

step

❶ 계단(= staircase)
❷ 단계, 조치(= measures, action)

선반들을 제자리에 밀어 넣고 나면, 다음 step에 대한 준비가 되신 것입니다.

한 가지 일을 완료함으로써 준비 상태가 된다는 말은 다음 단계 또는 다음 조치에 대한 준비가 된 것을 의미한다.

mark

❶ 상표를 붙이다(= label)
❷ 기념하다(= celebrate)

교통 안내 방송에서는 내일 아침에 워싱턴 애비뉴를 피하도록 권하고 있는데, 도시 설립 10주년을 mark하는 퍼레이드가 있을 예정이기 때문이다.

도시 설립 기념일과 관련해 퍼레이드를 하는 목적을 나타내기 위해 mark가 쓰였으므로 '기념하다, 축하하다' 등을 의미한다는 것을 알 수 있다.

run

❶ 달리다, 달아나다(= flee)
❷ 운영하다, 진행하다 (= manage, operate)

3년 넘게 저희 레스토랑을 run하도록 유지시켜 준 것이 바로 저희의 서비스 품질이라는 사실을 아시게 될 것입니다.

서비스 품질로 인해 업체가 3년 넘게 유지되었다는 말은 그 기간에 '운영되어 왔다'는 것을 의미한다.

go with

❶ 선택하다, 정하다(= select)
❷ 동반하다(= accompany)

그 호텔은 객실들을 개선하기 위해 F&J 인테리어 사와 go with하기로 결정했다.

객실을 개선하기 위해 한 인테리어 업체와 함께 하기로 결정했다는 말은 작업을 맡기기 위해 그 업체를 선택했다는 의미로 볼 수 있다.

credit

❶ 인정(= recognition)
❷ 돈, 예금액(= money)

클락슨 씨는 연간 수익을 높이도록 우리를 도운 것에 대해 모든 credit을 받을 자격이 있다.

credit이 도움을 준 것에 대해 마땅히 받아야 하는 것을 나타내야 하므로 '(사람들의) 인정'을 의미하는 단어임을 알 수 있다.

Memo

Memo

과목별 스타 강사진 영입, 기대하세요!

시원스쿨LAB 강사 라인업

20년 노하우의 토익/토스/오픽/지텔프/텝스/아이엘츠/토플/SPA/듀오링고
기출 빅데이터 심층 연구로 빠르고 효율적인 목표 점수 달성을 보장합니다.

시험영어 전문 연구 조직

시원스쿨어학연구소

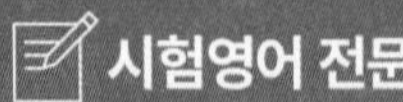

TOEIC/TOEIC Speaking/OPIc/
G-TELP/TEPS/IELTS/
TOEFL/SPA/Duolingo
공인 영어시험 콘텐츠 개발 경력
20년 이상의 국내외 연구원들이
포진한 전문적인 연구 조직입니다.

본 연구소 연구원들은
매월 각 전문 분야의 시험에 응시해
시험에 나온 모든 문제를 철저하게
해부하고, 시험별 기술문제 빅데이터
분석을 통해 단기 고득점을 위한
학습 솔루션을 개발 중입니다.

264,000시간

각 분야 연구원들의 연구시간
모두 합쳐 264,000시간
이 모든 시간이 쌓여
시원스쿨어학연구소가
탄생했습니다.

히트브랜드 토익·토스·오픽 인강 1위

시원스쿨LAB 교재 라인업

*2020-2024 5년 연속 히트브랜드대상 1위 토익·토스·오픽 인강

시원스쿨 토익 교재 시리즈

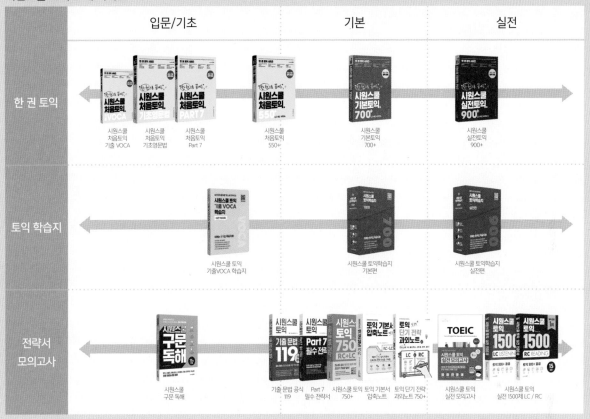

	입문/기초	기본	실전
한 권 토익	시원스쿨 처음토익 기출 VOCA / 시원스쿨 처음토익 기초영문법 / 시원스쿨 처음토익 Part 7 / 시원스쿨 처음토익 550+	시원스쿨 기본토익 700+	시원스쿨 실전토익 900+
토익 학습지	시원스쿨 토익 기출VOCA 학습지	시원스쿨 토익학습지 기본편	시원스쿨 토익학습지 실전편
전략서 모의고사	시원스쿨 구문 독해	기출 문법 공식 119 / Part 7 필수 전략서 / 시원스쿨 토익 750+ / 토익 기본서 압축노트 / 토익 단기 전략 과외노트 750+	시원스쿨 토익 실전 모의고사 / 시원스쿨 토익 실전 1500제 LC / RC

시원스쿨 토익스피킹 교재 시리즈

10가지 문법으로 시작하는 토익스피킹 기초영문법

28시간에 끝내는 토익스피킹 START

5일 만에 끝내는 토익스피킹 실전모의고사

15개 템플릿으로 끝내는 토익스피킹 필수전략서

시원스쿨 토익스피킹 IM - AL

시원스쿨 토익스피킹 실전 모의고사

시원스쿨 토익스피킹 학습지

시원스쿨 오픽 교재 시리즈

시원스쿨 오픽 IM-AL

시원스쿨 오픽 실전 모의고사

시원스쿨 오픽학습지 실전전략편 IH-AL

멀티캠퍼스X시원스쿨 오픽 진짜학습지 IM 실전

멀티캠퍼스X시원스쿨 오픽 진짜학습 IH 실전

멀티캠퍼스X시원스쿨 오픽 진짜학습지 AL 실전

OPIc All in one PACKAGE IM-AL

시원스쿨 처음토익. 550+

정답 및 해설

시원스쿨 LAB

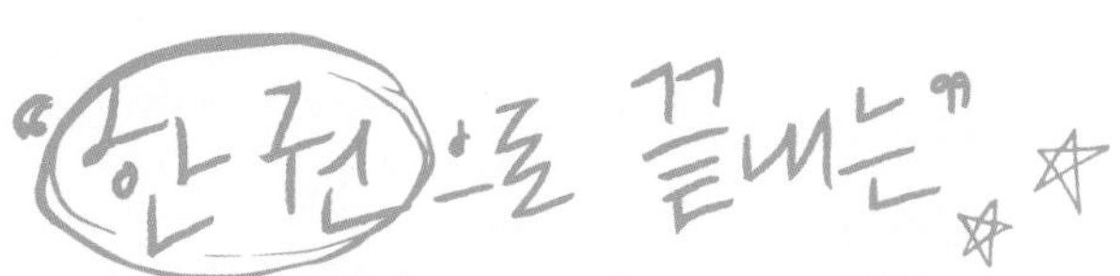

시원스쿨 처음토익. 550+

정답 및 해설

시원스쿨 LAB

PART 1

Day 01 인물 사진

PRACTICE

1. (A) O (B) O **2.** (A) O (B) X

3. (A) boarding / O (B) exiting / X

1. (A) A woman is carrying a bag. [O]
(B) A woman is crossing a street. [O]

(A) 여자 한 명이 가방을 휴대하고 있다.
(B) 여자 한 명이 길을 건너고 있다.

어휘 **carry** ~을 휴대하다, 갖고 다니다, 나르다 **cross** ~을 건너다

2. (A) Some people are wearing aprons. [O]
(B) Some people are preparing food. [X]

(A) 몇몇 사람들이 앞치마를 착용한 상태이다.
(B) 몇몇 사람들이 음식을 준비하고 있다.

어휘 **wear** (상태) ~을 착용하다 **apron** 앞치마 **prepare** ~을 준비하다

3. (A) Some people are boarding a bus. [O]
(B) One of the men is exiting a vehicle. [X]

(A) 몇몇 사람들이 버스에 탑승하고 있다.
(B) 남자들 중 한 명이 차량에서 나오고 있다.

어휘 **board** ~에 탑승하다 **exit** ~에서 나오다, 나가다 **vehicle** 차량

실전 감잡기

1. (C) **2.** (C) **3.** (D) **4.** (A) **5.** (B) **6.** (C)

1. (A) The man is looking at some artwork.
(B) The man is parking a car.
(C) The man is repairing a vehicle.
(D) The man is cleaning some windows.

(A) 남자가 일부 예술품을 보고 있다.
(B) 남자가 주차를 하고 있다.
(C) 남자가 차량을 수리하고 있다.
(D) 남자가 몇몇 창문을 닦고 있다.

정답 (C)

해설 1인 사진이므로 등장 인물의 동작이나 자세, 관련 사물에 초점을 맞춰 들어야 한다.
(A) 남자가 살펴보는 것이 예술품이 아니므로 오답.
(B) 남자가 주차하는 동작을 하는 것이 아니므로 오답.
(C) 남자가 자동차를 수리하는 동작을 하고 있으므로 정답.
(D) 남자가 창문을 닦는 동작을 하고 있지 않으므로 오답.

어휘 **look at** ~을 보다 **artwork** 예술품 **park** v. ~을 주차하다 **repair** v. ~을 수리하다 **vehicle** 차량 **clean** ~을 닦다, 청소하다

2. (A) A woman is watering some flowers.
(B) A woman is preparing food.
(C) A woman is holding a pen.
(D) A woman is putting on a sweater.

(A) 여자 한 명이 몇몇 꽃에 물을 주고 있다.
(B) 여자 한 명이 음식을 준비하고 있다.
(C) 여자 한 명이 펜을 들고 있다.
(D) 여자 한 명이 스웨터를 착용하는 중이다.

정답 (C)

해설 1인 사진이므로 등장 인물의 동작이나 자세, 관련 사물에 초점을 맞춰 들어야 한다.
(A) 여자가 꽃에 물을 주는 동작을 하고 있지 않으므로 오답.
(B) 여자가 음식을 준비하는 동작을 하고 있지 않으므로 오답.
(C) 여자가 펜을 들고 있는 자세를 취하고 있으므로 정답.
(D) 여자가 스웨터를 착용하는 동작을 하는 것이 아니라 이미 착용한 상태이므로 오답.

어휘 **water** v. ~에 물을 주다 **prepare** ~을 준비하다 **hold** ~을 들고 있다, 붙잡다 **put on** (동작) ~을 착용하다, 입다

3. (A) The woman is picking up packages.
(B) The woman is looking in a display case.
(C) The woman is putting shoes in the bag.
(D) The woman is trying on shoes.

(A) 여자가 소포를 집어 들고 있다.
(B) 여자가 진열장 안을 들여다보고 있다.
(C) 여자가 신발을 가방에 넣고 있다.
(D) 여자가 신발을 착용해 보고 있다.

정답 (D)

해설 1인 사진이므로 등장 인물의 동작이나 자세, 관련 사물에 초점을 맞춰 들어야 한다.
(A) 여자가 소포를 집어 드는 동작을 하는 것이 아니므로 오답.
(B) 여자가 진열장 안을 들여다보는 것이 아니므로 오답.
(C) 여자가 신발을 가방에 넣는 동작을 하는 것이 아니므로 오답.
(D) 여자가 신발을 착용해 보는 동작을 하고 있으므로 정답.

어휘 pick up ~을 집어 들다 package 소포, 꾸러미 look in ~ 안을 들여다보다 display case 진열장 try on ~을 (한 번) 착용해 보다

4. **(A) A woman is pushing a shopping cart.**
(B) A woman is paying for her purchase.
(C) A woman is putting on a jacket.
(D) A woman is sweeping the floor.

(A) 여자 한 명이 쇼핑 카트를 밀고 있다.
(B) 여자 한 명이 구입품에 대한 비용을 지불하고 있다.
(C) 여자 한 명이 재킷을 착용하는 중이다.
(D) 여자 한 명이 바닥을 빗자루로 쓸고 있다.

정답 (A)

해설 1인 사진이므로 등장 인물의 동작이나 자세, 관련 사물에 초점을 맞춰 들어야 한다.

(A) 여자가 쇼핑 카트를 밀고 있으므로 정답.
(B) 여자가 돈을 지불하는 모습이 아니므로 오답.
(C) 여자가 재킷을 이미 착용한 상태(wearing)이므로 오답.
(D) 여자가 바닥을 쓸고 있는 모습이 아니므로 오답.

어휘 push ~을 밀다 pay for ~에 대한 비용을 지불하다 purchase n. 구입(품) put on (동작) ~을 착용하다, 입다 sweep ~을 빗자루로 쓸다

5. (A) They're shaking hands.
(B) They're walking on a path.
(C) They're carrying some plants.
(D) They're looking at each other.

(A) 사람들이 악수하고 있다.
(B) 사람들이 길에서 걷고 있다.
(C) 사람들이 몇몇 식물을 나르고 있다.
(D) 사람들이 서로 바라보고 있다.

정답 (B)

해설 2인 사진이므로 사람들의 공통된 동작이나 자세, 주변 사물에 함께 초점을 맞춰 들어야 한다.

(A) 두 사람이 악수하는 동작을 하는 것이 아니므로 오답.
(B) 두 사람이 함께 길을 걷는 동작을 하고 있으므로 정답.
(C) 두 사람이 뭔가를 나르는 동작을 하는 것이 아니므로 오답.
(D) 두 사람이 서로 바라보는 자세를 취하고 있지 않으므로 오답.

어휘 shake hands 악수하다 path 길, 통행로 carry ~을 나르다, 갖고 다니다, 휴대하다 plant 식물 look at ~을 보다 each other 서로

6. (A) They're talking on the phone.
(B) One of the men is putting on his jacket.
(C) They're walking down some stairs.
(D) They're resting on a counter.

(A) 사람들이 전화 통화를 하고 있다.
(B) 남자들 중 한 명이 재킷을 착용하는 중이다.
(C) 사람들이 걸어서 계단을 내려가고 있다.
(D) 사람들이 카운터에 기대고 있다.

정답 (C)

해설 다인 사진이므로 등장 인물의 공통된 동작이나 자세, 주변 사물에 함께 초점을 맞춰 들어야 한다.

(A) 사람들이 전화 통화하는 자세를 취하고 있지 않으므로 오답.
(B) 남자 한 명이 재킷을 착용하는 동작을 하는 것이 아니라 이미 착용한 상태(wearing)이므로 오답.
(C) 사람들이 함께 걸어서 계단을 내려가는 동작을 하고 있으므로 정답.
(D) 사람들이 카운터에 기대고 있는 자세를 취하는 것이 아니므로 오답.

어휘 put on (동작) ~을 착용하다 walk down ~을 걸어서 내려가다 stairs 계단 rest on ~에 기대다 counter 카운터, 계산대, 조리대

Day 02 사물 / 사물 + 인물 사진

PRACTICE

1. (A) O (B) X **2.** (A) O (B) X
3. (A) parked / O (B) riding / X

1. (A) Shelves are filled with books. [O]
(B) Some books are stacked on the floor. [X]

(A) 선반이 책들로 가득 차 있다.
(B) 몇몇 책들이 바닥에 쌓여 있다.

어휘 be filled with ~로 가득 차 있다 stack ~을 쌓다

2. (A) Some boats are docked at a pier. [O]
(B) Some people are boarding a boat. [X]

(A) 몇몇 보트들이 부두에 정박되어 있다.
(B) 몇몇 사람들이 보트에 탑승하고 있다.

어휘 dock ~을 정박하다 pier 부두 board ~에 탑승하다

3. (A) Some bicycles are parked outside. [O]
(B) Some people are riding bicycles. [X]

(A) 몇몇 자전거들이 밖에 세워져 있다.
(B) 몇몇 사람들이 자전거를 타고 있다.

어휘 park ~을 주차하다, 세워 놓다 outside 밖에, 외부에 ride ~을 타다

실전 감잡기

1. (B) **2.** (A) **3.** (A) **4.** (D) **5.** (A) **6.** (D)

1. (A) The office is being cleaned.
(B) The office is unoccupied.
(C) There is a telephone on the desk.
(D) A drawer has been left open.

(A) 사무실이 청소되는 중이다.
(B) 사무실이 비어 있다.
(C) 책상에 전화기가 한 대 있다.
(D) 서랍 하나가 열린 채로 있다.

정답 (B)

해설 사물 사진이므로 각 사물의 명칭과 위치 관계에 초점을 맞춰 들어야 한다.

(A) 청소하는 동작을 하는 사람이 없으므로 오답.
(B) 사무실이 비어 있는 상태이므로 정답.
(C) 책상에 전화기가 놓여 있지 않으므로 오답.
(D) 서랍이 열려 있는 상태가 아니므로 오답.

어휘 **office** 사무실 **clean** ~을 청소하다, 닦다 **unoccupied** 비어 있는, 사람이 없는 **drawer** 서랍 **be left 형용사:** ~한 채로 있다

2. **(A) Books have been arranged on shelves.**
(B) Books are stacked in the corner.
(C) A man is assembling some shelves.
(D) A man is climbing up the stairs.

(A) 책들이 선반에 정리되어 있다.
(B) 책들이 구석에 쌓여 있다.
(C) 남자 한 명이 몇몇 선반을 조립하고 있다.
(D) 남자 한 명이 계단을 올라가고 있다.

정답 (A)

해설 '사물 + 인물' 사진이므로 인물의 동작이나 자세, 사물의 명칭 및 위치 관계를 함께 파악하며 들어야 한다.

(A) 책들이 선반에 정리되어 있는 상태이므로 정답.
(B) 구석에 책이 쌓여 있지 않으므로 오답.
(C) 남자가 선반을 조립하는 동작을 하고 있지 않으므로 오답.
(D) 남자가 계단을 올라가는 동작을 하고 있지 않으므로 오답.

어휘 **arrange** ~을 정리하다, 정렬하다 **shelf** 선반 **stack** ~을 쌓다 **in the corner** 구석에 **assemble** ~을 조립하다 **climb up** ~을 올라가다 **stairs** 계단

3. **(A) Some jewelry is on display.**
(B) They're looking in a drawer.
(C) Items are being placed into boxes.
(D) A woman is purchasing a watch.

(A) 일부 장신구가 진열되어 있다.
(B) 사람들이 서랍 안을 들여다보고 있다.
(C) 제품들이 상자 안에 놓이는 중이다.
(D) 여자 한 명이 시계를 구입하고 있다.

정답 (A)

해설 '사물 + 인물' 사진이므로 인물의 동작이나 자세, 사물의 명칭 및 위치 관계를 함께 파악하며 들어야 한다.

(A) 장신구가 진열되어 있는 상태이므로 정답.
(B) 서랍이 아니라 진열장(display case)을 들여다보고 있으므로 오답.
(C) 물건을 상자에 담는 동작을 하는 사람이 없으므로 오답.
(D) 시계를 구매하는 동작을 하는 사람이 없으므로 오답.

어휘 **jewelry** 장신구, 보석 **on display** 진열 중인, 전시 중인 **look in** ~ 안을 들여다보다 **drawer** 서랍 **place A into B:** A를 B 안에 놓다, 넣다 **purchase** ~을 구입하다

4. (A) People are resting on a beach.
(B) People are swimming in the water.
(C) Some plants are being watered.
(D) Some steps lead to a beach.

(A) 사람들이 해변에서 쉬고 있다.
(B) 사람들이 물에서 수영하고 있다.
(C) 몇몇 식물에 물이 뿌려지는 중이다.
(D) 몇몇 계단이 해변으로 이어져 있다.

정답 (D)

해설 풍경 사진이므로 풍경 속 사물의 명칭과 위치 관계에 초점을 맞춰 들어야 한다.

(A) 사람들을 찾아볼 수 없으므로 오답.
(B) 사람들을 찾아볼 수 없으므로 오답.
(C) 물을 뿌리는 동작을 하는 사람이 없으므로 오답.
(D) 계단이 해변으로 이어져 있는 상태이므로 정답.

어휘 **rest** 쉬다, 휴식하다 **plant** 식물 **water** v. ~에 물을 주다 **steps** 계단 **lead to** ~로 이어지다, 연결되다

5. **(A) Light fixtures are hanging from the ceiling.**
(B) People are setting up a meeting room.
(C) Windows are being cleaned.
(D) Papers are spread out on a desk.

(A) 조명 기구들이 천장에 매달려 있다.
(B) 사람들이 회의실을 설치하고 있다.
(C) 창문들이 청소되는 중이다.
(D) 서류가 책상에 펼쳐져 있다.

정답 (A)

해설 '사물 + 인물' 사진이므로 인물의 동작이나 자세, 사물의 명칭 및 위치 관계를 함께 파악하며 들어야 한다.

(A) 조명 기구들이 천장에 매달려 있는 상태이므로 정답.
(B) 설치하는 동작을 하는 사람이 없으므로 오답.
(C) 창문을 청소하는 동작을 하는 사람이 없으므로 오답.

(D) 책상에 서류가 펼쳐져 있지 않으므로 오답.

어휘 light fixture 조명 기구 hang from ~에 매달려 있다, 걸려 있다 ceiling 천장 set up ~을 설치하다, 준비하다 clean ~을 청소하다, 닦다 spread out ~을 펼치다, 펼쳐 놓다

6. (A) The boats are being tied to a dock.
(B) A man is getting out of the boat.
(C) Boats are sailing in the ocean.
(D) Boats are positioned side by side.

(A) 보트들이 부두에 정박되는 중이다.
(B) 남자 한 명이 보트에서 나오고 있다.
(C) 보트들이 바다에서 항해하고 있다.
(D) 보트들이 나란히 위치해 있다.

정답 (D)

해설 풍경 사진이므로 풍경 속 사물의 명칭과 위치 관계에 초점을 맞춰 들어야 한다.

(A) 보트를 부두에 정박하는 동작을 하는 사람이 없으므로 오답.
(B) 사람을 찾아볼 수 없으므로 오답.
(C) 이동 중인 보트를 찾아볼 수 없으므로 오답.
(D) 보트들이 나란히 위치해 있는 상태이므로 정답.

어휘 be tied to ~에 정박되다, 묶이다 dock 부두 get out of ~에서 나오다 sail 항해하다 ocean 바다 position v. ~을 위치시키다, 두다 side by side 나란히

PART 2

Day 03 When, Where 의문문

PRACTICE

1. When **2.** When **3.** Where

4. (A) O (B) X (C) O **5.** (A) X (B) O (C) O

6. (A) X (B) O (C) O

1. When will the library open tomorrow?
도서관이 내일 언제 문을 여나요?

2. When did Sandra ask for a computer upgrade?
산드라 씨가 언제 컴퓨터 업그레이드를 요청하셨죠?

3. Where can I find the service desk?
서비스 데스크를 어디에서 찾을 수 있나요?

4. When will the library open tomorrow?
(A) At 9 A.M. [O]
(B) Just down the street. [X]
(C) Check their Web site. [O]

도서관이 내일 언제 문을 여나요?
(A) 오전 9시에요.
(B) 바로 길 저쪽에요.
(C) 그곳 웹 사이트를 확인해 보세요.

해설 도서관이 내일 언제 문을 여는지 묻는 When 의문문이다.

(A) When에 어울리는 특정 시점 표현으로 답변하고 있으므로 정답.
(B) 위치 표현으로서 Where 의문문에 어울리는 답변이므로 오답.
(C) 특정 시간 대신 관련 정보를 확인할 수 있는 방법을 알려주는 것으로 답변하고 있으므로 정답.

어휘 down the street 길 저쪽에, 길을 따라 their 그들의 (여기서는 '도서관의'라는 뜻. 단체나 기관을 지칭할 때 그곳에 속한 사람들을 가리키는 의미로 They/their/them을 쓸 수 있어요.)

5. When did Sandra ask for a computer upgrade?
(A) On my desk. [X]
(B) A week ago. [O]
(C) Sometime last week. [O]

산드라 씨가 언제 컴퓨터 업그레이드를 요청하셨죠?
(A) 제 책상에요.
(B) 일주일 전에요.
(C) 지난주 중에요.

해설 산드라 씨가 언제 컴퓨터 업그레이드를 요청했는지 묻는 When 의문문이다.

(A) 위치 표현으로서 Where 의문문에 어울리는 답변이므로 오답.
(B) When did ~?의 구조로 과거시점을 묻는 의문문에 어울리는 과거시점 표현이므로 정답.
(C) When did ~?의 구조로 과거 시점을 묻는 의문문에 어울리는 대략적인 과거시점 표현이므로 정답.

어휘 ask for ~을 요청하다 시간/기간 + ago: ~ 전에

6. Where can I find the service desk?
(A) In two weeks. [X]
(B) Down the hall to the left. [O]
(C) Near the main entrance. [O]

서비스 데스크를 어디에서 찾을 수 있나요?
(A) 2주 후에요.
(B) 복도를 따라 가시다가 왼쪽에서요.
(C) 중앙 출입구 근처에서요.

해설 서비스 데스크를 어디에서 찾을 수 있는지 묻는 Where 의문문이다.

(A) 미래시점 표현으로 When 의문문에 어울리는 답변이므로 오답.
(B) Where에 어울리는 특정 위치 표현으로 답변하고 있으므로 정답.
(C) Where에 어울리는 특정 위치 표현으로 답변하고 있으므로 정답.

어휘 in + 기간: ~ 후에 down the hall 복도를 따라 to the left 왼쪽에, 왼편에 near ~ 근처에, 가까이 main entrance 중앙 출입구

실전 감잡기

1. (A)	2. (C)	3. (C)	4. (C)	5. (A)
6. (A)	7. (C)	8. (A)	9. (A)	10. (A)

1. When will you come back from your trip?
(A) Next Friday.
(B) I don't have enough time.
(C) I'm going downtown.

여행에서 언제 돌아오시나요?
(A) 다음주 금요일이요.
(B) 저는 시간이 충분하지 않아요.
(C) 저는 시내로 갈 겁니다.

정답 (A)

해설 여행에서 언제 돌아오는지 묻는 When 의문문이다.
(A) When에 어울리는 특정 미래시점으로 답변하는 정답.
(B) When과 관련 있게 들리는 time을 활용한 답변이지만 시점을 말하는 내용이 아니므로 오답.
(C) 목적지를 말하는 답변으로 Where 의문문에 어울리는 반응이므로 오답.

어휘 come back from ~에서 돌아오다 trip 여행 enough 충분한 downtown 시내로, 시내에

2. Where did you get that file folder?
(A) A few minutes ago.
(B) For the upcoming reception.
(C) I purchased it at the shop.

어디서 그 파일 폴더를 구하셨나요?
(A) 몇 분 전에요.
(B) 곧 있을 축하 행사를 위해서요.
(C) 상점에서 구입했어요.

정답 (C)

해설 파일 폴더를 구한 곳을 묻는 Where 의문문이다.
(A) 대략적인 과거시점 표현으로서 When 의문문에 어울리는 답변이므로 오답.
(B) 전치사 for와 함께 목적 또는 이유를 나타내는 답변으로 Why 의문문에 어울리는 반응이므로 오답.
(C) Where에 어울리는 장소 전치사구와 함께 구입 장소를 언급하고 있으므로 정답.

어휘 get ~을 구하다, 얻다, 가져오다 시간 + ago: ~ 전에 upcoming 곧 있을, 다가오는 reception 축하 행사, 기념 행사 purchase ~을 구입하다

3. When will the new program be installed?
(A) I don't want to buy it.
(B) It's not working well.
(C) In a few days.

새로운 프로그램이 언제 설치되는 거죠?
(A) 저는 그것을 구입하고 싶지 않아요.
(B) 잘 작동되지 않아요.
(C) 며칠 후에요.

정답 (C)

해설 새로운 프로그램이 언제 설치되는지 묻는 When 의문문이다.
(A) 새로운 프로그램이 설치되는 시점이 아닌 답변자 자신의 구입 의사와 관련된 답변이므로 오답.
(B) 새로운 프로그램이 설치되는 시점이 아닌 작동 상태와 관련된 답변이므로 오답.
(C) When에 어울리는 특정 미래시점으로 답변하고 있으므로 정답.

어휘 install ~을 설치하다 work (기기 등이) 작동되다 in + 시간/기간: ~ 후에

4. Where is the computer workshop being held?
(A) At five o'clock.
(B) The newest laptop computer.
(C) In conference room A.

컴퓨터 워크숍이 어디에서 열리죠?
(A) 5시에요.
(B) 최신형 노트북 컴퓨터입니다.
(C) 대회의실 A에서요.

정답 (C)

해설 워크숍이 열리는 곳을 묻는 Where 의문문이다.
(A) 시점 표현으로 When 의문문에 어울리는 답변이므로 오답.
(B) 질문에 포함된 computer를 그대로 활용한 답변으로 워크숍 개최 장소와 관련 없는 오답.
(C) Where에 어울리는 특정 장소로 답변하는 정답.

어휘 be held 열리다, 개최되다 conference room 대회의실

5. Where is the closest grocery store?
(A) Across the street.
(B) It's not open until tomorrow.
(C) For several hours.

가장 가까운 식료품점이 어디에 있죠?
(A) 길 건너편에요.

(B) 내일이나 되어야 문을 열어요.
(C) 몇 시간 동안이요.

정답 (A)

해설 가장 가까운 식료품점이 어디에 있는지 묻는 Where 의문문이다.

(A) Where에 어울리는 위치 전치사구로 답변하고 있으므로 정답.
(B) 질문에 포함된 closest와 발음이 비슷한 close와 관련 있게 들리는 open을 활용한 답변으로 영업 개시 시점을 말하는 내용이므로 오답.
(C) 시간 길이를 나타내는 답변으로 How long 의문문에 어울리는 반응이므로 오답.

어휘 **closest** 가장 가까운(close-closer-closest) **grocery store** 식료품점 **across** ~ 건너편에 **not A until B:** B나 되어야 A하다 **several** 여럿의, 몇몇의

6. When does the post office close?
(A) I have no idea.
(B) I'm not going there.
(C) It's close to the theater.

우체국이 언제 문을 닫죠?
(A) 모르겠어요.
(B) 저는 그곳에 가지 않아요.
(C) 그곳은 극장과 가까워요.

정답 (A)

해설 우체국이 언제 문을 닫는지 묻는 When 의문문이다.

(A) When에 어울리는 시점 표현 대신 잘 모르겠다는 말로 불확실성을 나타내는 정답.
(B) 이동 또는 참석 여부와 관련된 답변으로 우체국이 문을 닫는 시점과 관련 없는 오답.
(C) close의 다른 의미(닫다/가까운)를 활용한 답변이며, 두 지점 사이의 거리를 나타내는 내용으로 Where 의문문에 어울리는 반응이므로 오답.

어휘 **close** v. 문을 닫다, 영업을 끝내다 a. (to와 함께) (~와) 가까운 **have no idea** 모르다 **go there** 그곳으로 가다

7. When did Ms. Chang return from her vacation?
(A) From New York.
(B) She just brought it.
(C) Yesterday, I think.

창 씨가 언제 휴가에서 돌아오셨죠?
(A) 뉴욕에서부터요.
(B) 그녀가 방금 그것을 가져왔어요.
(C) 어제인 것 같아요.

정답 (C)

해설 창 씨가 언제 휴가에서 돌아왔는지 묻는 When 의문문이다.

(A) 전치사 From과 함께 출발지를 나타내는 답변으로 Where 의문문에 어울리는 반응이므로 오답.
(B) 뭔가를 가져왔다는 사실을 말하는 답변이므로 휴가에서 돌아온 시점과 관련 없는 오답.
(C) When에 어울리는 과거시점 표현으로 자신이 아는 바를 말하는 답변이므로 정답.

어휘 **return from** ~에서 돌아오다 **vacation** 휴가 **brought** 가져왔다(bring-brought-brought) **I think** (문장 끝에 덧붙여) ~인 것 같다

8. Where does Mr. Kim work?
(A) In the Accounting Department.
(B) By taking the subway.
(C) He joined the team last week.

킴 씨가 어디서 근무하죠?
(A) 회계부에서요.
(B) 지하철을 이용해서요.
(C) 그분은 지난 주에 팀에 합류하셨어요.

정답 (A)

해설 킴 씨가 어디서 근무하는지 묻는 Where 의문문이다.

(A) Where에 어울리는 장소 전치사구로 답변하고 있으므로 정답.
(B) 교통 수단을 말하는 답변으로 방법을 묻는 How 의문문에 어울리는 반응이므로 오답.
(C) 팀에 합류한 과거시점을 말하는 답변으로 When 의문문에 어울리는 반응이므로 오답.

어휘 **accounting department** 회계부 **by** (방법) ~함으로써, ~해서 **take** (교통 수단) ~을 타다, 이용하다 **join** ~에 합류하다, ~와 함께 하다

9. When can I get the copy of the document?
(A) Before the end of the week.
(B) Sure, you can do it.
(C) That's the new copy machine.

제가 언제 그 서류의 사본을 받을 수 있죠?
(A) 주말 전에요.
(B) 그럼요, 그렇게 하셔도 됩니다.
(C) 그게 새 복사기입니다.

정답 (A)

해설 언제 서류의 사본을 받을 수 있는지 묻는 When 의문문이다.

(A) When에 어울리는 대략적인 시점 표현으로 답변하는 정답.
(B) 상대방의 말에 대해 확인을 해주거나 허락을 할 때 사용하는 표현이므로 오답.
(C) 질문에 포함된 copy를 반복 사용한 답변으로 서류를 받을 수 있는 시점과 관련 없는 오답.

어휘 **get** ~을 받다, 얻다 **copy** (서류 등의) 사본, 1부, 1장 **document** 서류, 문서 **before** ~ 전에

10. Where is the new intern?
(A) She's talking with the manager.
(B) In a week.
(C) A free Internet service.

신입 인턴 직원이 어디에 있죠?
(A) 부장님과 이야기 중입니다.
(B) 일주일 후에요.
(C) 무료 인터넷 서비스요.

정답 (A)

해설 신입 인턴 직원이 어디에 있는지 묻는 Where 의문문이다.
(A) Where에 어울리는 장소 전치사구 대신 무엇을 하는지 알리는 것으로 예상 가능한 장소를 나타내는 말로 답변하는 정답.
(B) 시점을 나타내는 답변으로 When 의문문에 어울리는 반응이므로 오답.
(C) 질문에 포함되어 있는 intern과 발음이 비슷한 Internet을 활용한 오답.

어휘 in + 시간/기간: ~ 후에 free 무료의

Day 04 Who, What, Which 의문문

PRACTICE

1. What time **2.** Who's **3.** Which
4. (A) X (B) X (C) O **5.** (A) X (B) O (C) O
6. (A) O (B) X (C) X

1. What time are we meeting with the clients?
몇 시에 우리가 그 고객들과 만나나요?

2. Who's in charge of scheduling meetings?
누가 회의 일정을 정하는 일을 맡고 있나요?

3. Which floor is the seminar on?
어느 층에서 세미나가 있나요?

4. What time are we meeting with the clients?
(A) Yes, I will attend the meeting. [X]
(B) Conference room B. [X]
(C) At noon. [O]

몇 시에 우리가 그 고객들과 만나나요?
(A) 네, 저는 그 회의에 참석할 겁니다.
(B) 대회의실 B요.
(C) 정오에요.

해설 몇 시에 고객들과 만나는지 묻는 What 의문문이다.
(A) 의문사 의문문에 어울리지 않는 Yes로 답변하고 있으므로 오답.
(B) 장소 표현으로 Where 의문문에 어울리는 답변이므로 오답.
(C) What time에 어울리는 특정 시점 표현으로 답변하고 있으므로 정답.

어휘 meet with (약속하여) ~와 만나다 attend ~에 참석하다 noon 정오

5. Who's in charge of scheduling meetings?
(A) Tomorrow morning. [X]
(B) Mr. Tackett, I guess. [O]
(C) The project manager. [O]

누가 회의 일정을 정하는 일을 맡고 있나요?
(A) 내일 아침이요.
(B) 타케트 씨인 것 같아요.
(C) 프로젝트 책임자요.

해설 누가 회의 일정을 정하는 일을 맡고 있는지 묻는 Who 의문문이다.
(A) 시점 표현으로 When 의문문에 어울리는 답변이므로 오답.
(B) Who에 어울리는 담당자 이름으로 답변하고 있으므로 정답.
(C) Who에 어울리는 특정 직책으로 답변하고 있으므로 정답.

어휘 be in charge of ~을 맡고 있다, 책임지고 있다 schedule v. ~의 일정을 정하다 I guess (문장 뒤에 덧붙여) ~인 것 같다

6. Which floor is the seminar on?
(A) The fifth. [O]
(B) About marketing. [X]
(C) At 9:30 tomorrow. [X]

어느 층에서 세미나가 있나요?
(A) 5층이요.
(B) 마케팅에 관해서요.
(C) 내일 9시 30분이요.

해설 어느 층에서 세미나가 있는지 묻는 Which 의문문이다.
(A) Which floor에 어울리는 특정 층으로 답변하고 있으므로 정답.
(B) 행사 주제를 말하는 답변이므로 Which floor에 어울리지 않는 오답.
(C) 시점 표현으로 When 의문문에 어울리는 답변이므로 오답.

어휘 floor 층, 바닥 about ~에 관해

실전 감잡기

1. (A) **2.** (B) **3.** (B) **4.** (B) **5.** (B)
6. (B) **7.** (B) **8.** (A) **9.** (A) **10.** (C)

1. What do you think of the movie?
(A) It's funny and interesting.
(B) I will move next week.
(C) I don't know what he likes.

그 영화에 대해서 어떻게 생각해요?
(A) 웃기고 흥미로워요.
(B) 저는 다음 주에 이사해요.
(C) 그가 무엇을 좋아하는지 잘 모르겠어요.

정답 (A)

해설 영화에 대한 의견을 묻는 What 의문문이다.

(A) 영화에 대한 의견을 묻는 What 의문문에 어울리는 특징으로 답변하고 있으므로 정답.
(B) 질문에 포함된 movie와 발음이 유사한 move를 활용한 오답.
(C) 대상을 알 수 없는 he에 대해 말하고 있어 질문과 관련 없는 오답.

어휘 **What do you think of A?** A에 대해서 어떻게 생각하세요? **funny** 웃기는, 재미있는 **interesting** 흥미로운 **move** 이사하다, 옮기다

2. Who is making a presentation now?
(A) I think it was great.
(B) Our marketing director.
(C) I'll make one for you.

누가 지금 발표하고 있나요?
(A) 그것이 훌륭했다고 생각해요.
(B) 우리 마케팅 이사님이요.
(C) 제가 당신을 위해 하나 만들게요.

정답 (B)

해설 누가 지금 발표하는지 묻는 Who 의문문이다.

(A) 질문은 현재의 일(is making ~ now)을 나타내는데, 과거 시점(was)의 일에 대한 생각을 말하는 답변이므로 오답.
(B) Who에 어울리는 특정 직책으로 답변하는 정답.
(C) 동사 make의 다른 의미인 '만들다'를 활용한 답변으로 발표하는 사람이 누구인지 묻는 질문과 관련 없는 오답.

어휘 **make a presentation** 발표하다 **director** 이사, 부장, 감독, 책임자

3. What's the monthly meeting about?
(A) At 11 a.m.
(B) A new security system.
(C) I'm meeting with a client soon.

월간 회의가 무엇에 관한 것인가요?
(A) 오전 11시에요.
(B) 새로운 보안 시스템이요.
(C) 저는 곧 고객 한 분과 만납니다.

정답 (B)

해설 월간 회의의 주제를 묻는 What 의문문이다.

(A) 시점 표현으로 When 의문문에 어울리는 답변이므로 오답.
(B) 회의 주제를 묻는 What에 어울리는 것으로 새로운 보안 시스템을 언급하는 정답.
(C) meeting을 반복 사용해 혼동을 유발하는 답변으로 월간 회의 주제와 관련 없는 오답.

어휘 **What's A about?** A는 무엇에 관한 것인가요? **monthly** 월간의, 달마다의 **security** 보안 **meet with** (약속하여) ~와 만나다

4. Who asked you to work on the job?
(A) They already asked for it.
(B) Ms. Mendes did.
(C) I'm not working tomorrow.

누가 당신에게 그 일을 하도록 요청했나요?
(A) 그들은 이미 그것을 요청했어요.
(B) 멘데스 씨께서 하셨어요.
(C) 저는 내일 일하지 않아요.

정답 (B)

해설 상대방에게 특정한 일을 하도록 요청한 사람이 누구인지 묻는 Who 의문문이다.

(A) 대상을 알 수 없는 They에 관해 말하는 답변이므로 오답.
(B) Who에 어울리는 사람 이름과 asked를 대신하는 did로 답변하고 있으므로 정답.
(C) work가 반복 사용된 답변으로 특정 업무를 하도록 요청한 사람이 아닌 자신의 일정을 말하는 오답.

어휘 **ask A to do**: A에게 ~하도록 요청하다 **work on** ~에 대한 일을 하다 **ask for** ~을 요청하다

5. Who is going to set up the meeting room?
(A) In the new conference room.
(B) Jerry said he can do it.
(C) No, that's not today.

누가 회의실에 준비 작업을 할 건가요?
(A) 새로운 대회의실에서요.
(B) 제리가 할 수 있다고 말했습니다.
(C) 아뇨, 그건 오늘이 아닙니다.

정답 (B)

해설 누가 회의실에 준비 작업을 하는 것인지 묻는 Who 의문문이다.

(A) 전치사 in과 함께 장소를 나타내는 답변으로 Where 의문문에 어울리는 반응이므로 오답.
(B) 회의실에 준비 작업을 하는 일을 it으로 가리켜 그 일을 할 수 있다고 말한 사람 이름을 언급하는 정답.
(C) 의문사 의문문에 어울리지 않는 No로 답변하는 오답. 의문사 의문문에 Yes나 No로 시작되는 답변은 바로 오답 소거해야 한다.

어휘 be going to do ~할 것이다, ~할 예정이다 set up ~을 준비하다, 설치하다, 설정하다 conference room 대회의실

6. What are you going to do this evening?
(A) That's not mine.
(B) I'm planning to visit my friend.
(C) Not until this weekend.

오늘 저녁에 무엇을 하실 예정이신가요?
(A) 그건 제 것이 아닙니다.
(B) 친구 집을 방문할 계획입니다.
(C) 이번 주말이나 되어야 합니다.

정답 (B)

해설 오늘 저녁에 무엇을 할 예정인지 묻는 What 의문문이다.

(A) 질문에 mine(나의 것)으로 대신할 수 있는 특정 대상이 없으므로 오답.
(B) is going to do와 어울리는 앞으로의 일로서 친구 집을 방문하는 계획을 언급하고 있으므로 정답.
(C) 시점 표현으로서 When 의문문에 어울리는 반응이므로 오답.

어휘 be going to do ~할 예정이다, ~할 것이다 plan to do ~할 계획이다 visit ~을 방문하다 Not until A: A나 되어야 한다

7. Who will be our new team leader?
(A) I didn't know that.
(B) I heard it's Ms. Kim.
(C) Do you think he can handle it?

누가 우리의 신임 팀장님이 되실까요?
(A) 그런 줄 몰랐습니다.
(B) 킴 씨라고 들었습니다.
(C) 그가 그것을 처리할 수 있다고 생각하시나요?

정답 (B)

해설 누가 새 팀장이 될 것인지 묻는 Who 의문문이다.

(A) that이 지칭하는 특정 사실에 대해 알지 못했음을 나타내는 답변이므로 질문에 어울리지 않는 오답.
(B) Who에 어울리는 사람 이름을 말하는 것으로 자신이 들어서 알고 있는 정보를 언급하는 답변이므로 정답.
(C) 대상을 알 수 없는 he에 관해 답변하는 오답.

어휘 hear (that) ~라는 말을 듣다, 소식을 듣다 handle ~을 처리하다, 다루다

8. Who should I call to get some office supplies?
(A) Contact Mr. Jeong on the 3rd floor.
(B) No, they're not.
(C) Last weekend.

사무용품을 좀 받으려면 누구에게 전화해야 하죠?
(A) 3층에 있는 정 씨에게 연락해 보세요.
(B) 아뇨, 그것들은 그렇지 않아요.
(C) 지난 주말이요.

정답 (A)

해설 사무용품을 받기 위해 누구에게 전화해야 하는지 묻는 Who 의문문이다.

(A) Who에 어울리는 사람 이름과 함께 그 사람에게 연락해 보도록 권하는 말이므로 정답.
(B) 의문사 의문문에 어울리지 않는 No로 답변하는 오답. 의문사 의문문에 Yes나 No로 시작되는 답변은 바로 오답 소거해야 한다.
(C) 과거시점 표현으로서 When 의문문에 어울리는 답변이므로 오답.

어휘 get ~을 받다, 얻다, 구하다 supplies 용품, 물품 contact ~에게 연락하다

9. What's the price of that black chair?
(A) It's sixty-five dollars.
(B) Yes, we need it in the meeting room.
(C) A prize will be given.

저 검정색 의자의 가격은 얼마인가요?
(A) 65달러입니다.
(B) 네, 우리는 회의실에 그것이 필요합니다.
(C) 상품이 주어질 것입니다.

정답 (A)

해설 제품 가격을 묻는 What 의문문이다.

(A) What's the price에 어울리는 금액으로 답변하고 있으므로 정답. What 의문문은 다양한 의미를 나타낼 수 있으므로 바로 뒤에 이어지는 명사를 반드시 함께 확인하며 들어야 한다.
(B) 의문사 의문문에 어울리지 않는 Yes로 답변하는 오답. 의문사 의문문에 Yes나 No로 시작되는 답변은 바로 오답 소거해야 한다.
(C) 질문에 포함된 price와 발음이 유사한 prize를 활용한 오답.

어휘 What's the price of A? A의 가격이 얼마인가요? prize 상, 상품, 경품

10. What kind of device do you want?
(A) In my backyard.
(B) I agree with that.
(C) Something easy to carry.

무슨 종류의 기기를 원하시나요?
(A) 저희 집 뒤뜰에요.
(B) 그 부분에 동의합니다.
(C) 뭔가 휴대하기 쉬운 것이요.

정답 (C)

해설 상대방이 찾고 있는 기기의 종류를 묻는 What 의문문이다.

(A) 장소 표현으로 Where 의문문에 어울리는 답변이므로 오답.
(B) 상대방의 의견에 대해 동의할 때 사용하는 답변이므로 오답.
(C) What kind에 어울리는 한 가지 특징을 언급하고 있으므로 정답.

어휘 What kind of ~? 무슨 종류의 ~? device 기기, 장치 backyard 뒤뜰 agree with ~에 동의하다 carry ~을 휴대하다, 갖고 다니다, 나르다

Day 05 Why, How 의문문

PRACTICE

1. Why　2. How　3. How long
4. (A) X (B) X (C) O　5. (A) X (B) O (C) X
6. (A) O (B) X (C) X

1. Why did you cancel your trip?
왜 여행을 취소하셨나요?

2. How do I become a member?
어떻게 회원이 되나요?

3. How long is the flight to Los Angeles?
로스앤젤레스로 가는 항공편이 얼마나 오래 걸리나요?

4. Why did you cancel your trip?
(A) To London. [X]
(B) A round trip ticket. [X]
(C) Because I had an important meeting. [O]

왜 여행을 취소하셨나요?
(A) 런던으로요.
(B) 왕복 티켓이요.
(C) 중요한 회의가 있었기 때문입니다.

해설 왜 여행을 취소했는지 묻는 Why 의문문이다.
(A) 목적지를 말하는 답변으로 Where 의문문에 어울리는 반응이므로 오답.
(B) 티켓 종류를 말하는 답변으로 What kind 등의 의문문에 어울리는 반응이므로 오답.
(C) Why와 짝을 이루는 Because와 함께 중요한 회의가 있었다는 말로 여행 취소 이유를 언급하는 정답.

어휘 cancel ~을 취소하다 round trip ticket 왕복 티켓

5. How do I become a member?
(A) 50 dollars a month. [X]
(B) You need to fill out this form. [O]
(C) Yes, you can. [X]

어떻게 회원이 되나요?
(A) 한 달에 50달러요.
(B) 이 양식을 작성하셔야 합니다.
(C) 네, 하실 수 있습니다.

해설 어떻게 회원이 되는지 묻는 How 의문문이다.
(A) 비용 표현으로서 How much 의문문에 어울리는 답변이므로 오답.
(B) How에 어울리는 회원 가입 방법으로서 양식을 작성하는 일을 언급하고 있으므로 정답.
(C) 의문사 의문문에 어울리지 않는 Yes로 답변하고 있으므로 오답. 의문사 의문문에 Yes나 No로 시작되는 답변은 바로 오답 소거해야 한다.

어휘 become ~이 되다 member 회원 fill out ~을 작성하다 form 양식, 서식

6. How long is the flight to Los Angeles?
(A) About two hours. [O]
(B) Because of a delay. [X]
(C) The flight leaves tomorrow. [X]

로스앤젤레스로 가는 항공편이 얼마나 오래 걸리나요?
(A) 약 2시간이요.
(B) 지연 문제 때문입니다.
(C) 그 항공편은 내일 출발합니다.

해설 로스앤젤레스로 가는 항공편이 얼마나 오래 걸리는지 묻는 How long 의문문이다.
(A) How long에 어울리는 대략적인 지속 시간을 말하는 답변이므로 정답.
(B) 이유를 말하는 답변으로 Why 의문문에 어울리는 반응이므로 오답.
(C) 출발 시점을 말하는 답변으로 When 의문문에 어울리는 반응이므로 오답.

어휘 flight 비행, 항공편 about 약, 대략 because of ~ 때문에 delay 지연, 지체 leave 출발하다, 떠나다

실전 감잡기

1. (B)	2. (B)	3. (C)	4. (C)	5. (B)
6. (C)	7. (B)	8. (A)	9. (B)	10. (C)

1. Why did you come to my office this morning?
(A) No, I didn't.
(B) I wanted to talk about the schedule.
(C) He asked for some help.

오늘 아침에 왜 제 사무실에 오셨죠?

(A) 아뇨, 저는 그러지 않았어요.
(B) 일정에 관해 얘기하고 싶었습니다.
(C) 그가 도움을 좀 요청했어요.

정답 (B)

해설 오늘 아침에 사무실로 찾아온 이유를 묻는 Why 의문문이다.

(A) 의문사 의문문에 어울리지 않는 No로 답변하는 오답. 의문사 의문문에 Yes나 No로 대답하는 선택지는 바로 오답 소거해야 한다.
(B) 과거 시제 동사 wanted와 함께 일정에 관해 얘기하고 싶었다는 말로 과거시점에 상대방의 사무실을 찾아간 이유를 언급하는 정답.
(C) 대상을 알 수 없는 He에 관해 말하는 오답.

어휘 schedule 일정(표) ask for ~을 요청하다

2. How was your business trip to Asia?
(A) In a few days.
(B) It was very successful.
(C) It was a direct flight.

아시아 지역으로의 출장은 어떠셨나요?
(A) 며칠 후에요.
(B) 매우 성공적이었습니다.
(C) 직항편이었어요.

정답 (B)

해설 과거시점의 출장에 대한 의견 또는 진행 상황 등을 묻는 How 의문문이다.

(A) 미래의 특정 시점을 나타내는 표현으로서 When 의문문에 어울리는 답변이므로 오답.
(B) business trip을 It으로 지칭해 성공적이었다는 말로 출장의 성과를 알리는 답변이므로 정답.
(C) 교통 수단을 말하는 답변으로 방법을 묻는 How 의문문에 어울리는 반응이므로 오답. How 의문문에서 How의 의미를 정확하게 파악하지 못할 경우, 잘못 고를 수 있으므로 주의해야 한다.

어휘 How is ~? ~는 어떤가요? business trip 출장 in + 시간/기간: ~ 후에 successful 성공적인 direct flight 직항편

3. Why are there so many cars on the street now?
(A) Yes, it's in the repair shop.
(B) I don't want to get stuck in traffic.
(C) Because there is a parade.

지금 거리에 왜 이렇게 자동차들이 많은 거죠?
(A) 네, 수리소에 있어요.
(B) 저는 교통 체증에 갇히고 싶지 않아요.
(C) 퍼레이드가 있기 때문입니다.

정답 (C)

해설 거리에 자동차들이 많은 이유를 묻는 Why 의문문이다.

(A) 의문사 의문문에 어울리지 않는 Yes로 대답하는 오답. 의문사 의문문에 Yes나 No로 대답하는 선택지는 바로 오답 소거해야 한다.
(B) 질문에 포함된 car와 관련 있게 들리는 get stuck과 traffic을 활용한 오답.
(C) 의문사 Why와 어울리는 Because와 함께 퍼레이드가 있다는 말로 자동차들이 많은 이유를 언급하는 정답.

어휘 repair 수리 get stuck in ~에 갇히다 traffic 교통(량), 차량들 parade 퍼레이드, 행진

4. Why is Chris out of town?
(A) You can take a taxi.
(B) I came here early.
(C) He has a meeting with a client.

크리스가 왜 다른 지역에 가 있나요?
(A) 택시를 타시면 됩니다.
(B) 저는 여기에 일찍 왔어요.
(C) 고객 한 분과 회의가 있습니다.

정답 (C)

해설 크리스가 왜 다른 지역에 가 있는지 묻는 Why 의문문이다.

(A) 질문 내용과 관련 없는, 질문자가 할 수 있는 일을 말하고 있으므로 오답.
(B) 크리스가 아닌 답변자 자신이 한 일을 밝히는 말이므로 질문 내용에 맞지 않는 오답.
(C) 크리스를 He로 지칭해 고객과 회의를 한다는 말로 다른 지역에 가 있는 이유를 언급하는 정답.

어휘 out of town 다른 지역에 가 있는 take (교통편) ~을 타다, 이용하다

5. How long does it take to get to the Grand Hotel?
(A) The room number is 507.
(B) Usually 30 minutes.
(C) Yes, she does.

그랜드 호텔로 가는 데 얼마나 오래 걸리나요?
(A) 방 번호가 507입니다.
(B) 보통 30분이요.
(C) 네, 그녀는 그렇습니다.

정답 (B)

해설 특정 호텔로 가는 데 얼마나 오래 걸리는지 묻는 How long 의문문이다.

(A) 소요 시간과 관련 없는 방 번호를 말하고 있으므로 오답.
(B) How long에 어울리는 시간 길이로 답변하는 정답.
(C) 의문사 의문문에 어울리지 않는 Yes로 대답하는 오답. 의문사 의문문에 Yes나 No로 대답하는 선택지는 바로 오답 소거해야 한다.

어휘 How long ~? 얼마나 오래 ~? take + 시간: ~의 시간이 걸리다 get to ~로 가다, ~에 도착하다 usually 보통, 일반적으로

6. Why is the restaurant closed this week?
(A) It will be closed soon.
(B) She is a regular customer.
(C) I heard it's being renovated.

그 레스토랑이 이번 주에 왜 문을 닫은 거죠?
(A) 그곳은 곧 문을 닫을 거예요.
(B) 그녀는 단골 고객입니다.
(C) 개조 공사가 되고 있는 중이라고 들었어요.

정답 (C)

해설 레스토랑이 이번 주에 왜 문을 닫는지 묻는 Why 의문문이다.
(A) 문을 닫는 이유가 아닌 앞으로 문을 닫는 일정을 말하고 있어 질문 내용에 맞지 않는 오답.
(B) 대상을 알 수 없는 She에 관해 말하는 오답.
(C) 레스토랑이 문을 닫은 상태와 관련해 개조 공사가 진행 중이라는 말로 자신이 들은 정보를 이유로 언급하는 정답.

어휘 closed 문을 닫은, 폐쇄된 regular customer 단골 고객 hear (that) ~라는 말을 듣다, 소식을 듣다 renovate ~을 개조하다, 보수하다

7. How much does it cost to buy the ticket?
(A) You can purchase it online.
(B) 20 dollars a person.
(C) At 5 p.m.

그 티켓을 구입하는 데 얼마나 드나요?
(A) 온라인으로 구입하실 수 있어요.
(B) 1인당 20달러입니다.
(C) 오후 5시에요.

정답 (B)

해설 티켓 구입 가격을 묻는 How much 의문문이다.
(A) 가격 수준이 아닌 구입 방식을 말하는 답변이므로 오답.
(B) How much에 어울리는 1인당 가격 정보를 알리는 답변이므로 정답.
(C) 전치사 at과 함께 특정 시점을 말하는 답변으로 When 의문문에 어울리는 반응이므로 오답.

어휘 How much ~? 얼마나 많이 ~? cost + 비용: ~의 비용이 들다 purchase ~을 구입하다 online 온라인으로, 온라인에서 a person 1인당

8. How often do you have a meeting?
(A) At least three times a week.
(B) A presentation about the new item.
(C) We already discussed it.

얼마나 자주 회의를 하시나요?
(A) 최소한 일주일에 세 번이요.
(B) 신제품에 관한 발표요.
(C) 저희는 이미 그것을 논의했어요.

정답 (A)

해설 얼마나 자주 회의를 하는지 묻는 How often 의문문이다.
(A) How often에 어울리는 빈도를 말하는 것으로 답변하고 있으므로 정답.
(B) meeting과 관련 있게 들리는 presentation을 활용한 답변으로 질문에서 묻는 회의 개최 빈도와 관련 없는 오답.
(C) meeting과 관련 있게 들리는 discussed를 활용한 답변으로 질문에서 묻는 회의 개최 빈도와 관련 없는 오답.

어휘 How often ~? 얼마나 자주 ~? have a meeting 회의하다 at least 최소한, 적어도 presentation 발표(회) item 제품, 물품, 품목, 항목 discuss ~을 논의하다, 이야기하다

9. How do you come to work every morning?
(A) Another work assignment.
(B) I use the subway.
(C) I went there, too.

매일 아침에 어떻게 출근하시나요?
(A) 또 다른 할당 업무요.
(B) 지하철을 이용합니다.
(C) 저도 그곳에 갔어요.

정답 (B)

해설 매일 아침에 어떻게 출근하는지 묻는 How 의문문이다.
(A) 질문에 포함된 work의 다른 의미인 '직장, 업무'를 활용한 답변으로 출근 방법과 관련 없는 오답.
(B) 방법을 나타내는 How에 어울리는 교통 수단으로 답변하고 있으므로 정답.
(C) come과 관련 있게 들리는 went(go의 과거형)와 대상을 알 수 없는 there를 활용한 오답.

어휘 come to work 출근하다, 회사에 오다 another 또 다른 하나의 work assignment 할당된 일, 배정된 일

10. How many handouts do you need for the workshop?
(A) Applying for a job.
(B) We don't need more workers.
(C) At least 50, I think.

워크숍에 얼마나 많은 유인물이 필요하시죠?
(A) 일자리에 지원하는 일이요.
(B) 우리는 추가 직원이 필요하지 않습니다.
(C) 제 생각에는 최소한 50장이요.

정답 (C)

해설 워크숍에 얼마나 많은 유인물이 필요한지 묻는 How many 의문문이다.
(A) 질문에 포함된 workshop의 work와 관련 있게 들리는 apply와 job을 활용한 오답.
(B) 질문에 포함된 need 및 workshop의 work를 반복해 혼동을 유발하는 오답.
(C) How many에 어울리는 수량 표현(At least 50)으로 답

변하는 정답.

어휘 How many ~? 얼마나 많은 ~? handout 유인물 apply for ~에 지원하다, ~을 신청하다 at least 최소한, 적어도 I think (문장 끝에 덧붙여) ~라고 생각해요

Day 06 일반 의문문 / 부정 의문문

PRACTICE

1. call **2.** available **3.** found

4. (A) O (B) O (C) X **5.** (A) O (B) O (C) O

6. (A) O (B) O (C) X

1. Did you call a repairman?
수리 기사에게 전화하셨나요?

2. Are you available for a meeting this afternoon?
오늘 오후에 회의할 시간이 있으신가요?

3. Haven't you found a good restaurant?
좋은 레스토랑을 찾지 않으셨어요?

4. Did you call a repairman?
(A) Yes, someone is coming. [O]
(B) No, not yet. [O]
(C) It's not working well. [X]

수리 기사에게 전화하셨나요?
(A) 네, 누군가 오고 있어요.
(B) 아뇨, 아직이요.
(C) 잘 작동되지 않고 있습니다.

해설 수리 기사에게 전화했는지 확인하는 일반 의문문이다.
(A) 긍정을 나타내는 Yes와 함께 전화한 것에 따른 결과로 누군가가 오고 있음을 알리는 정답.
(B) 부정을 뜻하는 No와 함께 아직 하지 않았음을 뜻하는 not yet으로 답변하고 있으므로 정답.
(C) 전화 연락 여부가 아닌 기계의 작동 상태와 관련된 답변이므로 오답.

어휘 repairman 수리 기사 not yet (앞선 말에 대해) 아직 아니다 work (기계 등이) 작동되다

5. Are you available for a meeting this afternoon?
(A) Yes, I'm free in the afternoon. [O]
(B) No, I'll be out of office. [O]
(C) Sure. What is it about? [O]

오늘 오후에 회의할 시간이 있으신가요?
(A) 네, 오후에 시간이 있습니다.
(B) 아뇨, 저는 사무실 밖에 있을 겁니다.
(C) 물론이죠. 무엇에 관한 것인가요?

해설 오늘 오후에 회의할 시간이 있는지 확인하는 일반 의문문이다.
(A) 긍정을 뜻하는 Yes 및 available과 동의어인 free와 함께 시간이 있음을 알리는 답변이므로 정답.
(B) 부정을 나타내는 No와 함께 시간이 나지 않는 이유를 밝히는 답변이므로 정답.
(C) 긍정을 뜻하는 Sure와 함께 회의 주제를 되묻는 질문을 덧붙인 답변이므로 정답.

어휘 available (사람이) 시간이 나는, (사물이) 이용 가능한 free 시간이 나는, 한가한 out of ~ 밖에, ~ 외부에 about ~에 관한

6. Haven't you found a good restaurant?
(A) There's one on Main Street. [O]
(B) No, I'm still looking for one. [O]
(C) Several new menu items. [X]

좋은 레스토랑을 찾지 않으셨어요?
(A) 메인 스트리트에 하나 있어요.
(B) 아뇨, 여전히 한 곳을 찾는 중입니다.
(C) 여러 가지 새 메뉴 품목들이요.

해설 좋은 레스토랑을 찾았는지 확인하는 부정 의문문이다.
(A) good restaurant를 대신하는 대명사 one과 함께 그 위치를 언급하는 답변이므로 정답.
(B) 부정을 뜻하는 No 및 good restaurant를 대신하는 대명사 one과 함께 여전히 찾고 있다는 말로 아직 찾지 못했음을 알리는 답변이므로 정답.
(C) 메뉴 품목의 종류를 말하는 답변으로 How many 등의 의문문에 어울리는 답변이므로 오답.

어휘 find ~을 찾다, 발견하다(find-found-found) still 여전히, 아직도 look for ~을 찾다 several 여럿의, 몇몇의 item 품목, 제품

실전 감잡기

1. (A)	**2.** (B)	**3.** (A)	**4.** (A)	**5.** (B)
6. (B)	**7.** (A)	**8.** (B)	**9.** (B)	**10.** (B)

1. Did you order a new monitor?
(A) No, I have been quite busy.
(B) I like the bigger one.
(C) Only for a few hours.

새 모니터를 주문하셨나요?
(A) 아뇨, 제가 꽤 바빴어요.
(B) 저는 더 큰 것이 좋습니다.
(C) 겨우 몇 시간 동안이요.

정답 (A)

해설 새 모니터를 주문했는지 확인하는 일반 의문문이다.

(A) 부정을 나타내는 No와 함께 '꽤 바빴다'는 말로 주문하지 못한 이유를 언급하는 정답.

(B) 질문에 포함된 monitor와 관련 있게 들리는 제품의 특성(bigger one)을 언급하는 답변으로 주문 여부를 묻는 질문에 맞지 않는 오답.

(C) 지속 시간을 의미하는 표현으로서 How long 의문문에 어울리는 답변이므로 오답.

어휘 **order** ~을 주문하다 **quite** 꽤, 상당히 **one** 하나, 한 사람(앞서 언급된 사람 또는 같은 종류의 사물을 가리킴) **a few** 몇몇의

2. Is the new restaurant open now?
(A) We already had lunch.
(B) No, not until May 5.
(C) They don't serve seafood.

새 레스토랑이 지금 문을 열었나요?
(A) 저희는 이미 점심 식사를 했습니다.
(B) 아뇨, 5월 5일이나 되어야 합니다.
(C) 그곳은 해산물을 제공하지 않습니다.

정답 (B)

해설 새 레스토랑이 지금 문을 열었는지 확인하는 일반 의문문이다.

(A) 질문에 포함된 restaurant와 관련 있게 들리는 lunch를 활용한 오답.

(B) 레스토랑 개업 여부와 관련해 부정을 뜻하는 No와 함께 영업을 시작하는 특정 미래시점으로 답변하는 정답.

(C) 질문에 포함된 restaurant와 관련 있게 들리는 메뉴의 특징(serve seafood)을 언급하는 오답.

어휘 **have lunch** 점심 식사를 하다 **not until + 시점:** ~나 되어야 한다 **serve** (음식 등) ~을 제공하다, 내오다

3. Are you available this afternoon?
(A) I'm free after two.
(B) Yes, I'll be there.
(C) It was this morning.

오늘 오후에 시간 있으세요?
(A) 2시 이후엔 한가해요.
(B) 네, 제가 그곳에 갈 겁니다.
(C) 그건 오늘 아침이었어요.

정답 (A)

해설 오늘 오후에 시간이 나는지 확인하는 일반 의문문이다.

(A) 오후의 특정 시점 이후에 시간이 있음을 알리는 답변이므로 정답.

(B) 긍정을 나타내는 Yes로 시작되고 있지만 뒤에 이어지는 내용이 오후에 시간이 나는 것과 관련 없는 오답.

(C) 과거의 특정 시점을 말하는 답변으로 When 의문문에 어울리는 반응이므로 오답.

어휘 **available** (사람이) 시간이 나는(= free) **after** ~ 후에

4. Don't you think this room is small?
(A) Yes, it's not big enough.
(B) No, we didn't reserve a room.
(C) Why don't you look for a small one?

이 방이 작다고 생각하지 않으세요?
(A) 네, 충분히 크지 않네요.
(B) 아뇨, 저희는 방을 예약하지 않았어요.
(C) 작은 것을 찾아보시는 게 어떠세요?

정답 (A)

해설 방이 작다고 생각하는지 확인하는 부정 의문문이다.

(A) 질문에 대해 긍정을 의미하는 Yes와 함께 small과 비슷한 의미를 지니는 not big enough를 사용해 동의하는 정답.

(B) 부정을 의미하는 No로 대답하고 있지만 뒤에 이어지는 내용이 방 크기와 관련 없는 오답.

(C) Why don't you ~?로 시작되어 해결 방법을 제안하는 것으로 생각할 수 있지만, 뒤에 이어지는 내용이 작은 방에 대한 해결 방법으로 적절하지 않으므로 오답.

어휘 **Don't you think (that) ~?** ~하다고 생각하지 않으세요?
형용사 + enough: 충분히 ~한 **reserve** ~을 예약하다
Why don't you ~? ~하는 게 어떠세요? **look for** ~을 찾다

5. Have you reviewed the proposal?
(A) The marketing conference.
(B) Sorry, I need more time.
(C) Right next to the break room.

제안서를 검토해 보셨나요?
(A) 마케팅 컨퍼런스입니다.
(B) 죄송해요, 시간이 더 필요해요.
(C) 휴게실 바로 옆에요.

정답 (B)

해설 제안서를 검토해 보았는지 확인하는 일반 의문문이다.

(A) 검토 여부를 묻는 질문과 관련 없는 답변이므로 오답.

(B) 검토 작업이 완료되지 않았음을 나타내는 부정어 Sorry와 함께 시간이 더 필요하다는 말로 그 이유를 말하는 정답.

(C) 위치 표현으로서 Where 의문문에 어울리는 답변이므로 오답.

어휘 **review** ~을 검토하다, 살펴보다 **proposal** 제안(서) **right next to** ~ 바로 옆에 **break room** 휴게실

6. Do you know who's giving a speech?
(A) I don't know how to use it.
(B) One of our directors.
(C) It's very helpful.

누가 연설하는지 알고 계세요?

(A) 저는 그것을 사용하는 법을 알지 못합니다.
(B) 우리 이사님들 중의 한 분이요.
(C) 그것은 매우 유용합니다.

정답 (B)

해설 Do you know who 구조로 연설하는 주체가 누구인지 묻는 일반 의문문이다.

(A) 질문 시작 부분의 Do you know 부분에 대한 답변처럼 들리지만, I don't know 뒤에 이어지는 내용이 질문에 포함된 who와 관련 없는 오답.
(B) Do you know who에 어울리는 직책으로 답변하고 있으므로 정답. 「Do you know + 의문사」 구조로 된 일반 의문문은 know 뒤에 이어지는 의문사를 반드시 들어야 한다.
(C) 행사나 정보 등의 특성을 말하는 내용이므로 Do you know who에 맞지 않는 오답.

어휘 **give a speech** 연설하다 **how to do** ~하는 법 **director** 이사, 부서장, 책임자, 감독 **helpful** 유용한, 도움이 되는

7. Isn't the cafeteria still being renovated?
(A) Yes, they'll complete it next week.
(B) I found a nice restaurant.
(C) We were in the cafeteria.

구내 식당이 여전히 보수되고 있지 않나요?
(A) 네, 그 사람들이 다음 주에 완료할 겁니다.
(B) 제가 아주 좋은 레스토랑을 발견했어요.
(C) 저희는 구내 식당에 있었어요.

정답 (A)

해설 구내 식당이 여전히 보수되고 있는지 확인하는 부정 의문문이다.

(A) 긍정을 뜻하는 Yes 및 보수 작업을 가리키는 it과 함께 다음 주에 완료한다는 말로 여전히 보수 중임을 나타내는 정답. 여기서 they는 정황상 보수 작업을 하는 사람들을 가리킨다. 부정 의문문은 not을 빼고 해석하는 것이 좋으며, not과 상관없이 질문 내용에 대해 긍정이면 Yes로, 부정이면 No로 답변하는 것을 고르면 된다.
(B) 질문에 포함된 cafeteria와 관련 있게 들리는 restaurant를 활용해 혼동을 유발하는 답변으로, 구내 식당 보수 작업과 관련 없는 오답.
(C) 질문에 포함된 cafeteria가 반복 사용된 답변으로, 과거 시점에 가 있었던 장소를 말하고 있으므로 구내 식당 보수 작업과 관련 없는 오답.

어휘 **cafeteria** 구내 식당 **renovate** ~을 개조하다, 보수하다 **complete** ~을 완료하다 **find** ~을 찾다, 발견하다(find-found-found)

8. Have you seen the new office building?
(A) No, I think it's 11 a.m.
(B) Yes, my team was there yesterday.
(C) A local construction company.

새 사무용 건물을 보신 적 있나요?
(A) 아뇨, 오전 11시인 것 같아요.
(B) 네, 저희 팀이 어제 거기 있었어요.
(C) 지역 건설 회사요.

정답 (B)

해설 새 사무용 건물을 본 적이 있는지 확인하는 일반 의문문이다.

(A) 부정을 나타내는 No 다음에 이어지는 말이 건물을 봤는지 여부와 관련 없는 내용이므로 질문 내용에 맞지 않는 오답.
(B) 긍정을 나타내는 Yes와 함께 방문했던 시점을 언급하는 것으로 본 적이 있음을 의미하는 정답.
(C) 질문에 포함된 building과 관련 있게 들리는 construction을 활용해 혼동을 유발하는 오답.

어휘 **Have you seen ~?** ~을 본 적이 있으세요? **local** 지역의, 현지의 **construction** 건설, 공사

9. Aren't you going to the reception?
(A) It's on Main Street.
(B) Yes, but I'll be a little late.
(C) I prefer to take a taxi.

축하 연회에 안 가시나요?
(A) 그곳은 메인 스트리트에 있습니다.
(B) 갑니다, 하지만 조금 늦을 거예요.
(C) 저는 택시를 타는 게 더 좋습니다.

정답 (B)

해설 축하 연회에 가는지 확인하는 일반 의문문이다.

(A) 위치를 말하는 답변으로 Where 의문문에 어울리는 반응이므로 오답.
(B) 긍정을 나타내는 Yes와 함께 참석 시점과 관련된 말을 덧붙인 정답.
(C) 질문에 포함된 going과 관련 있게 들리는 교통 수단을 말하고 있어 질문 내용과 관련 없는 오답.

어휘 **reception** 축하 연회, 환영 연회 **a little** 조금, 약간 **prefer to do** ~하는 것을 선호하다, 더 좋아하다 **take** (교통편) ~을 타다, 이용하다

10. Hasn't the technician found the problem?
(A) Actually, I'm still doing it.
(B) No, not yet.
(C) At the technology company.

기술자가 문제점을 발견하지 않았나요?
(A) 실은, 제가 여전히 그것을 하는 중입니다.
(B) 아뇨, 아직이요.
(C) 그 기술 회사에서요.

정답 (B)

해설 기술자가 문제점을 발견했는지 확인하는 일반 의문문이다.

(A) 기술자의 작업 여부가 아닌 답변자 자신이 진행하고 있는 일을 말하고 있으므로 오답.
(B) 부정을 의미하는 No와 함께 '아직 아니다(not yet)'라는 말로 질문에서 언급한 일이 완료되지 않았음을 의미하는 정답. 부정 의문문은 not을 빼고 해석하는 것이 좋으며, not과 상관없이 질문 내용에 대해 긍정이면 Yes로, 부정이면 No로 답변하는 것을 고르면 된다.
(C) 질문에 포함된 technician과 발음이 유사한 technology를 활용해 혼동을 유발하는 답변이며, Where 의문문에 어울리는 장소 표현이므로 오답.

어휘 **technician** 기술자, 기사 **find** ~을 찾다, 발견하다(find-found-found) **actually** 실은, 사실은 **not yet** (앞서 언급된 일과 관련해) 아직 아니다

Day 07 제안·요청 의문문 / 선택 의문문

PRACTICE

1. join us **2.** help me **3.** sit inside
4. (A) X (B) O (C) O **5.** (A) O (B) O (C) X
6. (A) O (B) X (C) O

1. Why don't you join us for dinner?
저희와 함께 저녁 식사하시는 건 어떠세요?

2. Could you help me clean up the conference room?
대회의실을 깨끗이 치울 수 있도록 저 좀 도와 주시겠어요?

3. Would you like to sit inside or outside on the patio?
실내에 앉고 싶으세요, 아니면 바깥에 있는 테라스에 앉고 싶으세요?

4. Why don't you join us for dinner?
(A) A table for two. [X]
(B) I have to finish this report. [O]
(C) Sorry, I have other plans. [O]

저희와 함께 저녁 식사하시는 건 어떠세요?
(A) 2인 테이블이요.
(B) 저는 이 보고서를 끝마쳐야 합니다.
(C) 죄송하지만, 다른 계획이 있습니다.

해설 함께 저녁 식사하는 게 어떤지 묻는 제안 의문문이다.
(A) 식사 인원을 말하는 답변으로 How many 의문문에 어울리는 반응이므로 오답.
(B) 보고서를 끝마쳐야 한다는 말로 함께 식사할 수 없다는 거절의 의미를 나타낸 답변이므로 정답.
(C) 다른 계획이 있다는 말로 함께 식사할 수 없다는 거절의 의미를 나타낸 답변이므로 정답.

어휘 **Why don't you ~?** ~하는 게 어때요? **join** ~와 함께 하다, ~에 합류하다 **have to do** ~해야 하다 **finish** ~을 끝마치다 **report** 보고(서) **plan** 계획

5. Could you help me clean up the conference room?
(A) Sure, when can we start? [O]
(B) Sorry, I was about to leave. [O]
(C) Yes, last week. [X]

대회의실을 깨끗이 치울 수 있도록 저 좀 도와 주시겠어요?
(A) 그럼요, 언제 시작할 수 있나요?
(B) 죄송하지만, 제가 막 나가려던 참이었어요.
(C) 네, 지난 주에요.

해설 대회의실을 깨끗이 치울 수 있도록 도와 달라고 묻는 요청 의문문이다.
(A) 수락을 의미하는 Sure와 함께 치우는 일을 언제 시작할 수 있는지 되묻는 질문을 덧붙인 답변이므로 정답.
(B) 거절을 의미하는 Sorry와 함께 막 나가려던 참이었다는 말로 거절의 이유를 밝히는 답변이므로 정답.
(C) 수락을 의미하는 Yes로 답변하고 있지만, 앞으로 할 일과 관련해 요청하는 질문의 의도와 달리 과거시점을 언급하고 있어 시점 관계가 맞지 않는 오답.

어휘 **Could you ~?** ~해 주시겠어요? **help A do:** A가 ~하도록 돕다, ~하는 데 도움을 주다 **clean up** ~을 깨끗이 치우다 **conference room** 대회의실 **be about to do** 막 ~하려는 참이다 **leave** 나가다, 떠나다, 출발하다

6. Would you like to sit inside or outside on the patio?
(A) I prefer to sit indoors. [O]
(B) Yes, that'd be great. [X]
(C) It's too cold outside. [O]

실내에 앉고 싶으세요, 아니면 바깥에 있는 테라스에 앉고 싶으세요?
(A) 저는 실내에 앉는 것을 선호해요.
(B) 네, 그렇게 하면 아주 좋을 거예요.
(C) 밖이 너무 추워요.

해설 실내에 앉고 싶은지, 아니면 바깥에 있는 테라스에 앉고 싶은지 묻는 선택 의문문이다.
(A) inside와 동의어인 indoors를 언급함으로써 실내에 앉는 것을 선택하는 답변이므로 정답.
(B) 선택 의문문에 어울리지 않는 Yes 및 대상을 알 수 없는 that으로 답변하는 오답.
(C) 밖이 춥다는 말로 실내에 앉고 싶다는 뜻을 나타내는 답변이므로 정답.

어휘 **Would like to do?** ~하고 싶으세요?, ~하기를 원하세요? **inside** 실내에, 안에(= indoors) **outside** 실외에, 밖에 **patio** 테라스 **prefer to do** ~하는 것을 선호하다, 더 좋아하다 **too** 너무

실전 감잡기

1. (A)	**2.** (A)	**3.** (A)	**4.** (A)	**5.** (B)
6. (B)	**7.** (C)	**8.** (B)	**9.** (A)	**10.** (A)

1. Why don't you buy this camera?
(A) It's out of my price range.
(B) It has many features.
(C) Because I had it repaired.

이 카메라를 구입하시는 게 어떠세요?
(A) 제가 생각한 가격대를 벗어나네요.
(B) 많은 기능을 지니고 있어요.
(C) 왜냐하면 그걸 수리 받았거든요.

정답 (A)

해설 카메라를 구입할 것을 권하는 제안 의문문이다.

(A) 생각한 가격대를 벗어난다는 말로 우회적으로 거절하는 정답.
(B) 카메라 구입 여부가 아닌 특징을 말하는 답변이므로 질문 내용과 관련 없는 오답.
(C) Why don't you ~?를 이유를 묻는 질문으로 착각할 경우에 고를 수 있는 Because를 이용한 오답

어휘 **out of** ~을 벗어난 **price range** 가격대 **feature** 기능, 특징 **have A p.p.:** A를 ~되게 하다 **repair** ~를 수리하다

2. Would you like to sit at a table inside or outside?
(A) An inside table sounds good.
(B) I'd like the soup of the day.
(C) How about tomorrow?

실내에 있는 테이블에 앉으시겠어요, 아니면 밖에 있는 테이블에 앉으시겠어요?
(A) 실내 테이블이 좋은 것 같아요.
(B) 오늘의 수프로 하겠습니다.
(C) 내일은 어떠세요?

정답 (A)

해설 'A or B'의 구조로 실내 테이블과 실외 테이블 중의 하나를 묻는 선택 의문문이다.

(A) 질문에 제시된 두 가지 선택 사항 중 하나인 '실내'를 선택하는 정답.
(B) 테이블 위치 선택과 관련 없는 음식 종류를 언급하고 있어 질문 내용에 맞지 않는 오답.
(C) 시점과 관련해 제안하는 말이므로 질문 내용에 맞지 않는 오답.

어휘 **Would you like to do?** ~하시겠어요? **inside** ad. 실내에, 안에 a. 실내의, 안에 있는 **outside** ad. 밖에, 실외에 a. 밖에 있는, 실외의 **sound + 형용사:** ~한 것 같다 **would like + 명사:** ~를 원하다 **How about ~?** ~는 어떠세요?

3. Do you want to share a car to the conference hall?
(A) That's a good idea.
(B) No, by airplane.
(C) I'm considering buying one.

컨퍼런스 홀까지 함께 자동차를 타고 가시겠어요?
(A) 좋은 생각입니다.
(B) 아뇨, 비행기로요.
(C) 하나 구입하는 것을 고려 중입니다.

정답 (A)

해설 컨퍼런스 홀까지 함께 자동차를 타고 가자고 묻는 제안 의문문이다.

(A) 함께 자동차를 타고 가는 일을 That으로 지칭해 좋은 아이디어라는 말로 수락을 나타내는 답변이므로 정답.
(B) 부정을 나타내는 No 뒤에 이어지는 말이 상대방의 제안과 관련 없는 답변이므로 오답.
(C) 자동차(one = car) 구입 여부와 관련된 말이므로 질문 내용과 맞지 않는 오답.

어휘 **Do you want to do?** ~하고 싶으세요?, ~하시겠어요? **share** ~을 공유하다, 함께 하다 **by** (수단) ~을 타고, ~을 이용해 **consider -ing** ~하는 것을 고려하다

4. Should I order the supplies today or next week?
(A) You can do it later.
(B) At least 20, I think.
(C) You can borrow mine.

용품을 오늘 주문해야 하나요, 아니면 다음 주에 해야 하나요?
(A) 나중에 하셔도 됩니다.
(B) 제 생각에 최소한 20개요.
(C) 제 것을 빌려 가셔도 됩니다.

정답 (A)

해설 주문 시점과 관련해 'A or B'의 구조로 이번 주와 다음 주 중 하나를 묻는 선택 의문문이다.

(A) 나중에 해도 된다는 말로 다음 주를 선택하는 답변이므로 정답.
(B) 주문 시점이 아닌 수량을 나타내는 답변이므로 오답.
(C) 물품을 빌려 주겠다는 말이므로 주문 시점과 전혀 관련 없는 오답.

어휘 **order** ~을 주문하다 **supplies** 용품, 물품 **later** 나중에 **at least** 최소한, 적어도 **borrow** ~을 빌리다 **mine** 나의 것

5. Why don't we meet this afternoon to discuss the proposal?
(A) Yes, last week.
(B) Let me check my schedule.
(C) I didn't meet with the client.

그 제안을 논의하기 위해 오늘 오후에 만나는 건 어때요?
(A) 네, 지난 주에요.

(B) 제 일정을 확인해 볼게요.
(C) 저는 그 고객과 만나지 않았어요.

정답 (B)

해설 제안 사항을 논의하기 위해 오늘 오후에 만나자고 묻는 제안 의문문이다.

(A) 수락을 의미하는 Yes 뒤에 이어지는 말이 질문 내용과 관련 없는 과거시점을 말하는 오답.
(B) 상대방의 제안에 대해 일정을 확인해 보겠다는 말로 수락 또는 거절에 대한 조건을 먼저 언급하는 정답.
(C) 앞으로의 일과 관련된 제안에 대해 과거시점의 일(didn't meet)을 말하는 오답.

어휘 **discuss** ~을 논의하다 **proposal** 제안(서) **Let me do** 제가 ~하겠습니다 **meet with** (약속하여) ~와 만나다

6. Could you give me a ride to the headquarters?
(A) No, there isn't any.
(B) Sure, when do you want to leave?
(C) About two hours.

저를 본사까지 차로 태워 주실 수 있으세요?
(A) 아니요, 하나도 없습니다.
(B) 그럼요, 언제 출발하고 싶으세요?
(C) 약 2시간이요.

정답 (B)

해설 본사까지 차로 태워 달라고 묻는 요청 의문문이다.

(A) 거절을 뜻하는 No 뒤에 이어지는 말이 질문 내용과 전혀 관련 없는 오답.
(B) 상대방의 요청에 Sure로 긍정을 나타내면서 출발 시점을 확인하기 위해 되묻는 답변이므로 정답.
(C) 소요 시간을 말하는 답변으로 How long 의문문에 어울리는 반응이므로 오답.

어휘 **give A a ride:** A를 차로 태워 주다 **headquarters** 본사 **leave** 출발하다, 떠나다, 나가다 **about** 약, 대략

7. Are you going to rent a car or use public transportation?
(A) Yes, I am.
(B) In the repair shop.
(C) Let's rent one.

차를 한 대 빌리실 건가요, 아니면 대중 교통을 이용하실 건가요?
(A) 네, 그렇습니다.
(B) 수리소에요.
(C) 한 대 빌립시다.

정답 (C)

해설 'A or B'의 구조로 두 가지 이동 수단 중의 하나를 묻는 선택 의문문이다.

(A) 선택 의문문에 어울리지 않는 Yes로 대답하는 오답. 선택 의문문에서 Yes나 No로 대답하는 선택지는 거의 오답이다.
(B) 장소를 말하는 답변으로 Where 의문문에 어울리는 반응이므로 오답.
(C) 질문에 언급된 두 가지 선택 사항에 대해 자동차(one = car)를 빌리는 일을 선택하는 정답.

어휘 **be going to do** ~할 것이다, ~할 예정이다 **rent** ~을 빌리다, 대여하다 **public transportation** 대중 교통 **repair shop** 수리소

8. Would you like a refund for your purchase?
(A) I'll try that on.
(B) Yes, I would.
(C) Let me take a look.

구입 제품에 대해 환불을 받고 싶으신가요?
(A) 저것을 한 번 착용해 볼게요.
(B) 네, 그러고 싶어요.
(C) 제가 한번 볼게요.

정답 (B)

해설 환불을 원하는지 묻는 제안 의문문이다.

(A) 제품을 착용해 볼 때 사용하는 말이므로 질문 내용에 맞지 않는 오답.
(B) 상대방의 제안에 대해 수락을 나타내는 Yes와 함께 질문에 사용된 조동사 would를 반복해 답변하는 정답.
(C) 질문에 쓰인 purchase와 관련 있게 들리는 '한번 보는 일'을 이용한 답변으로, 환불을 받을 것인지 묻는 질문 내용과 관련 없는 오답.

어휘 **Would you like ~?** ~ 드릴까요?, ~을 원하시나요? **refund** 환불 **purchase** 구매(품) **try A on:** A를 한번 착용해 보다 **Let me do** 제가 ~하겠습니다 **take a look** 한번 보다

9. Would you rather see the movie today or tomorrow?
(A) Either is okay with me.
(B) No, by the end of today.
(C) It was really interesting.

영화를 오늘 보시겠어요, 아니면 내일 보시겠어요?
(A) 둘 중 어느 것이든 좋습니다.
(B) 아뇨, 오늘 일과 종료 시점까지요.
(C) 정말 흥미로웠어요.

정답 (A)

해설 'A or B'의 구조로 두 가지 관람 시점 중 하나를 묻는 선택 의문문이다.

(A) 선택 대상에 대해 '둘 중 어느 것이든 좋다'는 말로 둘 중 어느 날에 봐도 상관없음을 알리는 정답. 선택 의문문에서 either를 이용하여 '둘 중 어느 것이든 좋다'를 의미하는 말은 정답 확률이 높은 답변이다.
(B) 선택 의문문에 어울리지 않는 Yes로 답변하는 오답. 선택 의문문에서 Yes나 No로 답변하는 선택지는 특수한 경우

를 제외하고 거의 오답이다.

(C) 질문에 포함된 movie와 관련 있게 들리는 관람 소감에 해당되는 답변으로, 과거 시제 동사와 함께 이미 관람한 것에 대한 소감을 말하는 답변이므로 오답.

어휘 **Would you rather do?** ~하시겠어요? **either** 둘 중 어느 것이든 **by** (기한) ~까지 **interesting** 흥미로운

10. Would you like to join us for dinner?
(A) No, I have to finish my work now.
(B) Yes, I found a nice one.
(C) That table is reserved.

저희와 함께 저녁 식사하러 가시겠어요?
(A) 아뇨, 저는 지금 제 일을 끝내야 해요.
(B) 네, 좋은 것을 하나 발견했습니다.
(C) 그 테이블은 예약되어 있습니다.

정답 **(A)**

해설 함께 저녁 식사하러 가자고 묻는 제안 의문문이다.

(A) 상대방의 제안에 대해 거절을 나타내는 No와 함께 지금 일을 끝내야 한다는 말로 함께 갈 수 없는 이유를 언급하는 정답.

(B) 수락을 의미하는 Yes로 답변이 시작되고 있지만 정작 뒤에 이어지는 내용은 함께 저녁 식사하는 것과 관련 없는 오답.

(C) dinner와 관련 있게 들리는 table 및 reserved를 활용해 혼동을 유발하는 답변으로, 질문 내용에 맞지 않는 오답.

어휘 **Would you like to do?** ~하시겠어요? **join** ~와 함께 하다, ~에 합류하다 **have to do** ~해야 하다 **finish** ~을 끝마치다 **find** ~을 찾다, 발견하다(find-found-found) **reserved** 예약된

Day 08 평서문 / 부가 의문문

PRACTICE

1. interesting **2.** worked **3.** organizing
4. (A) X (B) O (C) X **5.** (A) X (B) X (C) O
6. (A) O (B) X (C) O

1. That was an interesting speech.
아주 흥미로운 연설이었어요.

2. You've worked in London, haven't you?
런던에서 일해 보신 적 있죠, 그렇지 않나요?

3. You're organizing the conference, aren't you?
당신이 컨퍼런스를 준비하고 있죠, 그렇지 않나요?

4. That was an interesting speech.
(A) He is interested in it. [X]
(B) You're right. It was great. [O]
(C) Yes, I'd like to. [X]

아주 흥미로운 연설이었어요.
(A) 그가 그것에 관심이 있습니다.
(B) 맞아요. 아주 좋았어요.
(C) 네, 그렇게 하고 싶습니다.

해설 연설을 들은 후의 소감으로 흥미로운 연설이었음을 말하는 평서문이다.

(A) interesting과 발음이 유사한 interested를 활용해 혼동을 유발하는 답변으로, 연설의 특성이 아니라 대상을 알 수 없는 He에 관해 말하는 오답.

(B) 상대방의 의견에 동의하는 You're right과 함께 연설에 대한 자신의 의견을 덧붙인 정답.

(C) 긍정을 뜻하는 Yes 뒤에 쓰인 I'd like to는 제안이나 요청에 대해 동의나 수락을 나타낼 때 사용하므로 연설에 대한 소감을 말하는 평서문에 대한 반응으로 맞지 않는 오답.

어휘 **interesting** 흥미로운 **speech** 연설 **be interested in** ~에 관심이 있다 **would like to do** ~하고 싶다, ~하고자 하다

5. You've worked in London, haven't you?
(A) I don't think he was there. [X]
(B) It will take 5 hours by airplane. [X]
(C) Yes, it was a great experience. [O]

런던에서 일해 보신 적 있죠, 그렇지 않나요?
(A) 그분이 그곳에 있었던 것 같지 않아요.
(B) 비행기로 5시간 걸릴 겁니다.
(C) 네, 아주 좋은 경험이었어요.

해설 상대방이 런던에서 일해 본 적이 있는지 확인하는 부가 의문문이다.

(A) 답변자 자신이 아닌 대상을 알 수 없는 he에 관해 말하는 답변이므로 오답.

(B) 비행에 소요되는 시간을 말하는 답변으로 How long 의문문에 어울리는 반응이므로 오답.

(C) 긍정을 뜻하는 Yes와 함께 런던에서 일해 본 것에 대해 좋은 경험이었다는 생각을 덧붙이는 답변이므로 정답.

어휘 **take + 시간:** ~의 시간이 걸리다 **by airplane** 비행기로 **experience** 경험, 경력

6. You're organizing the conference, aren't you?
(A) Yes, with Mr. Kim. [O]
(B) No, they haven't. [X]
(C) That's what I'm doing now. [O]

당신이 컨퍼런스를 준비하고 있죠, 그렇지 않나요?
(A) 네, 킴 씨와 함께요.

(B) 아뇨, 그들은 그러지 않았어요.
(C) 그게 제가 지금 하고 있는 일입니다.

해설 상대방이 컨퍼런스를 준비하고 있는지 확인하는 부가 의문문이다.

(A) 긍정을 뜻하는 Yes와 함께 컨퍼런스를 준비하는 일을 함께 하는 사람의 이름을 덧붙인 답변이므로 정답.
(B) 부정을 뜻하는 No로 답변하고 있지만 대상을 알 수 없는 they를 언급하고 있으므로 오답.
(C) 컨퍼런스를 준비하는 일을 That으로 지칭해 답변자 자신이 현재 하고 있는 일이라는 사실을 밝히는 답변이므로 정답.

어휘 organize ~을 준비하다, 조직하다

실전 감잡기

1. (A)	2. (A)	3. (C)	4. (A)	5. (C)
6. (B)	7. (B)	8. (B)	9. (B)	10. (C)

1. I can't find my pen.
(A) You can borrow mine.
(B) No, thanks.
(C) In the storage room.

제 펜을 찾을 수가 없어요.
(A) 제 것을 빌려 가셔도 됩니다.
(B) 아뇨, 괜찮습니다.
(C) 보관실에요.

정답 (A)

해설 자신의 펜을 찾을 수 없다는 사실을 알리는 평서문이다.

(A) 상대방이 언급한 pen에 대해 '나의 것'을 의미하는 mine과 함께 자신의 것을 사용하도록 제안하는 말이므로 정답.
(B) 제안 등을 나타내는 질문에 대해 거절하는 의미를 나타낼 때 사용하는 답변이므로 오답.
(C) 물건을 찾을 수 없는 상황과 관련 있게 들리는 특정 장소를 말하는 답변으로, Where 의문문에 어울리는 반응이므로 오답.

어휘 find ~을 찾다, 발견하다 borrow ~을 빌리다 mine 나의 것 storage 보관, 저장

2. The new intern starts working today, doesn't he?
(A) Yes, that's what I heard.
(B) It was installed yesterday.
(C) Actually, I worked on it.

신입 인턴 직원이 오늘 근무를 시작하죠, 그렇지 않나요?
(A) 네, 그렇다고 들었어요.
(B) 그것은 어제 설치되었어요.
(C) 실은, 제가 그것에 대해 작업했어요.

정답 (A)

해설 신입 인턴 직원이 오늘 근무를 시작하는지 확인하기 위해 묻는 부가 의문문이다.

(A) 긍정을 의미하는 Yes와 함께 신입 인턴 직원이 오늘 근무를 시작하는 일을 that으로 지칭해 자신도 동일한 정보를 들었다는 말로 확인해 주는 답변이므로 정답.
(B) today와 관련 있게 들리는 yesterday를 활용한 답변으로, 설치 작업이 이뤄진 시점을 말하고 있어 질문 내용에 맞지 않는 오답.
(C) 질문에 포함된 work를 반복 사용한 답변으로, 답변자 자신이 한 일을 말하고 있어 질문 내용에 맞지 않는 오답.

어휘 start -ing ~하는 것을 시작하다 that's what I heard (앞서 언급된 말에 대해) 그렇다고 들었어요 install ~을 설치하다 actually 실은, 사실은 work on ~에 대한 작업을 하다

3. I'd like to submit my application form.
(A) Sometime last week.
(B) There are many jobs.
(C) Which position is it for?

제 지원서를 제출하고자 합니다.
(A) 지난 주 중에요.
(B) 많은 일자리가 있습니다.
(C) 어느 직책에 대한 지원서인가요?

정답 (C)

해설 지원서를 제출하기를 원한다는 의사를 밝히는 평서문이다.

(A) 제시된 평서문과 어울리지 않는 과거시점을 말하는 답변으로 When 의문문에 어울리는 반응이므로 오답.
(B) application form(지원서)과 관련 있게 들리는 jobs를 활용하여 혼동을 유발하는 오답.
(C) 상대방이 말하는 application form의 목적과 관련해 되묻는 질문이므로 정답.

어휘 would like to do ~하고자 하다, ~하고 싶다 submit ~을 제출하다 application form 지원서, 신청서 job 일, 일자리 position 직책, 일자리

4. You'll send the document today, won't you?
(A) Yes, but it will be a little late.
(B) In the company newsletter.
(C) I was interested in it.

오늘 그 문서를 보낼거죠, 그렇지 않나요?
(A) 네, 하지만 조금 늦을 겁니다.
(B) 회사 사보에요.
(C) 저는 그것에 관심이 있었습니다.

정답 (A)

해설 상대방이 오늘 특정 문서를 보낼 것인지 확인하는 부가 의문문이다.

(A) 긍정을 뜻하는 Yes와 함께 오늘 보내기는 하지만 조금 늦을 것이라는 정보를 덧붙이는 답변이므로 정답.
(B) 문서 전송 여부와 관련 없는 답변으로 정보 출처의 하나인

회사 사보를 언급하고 있으므로 오답.
(C) 문서 전송 여부와 관련 없는 답변으로 답변자 자신이 과거에 어떤 것에 관심을 가졌던 사실을 말하고 있으므로 오답.

어휘 document 문서, 서류 a little 조금, 약간 newsletter 사보, 소식지 be interested in ~에 관심이 있다

5. You can order the item on our Web site.
(A) No, he didn't.
(B) You can see it on the menu.
(C) Is it available right now?

저희 웹 사이트에서 그 제품을 주문하실 수 있습니다.
(A) 아뇨, 그는 그렇게 하지 않았습니다.
(B) 메뉴에서 그것을 보실 수 있습니다.
(C) 지금 바로 구매 가능한가요?

정답 (C)

해설 웹 사이트에서 특정 제품을 주문할 수 있다는 정보를 제공하는 평서문이다.
(A) 대상을 알 수 없는 he에 관해 말하는 답변이므로 제시된 평서문의 내용과 관련 없는 오답.
(B) order와 관련 있게 들리는 menu를 활용한 답변이며, 직원이 할 수 있는 말에 해당되므로 웹 사이트에서 주문 가능하다는 정보를 듣는 고객의 입장에 있는 답변자의 반응으로 맞지 않아 오답.
(C) the item을 it으로 지칭해 웹 사이트에서 주문하는 일과 관련해 지금 바로 구매 가능한지 확인하기 위해 되묻는 질문이므로 정답.

어휘 order ~을 주문하다 item 제품, 물품, 품목 available 구매 가능한, 이용 가능한 right now 지금 바로, 당장

6. Let's visit our new branch office this afternoon.
(A) From Monday to Friday.
(B) That's a good idea.
(C) He gave us a tour yesterday.

오늘 오후에 우리의 새 지사를 방문합시다.
(A) 월요일부터 금요일까지요.
(B) 좋은 생각입니다.
(C) 그가 어제 저희에게 견학시켜 주었어요.

정답 (B)

해설 오후에 새 지사를 방문하자고 제안하는 평서문이다.
(A) 운영 시간이나 근무 시간 등과 관련된 말이므로 상대방의 제안에 대한 반응으로 어울리지 않는 오답.
(B) 새 지사를 방문하자는 상대방의 제안에 대해 '좋은 생각이다'라는 말로 동의하는 답변이므로 정답.
(C) visit과 관련 있게 들리는 tour를 활용한 답변으로, 대상을 알 수 없는 He가 과거시점에 한 일을 말하고 있으므로 어울리지 않는 오답.

어휘 visit ~을 방문하다 branch office 지사 give A a tour: A에게 견학시켜주다

7. The air conditioner is out of order.
(A) No, the weather will be fine.
(B) It will be repaired soon.
(C) I prefer the red one.

에어컨이 고장 났어요.
(A) 아뇨, 날씨가 좋을 겁니다.
(B) 곧 수리될 겁니다.
(C) 저는 빨간색으로 된 것이 더 좋습니다.

정답 (B)

해설 에어컨이 고장 난 상태라는 정보를 제공하는 평서문이다.
(A) 기기의 작동 상태가 아닌 날씨와 관련된 말이므로 전혀 어울리지 않는 오답.
(B) air conditioner를 It으로 지칭해 곧 수리된다는 말로 고장 난 기기에 대한 조치 방법을 알리는 말이므로 정답.
(C) 답변자 자신이 선호하는 물품의 특징을 말하고 있으므로 기기의 작동 상태와 관련 없는 오답.

어휘 air conditioner 에어컨 out of order 고장 난 repair ~을 수리하다 soon 곧, 머지않아 prefer ~을 더 좋아하다, 선호하다

8. That woman in the red dress is Ms. Parker, right?
(A) At the reception desk.
(B) No, that's Ms. Nelson.
(C) The blue one looks nicer.

빨간 드레스를 입은 저 여자 분이 파커 씨죠, 맞죠?
(A) 접수처에서요.
(B) 아뇨, 저 분은 넬슨 씨입니다.
(C) 파란 색이 더 멋있어 보여요.

정답 (B)

해설 빨간 드레스를 입은 여자의 이름을 확인하는 부가 의문문이다.
(A) 장소 표현이므로 질문 내용과 어울리지 않는 오답.
(B) 부정을 나타내는 No와 함께 정확한 정보를 제공하는 것으로 상대방이 잘못 알고 있음을 알리는 답변이므로 정답.
(C) 질문에 언급된 색상과 관련 있게 들리는 다른 색상을 언급하여 혼동을 유발하는 오답.

어휘 in the red dress 빨간 드레스를 입은 reception desk 접수 데스크, 안내 데스크 look + 형용사: ~하게 보이다, ~한 것 같다 nicer 더 좋은, 더 나은

9. You've been working here for many years, haven't you?
(A) Yes, I work ten hours a day.
(B) Yes, seventeen years.
(C) No, there aren't many left.

여기서 오랫동안 근무해 오고 계시죠, 그렇지 않나요?
(A) 네, 저는 하루에 10시간 근무해요.
(B) 네, 17년이요.

(C) 아뇨, 남아 있는 것이 많지 않아요.

정답 (B)

해설 상대방이 오랫동안 근무해 오고 있다는 사실을 확인하는 부가 의문문이다.

(A) 일일 근무 시간을 말하는 답변이므로 질문 내용과 어울리지 않는 오답.

(B) 긍정을 나타내는 Yes와 함께 그동안 근무해 온 기간과 관련해 17년이라는 정확한 정보를 제공하는 정답.

(C) 부정을 나타내는 No로 답변이 시작되고 있지만 뒤에 이어지는 말이 근무 기간이 아닌 수량을 나타내는 답변이므로 오답.

어휘 **for many years** 오랫동안, 여러 해 동안 **a day** 하루에, 하루마다 **there are A left:** 남아 있는 A가 있다 cf. left 남은(leave(~을 남기다)의 과거분사형, leave-left-left)

10. The retirement party for Mr. Wong is this Friday, isn't it?

(A) Let's meet this afternoon.

(B) Just a few hours.

(C) Yes, but I won't be able to make it.

웡 씨의 퇴직 기념 파티가 이번 주 금요일에 있죠, 그렇지 않나요?

(A) 오늘 오후에 만납시다.

(B) 단지 몇 시간이요.

(C) 네, 하지만 전 갈 수 없을 것 같아요.

정답 (C)

해설 퇴직 기념 파티가 예정된 요일을 확인하는 부가 의문문이다.

(A) Friday라는 시점과 관련 있게 들리는 this afternoon을 활용한 답변으로 웡 씨의 퇴직 기념 파티 개최 일정이 아닌 질문자와 답변자가 만나는 일정을 제안하는 말이므로 오답.

(B) 지속 시간을 말하는 답변으로 How long 의문문에 어울리는 반응이므로 오답.

(C) 파티 개최 일정과 관련해 긍정을 나타내는 Yes와 함께 자신은 참석하지 못한다고 알리는 말을 덧붙인 정답.

어휘 **retirement** 퇴직, 은퇴 **a few** 몇몇의 **won't** will not의 축약형 **be able to do** ~할 수 있다 **make it** (한 장소에) 도착하다, 가다

PART 3

Day 09 주제/목적/문제점 문제

❶ 주제/목적을 묻는 문제

M: Are we on schedule **to move our store to the new location** next month?

W: Yes, and I already told the building manager that we'll be moving out on July 1.

남: 다음 달에 새로운 장소로 우리 매장을 옮기는 일이 예정대로 되어 가고 있나요?

여: 네, 그리고 이미 건물 관리 책임자에게 우리가 7월 1일에 이전할 예정이라고 말씀 드렸어요.

어휘 **on schedule** 예정대로, 일정대로 **move A to B:** A를 B로 옮기다, 이사하다 **location** 장소, 위치, 지점 **tell A that + 절:** A에게 ~라고 말하다 **move out** 이전하다, 이사 가다

❷ 문제점을 묻는 문제

W: Hello, I'm interested in attending this conference. I'd like to register, **but my credit card isn't working.**

M: That's no problem. You can sign up now and then pay the fee later.

여: 안녕하세요, 제가 이 컨퍼런스에 참석하는 데 관심이 있습니다. 등록하고 싶지만, 제 신용카드가 작동되지 않고 있어요.

남: 괜찮습니다. 지금 등록하신 다음, 나중에 비용을 지불하실 수 있습니다.

어휘 **be interested in** ~에 관심이 있다 **attend** ~에 참석하다 **would like to do** ~하고 싶다 **register** 등록하다 **work** (기계, 장치 등이) 작동되다, 기능하다 **That's no problem** (앞서 언급된 일에 대해) 문제 없습니다, 괜찮습니다 **sign up** 등록하다, 신청하다 **then** 그런 다음, 그리고 나서 **fee** (회비, 가입비 등의) 요금, 수수료 **later** 나중에

PRACTICE

1. (B) **2.** (A) **3.** (B)

Question 1 refers to the following conversation.

W: Hello, George. I'd like an update on the highway construction. How's the work coming along? Are there any delays?

M: No, we're on schedule. We'll be finished by May.

여: 안녕하세요, 조지 씨. 고속도로 공사에 관한 최신 소식을 알고 싶습니다. 작업이 어떻게 되어 가고 있나요? 어떤 지연 문제라도 있나요?

남: 아뇨, 예정대로 되고 있습니다. 우리가 5월까지 끝낼 겁니다.

어휘 I'd like + 명사: ~을 원합니다 update 최신 소식, 새로운 정보 highway 고속도로 construction 공사, 건설 How's A coming along? A가 어떻게 되어 가고 있나요? delay 지연, 지체 on schedule 예정대로, 일정대로 be finished 끝내다 by (기한) ~까지

1. 화자들은 주로 무엇을 이야기하고 있는가?
(A) 교통 체증(Heavy traffic)
(B) 공사 프로젝트(A construction project)

해설 화자들의 대화 주제를 묻는 문제이므로 대화가 시작되는 부분에 특히 집중해 핵심 정보로 제시되는 내용을 파악해야 한다. 여자가 대화를 시작하면서 고속도로 공사에 관한 최신 소식을 알고 싶다고(I'd like an update on the highway construction) 말한 뒤로 그 진행 상황과 관련된 내용으로 대화를 이어 가고 있다. 따라서 고속도로 공사가 대화 주제임을 알 수 있으며, 이는 하나의 공사 프로젝트에 해당되므로 (B)가 정답이다.

어휘 heavy (양, 정도 등이) 심한, 많은 traffic 교통(량), 차량들

Question 2 refers to the following conversation.

M: Hello, I'm calling to see if I can make an appointment with Dr. Towner tomorrow. Do you have an opening in the afternoon?

W: Let me see... Yes, he has time at 2 P.M. tomorrow.

남: 안녕하세요, 내일 토우너 의사 선생님으로 예약할 수 있는지 알아보기 위해 전화 드립니다. 오후에 빈 시간대가 있나요?

여: 확인해 보겠습니다… 네, 내일 오후 2시에 시간이 되십니다.

어휘 see if ~인지 알아보다 make an appointment 예약하다 opening 빈 자리, 빈 시간대 Let me see. (제가) 확인해 보겠습니다, 알아보겠습니다 have time 시간이 나다

2. 남자가 전화를 건 목적은 무엇인가?
(A) 예약을 하기 위해서(To make an appointment)
(B) 예약을 바꾸기 위해서(To change a reservation)

해설 남자가 전화를 건 목적을 묻는 문제이므로 대화가 시작될 때 남자의 말에 집중해야 하며, 목적을 나타내는 표현과 함께 제시되는 정보를 파악해야 한다. 남자가 I'm calling to라는 목적을 나타내는 표현과 함께 예약을 할 수 있는지 알아보기 위해(see if I can make an appointment) 전화했다고 말하고 있으므로 (A)가 정답이다.

어휘 make an appointment 예약하다, 약속하다 reservation 예약

Question 3 refers to the following conversation.

W: Unfortunately, we've had some problems with the oven in our store. It won't turn on. That's why I called the technician.

M: Oh, I'm glad you called him. We should get it fixed as soon as possible.

여: 안타깝게도, 우리 매장에 있는 오븐에 몇몇 문제점들이 있습니다. 그 오븐이 켜지지 않습니다. 그것이 바로 제가 기사님께 전화 드린 이유입니다.

남: 아, 전화하셨다니 다행입니다. 우리는 가능한 한 빨리 그것을 수리 받아야 합니다.

어휘 unfortunately 안타깝게도, 아쉽게도 won't: will not의 축약형 turn on 켜지다 That's why ~: 그것이 바로 ~한 이유입니다, 그래서 ~했습니다 technician 기사, 기술자 I'm glad (that) + 절: ~해서 다행입니다, 기쁩니다 get A p.p.: A를 ~되게 하다 fix ~을 수리하다, 고치다 as soon as possible 가능한 한 빨리

3. 여자는 무슨 문제점을 언급하는가?
(A) 제품이 잘 팔리지 않고 있다.
(A product is not selling well.)
(B) 기계가 제대로 작동하지 않고 있다.
(A machine is not working properly.)

해설 여자가 언급하는 문제점을 묻는 문제이므로 여자의 말에 집중해 부정적인 정보로 제시되는 내용을 파악해야 한다. 여자가 오븐을 언급한 뒤로 그것을 It으로 지칭해 켜지지 않는다는(~the oven in our store. It won't turn on) 문제점을 알리고 있다. 이는 기계가 제대로 작동되지 않는다는 뜻이므로 (B)가 정답이다.

어휘 sell 팔리다, 판매되다 work (기계, 장치 등이) 작동되다, 기능하다 properly 제대로, 적절히

기출 맛보기

M: Hello. **I'm calling to reserve a space at your hotel for a conference** on June 22.

W: No problem. How many people are you expecting to attend the event?

M: Probably 50.

W: Then I would recommend the Crystal Ballroom.

남: 안녕하세요. 6월 22일에 있을 컨퍼런스 때문에 그쪽 호텔에 공간을 하나 예약하기 위해 전화 드립니다.

여: 좋습니다. 얼마나 많은 사람들이 그 행사에 참석할 것으로 예상하고 계신가요?

남: 아마 50명 정도일 겁니다.

여: 그러시면 크리스탈 볼룸을 추천해 드리고 싶습니다.

어휘 reserve ~을 예약하다 space 공간 conference 컨퍼런스, 총회, 학회 expect to do ~할 것으로 예상하다 attend ~에 참석하다 event 행사 probably 아마 then 그럼, 그렇다면 recommend ~을 추천하다, 권하다 ballroom (호텔 등의) 연회장, 행사장

Q. 화자들은 무엇을 이야기하고 있는가?
(A) 호텔에서 체크인하는 일
(B) 휴가를 떠나는 일
(C) 차량을 대여하는 일
(D) 모임 공간을 예약하는 일

해설 대화 주제를 묻는 문제이므로 대화가 시작될 때 집중해 핵심이 되는 정보를 파악해야 한다. 남자가 대화를 시작하면서 컨퍼런스 때문에 공간을 예약하기 위해(I'm calling to reserve a space at your hotel for a conference ~) 전화했다고 알린 뒤로 공간 예약에 필요한 사항들을 말하는 것으로 대화가 진행되고 있다. 따라서 모임 공간을 예약하는 일을 의미하는 (D)가 정답이다.

어휘 check in (호텔, 공항 등에서) 체크인하다, 투숙 수속을 밟다 go on a vacation 휴가를 떠나다 rent ~을 대여하다, 임대하다 reserve ~을 예약하다

실전 감잡기

1. (A) **2.** (A) **3.** (C) **4.** (B) **5.** (B) **6.** (A)

Questions 1-3 refer to the following conversation.

W: Why do you think **1** **people are not interested in our new line of T-shirts**?

M: Well, I think **2** **we should run more advertisements** so that more people can know about them.

W: Hmm… Some department managers pointed that out during the meeting this morning. But you know, our advertising budget is limited.

M: In that case, **3** **how about trying to offer the items in various designs?**

여: 사람들이 왜 우리의 새 티셔츠 제품 라인에 관심이 없다고 생각하세요?

남: 저, 더 많은 사람들이 그 제품들에 관해 알 수 있도록 더 많은 광고를 내야 한다고 생각합니다.

여: 흠… 몇몇 부서장님들도 오늘 아침에 열린 회의 중에 그 부분을 지적하셨어요. 하지만 아시다시피, 우리 광고 예산이 제한적이잖아요.

남: 그렇다면, 다양한 디자인으로 제품을 제공해 보는 것은 어떨까요?

어휘 be interested in ~에 관심이 있다 line 제품 라인, 종류 run an advertisement 광고를 내다 so that + 절: (목적) ~할 수 있도록 department manager 부서장 point A out: A를 지적하다 during ~ 중에, ~ 동안 advertising 광고 (활동) budget 예산 limited 제한적인 in that case (앞서 언급된 일에 대해) 그렇다면, 그런 경우라면 how about -ing? ~하는 건 어떨까요? try to do ~하려 하다 offer ~을 제공하다 item 제품, 품목 various 다양한

1. 화자들은 무엇을 이야기하고 있는가?
(A) 의류
(B) 새 프로그램들
(C) 회의 일정
(D) 몇몇 행사들

정답 (A)

해설 대화 주제를 묻는 문제이므로 대화가 시작될 때 특히 주의해 들어야 한다. 여자가 대화를 시작하면서 왜 사람들이 새 티셔츠 제품 라인에 관심이 없는지(~ people are not interested in our new line of T-shirts) 물은 뒤로 그 해결 방법들과 관련된 내용으로 대화가 진행되고 있다. 따라서 새 티셔츠 제품이 대화 주제임을 알 수 있는데, 이는 의류에 해당되므로 (A)가 정답이다.

어휘 clothing 의류 cf. cloth 의류, 직물

Paraphrase T-shirts ▶ Clothing

2. 화자들은 제품에 관해 무슨 말을 하는가?
(A) 충분히 광고되지 않은 상태이다.
(B) 지금 아주 잘 판매되고 있다.
(C) 할인될 것이다.
(D) 아름다운 디자인을 지니고 있다.

정답 (A)

해설 사람들이 왜 새 티셔츠 제품에 관심이 없는지 묻는 것과 관련해, 남자는 더 많은 사람들이 알 수 있도록 더 많은 광고를 내야 한다고(~ we should run more advertisements ~) 답변하고 있다. 즉 광고가 충분히 되지 않아 사람들이 잘 모른다는 뜻이므로 이를 언급한 (A)가 정답이다.

어휘 enough 충분히 sell 판매되다 discounted 할인된

3. 남자는 무엇을 하도록 제안하는가?
(A) 더 자주 행사들을 개최하는 것
(B) 회원제를 제공하는 것
(C) 더 많은 선택권을 제공하는 것
(D) 부서장들과 회의하는 것

정답 (C)

해설 남자가 제안하는 일을 묻고 있으므로 남자의 말에서 제안 표현이 언급되는 부분을 통해 단서를 찾아야 한다. 대화 마지막에 남자는 how about ~? 제안 표현과 함께 다양한 디자인으로 제품을 제공해 보도록(~ how about trying to offer the items in various designs?) 제안하고 있다. 이는 고객들에게 더 많은 선택권을 제공하는 것을 뜻하므로 (C)가 정답이다.

어휘 **suggest -ing** ~하도록 제안하다 **hold** ~을 개최하다 **more often** 더 자주 **provide** ~을 제공하다 **option** 선택권, 옵션 **have a meeting with** ~와 회의하다

Paraphrase offer the items in various designs
▹ Providing more options

Questions 4-6 refer to the following conversation.

M: Hello. **4** **I'm calling to sign up for one of the exercise classes at your gym.** I saw an advertisement on the Internet.

W: Thank you for calling, but you'll need to **5** **visit our Web site and fill out a form.**

M: Actually, I tried to do that, but I think there is a problem on the payment page.

W: Oh, I see. Then, **6** **could you give me your credit card number?** You can pay over the phone.

남: 안녕하세요. 그쪽 체육관의 운동 강좌들 중 하나에 등록하기 위해 전화 드립니다. 인터넷에서 광고를 봤어요.

여: 전화 주셔서 감사합니다만, 저희 웹 사이트를 방문하셔서 양식을 작성하셔야 합니다.

남: 실은, 그렇게 해보려고 했지만, 결제 페이지에 문제가 있는 것 같아요.

여: 아, 알겠습니다. 그러시면, 신용카드 번호를 알려 주시겠습니까? 전화상에서 지불하실 수 있습니다.

어휘 **sign up for** ~에 등록하다, ~을 신청하다 **exercise** 운동 **gym** 체육관 **advertisement** 광고 **fill out** ~을 작성하다 **form** 양식, 서식 **actually** 실은, 사실은 **try to do** ~하려 하다 **payment** 결제 (비용), 지불 (비용) **then** 그럼, 그렇다면 **over the phone** 전화상에서

4. 남자는 왜 전화를 거는가?
(A) 제품을 구입하기 위해
(B) 강좌에 등록하기 위해
(C) 행사에 등록하기 위해
(D) 프로그램에 관해 문의하기 위해

정답 (B)

해설 남자가 전화를 거는 이유를 묻는 문제이므로 대화가 시작될 때 남자의 말에 집중해 들어야 한다. 남자가 I'm calling to 라는 목적 표현과 함께 전화를 건 이유를 말하는 부분에서 운동 강좌들 중 하나에 등록하려고(~ sign up for one of the exercise classes at your gym) 전화했다고 알리고 있으므로 (B)가 정답이다.

어휘 **purchase** ~을 구입하다 **item** 제품, 물품, 품목 **enroll in** ~에 등록하다(= register for) **inquire about** ~에 관해 문의하다

Paraphrase sign up for ▹ enroll in

5. 여자의 말에 따르면, 남자는 무엇을 해야 하는가?
(A) 행사에 참석하는 일
(B) 양식을 작성 완료하는 일
(C) 다른 번호로 전화하는 일
(D) 설명서를 읽어보는 일

정답 (B)

해설 질문에 According to the woman이라는 말이 있으므로 여자의 말에서 정보를 찾아야 한다. 남자가 전화를 건 이유를 들은 여자가 웹 사이트를 방문해 양식을 작성해야 한다고(~ visit our Web site and fill out a form) 알리고 있으므로 양식 작성을 언급한 (B)가 정답이다.

어휘 **attend** ~에 참석하다 **complete** ~을 작성 완료하다 **manual** (사용) 설명서

6. 여자는 무엇을 요청하는가?
(A) 남자의 지불 정보
(B) 남자의 집 주소
(C) 남자의 회사명
(D) 남자의 전화 번호

정답 (A)

해설 여자가 요청하는 것을 묻는 문제이므로 여자의 말에서 요청 사항을 언급하는 표현이 제시되는 부분에 집중해 들어야 한다. 여자는 대화 후반부에 could you 요청 표현과 함께 신용카드 번호를 알려 달라고(give me your credit card number) 요청하고 있는데, 이는 남자의 지불 정보를 묻는 것이므로 (A)가 정답이다.

어휘 **request** ~을 요청하다

Paraphrase credit card number ▹ payment information

Day 10 장소/업종/직업 문제

❶ 대화 장소 / 근무 장소를 묻는 문제

M: Hi, I'm looking for some **running shoes.** They're the JoyRun 200s. Do you have them?

W: Of course, we do. That model is currently **on sale. What size** do you want?

남: 안녕하세요, 제가 운동화를 좀 찾고 있습니다. 조이런 200인데요. 그 제품이 있나요?

여: 물론, 있습니다. 그 모델은 현재 세일 중입니다. 어떤 사이즈를 원하시나요?

어휘 look for ~을 찾다 running shoes 운동화 currently 현재 on sale 세일 중인

❷ 화자/제3자가 누구인지 묻는 문제

W: Hi, I'm calling to let you know that I **found an apartment** you might like. It's **conveniently located** in the city center.

M: Oh, great. Can we meet to look at the **property** tomorrow?

여: 안녕하세요, 마음에 드실 만한 아파트를 찾았다는 사실을 알려 드리기 위해 전화 드립니다. 이 아파트가 도심 지역에 편리하게 위치해 있습니다.

남: 아, 아주 좋습니다. 내일 그 건물을 보기 위해 만나실 수 있나요?

어휘 let A know that + 절: A에게 ~임을 알리다 find ~을 찾다, 발견하다 conveniently 편리하게. be located in ~에 위치해 있다 city center 도심 지역 look at ~을 보다 property 건물, 부동산, 자산

PRACTICE

1. (B) **2.** (A) **3.** (A)

Question 1 refers to the following conversation.

M: Hello, I'd like to make an appointment with Dr. Mathew for an eye exam today.

W: I'm sorry, but he is out sick today. Dr. Clark is available instead.

남: 안녕하세요, 오늘 눈 검사를 위해 매튜 의사 선생님으로 예약하고자 합니다.

여: 죄송하지만, 그분은 오늘 아파서 결근하신 상태입니다. 대신 클라크 선생님께서 시간이 되십니다.

어휘 would like to do ~하고자 하다, ~하고 싶다 make an appointment 예약하다 eye exam 눈 검사 be out sick 아파서 결근하다 available (사람이) 시간이 되는 instead 대신에

1. 여자는 누구이겠는가?
(A) 의사(A doctor)
(B) 접수 직원(A receptionist)

해설 여자의 신분을 묻는 문제이므로 근무지나 특정 업무 등과 관련된 정보를 단서로 삼아야 한다. 남자가 특정 의사로 눈 검사 예약을 요청하는 것에 대해(I'd like to make an appointment ~ for an eye exam) 시간이 되는 다른 의사로 예약을 조정해 주려는(Dr. Clark is available instead) 상황이다. 이는 접수나 안내를 담당하는 직원이 하는 일에 해당되므로 (B)가 정답이다.

어휘 receptionist 접수 담당 직원, 안내 담당자

Question 2 refers to the following conversation.

M: I finished arranging all the books that were returned today.

W: Good. Will you check the children's book section and make sure no books are on the tables?

남: 오늘 반납된 모든 책을 정리하는 일을 끝냈습니다.

여: 좋아요. 아동 도서 구역을 확인해서 반드시 어떤 책도 탁자 위에 놓여 있지 않도록 해 주시겠어요?

어휘 finish -ing ~하기를 끝내다 arrange ~을 정리하다 return ~을 반납하다, 반품하다 section 구역, 구획, 부분 make sure (that) + 절: 반드시 ~하도록 하다, ~임을 확실히 하다

2. 화자들은 어디에서 일하고 있겠는가?
(A) 도서관에서(At a library)
(B) 우체국에서(At a post office)

해설 화자들의 근무 장소를 묻는 문제이므로 특정 업무나 서비스 등과 관련된 정보를 파악해야 한다. 남자가 책을 정리하는 일을(arranging all the books) 끝냈다고 말하고 있고, 뒤이어 여자가 아동 도서 구역을 확인하도록(check the children's book section) 요청하고 있다. 이와 같은 일들은 모두 도서관에서 발생할 수 있는 것들이므로 (A)가 정답이다.

Question 3 refers to the following conversation.

M: Hello, I'm calling to see if I can get cheap flights to Bangkok. I saw an ad about them.

W: I'm afraid they are all booked.

남: 안녕하세요, 방콕으로 가는 저가 항공편을 구할 수 있는지 알아보기 위해 전화 드립니다. 그 항공편들에 관한 광고를 봤어요.

여: 유감스럽게도 모두 예약되어 있습니다.

어휘 **see if** ~인지 알아보다 **get** ~을 구하다, 얻다, 받다 **cheap** 저렴한, 값이 싼 **flight** 항공편 **ad** 광고(= advertisement) **I'm afraid (that) + 절:** 유감스럽게도 ~입니다 **book** v. ~을 예약하다

3. 남자는 무슨 종류의 업체에 전화하고 있는가?

(A) 여행사(A travel agency)

(B) 병원(A medical clinic)

해설 남자가 전화하는 업체의 종류를 파악하는 문제이므로 제품이나 서비스, 관련 업무 등을 말하는 단서를 찾아야 한다. 남자가 대화를 시작하면서 저가 항공편을 구하는 일(get cheap flights)과 관련해 문의하고 있는데, 이는 여행사를 상대로 할 수 있는 일이므로 (A)가 정답이다.

기출 맛보기

W: **Thanks for calling Tescom's Customer Service.** How may I help you?

M: Hi, **I ordered a tablet computer** on Wednesday from your Web site. It was supposed to arrive on Friday. Now it's Saturday and **it's still not here.**

여: 테스콤 고객 서비스부에 전화 주셔서 감사합니다. 무엇을 도와 드릴까요?

남: 안녕하세요, 제가 수요일에 귀사의 웹 사이트에서 태블릿 컴퓨터를 한 대 주문했습니다. 그것이 금요일에 도착하기로 되어 있었어요. 지금 토요일인데, 여전히 이곳에 오지 않은 상태입니다.

어휘 **How may I help you?** 무엇을 도와 드릴까요? **order** v. ~을 주문하다 n. 주문(품) **tablet computer** 태블릿 컴퓨터 **be supposed to do** ~하기로 되어 있다, ~할 예정이다 **arrive** 도착하다 **still** 여전히, 아직도

Q. 여자는 누구일 것 같은가?

(A) 배송 기사

(B) 고객 서비스 직원

(C) 기술자

(D) 여행사 직원

해설 여자의 신분을 묻는 문제이므로 소속 단체나 부서, 업무, 제공 서비스 등과 관련된 정보를 찾아야 한다. 대화를 시작하면서 여자가 테스콤 고객 서비스부에 전화한 것에 대해 감사하다는 (Thanks for calling Tescom's Customer Service) 말로 소속 부서를 밝히고 있고, 남자는 자신이 주문한 제품이 배송되지 않은 것을 문의하고 있다. 따라서 여자가 고객 서비스 직원인 것으로 판단할 수 있으므로 (B)가 정답이다.

어휘 **delivery** 배송(품) **employee** 직원 **technician** 기술자 **travel agent** 여행사 직원

실전 감잡기

1. (D) **2.** (B) **3.** (C) **4.** (B) **5.** (A) **6.** (B)

Questions 1-3 refer to the following conversation.

W: **2** **I need to print out some documents** before the meeting, but **1** **the computer in my office** keeps showing error messages.

M: Did you check if your computer is connected to the printer?

W: It is. I don't have time to wait for a technician. What should I do?

M: Well, e-mail the documents to me and then **3** **you can print them from my computer.**

여: 회의에 앞서 몇몇 문서들을 출력해야 하는데, 제 사무실에 있는 컴퓨터가 계속 오류 메시지를 나타내고 있어요.

남: 컴퓨터가 프린터에 연결되어 있는지 확인해 보셨나요?

여: 되어 있어요. 제가 기술자를 기다릴 시간이 없어요. 어떻게 해야 하죠?

남: 음, 저에게 그 문서들을 이메일로 보내 주시면, 그 후에 제 컴퓨터를 통해 출력하실 수 있어요.

어휘 **print out** ~을 출력하다, 인쇄하다 **keep -ing** 계속 ~하다 **check if** ~인지 확인하다 **connect A to B:** A를 B에 연결하다 **have time to do** ~할 시간이 있다 **wait for** ~을 기다리다 **technician** 기술자 **e-mail** v. ~을 이메일로 보내다 **then** 그 후에, 그런 다음

1. 여자가 어디에 있을 것 같은가?

(A) 전자제품 매장에

(B) 인쇄소에

(C) 호텔에

(D) 사무실에

정답 (D)

해설 여자가 있는 곳을 묻는 문제이므로 장소와 관련된 정보를 찾는 데 집중해 들어야 한다. 대화 시작 부분에 여자가 the computer in my office라는 말로 사무실에 있음을 나타내고 있으므로 (D)가 정답이다.

어휘 electronics 전자제품 printing shop 인쇄소

2. 여자는 무엇을 하고 싶어 하는가?
(A) 기술자에게 전화하는 일
(B) 몇몇 문서를 출력하는 일
(C) 새 컴퓨터를 구입하는 일
(D) 회의 일정을 정하는 일

정답 **(B)**

해설 여자가 하고 싶어 하는 일을 묻는 문제이므로 여자의 말에서 바람이나 필요성을 언급하는 부분에 집중해 들어야 한다. 대화를 시작하면서 여자가 몇몇 문서를 출력해야 한다는(I need to print out some documents ~) 필요성을 언급하고 있으므로 (B)가 정답이다.

어휘 **call** ~에게 전화하다 **schedule** v. ~의 일정을 정하다

3. 남자는 무엇을 제안하는가?
(A) 회의를 연기하는 일
(B) 새 프린터를 구입하는 일
(C) 다른 컴퓨터를 이용하는 일
(D) 추가 사본을 만드는 일

정답 **(C)**

해설 남자가 제안하는 것을 묻는 문제이므로 남자의 말에서 제안 표현과 함께 언급되는 일을 파악해야 한다. 대화 마지막에 남자가 you can 제안 표현과 함께 자신에게 이메일로 문서를 보내 자신의 컴퓨터에서 출력하도록 제안하고(~ you can print them from my computer) 있다. 이는 다른 컴퓨터를 이용하는 일을 뜻하므로 (C)가 정답이다.

어휘 **suggest** ~을 제안하다, 권하다 **postpone** ~을 연기하다, 미루다 **purchase** ~을 구입하다 **make a copy** 사본을 만들다 **extra** 추가의, 별도의

Paraphrase print them from my computer
▸ Using a different computer

Questions 4-6 refer to the following conversation.

W: **4** **Thank you for calling Lamplight Italian Bistro.** How may I help you?

M: Hello, my name is Aaron Schwartz, with BGP International. **4** **I'd like to reserve a table for six on Wednesday or Thursday night.** **5** **We have some important clients visiting next week.**

W: Well, let me see what's available. We have a few tables open Wednesday. Is 7 P.M. OK?

M: That will be perfect. Thank you.

W: Great. **6** **Please give us a call if there's any schedule change.**

여: 램프라이트 이탈리안 비스트로에 전화 주셔서 감사합니다. 무엇을 도와 드릴까요?

남: 안녕하세요, 제 이름은 애런 슈워츠이며, BGP 인터내셔널 소속입니다. 수요일이나 목요일 저녁에 6인석 테이블을 하나 예약하고자 합니다. 다음 주에 저희를 방문하시는 중요한 고객들이 있거든요.

여: 저, 무엇이 이용 가능한지 확인해 보겠습니다. 수요일에 이용 가능한 몇몇 테이블이 있습니다. 오후 7시로 하는 게 괜찮으신가요?

남: 그렇게 해 주시면 완벽할 겁니다. 감사합니다.

여: 좋습니다. 어떤 일정 변경이든 있으시면 저희에게 전화 주십시오.

어휘 **How may I help you?** 무엇을 도와 드릴까요? **would like to do** ~하고자 하다, ~하고 싶다 **reserve** ~을 예약하다 **have A -ing:** ~하는 A가 있다 **client** 고객 **let me do** (제가) ~해 보겠습니다 **available** 이용 가능한 **a few** 몇몇의, 몇 개의 **open** (자리, 시간대 등이) 이용 가능한, 비어 있는 **give A a call:** A에게 전화하다

4. 여자는 어디에서 근무하는가?
(A) 호텔에서
(B) 레스토랑에서
(C) 여행사에서
(D) 피트니스 센터에서

정답 **(B)**

해설 여자의 근무 장소를 묻는 문제이므로 특정 업무나 제품, 서비스 등과 관련된 정보를 찾아야 한다. 대화를 시작하면서 여자가 램프라이트 이탈리안 비스트로라고 소속을 밝히고 있고(Thank you for calling Lamplight Italian Bistro), 뒤이어 남자가 테이블 예약을 요청하는(I'd like to reserve a table ~) 상황이다. 이는 레스토랑에 근무하는 사람에게 할 수 있는 말이므로 (B)가 정답이다.

5. 남자는 자신이 다음 주에 무엇을 할 것이라고 말하는가?
(A) 몇몇 고객을 만나는 일
(B) 사업을 시작하는 일
(C) 해외로 여행 가는 일
(D) 자신의 일자리에서 퇴직하는 일

정답 **(A)**

해설 다음 주라는 시점은 대화 중반부 남자의 말에서 언급되고 있으며, 여기서 남자가 중요한 고객이 다음 주에 방문한다는(We have some important clients visiting next week) 사실을 알리고 있다. 고객이 방문하는 것은 고객과 만난다는 뜻이므로 (A)가 정답이다.

어휘 **meet with** (약속하여) ~와 만나다 **travel** 여행 가다 **overseas** 해외로, 해외에서 **retire from** ~에서 퇴직하다, 은퇴하다

Paraphrase have some important clients visiting
▹ Meeting with some clients

6. 여자는 남자에게 무엇을 하도록 요청하는가?
(A) 일찍 도착하는 일
(B) 전화를 하는 일
(C) 양식을 작성 완료하는 일
(D) 마감시한을 맞추는 일

정답 (B)

해설 여자가 요청하는 일을 묻고 있으므로 여자의 말에서 요청 표현과 함께 제시되는 단서를 찾아야 한다. 대화 마지막에 여자가 Please 요청 표현과 함께 일정 변경이 있을 경우에 전화해 달라고 요청하고 있으므로(Please give us a call ~) 전화하는 일을 의미하는 (B)가 정답이다.

어휘 ask A to do: A에게 ~하도록 요청하다 make a phone call 전화하다 complete ~을 작성 완료하다 form 양식, 서식 meet (조건 등) ~을 충족하다 deadline 마감시한

Paraphrase give us a call ▹ Make a phone call

Day 11 제안·요청 / do next 문제

❶ 제안 • 요청 사항을 묻는 문제

M: Welcome to ACE Electronics. How may I help you?
W: Hi, I'm looking for a **wireless mouse. Would you mind recommending one?**

남: ACE 일렉트로닉스에 오신 것을 환영합니다. 무엇을 도와 드릴까요?
여: 안녕하세요, 제가 무선 마우스를 찾고 있습니다. 하나 추천해 주시겠습니까?

어휘 How may I help you? 무엇을 도와 드릴까요? look for ~을 찾다 wireless 무선의 Would you mind -ing? ~해 주시겠어요? recommend ~을 추천하다, 권하다

❷ do next 문제

W: We offer front row seats only to members. If you **don't have a membership, you can sign up for one here.**
M: Oh, great. **I'll do that right now.**

여: 저희는 오직 회원들에게만 앞줄 좌석을 제공해 드립니다. 회원권을 갖고 계시지 않으면, 여기서 하나 신청하실 수 있습니다.
남: 아, 잘됐네요. 지금 바로 하겠습니다.

어휘 offer ~을 제공하다 front 앞의, 앞쪽의 row 줄, 열 membership 회원권, 회원 기간 sign up for ~을 신청하다, ~에 등록하다 right now 지금 바로, 당장

PRACTICE

1. (A) **2.** (B) **3.** (A)

Question 1 refers to the following conversation.

M: Tara, I need to know how many people are coming to our party. Could you make a list of all the guests?
W: Sure!

남: 타라 씨, 우리 파티에 얼마나 많은 사람들이 오는지 알아야 합니다. 모든 손님들의 명단을 만들어 주시겠어요?
여: 그럼요!

어휘 need to do ~해야 하다, ~할 필요가 있다 Could you ~? ~해 주시겠어요? make a list of ~의 명단을 만들다, 목록을 만들다 guest 손님 Sure (긍정의 답변으로) 그럼요, 좋아요, 물론이죠

1. 여자는 무엇을 하도록 요청받는가?
(A) 손님 명단을 만드는 일(Make a guest list)
(B) 행사장을 장식하는 일(Decorate a room)

해설 여자가 요청받는 일을 묻는 문제이므로 상대방인 남자의 말에 집중해 요청 관련 표현과 함께 제시되는 정보를 파악해야 한다. 남자가 Could you 요청 표현과 함께 손님들의 명단을 만들도록(make a list of all the guest) 요청하고 있으므로 (A)가 정답이다.

어휘 decorate ~을 장식하다, 꾸미다

Question 2 refers to the following conversation.

M: I'd like the computer fixed as soon as possible because I need it for work.
W: Alright, just fill out this form and we'll have one of our technicians take a look at it.

남: 가능한 한 빨리 컴퓨터를 수리 받고 싶은데, 제가 일 때문에 그것이 필요하기 때문입니다.
여: 알겠습니다, 이 양식을 작성해 주시기만 하면, 저희 기술자들 중 한 명에게 살펴보라고 하겠습니다.

어휘 would like A p.p. A가 ~되길 원하다 fix ~을 수리하다, 고치다 as soon as possible 가능한 한 빨리 fill out ~을 작성하다 form 양식, 서식 have A do: A에게 ~하게 하다 technician 기술자 take a look at ~을 살펴보다, 한 번 보다

2. 여자는 남자에게 무엇을 하도록 요청하는가?
(A) 컴퓨터를 수리하는 일(Fix a computer)
(B) 서식을 작성 완료하는 일(Complete a form)

해설 여자가 남자에게 요청하는 일을 묻는 문제이므로 여자의 말에 집중해 요청 관련 표현과 함께 제시되는 정보를 파악해야 한다. 빨리 컴퓨터를 수리 받고 싶다고 알리는 남자에게 여자가 명령문으로 양식을 작성하도록(just fill out this form) 요청하고 있으므로 이를 언급한 (B)가 정답이다.

어휘 **ask A to do:** A에게 ~하도록 요청하다 **complete** ~을 작성 완료하다, 완성하다

Question 3 refers to the following conversation.

M: Amber said she could help you with the presentation slides for the meeting tomorrow.

W: Oh, great. I'll give her a call and see if she can start working on them right away.

남: 앰버 씨가 내일 있을 회의에 필요한 발표 슬라이드 작업에 대해 당신을 도와줄 수 있을 거라고 말했어요.

여: 아, 잘됐네요. 제가 전화해서 지금 바로 그것에 대해 작업하는 것을 시작하실 수 있는지 알아볼게요.

어휘 **help A with B:** B에 대해 A를 돕다 **presentation** 발표 **slide** 슬라이드 **give A a call:** A에게 전화하다 **see if** ~인지 알아보다 **work on** ~에 대한 작업을 하다 **right away** 지금 바로, 당장

3. 여자는 다음에 무엇을 할 것 같은가?
(A) 동료와 이야기하는 일(Speak with a coworker)
(B) 회의를 취소하는 일(Cancel a meeting)

해설 여자가 다음에 할 일을 묻는 문제이므로 마지막 부분에 미래 시제 표현 등과 같이 계획이나 의지 등을 나타내는 말에 집중해 단서를 찾아야 한다. 여자가 대화 마지막에 앰버 씨를 가리키는 her를 사용해 그 사람에게 전화해보겠다고(I'll give her a call) 말하고 있다. 이는 자신을 돕는 일과 관련해 동료 직원과 이야기하는 일을 의미하므로 (A)가 정답이다.

어휘 **coworker** 동료 (직원) **cancel** ~을 취소하다

기출 맛보기

W: Are you ready to enjoy your vacation?

M: I booked my flight to Hawaii, but the resort that was offering good rates is completely full.

W: Too bad. But I know of a good **Web site** that gives discounts on global hotel chains. **Why don't you check it out?**

여: 휴가를 즐길 준비가 되셨나요?

남: 하와이행 항공편은 예약했는데, 좋은 가격을 제공하는 리조트가 완전히 다 찼어요.

여: 안됐네요. 하지만 제가 세계적인 호텔 체인들에 대해 할인을 해주는 좋은 웹사이트를 알아요. 그것을 한 번 확인해보는 게 어때요?

어휘 **be ready to do** ~할 준비가 되다 **enjoy** ~을 즐기다 **book** ~을 예약하다 **flight** 항공편 **offer** ~을 제공하다 **rate** 요금, 가격 **completely** 완전히 **full** 가득 찬 **know of** (들어서) ~을 알다 **discount** 할인 **Why don't you ~?** ~하는 게 어때요? **check A out:** A를 확인하다

Q. 여자가 남자에게 무엇을 하도록 제안하는가?
(A) 웹사이트를 방문하는 일
(B) 휴가를 떠나는 일
(C) 항공편을 예약하는 일
(D) 비용을 지불하는 일

해설 여자가 남자에게 제안하는 것을 묻고 있으므로 여자의 말에서 제안 표현과 함께 제시되는 정보를 찾아야 한다. 여자가 후반부에 Why don't you 제안 표현과 함께 호텔 할인을 해주는 좋은 웹사이트를 안다고 말하면서 그곳을 확인해 보도록 제안하고(Why don't you check it out?) 있다. 이는 그 웹사이트를 방문하도록 제안하는 것이므로 (A)가 정답이다.

어휘 **go on a vacation** 휴가를 떠나다 **make a payment** 비용을 지불하다

실전 감잡기

1. (A) **2.** (C) **3.** (C) **4.** (D) **5.** (D) **6.** (A)

Questions 1-3 refer to the following conversation.

W: Good morning, John. Have you checked if the new projector arrived?

M: Yes, **1** **it was supposed to be delivered this morning, but I just heard from the shipping company that it will arrive tomorrow morning.**

W: Well, then, **2** **we should contact the technical support team to borrow one** for now.

M: Yeah. That way, **3** **I'll be able to set it up in a meeting room for tomorrow's meeting.**

여: 안녕하세요, 존. 새 프로젝터가 도착했는지 확인해 보셨나요?

남: 네, 오늘 아침에 도착하기로 되어 있었는데, 방금 배송 회사로부터 내일 아침에 도착한다는 말을 들었어요.

여: 저, 그럼, 지금으로서는 기술 지원팀에 연락해서 한 대 빌려야 해요.

남: 네. 그렇게 하면, 내일 회의를 위해 회의실에 설치할 수 있을 거예요.

어휘 check if ~인지 확인하다 arrive 도착하다 be supposed to do ~하기로 되어 있다, ~할 예정이다 deliver ~을 배송하다, 전달하다 hear from A that + 절: A로부터 ~라는 말을 듣다, 소식을 듣다 then 그럼, 그렇다면 contact ~에게 연락하다 technical support 기술 지원 borrow ~을 빌리다 for now 지금으로서는, 당분간은 that way 그렇게 하면, 그런 방법으로 be able to do ~할 수 있다 set A up: A를 설치하다, 설정하다

1. 무엇이 문제인가?

(A) 배송이 지연되었다.

(B) 행사 일정이 재조정되었다.

(C) 회의가 취소되었다.

(D) 기기에 결함이 있다.

정답 (A)

해설 문제점을 묻고 있으므로 대화에 언급되는 부정적인 일에 집중해 들어야 한다. 여자의 질문에 대해 남자가 오늘 배송되기로 되어 있던 제품이 내일 배송된다는 말을 들었다고(~ it was supposed to be delivered this morning ~ it will arrive tomorrow morning) 알리는 것이 문제점에 해당된다. 이는 배송이 지연된 것을 의미하므로 (A)가 정답이다.

어휘 delay ~을 지연시키다 reschedule ~의 일정을 재조정하다 cancel ~을 취소하다 device 기기, 장치 faulty 결함이 있는

Paraphrase was supposed to be delivered this morning ~ it will arrive tomorrow morning ▸ delayed

2. 여자는 남자에게 무엇을 하도록 제안하는가?

(A) 상사와 이야기하는 일

(B) 전액 환불을 받는 일

(C) 다른 기기를 빌리는 일

(D) 수리 서비스 일정을 잡는 일

정답 (C)

해설 여자가 제안하는 일을 묻는 문제이므로 여자의 말에서 제안 표현과 함께 언급되는 단서를 찾아야 한다. 대화 중반부에 여자는 we should 제안 표현과 함께 기술 지원팀에 연락해 하나 빌리도록(contact the technical support team to borrow one) 제안하고 있다. 여기서 one은 앞서 언급된 프로젝터, 즉 기기를 의미하므로 다른 기기를 빌리도록 제안하고 있음을 알 수 있다. 따라서 (C)가 정답이다.

어휘 suggest (that) + 절: ~하도록 권하다, 제안하다 full refund 전액 환불 borrow ~을 빌리다 schedule v. ~의 일정을 잡다 repair 수리

3. 남자는 무엇을 해야 하는가?

(A) 부서를 방문하는 일

(B) 양식을 작성하는 일

(C) 회의를 준비하는 일

(D) 수리 기사에게 전화하는 일

정답 (C)

해설 대화 마지막 부분에 남자는 자신이 할 일로 내일 회의를 위해 회의실 한 곳에 설치하는 것을(I'll be able to set it up in a meeting room for tomorrow's meeting) 언급하고 있는데, 이는 회의 준비를 하는 것에 해당되므로 (C)가 정답이다.

어휘 department 부서 fill out ~을 작성하다 form 양식, 서식 prepare for ~을 준비하다 repairperson 수리 기사

Paraphrase set it up in a meeting room for tomorrow's meeting ▸ Prepare for a meeting

Questions 4-6 refer to the following conversation.

W: Excuse me. **4 I like this laptop computer, but I wonder if it comes in another color. I want to purchase a white one.**

M: Unfortunately, we don't have it in stock at the moment. But you could order one from our warehouse. **5 It might take a week to have it delivered.**

W: Well, **5 the problem is...** I have an important **presentation in two days** and I would like to use the new one because my old one is out of order now.

M: **6 Let me call some other branches** to see if they have the white model. Then, you can pick it up in person.

여: 실례합니다. 이 노트북 컴퓨터가 마음에 드는데, 다른 색상으로도 나오는지 궁금합니다. 흰색 제품을 구입하고 싶습니다.

남: 안타깝게도, 현재 저희가 그 제품을 재고로 갖고 있지 않습니다. 하지만 저희 창고로부터 한 대 주문하실 수 있습니다. 배송되도록 하는 데 일주일이 걸릴 수도 있습니다.

여: 저, 문제는… 제가 이틀 후에 중요한 발표가 있는데, 기존에 제가 쓰던 것이 지금 고장 나 있어서 새 것을 사용하고 싶습니다.

남: 몇몇 다른 지점에 전화해서 흰색 모델이 있는지 알아보겠습니다. 그런 다음, 직접 가져 가실 수 있습니다.

어휘 wonder if ~인지 궁금하다 in 색상: ~ 색상으로 purchase ~을 구입하다 unfortunately 안타깝게도, 아쉽게도 have A in stock: A를 재고로 갖고 있다 at the moment 현재 order ~을 주문하다 warehouse 창고 take 시간: ~의 시간이 걸리다 have A p.p.: A를 ~되게 하다 presentation 발표(회) in 기간: ~ 후에 would like to do ~하고 싶다, ~하고자 하다 out of order 고장 난 Let me do ~해 드리겠습니다 branch 지점, 지사 see if ~인지 알아보다, 확인해보다 then 그런 다음, 그렇다면 pick up ~을 가져 가다, 가져 오다 in person 직접 (가서)

4. 화자들은 어디에 있을 것 같은가?
(A) 자동차 수리점에
(B) 박물관에
(C) 창고에
(D) 전자제품 매장에

정답 (D)

해설 대화 장소를 묻는 문제이므로 제품, 서비스, 업무 등과 관련된 특정 정보를 단서로 삼아 들어야 한다. 여자가 대화를 시작하면서 노트북 컴퓨터가 마음에 든다는 말과 함께 구매를 원하는 색상을 알리고 있다(I like this laptop computer ~ I want to purchase a white one). 따라서 노트북 컴퓨터를 구매할 수 있는 장소에 있다는 것을 알 수 있으며, 그에 해당되는 장소인 (D)가 정답이다.

어휘 electronics 전자제품

Paraphrase laptop computer ▸ electronics

5. 여자는 무엇에 대해 우려하는가?
(A) 수리 비용
(B) 직원 숫자
(C) 서비스 품질
(D) 배송 시간

정답 (D)

해설 여자가 우려하는 것을 묻고 있으므로 여자의 말에서 언급되는 부정적인 상황을 파악해야 한다. 남자가 배송에 일주일이 걸릴 수도 있다고 말하자(It might take a week to have it delivered), 여자가 문제점이 있음을 뜻하는 the problem is 표현과 함께 이틀 후에 발표가 있어 새 제품을 사용해야 한다고(I have an important presentation in two days ~) 말하고 있다. 이는 여자가 배송 시간에 대해 우려하고 있음을 뜻하는 말이므로 (D)가 정답이다.

어휘 be concerned about ~에 대해 우려하다, 걱정하다 repair 수리 the number of ~의 숫자 quality 질, 품질

6. 남자는 다음에 무엇을 할 것 같은가?
(A) 다른 매장에 연락하는 일
(B) 발표를 하는 일
(C) 본사를 방문하는 일
(D) 동료 직원과 이야기하는 일

정답 (A)

해설 남자가 다음에 할 일을 묻고 있으므로 대화 후반부에 제시되는 남자의 말에 집중해 들어야 한다. 남자는 대화 마지막에 다른 지점에 전화해 보겠다고(Let me call some other branches ~) 알리고 있는데, 이는 다른 매장에 연락하는 일에 해당되므로 (A)가 정답이다.

어휘 contact ~에게 연락하다 make a presentation 발표하다 headquarters 본사 coworker 동료 (직원)

Paraphrase call some other branches ▸ Contact other stores

Day 12 의도 파악 문제

❶ 화자가 한 말의 의미/속뜻은 무엇인가?

W: Mike, it's Becky. **Would you mind giving me a ride to work this morning?** My car won't start for some reason.

M: Actually, I'm at the airport now. I have an important meeting in Carson City today.

여: 마이크 씨, 베키입니다. 오늘 아침에 회사까지 저를 차로 좀 태워 주시겠어요? 제 차가 무슨 이유에서인지 시동이 걸리지 않아요.

남: 실은, 제가 지금 공항에 있습니다. 오늘 카슨 시티에서 중요한 회의가 있거든요.

어휘 Would you mind -ing? ~해 주시겠어요? give A a ride: A를 차로 태워 주다 start (자동차가) 시동이 걸리다 for some reason 무슨 이유에서인지, 어떤 이유로 actually 실은, 사실은

❷ 화자가 왜 ~라고 말하는가?

W: Hi, this is Lynne Adams. I'd like to confirm my appointment with Dr. Lee.

M: Yes, we have your name at 4 o'clock. Please note that **our parking area is not available because of construction.** But our building is very close to the subway station.

여: 안녕하세요, 저는 린 애덤스입니다. 리 의사 선생님과의 예약을 확인하고자 합니다.

남: 네, 귀하의 성함이 4시에 있네요. 저희 주차장이 공사 때문에 이용할 수 없다는 점에 유의하시기 바랍니다. 하지만 저희 건물은 지하철 역과 매우 가깝습니다.

어휘 would like to do ~하고자 하다, ~하고 싶다 confirm ~을 확인하다, 확인해 주다 appointment 예약, 약속 note that ~라는 점에 유의하다, 주목하다 parking area 주차장 available 이용 가능한 because of ~ 때문에 construction 공사, 건설 close to ~와 가까운

PRACTICE

1. (A) **2.** (A) **3.** (B)

Question 1 refers to the following conversation.

W: I just got a fax from a client in China and it's written in Chinese. I need someone to translate it.

M: You know, Mario studied in China.

W: That's right. I'll contact him right away.

여: 제가 방금 중국에 있는 고객으로부터 팩스를 하나 받았는데, 중국어로 쓰여 있어요. 이것을 번역해 줄 사람이 필요합니다.

남: 저기, 마리오 씨가 중국에서 공부하셨어요.

여: 그렇네요. 지금 바로 그분에게 연락해볼게요.

어휘 **client** 의뢰인, 고객 **Chinese** 중국어 **be written in** 언어: ~ 언어로 쓰여 있다 **translate** ~을 번역하다 **You know** (덧붙이는 말로 쓰여) 저기, 있잖아, 그러니까 **contact** ~에게 연락하다 **right away** 지금 바로, 당장

1. 남자는 왜 "마리오 씨가 중국에서 공부하셨어요"라고 말하는가?

(A) 마리오가 여자를 도와줄 수 있음을 제안하기 위해
(To suggest that Mario can help the woman)

(B) 마리오를 승진 대상으로 추천하기 위해
(To recommend Mario for a promotion)

해설 여자가 중국어로 쓰여 있는 팩스를 받은 사실과 함께 그것을 번역해 줄 사람이 필요하다고 언급하자 남자가 '마리오 씨가 중국에서 공부했다'고 알리는 상황이다. 이는 마리오 씨가 그 문서를 번역하는 일과 관련해 도움을 줄 수 있는 사람임을 말하기 위한 것이므로 (A)가 정답이다.

어휘 **suggest that** ~임을 제안하다, 권하다 **recommend** ~을 추천하다 **promotion** 승진, 홍보, 판촉

Question 2 refers to the following conversation.

M: How do you like this laptop? It's lightweight and has a large screen.

W: It's great. But, I don't like that color.

M: You're in luck. The company also makes a silver model. Let me find one to show to you.

남: 이 노트북 컴퓨터는 어떻습니까? 가벼운데다 화면도 큽니다.

여: 아주 좋아요. 하지만, 그 색상이 마음에 들지 않아요.

남: 운이 좋으시네요. 이 회사가 은색 모델도 제조합니다. 제가 보여 드릴 수 있도록 하나 찾아보겠습니다.

어휘 **How do you like ~?** ~는 어떻습니까?, ~가 마음에 드시나요? **lightweight** 가벼운 **in luck** 운이 좋은(= lucky) **Let me do** (제가) ~해 드리겠습니다 **find** ~을 찾다, 발견하다 **show** ~을 보여주다

2. 남자가 "운이 좋으시네요"라고 말할 때 무엇을 의미하는가?

(A) 다른 선택 대상을 구매할 수 있다.
(Another option is available.)

(B) 제품 반품이 가능하다.
(A product return is possible.)

해설 노트북 컴퓨터에 대해 여자가 컴퓨터는 좋지만 색상이 마음에 들지 않는다고 말하자 남자가 '운이 좋다'고 말하면서 은색 모델을 보여주겠다고 권하는 상황이다. 이는 다른 색상으로 된 제품을 선택해 구매할 수 있다는 뜻을 나타내는 말이므로 (A)가 정답이다.

어휘 **option** 선택(권) **available** 이용 가능한, 구매 가능한 **return** 반품, 반납 **possible** 가능한

Question 3 refers to the following conversation.

M: Hi, Ms. Keller. I was looking for you. I finally heard back from our client about the ad campaign.

W: I was just about to leave, but what did he say?

M: He said he's unsure about running ads on TV.

남: 안녕하세요, 켈러 씨. 당신을 찾고 있었어요. 마침내 우리 고객으로부터 광고 캠페인과 관련된 답변을 들었어요.

여: 전 막 나가려던 참이었어요, 그런데 뭐라고 하시던가요?

남: 그분이 TV에 광고를 내는 것에 대해 확신하지 못하겠다고 말씀하셨어요.

어휘 **look for** ~을 찾다 **finally** 마침내, 드디어 **hear back from** ~로부터 답변을 듣다 **ad campaign** 광고 캠페인 **be about to do** 막 ~하려는 참이다 **leave** 나가다, 떠나다 **be unsure about** ~에 대해 확신하지 못하다 **run an ad** 광고를 내다

3. 여자가 "제가 막 나가려던 참이었어요"라고 말할 때 무엇을 의미하는가?

(A) 남자를 차로 태워 주려고 한다.
(She is offering the man a ride.)

(B) 이야기를 나눌 시간이 많지 않다.
(She does not have much time to talk.)

해설 남자가 고객으로부터 광고 캠페인과 관련된 답변을 마침내 들었다고 말하자 여자가 '막 나가려던 참이었다'고 반응하는 상황이다. 남자가 얘기를 나누기 위해 말을 꺼낸 상황에서 막 나가려 했다고 말하는 것은 얘기할 시간이 없거나 아주 잠깐만 얘기할 수 있음을 의미하므로 (B)가 정답이다.

어휘 **offer A B:** A에게 B를 제안하다, 제공하다 **ride** (자동차, 자전거 등) 타고 가기 **have much time to do** ~할 시간이 많다

기출 맛보기

M: I'm trying to find someone to cover my evening shifts at the library. Would you be interested?

W: Actually, I'd love to work extra hours. I'm trying to save money for a new laptop.

M: Great! Which evenings would you prefer to work?

W: Well, I play soccer Wednesday evenings.

M: How about Monday and Thursday then?

W: Sure.

남: 제 도서관 저녁 교대 근무를 대신해줄 누군가를 찾으려는 중입니다. 관심이 있으신가요?

여: 실은, 추가 근무를 꼭 하고 싶어요. 제가 새 노트북 때문에 돈을 저축하려고 노력 중이거든요.

남: 잘됐네요! 어느 저녁에 일하시는 것이 좋으세요?

여: 저, 제가 수요일 저녁마다 축구를 해요.

남: 그럼 월요일과 목요일은 어떠세요?

여: 좋아요.

어휘 try to do ~하려 하다, ~하려 노력하다 find ~을 찾다, 발견하다 cover (자리, 일 등) ~을 대신하다 shift 교대 근무(조) interested (사람이) 관심이 있는 actually 실은, 사실은 would love to do 꼭 ~하고 싶다 work extra hours 추가 근무를 하다 save ~을 저축하다, 절약하다 would prefer to do ~하고 싶다 How about ~? ~은 어때요? then 그럼, 그렇다면

Q. 여자가 "제가 수요일 저녁마다 축구를 해요"라고 말할 때 의미하는 것은 무엇인가?

(A) 스포츠 경기하는 것을 좋아한다.
(B) 남자를 축구 경기에 초대하고 있다.
(C) 수요일에는 남자를 도울 수 없다.
(D) 규칙적으로 운동하려고 노력하고 있다.

해설 남자가 어느 저녁에 일하는 게 좋은지 묻는 것에 대해(Which evenings would you prefer to work?) 여자가 '수요일 저녁마다 축구를 한다'고 답변하는 상황이다. 남자가 자신의 교대 근무를 대신할 수 있는 요일이 언제인지 묻고 있는데, 수요일 저녁마다 축구를 한다는 말은 수요일 저녁에는 교대 근무를 대신해줄 수 없다는 뜻이다. 즉 수요일에는 남자를 도울 수 없다는 말이므로 (C)가 정답이다.

어휘 invite ~을 초대하다 exercise 운동하다 regularly 규칙적으로, 주기적으로

실전 감잡기

1. (A) **2.** (B) **3.** (C) **4.** (B) **5.** (A) **6.** (D)

Questions 1-3 refer to the following conversation.

W: Have you read any of 1 James Tucker's novels? 2 I read one over the weekend and I keep thinking about it.

M: No, I wanted to buy one of his books a few days ago, but they were already sold out. The store clerk told me that it will not be available until next week.

W: I'm sure it's popular. Well, you know, 3 you can borrow mine if you want.

여: 제임스 터커의 소설들 중 어느 것이든 읽어 보신 적 있으세요? 제가 주말 동안 하나 읽었는데, 그것에 대해 계속 생각하고 있어요.

남: 아뇨, 며칠 전에 그분 도서 중의 하나를 구입하고 싶었는데, 이미 품절되었어요. 그 매장 점원이 다음 주나 되어야 구매 가능할 거라고 저에게 말해 주었어요.

여: 분명 인기 있을 겁니다. 저, 있잖아요, 원하시면 제 것을 빌려 가셔도 됩니다.

어휘 novel 소설 over ~ 동안에 걸쳐 keep -ing 계속 ~하다 기간 + ago: ~ 전에 sold out 품절된, 매진된 clerk 점원 tell A that + 절: A에게 ~라고 말하다 not A until B: B나 되어야 A하다 available 구매 가능한, 이용 가능한 be sure (that) + 절: 분명 ~하다, ~한 것이 분명하다 popular 인기 있는 borrow ~을 빌리다

1. 제임스 터커는 누구일 것 같은가?

(A) 작가
(B) 유명 평론가
(C) 도서관 직원
(D) 영업 사원

정답 (A)

해설 특정 인물의 신분을 묻는 문제이므로 이름과 함께 제시되는 직업명이나 특정 업무, 관련 업계 등을 나타내는 정보에 집중해 들어야 한다. 대화를 시작하면서 여자가 James Tucker's novels라고 말하는 것을 통해 작가임을 알 수 있으므로 (A)가 정답이다.

어휘 critic 평론가, 비평가 employee 직원 sales 영업, 판매, 매출 representative 직원

2. 여자가 "그것에 대해 계속 생각하고 있어요."라고 말한 속뜻은 무엇인가?

(A) 새 집으로 이사하는 것을 고려 중이다.
(B) 책이 매우 인상적이라고 생각한다.

(C) 직장에서 문제를 해결할 수 없었다.
(D) 행사 일정에 대해 우려하고 있다.

정답 (B)

해설 의도 파악 문제의 경우, 제시된 문장을 먼저 확인해본 다음, 대화 중에 해당 문장이 언급될 때 앞뒤 문장들과 함께 흐름을 파악하는 것이 중요하다. 대화 초반부에 여자가 주말 동안 하나를 읽었다는(I read one during the weekend) 말과 함께 '계속 생각하고 있어요'라고 덧붙이고 있다. 읽은 책이 계속 생각난다는 말은 책에 대해 깊은 인상을 받았다는 것을 뜻하므로 이를 언급한 (B)가 정답이다.

어휘 **consider -ing** ~하는 것을 고려하다 **move to** ~로 이사하다 **impressive** 인상적인 **solve** ~을 해결하다 **at work** 직장에서, 회사에서 **be concerned about** ~에 대해 우려하다, 걱정하다

3. 여자는 무엇을 하겠다고 제안하는가?
(A) 남자에게 할인을 제공하는 일
(B) 제품을 즉시 배송하는 일
(C) 물품을 남자에게 빌려주는 일
(D) 일부 정보를 이메일로 보내는 일

정답 (C)

해설 여자가 제안하는 일을 묻고 있으므로 여자의 말에서 제안 표현과 함께 언급되는 정보를 파악하는 데 집중해야 한다. 대화 마지막 부분에 여자가 you can 제안 표현과 함께 자신의 것을 빌려 가도 된다고(you can borrow mine) 제안하는 말이 있으므로 물품을 빌려 주는 일을 의미하는 (C)가 정답이다.

어휘 **offer to do** ~하겠다고 제안하다 **provide A with B:** A에게 B를 제공하다 **deliver** ~을 배송하다, 전달하다 **immediately** 즉시 **lend A to B:** A를 B에게 빌려 주다 **item** 물품, 제품, 품목 **e-mail** v. ~을 이메일로 보내다

Paraphrase borrow mine ▸ Lend an item

Questions 4-6 refer to the following conversation.

M: Hello, I saw an advertisement about a position at your publishing company. I'm wondering if I can still apply for it.

W: Yes, you can. We're **4** **5** **seeking an applicant who has a lot of experience working as an editor.**

M: Well, then it should be okay. **5** **I have been in charge of many different magazines and newspapers before.**

W: Sounds good. **6** **Could you e-mail your résumé today?** I'd love to take a look at it and schedule an interview.

남: 안녕하세요, 귀하의 출판사에 있는 직책에 관한 광고를 봤습니다. 제가 여전히 지원할 수 있는지 궁금합니다.

여: 네, 하실 수 있습니다. 저희는 편집자로서 근무한 경험이 많은 지원자를 찾고 있습니다.

남: 저, 그럼 괜찮을 겁니다. 제가 전에 여러 다른 잡지와 신문을 맡아 본 적이 있습니다.

여: 좋습니다. 오늘 이력서를 이메일로 보내 주시겠어요? 한번 살펴보고 면접 일정을 꼭 잡아보고 싶습니다.

어휘 **advertisement** 광고 **position** 직책, 일자리 **publishing company** 출판사 **wonder if** ~인지 궁금하다 **apply for** ~에 지원하다, ~을 신청하다 **seek** ~을 찾다, 구하다 **applicant** 지원자, 신청자 **experience** 경험, 경력 **as** (자격, 신분 등) ~로서 **editor** 편집자 **then** 그럼, 그렇다면, 그런 다음, 그때 **in charge of** ~을 맡고 있는, 책임지고 있는 **Sounds good** (동의 등을 나타내어) 좋습니다 **e-mail** v. ~을 이메일로 보내다 **résumé** 이력서 **would love to do** 꼭 ~하고 싶다 **take a look at** ~을 한번 보다 **schedule** v. ~의 일정을 잡다

4. 남자는 어떤 직책에 관해 문의하고 있는 것 같은가?
(A) 웹 디자이너
(B) 편집자
(C) 지점장
(D) 회계 직원

정답 (B)

해설 남자가 지원 가능한지 묻는 직책과 관련해, 여자가 편집자로서 경험이 많은 사람을 찾는다고(~ seeking an applicant who has a lot of experience working as an editor) 답변하는 상황이다. 따라서 남자가 편집자 직책에 관해 문의하고 있다는 것을 알 수 있으므로 (B)가 정답이다.

어휘 **inquire about** ~에 관해 문의하다 **branch** 지점, 지사

5. 남자가 "그럼 괜찮을 겁니다"라고 말한 의도는 무엇인가?
(A) 일자리에 대해 자격을 갖추고 있다.
(B) 일정을 변경할 수 있다.
(C) 시간이 날 것이다.
(D) 아이디어를 내놓을 수 있다.

정답 (A)

해설 의도 파악 문제의 경우, 제시된 문장을 먼저 확인해본 다음, 대화 중에 해당 문장이 언급될 때 앞뒤 문장들과 함께 흐름을 파악하는 것이 중요하다. 여자가 경험이 많은 지원자를 찾는다고 말하자, 남자가 '괜찮을 것'이라고 답변하면서 여러 가지 잡지와 신문을 맡아 본 적이 있음을(I have been in charge of many different magazines and newspapers ~) 밝히고 있다. 따라서 자신이 해당 직책에 대한 자격이 있음을 나타내기 위해 '괜찮을 것'이라고 말한 것으로 판단할 수 있으므로 이와 같은 의미로 쓰인 (A)가 정답이다.

어휘 **be qualified for** ~에 대한 자격이 있다, 적격이다 **available** (사람이) 시간이 나는, (사물이) 구매 가능한, 이용 가능한 **come up with** (아이디어 등) ~을 내놓다, 제시하다

6. 여자는 남자에게 무엇을 하도록 요청하는가?
(A) 기사를 작성하는 일
(B) 웹 사이트를 확인하는 일
(C) 사진을 제공하는 일
(D) 문서를 보내는 일

정답 (D)

해설 여자가 요청하는 일을 묻고 있으므로 여자의 말에서 요청 표현과 함께 제시되는 정보를 파악해야 한다. 대화 마지막에 여자가 Could you 요청 표현과 함께 이력서를 이메일로 보내도록 요청하는(Could you e-mail your résumé today?) 말이 있는데, 이는 문서를 보내는 일을 뜻하는 (D)가 정답이다.

어휘 **ask A to do:** A에게 ~하도록 요청하다 **article** (잡지 등의) 기사 **check out** ~을 확인해 보다 **provide** ~을 제공하다 **photograph** 사진

Paraphrase e-mail your résumé ▸ Send a document

Day 13 시각자료 연계 문제

❶ 리스트형 시각자료

M: Excuse me, is there some place in the hotel where I can print some documents? I need to do it right away.

W: **You can use a printer at our Business Center.**

남: 실례합니다, 호텔 내에 몇몇 서류를 인쇄할 수 있는 곳이 있나요? 제가 지금 바로 해야 합니다.

여: 저희 비즈니스 센터에서 프린터를 이용하실 수 있습니다.

트라이엄프 호텔	
1층	레스토랑
2층	피트니스 센터
3층	비즈니스 센터
4-10층	객실

어휘 **place** 장소, 곳 **print** ~을 인쇄하다, 출력하다 **document** 서류, 문서 **right away** 지금 바로, 당장

❷ 지도형 시각자료

M: Well, I have no preference. Any recommendations?

W: **How about the office between the employee lounge and the supply room?**

남: 저, 저는 선호하는 것이 없습니다. 추천 좀 해 주시겠어요?

여: 직원 휴게실과 비품실 사이에 있는 사무실은 어떠신가요?

회의실	사무실 1	주방	사무실 2	
				문
사무실 4	직원 휴게실	사무실 3	비품실	

어휘 **preference** 선호(하는 것) **recommendation** 추천(하는 것) **How about ~?** ~는 어떠세요? **between A and B:** A와 B 사이에 **employee lounge** 직원 휴게실 **supply room** 비품실, 물품 보관실

PRACTICE

1. (D) **2.** (A)

Question 1 refers to the following conversation.

W: I have a severe toothache. I think I'll have to leave work early today to see my dentist. Do you know who I should contact to discuss this?

M: Call Steve Simmons in Personnel and get approval from him.

여: 제가 치통이 심합니다. 오늘 치과 의사의 진료를 받기 위해 일찍 퇴근해야 할 것 같습니다. 이 얘기를 하기 위해 제가 누구에게 연락해야 하는지 아시나요?

남: 인사부에 있는 스티브 시몬즈 씨에게 전화하셔서 승인을 받으세요.

직원 안내 목록	
성명	내선 전화 번호
아이라 포울러	11
클레이튼 케이시	15
아멜리아 캐넌	16
스티브 시몬즈	17

어휘 **severe** 극심한, 심각한 **toothache** 치통 **leave work** 퇴근하다 **dentist** 치과 의사 **contact** ~에게 연락하다 **discuss** ~을 이야기하다, 논의하다 **Personnel** 인사(부) **approval** 승인 **directory** (직원 연락처나 사무실 등의) 안내 목록, 안내판 **extension** 내선 전화 (번호)

1. 시각자료를 보시오. 여자는 어느 번호로 전화할 것 같은가?
(A) 11
(B) 15
(C) 16
(D) 17

해설 여자가 일찍 퇴근하는 문제로 연락해야 하는 사람이 누구인지 묻는 것에 대해 남자가 스티브 시몬즈 씨에게 전화하라고(Call Steve Simmons) 알려주고 있다. 시각자료에서 스티브 시몬즈 씨의 내선 번호가 17로 쓰여 있으므로 (D)가 정답이다.

Question 2 refers to the following conversation.

M: I'm scheduled to see Dr. Bailey at 3:00.

W: Okay, I see your name here. He's ready to see you now.

M: Great. Would you tell me which room to go to?

W: Just go behind this reception desk. It's right next to the staff lounge.

남: 제가 3시에 베일리 의사 선생님을 뵙기로 예정되어 있습니다.

여: 네, 여기 성함이 보이네요. 그분께서 지금 보실 준비가 되어 있으십니다.

남: 좋습니다. 어느 방으로 가야 하는지 말씀해 주시겠어요?

여: 이 접수 데스크 뒤로 가시기만 하면 됩니다. 직원 휴게실 바로 옆입니다.

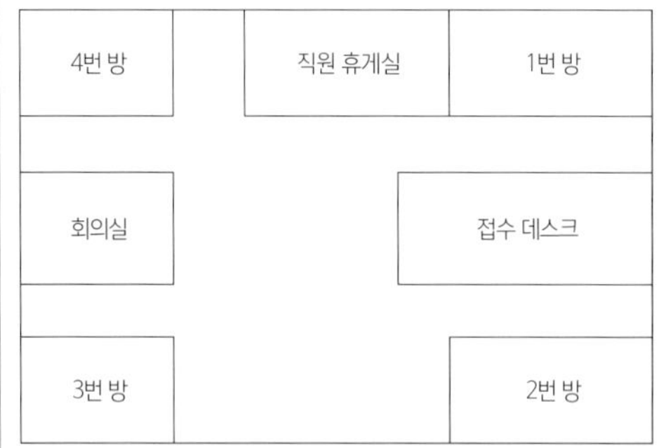

어휘 be scheduled to do ~할 예정이다 be ready to do ~할 준비가 되다 Would you ~? ~해 주시겠어요? behind ~ 뒤에 reception desk 접수 데스크, 안내 데스크 right (강조) 바로 next to ~ 옆에 staff lounge 직원 휴게실

2. 시각자료를 보시오. 남자는 다음에 어느 방으로 가야 하는가?

(A) 1번 방

(B) 2번 방

(C) 3번 방

(D) 4번 방

해설 남자가 어느 방으로 가야 하는지 묻는 것에 대해 여자가 접수 데스크 뒤로 가라는 말과 함께 직원 휴게실 바로 옆이라고(Just go behind this reception desk. It's right next to the staff lounge) 알려주고 있다. 안내도에서 접수 데스크 뒤쪽의 직원 휴게실 바로 옆에 위치한 방이 Room 1이므로 (A)가 정답이다.

기출 맛보기

M: Which course are you interested in?

W: I'll just sign up for the one that best suits my schedule.

M: Okay. When would you be available?

W: I finish work quite late. So, **one that starts at 8 p.m. would be perfect.**

남: 어느 강좌에 관심이 있으신가요?

여: 저는 그냥 제 일정에 가장 잘 맞는 것에 등록하겠습니다.

남: 좋습니다. 언제 시간이 나시죠?

여: 제가 꽤 늦게 일을 끝냅니다. 그래서 오후 8시에 시작하는 것이면 완벽할 겁니다.

강좌 제목	시간
멘토링	오후 7시 - 오후 9시
의사 소통	오후 4시 - 오후 6시
동기 부여	오후 8시 - 오후 10시
시간 관리	오후 6시 - 오후 8시

어휘 course 강좌 be interested in ~에 관심이 있다 sign up for ~에 등록하다, ~을 신청하다 suit ~에 맞다, 적합하다 available (사람이) 시간이 나는 finish ~을 끝내다 quite 꽤, 상당히 perfect 완벽한 mentoring 멘토링(경험이 없는 사람에게 조언과 도움 등을 제공하는 것)

Q. 시각자료를 보시오. 남자는 어느 강좌를 추천할 것 같은가?

(A) 멘토링

(B) 의사 소통

(C) 동기 부여

(D) 시간 관리

해설 남자가 여자에게 언제 시간이 나는지 묻자 여자가 오후 8시에 시작하는 것이 좋다고(one that starts at 8 p.m. would be perfect) 말하고 있다. 시각자료에서 오후 8시에 시작하는 강좌가 '동기 부여'이므로(Motivation / 8 p.m. - 10 p.m.) 남자가 이 강좌를 추천해 줄 것으로 생각할 수 있다. 따라서 (C)가 정답이다.

어휘 recommend ~을 추천하다, 권하다

실전 감잡기

1. (A) **2.** (A) **3.** (B) **4.** (B) **5.** (A) **6.** (C)

Questions 1-3 refer to the following conversation and schedule.

M: Good morning, Carla. **1** **I'm working on the volunteer schedule for a local running event,** but something has come up.

W: What's the problem?

M: Well, **2** **Martha and I were supposed to be at the registration desk** from 9 to 10, but she can't come. So, **2** **I need someone else to help me out for that hour. Would you be available on Saturday morning?**

W: Let me check my planner. Hmm... Sure, I can do it. **3** **I have something else scheduled at 9, but I can do it another time.**

남: 안녕하세요, 칼라. 제가 지역 달리기 대회에 필요한 자원 봉사자 일정 작업을 하고 있는데, 일이 생겼어요.

여: 뭐가 문제인가요?

남: 저, 마사와 제가 9시부터 10시까지 등록 안내 데스크에 있을 예정이었는데, 마사가 올 수 없대요. 그래서 그 시간에 절 도와줄 다른 누군가가 필요해요. 토요일 아침에 시간이 되세요?

여: 제 일정표를 확인해 볼게요. 흠… 좋아요, 할 수 있어요. 제가 9시에 예정된 다른 일이 있긴 한데, 다른 시간에 할 수 있어요.

칼라의 일정 - 토요일	
시간	할 일
8:00 - 9:00	아침 운동
9:00 - 10:00	정원 손질
10:00 - 11:00	세차
11:00 - 12:00	식료품점 가기

어휘 work on ~에 대한 작업을 하다, 일을 하다 volunteer 자원 봉사자 local 지역의, 현지의 running event 달리기 대회 come up 생겨나다, 발생되다 be supposed to do ~할 예정이다, ~하기로 되어 있다 registration 등록 someone else 다른 누군가 help A out: A를 돕다 available (사람이) 시간이 나는 Let me do (제가) ~해 보겠습니다 planner 일정표, 계획표 have A scheduled: A가 예정되어 있다 another time 다른 시간에 what to do 할 일 exercise 운동 gardening 정원 손질, 정원 가꾸기 grocery store 식료품점

1. 남자는 무엇에 대한 일을 하고 있는가?

(A) 스포츠 행사
(B) 기금 마련 행사
(C) 직원 회식
(D) 음악 축제

정답 (A)

해설 대화를 시작하면서 남자가 지역 달리기 대회에 필요한 자원 봉사자 일정 작업을 하고 있다고(I'm working on the volunteer schedule for a local running event ~) 말하고 있다. 달리기 대회는 스포츠 행사의 하나이므로 (A)가 정답이다.

어휘 fundraiser 기금 마련 행사, 모금 행사

Paraphrase running event ▸ sports event

2. 남자는 여자에게 무엇을 하도록 요청하는가?

(A) 데스크에서 일하는 것
(B) 안내 책자를 검토하는 것
(C) 사무실에 연락하는 것
(D) 일부 제품을 구입하는 것

정답 (A)

해설 남자는 등록 데스크(registration desk)에서 함께 일하기로 했던 마사가 오지 못한다는 사실과 함께 자신을 도와줄 사람이 필요하다며 여자에게 토요일 오전에 시간이 되는지 묻고 있다. 이는 토요일 오전에 마사 대신 등록 데스크에서 일해 달라고 요청하는 것과 같으므로 (A)가 정답이다.

어휘 review ~을 검토하다, 살펴보다 pamphlet 안내 책자, 소책자 contact ~에게 연락하다

3. 시각자료를 보시오. 여자는 어느 활동의 일정을 재조정할 것인가?

(A) 아침 운동
(B) 정원 손질
(C) 세차
(D) 식료품점 가기

정답 (B)

해설 대화 마지막 부분에 여자가 9시에 예정된 일이 있기는 하지만 다른 시간에 할 수 있다고(I have something else scheduled at 9, but I can do it another time) 알리는 것으로 일정을 재조정할 것임을 언급하고 있다. 시각자료에서 9시로 예정된 일이 Gardening이므로 (B)가 정답이다.

어휘 activity 활동 reschedule ~의 일정을 재조정하다

Questions 4-6 refer to the following conversation and map.

M: Hello, Krista, this is Mark. I'm calling because the writer, Sam Cooper, wants to discuss some details with us.

W: Oh, yeah. He didn't like **4** **our cover design for his new book that we are publishing.**

M: That's right. He said he's available anytime **5** **on Friday afternoon, so I told him we would meet him at Strand Café. It's on Bryer Street, across from the market.**

W: Sure, I've been there before. But, I just remembered that my car will be at the repair shop that day.

M: No problem. **6** **You can ride with me from the office.**

남: 안녕하세요, 크리스타 씨, 마크입니다. 제가 전화 드리는 이유는 작가 샘 쿠퍼 씨가 우리와 몇몇 세부 사항을 논의하고 싶어 하시기 때문입니다.

여: 아, 네. 그분께서는 우리가 출판할 그분의 새 책에 대한 앞면 표지 디자인을 마음에 들어 하지 않으셨어요.

남: 맞습니다. 그분께서 금요일 오후에 언제든지 시간이 되신다고 말씀해 주셨기 때문에, 스트란드 카페에서 뵙자고 말씀 드렸습니다. 브라이어 스트리트에 있는 곳인데, 마켓 건물 맞은편입니다.

여: 좋아요, 전에 그곳에 가본 적이 있어요. 하지만, 제 차가 그날 수리소에 있을 거라는 사실이 막 기억났어요.

남: 걱정 마세요. 사무실에서 저와 함께 차를 타고 가시면 됩니다.

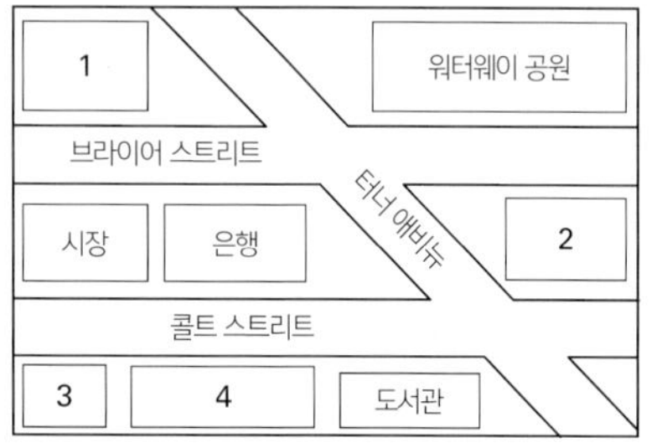

어휘 discuss ~을 논의하다, 이야기하다 details 세부 사항, 상세 정보 cover (책 등의) 표지 publish ~을 출판하다, 발간하다 available (사람이) 시간이 나는 anytime 언제든지 tell A (that) + 절: A에게 ~라고 말하다 across from ~ 맞은편에, 건너편에 remember that ~라는 점을 기억하다 repair 수리 ride (자동차 등을) 타고 가다

4. 화자들은 어디에서 근무하고 있을 것 같은가?
(A) 인테리어 디자인 업체
(B) 출판사
(C) 미술관
(D) 서점

정답 (B)

해설 화자들의 근무 장소를 묻는 문제이므로 업체 이름이나 특정 업무, 서비스 관련 정보를 찾아야 한다. 대화 초반부에 여자가 소속 회사를 our와 we로 지칭해 '우리가 출판할 그의 새 책에 대한 표지 디자인(our cover design for his new book that we are publishing)'이라고 말하는 부분에서 단서를 찾을 수 있다. 소속 회사에서 책을 출판한다고 말하고 있으므로 '출판사'를 의미하는 (B)가 정답이다.

어휘 firm 업체, 회사

5. 시각자료를 보시오. 화자들은 금요일에 어느 건물로 갈 것인가?
(A) 건물 1
(B) 건물 2
(C) 건물 3
(D) 건물 4

정답 (A)

해설 금요일이 언급되는 중반부에, 금요일에 만날 곳으로 스트란드 카페를 말하고 있으며, 그 위치가 브라이어 스트리트의 마켓 맞은편이라고(~ on Friday afternoon, ~ meet him at Strand Café. It's on Bryer Street, across from the market) 알리고 있다. 시각자료에서 '브라이어 스트리트의 마켓 맞은편'이 1번 건물이므로 (A)가 정답이다.

6. 남자는 무엇을 하겠다고 제안하는가?
(A) 계약서를 변경하는 일
(B) 회의 일정을 재조정하는 일
(C) 여자를 차로 태워주는 일
(D) 동료 직원에게 연락하는 일

정답 (C)

해설 남자가 제안하는 일을 묻고 있으므로 남자의 말에서 제안 표현과 함께 언급되는 단서를 찾아야 한다. 대화 맨 마지막에 남자가 You can 제안 표현과 함께 사무실에서 자신과 함께 차를 타고 가면 된다고(You can ride with me from the office) 말하고 있는데, 이는 차로 태워주겠다는 뜻이므로 (C)가 정답이다.

어휘 offer to do ~하겠다고 제안하다 contract 계약(서) reschedule ~의 일정을 재조정하다 give A a ride: A를 차로 태워주다 contact ~에게 연락하다 colleague 동료 직원

Paraphrase ride with me ▸ Give the woman a ride

PART 4

Day 14 최빈출 담화 유형 1

PRACTICE (전화 메시지)

1. (A) **2.** (A) **3.** (B)

Questions 1-3 refer to the following telephone message.

Hello, this message is for Lynn Powell. **1** **This is Charlie Moyer from Food To You Catering.** I'm calling about the dishes you ordered. The meals are ready, but **2** **there's a delay with the dessert.** Should I send both items together at 5 o'clock or do you want the meals first, and the cookies later? **3** **Please contact me at 345-5655** and let me know your decision.

안녕하세요, 이 메시지는 린 포웰 씨에게 전하는 것입니다. 저는 푸드투유 출장요리 업체의 찰리 모이어입니다. 귀하께서 주문하신 요리들과 관련해 전화 드립니다. 식사는 준비되어 있지만, 디저트에 지연 문제가 있습니다. 두 가지 품목을 5시에 함께 보내 드려야 하나요, 아니면 식사를 먼저 보내 드리고 쿠키를 나중에 보내 드리기를 원하시나요? 저에게 345-5655번으로 연락하셔서 결정 사항을 알려 주시기 바랍니다.

어휘 catering 출장 요리 제공(업) dish 요리, 음식 order ~을 주문하다 meal 식사 ready 준비된 delay 지연, 지체 dessert 디저트 both 둘 모두 item 품목, 제품, 물품 later 나중에 contact ~에게 연락하다 let A know B: A에게 B를 알리다 decision 결정(한 것)

1. 화자가 근무하는 곳은 어디인가?
(A) 출장요리 제공 업체(A catering company)
(B) 여행사(A travel agency)

해설 화자의 근무 장소를 묻고 있으므로 담화에서 업체 이름이나 특정 업무, 서비스 등과 관련된 정보를 찾아야 한다. 담화 초반부에 화자가 자신을 소개하면서 '푸드투유 출장요리 회사의 찰리 모이어(This is Charlie Moyer from Food To You Catering)'라고 밝히고 있으므로 (A)가 정답이다. 그 외에도, 음식 주문이나(the dishes you ordered), 식사를 보내는 일(want the meals) 등을 말하는 부분들을 통해서도 단서를 찾을 수 있다.

어휘 travel agency 여행사

2. 무엇이 문제인가?
(A) 일부 품목들이 준비되지 않았다. (Some items are not ready.)
(B) 기계가 작동하지 않고 있다.(A machine is not working.)

해설 문제점이 무엇인지 묻고 있으므로 부정적인 상황을 말하는 정보를 찾아야 한다. 담화 중반부에 식사는 준비되어 있지만 디저트에 지연 문제가 발생했다고(~ there's a delay with the dessert) 알리는 부분이 문제점에 해당된다. 이는 일부 품목이 아직 준비되지 않았다는 말과 같으므로 (A)가 정답이다.

어휘 work (기계, 장치 등이) 작동되다, 기능하다

3. 화자는 청자에게 무엇을 하도록 요청하는가?
(A) 주문을 취소하는 일(Cancel an order)
(B) 전화하는 일(Make a phone call)

해설 화자가 청자에게 요청하는 일을 묻고 있으므로 요청 관련 표현과 함께 제시되는 정보에 집중해 들어야 한다. 담화 마지막에 화자는 Please 명령문 구조를 통해 345-5655번으로 연락하도록 요청하고 있는데(Please contact me at 345-5655 ~), 이는 전화로 연락하는 일을 의미하므로 (B)가 정답이다.

어휘 cancel ~을 취소하다 order 주문(품) make a phone call 전화하다

PRACTICE (사내 공지)

1. (B) **2.** (A) **3.** (A)

Questions 1-3 refer to the following announcement.

Thank you for attending this all-staff meeting. **1** **The first thing I'd like to talk about is the painting project.** The workers will be here tomorrow to paint the office. They're going to start early on Saturday morning, and they told me **2** **they can finish the job by Sunday evening.** Before you leave tonight, **3** **please be sure to cover your desks and chairs** with these cloths.

이번 전체 직원 회의에 참석해 주셔서 감사합니다. 제가 이야기하고자 하는 첫 번째 사항은 페인트 작업 프로젝트입니다. 작업자들이 사무실에 페인트를 칠하기 위해 내일 이곳으로 올 것입니다. 이 작업자들이 토요일 아침에 일찍 시작할 예정이며, 일요일 저녁까지 작업을 끝마칠 수 있다고 저에게 말해 주었습니다. 오늘 저녁에 퇴근하시기 전에, 꼭 여러분의 책상과 의자를 이 천으로 덮으시기 바랍니다.

어휘 attend ~에 참석하다 all-staff 전 직원의 would like to do ~하고자 하다, ~하고 싶다 paint v. ~에 페인트를 칠하다 be going to do ~할 예정이다 tell A (that) + 절: A에게 ~라고 말하다 finish ~을 끝마치다 by (기한) ~까지 before ~하기 전에 leave 나가다, 떠나다 be sure to do 꼭 ~하다 cover A with B: A를 B로 덮다 cloth 천, 직물

1. 공지의 주제는 무엇인가?
(A) 건설 프로젝트(A construction project)
(B) 페인트 작업(A painting job)

해설 담화의 주제를 묻는 문제이므로 담화 시작 부분에 특히 집중해 핵심 정보를 파악해야 한다. 화자가 담화를 시작하면서 첫 번째로 이야기하고자 하는 것이 페인트 작업 프로젝트라고(The first thing I'd like to talk about is the painting project) 알린 후, 그 일정과 관련된 내용으로 담화를 진행하고 있으므로 (B)가 정답이다.

어휘 construction 건설, 공사

2. 일요일 저녁에 무슨 일이 있을 것인가?
(A) 작업이 끝날 것이다.(A job will be finished.)
(B) 일정이 변경될 것이다.(A schedule will change.)

해설 일요일 저녁이라는 시점이 언급되는 중반부에, 작업자들을 they로 지칭해 일요일 저녁까지 작업을 끝낼 수 있다고(~ they can finish the job by Sunday evening) 말한 사실을 알리고 있다. 따라서 (A)가 정답이다.

어휘 job 작업, 일, 업무

3. 화자는 청자들에게 무엇을 하도록 요청하는가?
(A) 업무 공간 덮는 일(Cover their workstations)
(B) 추가 근무하는 일(Work more hours)

해설 화자가 요청하는 일을 묻는 문제이므로 요청 관련 표현과 함께 제시되는 정보를 찾아야 한다. 화자는 담화 후반부에 please 명령문 구조의 요청 표현과 함께 각자의 책상과 의자를 천으로 덮도록(~ please be sure to cover your desks and chairs with these cloths) 요청하고 있다. 이는 각자의 업무 공간을 덮어 놓으라는 말이므로 (A)가 정답이다.

어휘 workstation 업무 공간, 업무 자리, 작업대

기출 맛보기

Hello, Ms. Gray. This is Peter Carson from Carson's Car Repair. **I'm calling to confirm your inspection on September 3, which is scheduled for 2 p.m.** We'd like you to show up at least 10 minutes before your appointment. Thank you.

안녕하세요, 그레이 씨. 저는 카슨즈 자동차 수리소의 피터 카슨입니다. 9월 3일에 오후 2시로 예정되어 있는 귀하의 점검 작업을 확인해 드리고자 전화 드립니다. 저희는 귀하께서 예약 시간보다 최소한 10분 일찍 와 주셨으면 합니다. 감사합니다.

어휘 repair 수리 confirm ~을 확인해 주다 inspection 점검, 검사 be scheduled for + 일시: ~로 예정되어 있다 would like A to do: A에게 ~하기를 원하다 show up 나타나다, 모습을 보이다 at least 최소한, 적어도 시간 + before A: A보다 ~ 시간만큼 전에 appointment 예약, 약속

Q. 화자는 왜 그레이 씨에게 전화하는가?
(A) 답신 전화를 하기 위해
(B) 신규 서비스를 소개하기 위해
(C) 할인을 제공하기 위해
(D) 예약을 확인해 주기 위해

해설 화자가 자신을 소개한 다음, 특정 날짜와 시간에 예정되어 있는 점검 작업을 확인해 주기 위해 전화한다고(I'm calling to confirm your inspection on September 3, which is scheduled for 2 p.m.) 밝히고 있다. 이는 예약 사항을 확인해 주는 일에 해당되므로 (D)가 정답이다.

어휘 return a call 답신 전화를 하다 introduce ~을 소개하다 offer ~을 제공하다 discount 할인

실전 감잡기

1. (C) **2.** (D) **3.** (D) **4.** (D) **5.** (C) **6.** (B)

Questions 1-3 refer to the following telephone message.

Hello, Ms. Mitchell. This is Harry calling from **1** **One-stop Auto Repair. I just took a look at your car** and found that it needs some urgent repairs. The first thing you need to know is that **2** **the tires are too old.** And, that's just the beginning. **2** **There are some other parts that have to be replaced right away.** If I perform all the repair work, it might cost you a lot of money. Anyway, **3** **I'll create an estimate and e-mail it to you soon.** Please take a look at it and let me know. Thank you.

안녕하세요, 미첼 씨. 저는 원스톱 오토 리페어에서 전화 드리는 해리입니다. 방금 귀하의 자동차를 살펴봤는데, 몇몇 긴급한 수리 작업이 필요하다는 것을 알게 되었습니다. 가장 먼저 알고 계셔야 하는 것은 타이어들이 너무 낡았다는 점입니다. 그리고, 그것은 시작에 불과합니다. 지금 바로 교체되어야 하는 몇몇 다른 부품들도 있습니다. 제가 모든 수리 작업을 실시한다면, 귀하께서 많은 돈을 들이셔야 할 수도 있습니다. 어쨌든, 제가 견적서를 만들어서 곧 이메일로 보내 드리겠습니다. 한 번 확인해 보시고 알려 주시기 바랍니다. 감사합니다.

어휘 take a look at ~을 한번 보다 find that + 절: ~임을 알게 되다, 알아차리다 urgent 긴급한 repair 수리 old (물품 등이) 낡은, 오래된 beginning 시작 part 부품, 부분, 일부 replace ~을 교체하다 right away 지금 바로, 당장 perform ~을 실시하다, 수행하다 cost A B: A에게 B의 비용을 들이게 하다 anyway 어쨌든 create ~을 만들어내다 estimate 견적(서) e-mail v. ~을 이메일로 보내다 let A know: A에게 알리다

1. 화자는 어디에서 일하고 있을 것 같은가?
(A) 가구 매장에서
(B) 지역 은행에서
(C) 자동차 수리소에서
(D) 전자제품 매장에서

정답 (C)

해설 화자의 근무 장소를 묻는 문제이므로 업체 이름이나 특정 직무, 서비스 종류 등의 정보에 집중해 들어야 한다. 담화를 시작하면서 화자가 One-stop Auto Repair라는 업체 이름과 함께 자동차를 살펴본 사실을(I just took a look at your car) 언급하고 있으므로 자동차 수리소에 근무하는 것으로 판단할 수 있다. 따라서 (C)가 정답이다.

어휘 local 지역의, 현지의 electronics 전자제품

2. 화자가 "그리고, 그것은 시작에 불과합니다""라고 말한 의도는 무엇인가?

(A) 결과에 실망한 상태이다.
(B) 더 나은 선택 사항을 발견했다.
(C) 지금 도움이 필요하다.
(D) 더 많은 문제점들을 인식했다.

정답 (D)

해설 의도 파악 문제의 경우, 제시된 문장을 먼저 확인해본 다음, 담화 중에 해당 문장이 언급될 때 앞뒤 문장들과 함께 흐름을 파악하는 것이 중요하다. 담화 중반부에 타이어가 너무 낡은 사실을(~ the tires are too old) 밝히면서 '그것이 시작에 불과하다'라고 말하고 있고, 바로 이어서 다른 부품들도 당장 교체되어야 한다는(There are some other parts that have to be replaced right away) 문제점을 덧붙이는 흐름이다. 즉 타이어 외에 다른 문제점들이 더 있다는 사실을 알리기 위해 한 말이라는 것을 알 수 있으므로 이에 해당되는 의미로 쓰인 (D)가 정답이다.

어휘 be disappointed with ~에 실망하다 result 결과(물) option 선택할 수 있는 것, 옵션 assistance 도움, 지원 notice ~을 인식하다, 알아차리다

3. 화자는 무엇을 할 것이라고 말하는가?

(A) 일부 기계를 구입하는 일
(B) 이메일을 읽어보는 일
(C) 지역 매장을 방문하는 일
(D) 견적서를 보내는 일

정답 (D)

해설 화자가 할 일을 묻고 있으므로 담화 후반부에서 미래 표현 등과 함께 계획이나 일정 등을 알리는 정보를 찾아야 한다. 담화 마지막에 화자가 견적서를 만들어 이메일로 보내겠다고(I'll create an estimate and e-mail it to you soon) 말하는 부분이 있으므로 이를 언급한 (D)가 정답이다.

어휘 purchase ~을 구입하다 visit ~을 방문하다

Paraphrase e-mail ▸ send

Questions 4-6 refer to the following announcement and directory.

Good morning, everyone. I am happy to announce that **4 we have upgraded all the computers on each floor.** However, **5 some employees said their computers are not working properly.** So, we are going to visit each department to check out those computers and perform additional work today. If you think your computer has any problem, please let me know. Also, we'll inspect printers and photocopiers. So, **6 those who want to print out documents should go to the second floor** while we carry out the inspection.

안녕하세요, 여러분. 저희가 각 층에 있는 모든 컴퓨터를 업그레이드했다는 사실을 알려 드리게 되어 기쁩니다. 하지만, 일부 직원들께서 컴퓨터가 제대로 작동되지 않고 있다고 말씀해 주셨습니다. 따라서 저희가 오늘 그 컴퓨터들을 확인하고 추가 작업을 실시하기 위해 각 부서를 방문할 예정입니다. 여러분의 컴퓨터에 어떤 문제라도 있다고 생각되시면, 저에게 알려 주십시오. 또한, 저희가 프린터와 복사기도 점검할 것입니다. 따라서 저희가 점검 작업을 수행하는 동안 문서를 출력하고자 하는 분들께서는 2층으로 가시기 바랍니다.

건물 층별 안내	
층	부서
1	마케팅팀
2	인사팀
3	재무팀
4	고객 서비스팀

어휘 announce that + 절: ~라고 알리다, 발표하다 however 하지만, 그러나 work (기계 등이) 작동되다, 기능하다 properly 제대로, 적절히 be going to do ~할 예정이다 department 부서 check out ~을 확인하다 perform ~을 실시하다, 수행하다 (= carry out) additional 추가적인 let A know: A에게 알리다 inspect ~을 점검하다 photocopier 복사기 those who ~하는 사람들 print out ~을 출력하다, 인쇄하다 while ~하는 동안, ~인 반면 inspection 점검 directory (건물 입구 등에 있는) 층별 안내 human resources 인사(부) finance 재무, 재정, 금융

4. 화자는 주로 무엇에 관해 이야기하는가?

(A) 신임 부서장
(B) 사무실 개조 공사
(C) 견학 일정
(D) 컴퓨터 업그레이드

정답 (D)

해설 담화의 주제를 묻는 문제이므로 담화가 시작될 때 언급되는 핵심적인 정보를 파악하는 데 집중해야 한다. 화자가 담화를 시작하면서 각 층의 컴퓨터를 업그레이드한 사실을(~ we have upgraded all the computers on each floor) 알린 뒤로, 그로 인해 발생된 문제점 및 조치 방법을 말하는 것으로 담화가 진행되고 있다. 따라서 컴퓨터 업그레이드를 의미하는 (D)가 정답이다.

어휘 renovation 개조, 보수

5. 화자는 무슨 문제점을 언급하는가?

(A) 직원이 오늘 결근한 상태이다.
(B) 배송 일정이 재조정되었다.
(C) 일부 기기들이 문제를 야기하고 있다.
(D) 일부 프로그램들이 설치되지 않았다.

정답 (C)

해설 '문제점'이 질문의 핵심이므로 부정적인 일을 나타내는 표현이 제시되는 부분을 찾는 데 집중해야 한다. 담화 초반부에 일부 직원들이 컴퓨터가 제대로 작동되지 않는 문제점을 말한(~ some employees said their computers are not working properly) 사실을 밝히고 있다. 즉 기기가 문제를 야기하고 있는 상황이므로 이를 언급한 (C)가 정답이다.

어휘 absent 결근한, 자리를 비운 delivery 배송(품) reschedule ~의 일정을 재조정하다 device 기기, 장치 cause ~을 야기하다, 초래하다 install ~을 설치하다

Paraphrase computers are not working properly ▸ devices are causing trouble

6. 시각자료를 보시오. 청자들은 어느 부서로 가도록 요청 받는가?
(A) 마케팅팀
(B) 인사팀
(C) 재무팀
(D) 고객 서비스팀

정답 (B)

해설 화자가 담화 마지막 부분에 문서를 출력할 수 없는 사람들에게 2층으로 가도록(~ those who can't print out documents should go to the second floor ~) 요청하고 있는데, 시각자료에서 2층에 위치한 부서가 인사팀(Human Resources)이므로 (B)가 정답이다.

어휘 be asked to do ~하도록 요청 받다

Day 15 최빈출 담화 유형 2

PRACTICE (연설)

1. (A) **2.** (B) **3.** (B)

Questions 1-3 refer to the following speech.

Good evening, and **1 thank you for attending tonight's Robo Clothing's Awards Dinner**. It's my pleasure to present Mr. Dalton with the Employee of the Year Award. **2 This year, he expanded our company internationally by opening five stores in Europe**. Now, **3 Mr. Dalton will be talking to us about his challenges**. Let's give him a warm welcome.

안녕하세요, 오늘 저녁 로보 의류 회사의 시상식 만찬 행사에 참석해 주셔서 감사합니다. 달턴 씨께 '올해의 직원상'을 시상해 드리게 되어 기쁩니다. 올해, 달턴 씨께서는 유럽에 다섯 곳의 매장을 개장함으로써 국제적으로 우리 회사의 사업을 확장해 주셨습니다. 이제, 달턴 씨께서 자신의 도전 과제와 관련해 우리에게 이야기해 주실 것입니다. 달턴 씨를 따뜻하게 맞이해 주시기 바랍니다.

어휘 attend ~에 참석하다 awards dinner 시상식 만찬 It's my pleasure to do ~해서 기쁩니다 present A with B: A에게 B를 제공하다, 주다 Employee of the Year Award 올해의 직원상 expand (사업 등) ~을 확장하다, 확대하다 internationally 국제적으로 by (방법) ~함으로써 challenge 도전 (과제), 힘든 일, 어려운 일 Let's give A a warm welcome: A를 따뜻하게 맞이해 주십시오, 환영해 주십시오

1. 청자들은 어디에 있는가?
(A) 시상식 연회(At an awards banquet)
(B) 국제 컨퍼런스(At an international conference)

해설 담화 장소를 묻는 문제이므로 행사 명칭이나 특정 활동 등과 관련된 정보에 집중해 들어야 한다. 화자가 담화를 시작하면서 로보 의류 회사의 시상식 만찬 행사에 온 것을 환영한다고(~ welcome to Robo Clothing's Awards Dinner) 인사하고 있으므로 시상식 연회를 의미하는 (A)가 정답이다.

어휘 banquet 연회 international 국제적인 conference 컨퍼런스, 총회, 학회

2. 달턴 씨는 올해 무엇을 했는가?
(A) 책을 출간했다.(He published a book.)
(B) 해외 매장을 개장했다.(He opened overseas stores.)

해설 '올해'라는 시점이 언급되는 중반부에, 올해 달턴 씨가 유럽에 다섯 곳의 매장을 개장해 국제적으로 회사의 사업을 확장해 주었다고(This year, ~ by opening five stores in Europe) 밝히고 있다. 이는 국제적인 사업 확장을 위해 해외 매장을 연 것에 해당되므로 (B)가 정답이다.

어휘 publish ~을 출간하다, 발간하다 overseas 해외의

3. 청자들은 다음으로 무엇을 할 것인가?
(A) 영상을 시청하는 일(Watch a video)
(B) 연설을 듣는 일(Listen to a speech)

해설 청자들이 담화 후에 할 일을 묻고 있으므로 담화 마지막 부분에 집중해 미래 시제 표현 등과 함께 언급되는 정보를 찾아야 한다. 담화 마지막에 달턴 씨가 도전 과제에 관해 이야기해 줄 것이라고(~ Mr. Dalton will be talking to us about his challenges) 알리는 말이 있는데, 이는 일종의 연설을 뜻하는 것이므로 (B)가 정답이다.

어휘 speech 연설, 담화

PRACTICE (라디오 방송)

1. (A) **2.** (B) **3.** (A)

Questions 1-3 refer to the following broadcast.

Good morning, **1** **thanks for tuning in to 'Seoul Delight'.** This is Jun Kim and I'll begin the show with the morning traffic report. This morning, **2** **you should expect a delay on Highway 34.** A car crash is slowing the traffic in the area. So, **2** **I recommend taking Highway 30 instead.** I'll be back **3** **after a short commercial break.**

안녕하세요, '서울 딜라이트'를 청취해 주셔서 감사합니다. 저는 준 킴이며, 오전 교통 소식으로 프로그램을 시작하겠습니다. 오늘 아침에, 34번 고속도로에서 지연을 예상하셔야 합니다. 차량 충돌 사고로 인해 그 구역에 교통 흐름이 느려지고 있습니다. 따라서 30번 고속도로를 대신 이용하시도록 권해 드립니다. 간단한 광고 방송 후에 다시 돌아오겠습니다.

어휘 **tune in to** ~을 청취하다, ~에 채널을 맞추다 **traffic** 교통(편), 차량들 **report** 보도, 보고, 알림 **expect** ~을 예상하다, 기대하다 **delay** 지연, 지체 **highway** 고속도로 **crash** 충돌 사고 **slow** v. ~을 느리게 하다, 더디게 하다 **recommend -ing** ~하도록 권하다, 추천하다 **take** (교통편, 도로 등) ~을 이용하다, 타다 **instead** 대신에 **be back** 다시 돌아오다 **commercial break** 광고 방송 (시간)

1. 화자는 누구이겠는가?

(A) 라디오 진행자(A radio host)

(B) 관광 가이드(A tour guide)

해설 화자의 신분을 묻는 문제이므로 특정 업무나 활동, 서비스 등과 관련된 정보를 찾아야 한다. 담화를 시작하면서 화자가 '서울 딜라이트를 청취하는 것에 대해 감사하다(thanks for tuning in to 'Seoul Delight')'라는 인사말을 전하는 것을 통해 라디오 진행자임을 알 수 있으므로 (A)가 정답이다.

어휘 **host** (방송 프로그램 등의) 진행자

2. 화자는 청자들에게 무엇을 하도록 권하는가?

(A) 대중 교통을 이용하는 일(Use public transportation)

(B) 다른 길을 이용하는 일(Take a different road)

해설 화자가 권하는 일을 묻는 문제이므로 권장이나 제안 등을 나타내는 표현과 함께 제시되는 정보를 찾아야 한다. 담화 중반부에 화자가 I recommend로 시작되는 권장 표현과 함께 30번 고속도로를 대신 이용하도록 권하고 있다(I recommend taking Highway 30 instead). 이는 다른 길을 이용하라는 뜻이므로 (B)가 정답이다.

어휘 **public transportation** 대중 교통

3. 청자들은 다음으로 무엇을 들을 것인가?

(A) 광고(Advertisements)

(B) 일기 예보(A weather report)

해설 다음 순서로 듣는 것을 묻는 문제이므로 담화 마지막 부분에 주의해 들어야 한다. 화자가 담화 맨 마지막에 간단한 광고 방송을 들은 후에 다시 돌아오겠다고(~ after a short commercial break) 알리고 있다. 따라서 청자들이 광고 방송을 들을 것으로 생각할 수 있으므로 (A)가 정답이다.

기출 맛보기

Here's your Sunday morning weather report. The temperatures will drop due to heavy rain. So, **be sure to put on a jacket** if you're planning to go outside today. Coming up next is, local sports news.

이제 일요일 오전 일기 예보를 전해 드리겠습니다. 폭우로 인해 기온이 하락할 것입니다. 따라서 오늘 외출하실 계획이시라면 재킷을 꼭 착용하시기 바랍니다. 다음 순서는, 지역 스포츠 뉴스입니다.

어휘 **weather report** 일기 예보 **temperature** 기온 **drop** 하락하다, 떨어지다 **due to** ~로 인해, ~ 때문에 **heavy rain** 폭우 **be sure to do** 꼭 ~하다 **put on** ~을 착용하다, 입다 **plan to do** ~할 계획이다 **go outside** 외출하다 **Coming up next is ~** (방송 등에서) 다음 순서는 ~입니다 **local** 지역의, 현지의

Q. 청자들은 무엇을 하도록 권장되는가?

(A) 실내에 머무르는 일

(B) 재킷을 입는 일

(C) 우산을 챙겨가는 일

(D) 대중 교통을 이용하는 일

해설 청자들에게 권장되는 일을 묻는 문제이므로 화자의 말에서 당부나 제안 등을 나타내는 표현과 함께 제시되는 정보를 찾아야 한다. 화자가 be sure to do로 시작되는 당부 표현과 함께 재킷을 착용하도록 권하는(~ be sure to put on a jacket ~) 부분이 있으므로 (B)가 정답이다.

어휘 **be advised to do** ~하도록 권장되다, 권해지다 **stay** 머무르다 **inside** 실내에, 내부에 **wear** ~을 입다 **take** ~을 가져가다 **public transportation** 대중 교통

실전 감잡기

1. (D) **2.** (B) **3.** (C) **4.** (D) **5.** (C) **6.** (C)

Questions 1-3 refer to the following speech.

Welcome to the 7th annual Environment & Business Convention. At this year's event, we have prepared a wider variety of lectures and presentations. Today's keynote speaker is Gerald Nilson. **1** **Mr. Nilson is the president of G&N Environmental Group, a non-profit organization** based in New York. Today, **2** **he will talk about the importance of manufacturing eco-friendly products.** Following his speech, **3** **there will be small group discussions, so please remain seated** if you are interested in participating.

제7회 연례 환경과 비즈니스 컨벤션에 오신 것을 환영합니다. 올해의 행사에서, 저희는 더욱 다양한 강연과 발표를 준비했습니다. 오늘 기조 연설자는 제럴드 닐슨 씨입니다. 닐슨 씨는 뉴욕을 기반으로 하는 비영리 단체인 G&N 환경 그룹의 대표이십니다. 오늘, 닐슨 씨께서 친환경적인 제품을 제조하는 것의 중요성에 관해 이야기해 주실 것입니다. 이 분의 연설 후에, 소그룹 토론이 있을 것이므로, 참여하는 데 관심이 있으신 분은 자리에 남아 주시기 바랍니다.

어휘 annual 연례적인, 해마다의 prepare ~을 준비하다 a wide variety of 아주 다양한 lecture 강연, 강의 presentation 발표(회) keynote speaker 기조 연설자 president 대표, 사장 non-profit 비영리의 organization 단체, 기관 based in ~을 기반으로 하는, ~에 본사를 둔 importance 중요성 manufacture ~을 제조하다 eco-friendly 친환경적인 following ~ 후에, ~ 다음에 speech 연설 discussion 토론, 논의 remain 형용사: ~한 상태로 남아 있다, ~된 상태 그대로 있다 seated 착석한, 자리에 앉은 be interested in ~에 관심이 있다 participate 참여하다

1. 닐슨 씨는 누구인가?
(A) 영업 이사
(B) 유명인
(C) 대학 교수
(D) 단체 대표

정답 (D)

해설 한 사람의 신분을 묻는 문제이므로 이름이 언급될 때 함께 제시되는 직책이나 직업 관련 정보에 집중해 들어야 한다. 닐슨 씨의 이름이 언급되는 중반부에 한 환경 관련 단체의 대표라고(Mr. Nilson is the president of G&N Environmental Group, a non-profit organization) 소개하는 부분이 있으므로 단체 대표를 뜻하는 (D)가 정답이다.

어휘 director 이사, 부서장, 책임자, 감독 celebrity 유명인 professor 교수

Paraphrase president of G&N Environmental Group
▹ group leader

2. 닐슨 씨 연설의 주제는 무엇인가?
(A) 효과적인 광고
(B) 친환경적인 제품
(C) 도시 개발 방법
(D) 고객 관리

정답 (B)

해설 닐슨 씨 연설과 관련된 정보가 제시되는 중반부에, 닐슨 씨를 he로 지칭해 친환경적인 제품을 제조하는 것의 중요성에 관해 이야기한다고(~ he will talk about the importance of manufacturing eco-friendly products) 언급하고 있다. 따라서 친환경적인 제품이 연설 주제임을 알 수 있으므로 (B)가 정답이다.

어휘 effective 효과적인 advertisement 광고 item 제품, 물품, 품목 urban 도시의 development 개발, 발전 method 방법 customer relations 고객 관리

Paraphrase products ▹ items

3. 청자들은 연설 후에 무엇을 할 것 같은가?
(A) 설문지를 작성하는 일
(B) 건물을 견학하는 일
(C) 토론에 참석하는 일
(D) 행사에 등록하는 일

정답 (C)

해설 화자는 담화 맨 마지막에 청자들을 대상으로 소그룹 토론이 있다는 말과 함께 그것에 관심이 있으면 자리에 남아있도록(~ there will be small group discussions, so please remain seated ~) 요청하고 있다. 따라서 연설 후에 청자들이 토론에 참석하는 것으로 볼 수 있으므로 이를 언급한 (C)가 정답이다.

어휘 fill out ~을 작성하다 survey 설문조사(지) tour ~을 견학하다 attend ~에 참석하다 register for ~에 등록하다

Questions 4-6 refer to the following broadcast.

Hello, this is Jane, your host for **4** **today's movie review** on radio station KTEC. We have invited **5** **Brian Gray** to join us today. **5** **He'll be talking about the movie he recently directed.** Also, Chris Jin, the editor of *Cinema Today*, will be here in the studio. Mr. Jin will review some new releases and then happily make his recommendation among them. **6** **Now it's time for a weather report.** But stay tuned, and we'll be right back with our guests.

안녕하세요, 저는 제인이며, KTEC 라디오 방송국에서 전해 드리

는 오늘의 영화 비평 진행자입니다. 오늘 저희와 함께 하시도록 브라이언 그레이 씨께 요청 드렸습니다. 그레이 씨께서 최근에 감독하신 영화에 관해 이야기해 주실 것입니다. 또한, <시네마 투데이>의 편집자이신 크리스 진 씨께서도 이곳 스튜디오에 계실 것입니다. 진 씨께서는 몇몇 최신 개봉 작품들을 평가해 주신 다음, 그 중에서 기꺼이 작품을 추천해 주실 것입니다. 이제 날씨 소식을 들으실 시간입니다. 하지만 채널 고정해 주시기 바라며, 초대 손님들과 함께 곧 돌아오겠습니다.

어휘 **host** (방송 프로그램 등의) 진행자 **review** n. 비평, 평가, 의견 v. ~을 평가하다, 검토하다, 살펴보다 **radio station** 라디오 방송국 **invite A to do:** A에게 ~하도록 요청하다 **join** ~와 함께 하다, ~에 합류하다 **recently** 최근에 **direct** ~을 감독하다, 지휘하다 **editor** 편집자 **new release** 개봉작, 발매작 **then** 그런 다음, 그러고 나서 **make one's recommendation** 추천하다 **among** ~ 사이에서, ~ 중에서 **it's time for** ~할 시간이다 **stay tuned** 채널을 고정하다, 계속 청취하다 **be right back** 곧 돌아오다

4. 방송의 주제는 무엇인가?
(A) 현대적인 생활 방식
(B) 직장 내의 갈등
(C) 시장 조사
(D) 최신 영화

정답 **(D)**

해설 담화의 주제를 묻는 문제이므로 담화가 시작될 때 특히 집중해 주요 정보를 파악해야 한다. 화자가 담화를 시작하면서 today's movie review라는 말로 영화 비평이 주제임을 알리면서 한 감독의 최신작 및 기타 최신 개봉작에 관해 이야기한다고 알리는 것으로 담화가 진행되고 있다. 따라서 최신 영화를 의미하는 (D)가 정답이다.

어휘 **modern** 현대적인 **lifestyle** 생활 방식 **conflict** 갈등, 충돌 **research** 조사, 연구 **recent** 최신의

5. 브라이언 그레이는 누구인가?
(A) 유명 요리사
(B) 업체 소유주
(C) 영화 감독
(D) 라디오 프로그램 진행자

정답 **(C)**

해설 한 사람의 신분을 묻는 문제이므로 이름이 언급될 때 함께 제시되는 직책이나 직업 관련 정보에 집중해 들어야 한다. 초반부에 브라이언 그레이 씨를 언급하면서 He로 지칭해 최근에 영화를 감독한(He'll be talking about the movie he recently directed) 사실을 알리고 있다. 따라서 그레이 씨가 영화 감독인 것으로 생각할 수 있으므로 (C)가 정답이다.

어휘 **cook** n. 요리사 **owner** 소유주 **director** 감독

6. 청자들은 다음으로 무엇을 들을 것인가?
(A) 영화 배경 음악
(B) 광고
(C) 일기 예보
(D) 교통 소식

정답 **(C)**

해설 다음으로 들을 것을 묻는 문제이므로 담화 맨 마지막에 주의해 들어야 한다. 화자는 담화 마지막에 가서 날씨 소식을 들을 시간이라고(Now it's time for a weather report) 알린 후에, 초대 손님들과 곧 돌아오겠다고 밝히고 있다. 따라서 청취자들이 곧이어 일기 예보를 듣게 된다는 것을 알 수 있으므로 (C)가 정답이다.

어휘 **soundtrack** 영화 배경 음악 **advertisement** n. 광고 **forecast** 예측, 예보 **traffic** 교통, 차량들

Paraphrase weather report ▸ weather forecast

PART 5

Day 01 명사

1초 퀴즈

1.

정답 room

해석 우리는 객실 하나를 2주 전에 예약했습니다.

해설 부정관사 a 뒤에는 셀 수 있는 명사의 단수형이 와야 합니다. 그러므로 room이 정답입니다.

오답 rooms는 복수 형태이므로 오답입니다.

어휘 **reserve** 예약하다 **ago** 전에

2.

정답 Payment

해석 지불은 현금 또는 신용카드로 이뤄질 수 있습니다.

해설 영어 문장의 기본 구조는 「주어 + 동사」이며, 문장의 첫 단어로서 동사 can be made 앞에 위치해 주어 역할을 할 수 있는 것은 명사입니다. 그러므로 명사의 형태인 -ment로 끝나는 Payment가 정답입니다.

오답 Paid는 동사의 과거형 또는 과거분사형으로, 주어 자리에 올 수 없으므로 오답입니다.

어휘 **payment** 지불(금) **paid** 지불했다 (동사 pay의 과거형/과거분사형) **make payment** 지불하다 **by** (방법) ~으로, ~에 의해 **cash** 현금 **credit card** 신용카드

3.

정답 renovation

해석 그 레코드 가게는 보수 공사를 위해 문을 닫았다.

해설 전치사 for 다음은 명사가 필요한 자리입니다. 따라서 명사 형태인 -tion으로 끝나는 renovation이 정답입니다.

오답 renovate는 동사이므로 오답입니다.

어휘 **closed** 문을 닫은 **for** ~을 위해서 **renovation** 보수(공사), 개조(공사) **renovate** 보수하다, 개조하다

4.

정답 information

해석 더 많은 정보를 원하시면, 저희 고객서비스 팀에 연락하세요.

해설 양을 나타내는 형용사 more 다음은 명사가 올 자리입니다. 그러므로 명사 형태인 -tion으로 끝나는 information이 정답입니다.

오답 inform은 동사이며, 형용사 more의 수식을 받지 못하므로 오답입니다.

어휘 **contact** 연락하다 **customer service** 고객서비스(부) **more** 더 많은 **inform** 알리다, 통지하다 **information** 정보

5.

정답 supervisor

해석 업무 일정에 관해 여러분의 상사와 얘기하세요.

해설 your는 명사 앞에서 명사의 소유자를 나타내는 소유격의 하나입니다. 그런데 선택지에 두 개의 명사가 있으므로 하나만 골라야 합니다. 이때 두 명사가 각각 사람명사와 행위명사라면 동사와 어울리는 명사를 고릅니다. 동사 talk은 '사람과 이야기한다'는 의미이므로 to 뒤에 사람명사가 목적어로 쓰여야 합니다. 따라서 -or을 보고 사람명사인 supervisor를 선택합니다.

오답 supervision은 행위를 나타내는 명사입니다. 소유격 뒤에 쓰일 수는 있지만, 사람명사를 대상으로 하는 자리에 사용될 수 없으므로 오답입니다.

어휘 **talk to** ~에게 이야기하다 **supervisor** 상사, 감독관, 책임자 **supervision** 감독, 관리 **schedule** 일정

실전 감잡기

1. (D) **2.** (A) **3.** (C) **4.** (D) **5.** (D)

1.

정답 (D)

해석 우리가 고객의 기대를 초과한 것이 자랑스럽습니다.

해설 빈칸 앞에 소유격[명사's]이 나와 있으므로 빈칸은 명사 자리입니다. 따라서 (D) expectations가 정답입니다.

오답 (A) expect: 동사이므로 소유격 뒤에 올 수 없습니다.
(B) expected: 동사의 과거형 또는 과거분사형이므로 소유격 뒤에 올 수 없습니다.
(C) expectantly: ly로 끝나는 형태는 부사이므로 소유격 뒤에 올 수 없습니다.

어휘 **be proud of -ing** ~한 것이 자랑스럽다 **exceed** ~을 초과하다 **customer** 고객 **expect** ~을 기대하다 **expectantly** 기대하여 **expectation** 기대

2.

정답 (A)

해석 파티 초대장이 모든 회원들에게 발송되었습니다.

해설 문장 맨 앞에 위치한 빈칸 다음에 전치사 to가 있는데, 전치사 앞에는 명사가 올 수 있습니다. 또한 문장 맨 앞에 위치한 빈칸은 문장의 주어 역할을 하는 명사가 필요한 자리이기도 합니다. 그러므로 명사 형태인 -tion으로 끝나는 Invitation이 정답입니다. 그런데 선택지에 복수형인 (A) Invitations와 단수

형인 (D) Invitation이 함께 나와 있습니다. 이런 경우에는 동사가 단수형인지 복수형인지를 확인해야 합니다. 동사 have been sent는 복수형이므로 복수명사인 (A) Invitations가 정답입니다.

오답 (B) Invite: 동사이므로 주어 자리에 올 수 없습니다.
(C) Inviting: 동사의 현재분사형 또는 동명사형인데, invite가 목적어를 필요로 하는 동사이므로 현재분사형 또는 동명사형으로 쓰일 때도 목적어를 필요로 합니다. 따라서 목적어 명사가 뒤따르지 않는 빈칸에 쓰일 수 없습니다.
(D) Invitation: 단수형 명사이므로 단수형 동사와 함께 사용해야 합니다.

어휘 **invitation** 초대(장) **invitation to** ~로의 초대장 **be sent to** ~에게 발송되다 **all members** 모든 회원 **invite** 초대하다

3.

정답 (C)

해석 이 문제를 해결하시려면, 저희 배송부 직원과 이야기해 보십시오.

해설 동사 speak with가 '~와 이야기하다'라는 뜻인데 그 뒤의 명사 shipping은 발송 행위를 나타내는 명사입니다. 따라서 빈칸에는 대화 상대가 될 수 있는 사람명사가 필요하므로 (C) representatives가 정답입니다. shipping representative(배송부 직원)처럼 두 개의 명사가 결합한 것을 복합명사라고 하는데, 자주 출제되는 형태를 외워두면 문장을 분석하지 않고 쉽게 정답을 찾을 수 있습니다.

오답 (A) represent: 전치사 with 뒤에 「주어 + 동사」가 올 수 없으므로 동사는 빈칸에 들어갈 수 없습니다.
(B) represents: 전치사 with 뒤에 「주어 + 동사」가 올 수 없으므로 동사는 빈칸에 들어갈 수 없습니다.
(D) representation: 행위를 나타내는 명사이므로 대화의 상대가 될 수 없어서 빈칸에 들어갈 수 없습니다.

어휘 **solve** ~을 해결하다 **problem** 문제 **speak with** ~와 이야기하다 **shipping** 배송(부), 발송, 선적 **represent** 대표하다 **representative** a. 대표하는, 상징하는 n. 대표자, 회사 직원 **representation** 표현, 설명, 대행, 대의원단

4.

정답 (D)

해석 벨포드 농장은 시에서 가장 큰 정육업체이다.

해설 형용사 뒤의 빈칸에 명사가 와야 하는데, 선택지에 무려 세 개의 명사가 있습니다. 이 경우 be동사의 보어 자리에 오는 명사는 주어와 동격이라는 것이 중요한 단서입니다. 즉, 빈칸의 명사는 The Belford Farm이라는 회사와 동격이 되어야 하므로 행위를 할 수 있는 사람명사인 (D) producer가 정답입니다.

오답 (A) produce: 동사이므로 형용사의 수식을 받지 못합니다.
(B) production: 생산 행위 또는 생산 결과물을 나타내는 명사이므로 주어인 The Belford Farm과 동격 관계를 이루지 못합니다.
(C) product: 생산된 상품을 가리키는 명사이므로 주어인 The Belford Farm과 동격 관계를 이루지 못합니다.

어휘 **largest** 가장 큰 **meat** 육류 **produce** 생산하다 **production** 생산, 생산물 **product** 제품, 결과 **producer** 생산자

5.

정답 (D)

해석 관리자들은 사업 전략에 대한 결정을 내린다.

해설 동사 make 뒤에 빈칸이 있으므로 빈칸은 동사 make의 목적어 역할을 할 명사가 필요한 자리입니다. 따라서 선택지 중에서 복수 형태의 명사 (D) decisions가 정답입니다.

오답 (A) decide: 동사이므로 다른 동사 make의 목적어로 쓰일 수 없습니다.
(B) decidedly: 부사이므로 명사 자리에 쓰일 수 없습니다.
(C) decisive: 형용사이므로 명사 자리에 쓰일 수 없습니다.

어휘 **manager** 관리자, 책임자 **make decisions** 결정을 내리다 **strategy** 전략 **decide** 결정하다 **decidedly** 단호하게, 확실하게 **decisive** 결정적인, 결단력 있는 **decision** 결정, 결심

Day 02 대명사

1초 퀴즈

1.

정답 they

해석 100대의 대여용 자전거가 있는데, 그것들은 정부에 의해 제공되고 있습니다.

해설 it과 they는 모두 인칭대명사인데, it은 단수형이고, they는 복수형입니다. 이 대명사가 받는 것은 앞의 100 bikes로 복수 형태이므로 복수형 명사를 대신하는 인칭대명사인 they가 정답입니다.

오답 it은 단수형 명사를 대신하므로 100 bikes를 가리킬 수 없습니다.

어휘 **There are A:** A가 있다 **bike** 자전거 **rent** 대여, 임대 **be provided** 제공되다 **by** ~에 의해 **government** 정부

2.

정답 We

해석 우리는 합리적인 가격에 식사를 제공합니다.

해설 문장 맨 앞 자리이자 동사 serve 앞에 쓰여야 하는 것은 문장의 주어입니다. 따라서 주어 역할을 할 수 있는 주격대명사 We가 정답입니다.

오답 Our는 소유격이므로 명사 앞에만 쓰입니다.

어휘 **serve** (음식 등을) 제공하다, 내오다 **meal** 식사 **at reasonable prices** 합리적인 가격에 **reasonable** 합리적인, (값이) 적당한 **price** 가격

3.

정답 mine

해석 테이블 위에 있는 문서는 제 것입니다.

해설 be동사인 is 다음은 주어를 보충 설명해주는 보어가 쓰여야 합니다. 보어 자리에 쓰이려면 명사의 성격을 가져야 하므로 「소유격 + 명사」의 결합 형태인 소유대명사 mine이 정답입니다.

오답 my는 소유격으로서 반드시 뒤에 명사가 필요하며, 혼자 쓰일 수 없습니다.

어휘 **document** 문서 **table** 테이블, 탁자 **mine** 내 것

4.

정답 This

해석 이 할인 쿠폰은 20달러 미만의 어떤 상품에도 사용될 수 있습니다.

해설 지시형용사 those와 this 중에서, 바로 뒤에 위치한 단수명사 coupon과 함께 쓰일 수 있는 것이 필요하므로, 단수명사를 가리키는 this가 정답입니다.

오답 those는 복수명사를 가리키므로 단수명사 앞에 사용되지 않습니다.

어휘 **coupon** 쿠폰, 상품권 **be used on** ~에 대해 사용되다 **any** 어떤 ~이든 **item** 상품 **under** ~미만의, ~보다 낮은

5.

정답 most

해석 연착된 열차로 인해, 대부분의 직원들이 지각했다.

해설 바로 뒤에 위치한 「of the 복수명사」와 함께 사용할 수 있는 대명사가 필요합니다. 「of the 복수명사」와 함께 '~들의 대부분'이라는 의미를 나타낼 때 사용하는 most가 정답입니다.

오답 another는 「of the 복수명사」 구조로 사용하지 않습니다.

어휘 **due to** ~로 인해, ~때문에 **delayed** 지연된, (교통편이) 연착된 **train** 열차, 기차 **most** 대부분 **another** 또 하나 **staff members** 직원들 **late** 지각한, 늦은

실전 감잡기

1. (A) **2.** (B) **3.** (B) **4.** (B) **5.** (A)

1.

정답 (A)

해석 소마 씨가 퇴사한 후에, 그녀는 카페 하나를 열었다.

해설 동사 opened 앞에 빈칸이 있는데, 동사 앞은 주어 역할을 할 단어가 올 자리입니다. 따라서 주어 역할을 할 수 있는 주격대명사 (A) she가 정답입니다.

오답 (B) herself: 재귀대명사는 목적어 자리 또는 문장의 맨 뒤에 사용되므로 주어 자리에 올 수 없습니다.
(C) her: 소유격 또는 목적격대명사이므로 동사 앞에 위치해 주어 역할을 할 수 없습니다.
(D) hers: 사물을 가리키는 소유대명사이므로 주어 자리에 올 수 없습니다.

어휘 **after** ~ 후에 **left** 떠났다, 나갔다(동사 leave의 과거형) **open** 열다, 개장하다 **café** 카페

2.

정답 (B)

해석 몇몇 자동차 제조사들이 그들의 제품에 대해 증가하는 수요를 경험하고 있다.

해설 전치사 for 뒤에 빈칸이 있으므로 목적어 자리처럼 보입니다. 그런데 빈칸 바로 뒤에 products라는 명사가 있습니다. 즉, 명사 앞에 올 대명사를 고르는 자리이므로 명사를 수식하는 대명사 형태인 소유격 (B) their가 정답입니다.

오답 (A) they: 주격이므로 명사 앞에 위치할 수 없습니다.
(C) themselves: 목적어 역할을 하는 재귀대명사이므로 명사 앞에 올 수 없습니다.
(D) them: 목적어로 사용되는 목적격이므로 명사 앞에 위치할 수 없습니다.

어휘 **several** 여럿의, 몇몇의 **car maker** 자동차 제조사 **experience** 경험하다, 겪다 **higher** 더 높은, 증가한 **demand for** ~에 대한 수요 **product** 제품

3.

정답 (B)

해석 우리는 귀하의 주소가 우리 고객 데이터베이스에 있는 것과 다른 것을 발견했습니다.

해설 형용사 different를 보고 빈칸은 your address와 비교되는 대상이 들어갈 자리라는 것을 알 수 있습니다. 그러므로 앞에 나온 단수명사를 대신하는 대명사 (B) that이 정답입니다.

오답 (A) all: 복수명사를 가리키는 대명사이므로 단수형인 your address를 대신하는 자리에 올 수 없습니다.
(C) others: 복수명사를 가리키는 대명사이므로 단수형인 your address를 대신하는 자리에 올 수 없습니다.
(D) one: one이 단수명사를 대신하기는 하지만, 앞에 나온 명사와 종류가 같은 어느 하나를 가리킵니다. 그러므로 앞의 명사와 동일한 것을 나타내는 빈칸에 올 수 없습니다.

어휘 **find that** ~라는 것을 발견하다 **address** 주소 **different from** ~와 다른 **customer database** 고객 데이터베이스 **all** 모두 **that** 그것 **others** 다른 것들 **one** 어느 하나

4.

정답 (B)

해석 이번 달에 은퇴할 사람들을 기리기 위해 송별회가 열릴 것입니다.

해설 빈칸 뒤에 위치한 「who + 동사」와 함께 사용할 수 있는 대명사가 빈칸에 쓰여야 알맞습니다. 따라서 「who + 동사」와 함께 '~하는 사람들'이라는 의미를 나타낼 때 사용하는 대명사 (B) those가 정답입니다.

오답 (A) this: 빈칸 뒤에 위치한 「who + 동사」와 함께 사용되는 대명사가 아닙니다.
(C) that: 빈칸 뒤에 위치한 「who + 동사」와 함께 사용되는 대명사가 아닙니다.
(D) it: 빈칸 뒤에 위치한 「who + 동사」와 함께 사용되는 대명사가 아닙니다.

어휘 **farewell party** 송별회 **be held** (행사 등이) 열리다, 개최되다

honor 기리다, 기념하다 those who ~하는 사람들 retire 은퇴하다, 퇴직하다

5.

정답 (A)

해석 승객들은 모든 유람선이 심한 폭풍우로 인해 운항이 취소되었다고 안내를 받았다.

해설 빈칸 뒤에 「of the 복수명사」라는 특이한 구조가 나와 있습니다. 그러므로 「of the 복수명사」와 함께 어울려 '~들의 모두'라는 의미를 나타내는 대명사 (A) all이 정답입니다.

오답 (B) what: 빈칸 뒤에 위치한 「of the 복수명사」와 함께 사용되는 대명사가 아닙니다.
(C) no one: 빈칸 뒤에 위치한 「of the 복수명사」와 함께 사용되는 대명사가 아닙니다.
(D) much: 「of the 명사」 구조로 사용되기는 하지만, of 뒤에 복수명사가 아니라 셀 수 없는 명사가 사용됩니다.

어휘 **passenger** 승객 **be informed that** ~라고 안내를 받다 **cruise** 유람선 **be cancelled** 취소되다 **due to** ~로 인해, ~때문에 **heavy** 심한 **storm** 폭풍우

Day 03 동사의 종류

1초 퀴즈

1.

정답 arrived

해석 나는 콘서트장에 일찍 도착했다.

해설 바로 뒤에 목적어가 없이 전치사 at이 나오므로 자동사가 올 자리라는 것을 알 수 있습니다. 따라서 자동사인 arrived가 정답입니다.

오답 reached는 목적어를 필요로 하는 타동사이므로 전치사가 바로 뒤에 오는 자리에 사용될 수 없습니다.

어휘 **arrive at** ~에 도착하다 **reach** ~에 도착하다, 다다르다 **concert** 콘서트 **early** 일찍

2.

정답 2형식

해석 내 주문품이 배송 중에 분실된 상태가 되었다.

해설 동사 went 바로 다음에 '분실된'이라는 의미의 형용사 missing이 나와 있는데, 주어 My orders의 상태를 설명하는 보어로 사용되고 있습니다. 보어를 가질 수 있는 동사는 2형식 동사입니다.

오답 1형식 동사는 부사의 수식을 받지만, 형용사 보어의 수식을 받지 않으므로 오답입니다.

어휘 **go + 형용사:** ~한 상태가 되다 **missing** 분실된, 빠진, 없는 **during** ~중에, ~동안 **shipping** 배송

3.

정답 타동사

해석 저희는 공항으로 가는 무료 셔틀버스 서비스를 제공합니다.

해설 동사 offer 뒤에 명사구 free shuttle service가 목적어로 쓰여 있습니다. 이렇게 목적어를 가질 수 있는 동사는 타동사입니다.

오답 자동사는 뒤에 바로 목적어를 가질 수 없습니다. 자동사가 목적어를 가지려면 「자동사+전치사+목적어」의 구조가 되어야 합니다.

어휘 **offer** 제공하다 **free** 무료의 **shuttle service** 셔틀버스 서비스 **airport** 공항

4.

정답 send

해석 질문이 있다면, 저에게 이메일을 보내주세요.

해설 바로 뒤에 사람명사(me)와 사물명사(e-mail)가 나란히 이어져 있습니다. 여기에서 두 개의 목적을 가지는 동사가 필요하다는 것을 알 수 있으므로, 두 개의 목적어를 가질 수 있는 4형식 동사 send가 정답입니다.

오답 occur는 목적어를 가질 수 없는 1형식 자동사입니다.

어휘 **question** 질문 **occur** 발생하다, 일어나다 **send** (…에게 ~을) 보내다

5.

정답 asked

해석 톰슨 씨는 나에게 자신을 도와달라고 요청했다.

해설 동사 바로 뒤에 목적어 me와 to부정사로 된 목적격보어가 이어져 있습니다. 따라서 목적어와 목적격보어를 가질 수 있는 5형식 동사 asked가 정답입니다.

오답 gave(give의 과거형)는 간접목적어(사람)와 직접목적어(사물) 등 두 개의 목적어를 뒤에 가지는 4형식 동사입니다.

어휘 **ask A to do:** A에게 ~하도록 요청하다 **help** 돕다

실전 감잡기

1. (D) 2. (A) 3. (D) 4. (D) 5. (B)

1.

정답 (D)

해석 6개월 동안의 새 소프트웨어 시험 사용 후에, 배송부는 원래의 시스템으로 돌아가기로 결정했다.

해설 선택지가 모두 동사입니다. 빈칸 뒤에 목적어 없이 to가 이끄는 전치사구만 있으므로 목적어가 필요 없는 자동사 자리임을 알 수 있습니다. 따라서 방향을 나타내는 전치사 to와 어울려 쓰이는 자동사 (D) return이 정답입니다.

오답 (A) resist: 목적어를 필요로 하는 타동사이므로 자동사 자리에 쓰일 수 없습니다.

(B) request: 목적어를 필요로 하는 타동사이므로 자동사 자리에 쓰일 수 없습니다.
(C) recover: 목적어를 필요로 하는 타동사이므로 자동사 자리에 쓰일 수 없습니다.

어휘 **trial** 시험(사용), 무료 체험 **software** 소프트웨어 **shipping** 배송, 선적 **department** 부서 **decide to do** ~하기로 결정하다 **return to** ~로 되돌아 가다 **original** 원래의 **resist** 저항하다, 반대하다 **request** 요청하다

2.

정답 (A)

해석 우리 직원들 중의 일부가 세계 시장에 대해 배우기 위해 해외 지사로 출장을 갈 것이다.

해설 선택지가 모두 동사인데 빈칸 뒤에 목적어 없이 to가 이끄는 전치사구만 있으므로 목적어가 필요 없는 자동사 자리임을 알 수 있습니다. 따라서 전치사 to와 어울려 쓰이는 자동사 (A) travel이 정답입니다.

오답 (B) visit: 목적어를 필요로 하는 타동사이므로 빈칸에 쓰일 수 없습니다.
(C) prefer: 목적어를 필요로 하는 타동사이므로 빈칸에 쓰일 수 없습니다.
(D) take: 목적어를 필요로 하는 타동사이므로 빈칸에 쓰일 수 없습니다.

어휘 **some** 일부, 몇몇 **employee** 직원 **travel to** ~로 출장가다, 여행가다 **overseas** 해외의 **learn about** ~에 관해 배우다 **global** 세계의 **market** 시장 **visit** 방문하다 **prefer** 선호하다 **take** 가져가다, 시간이 걸리다, (교통편을) 이용하다

3.

정답 (D)

해석 인스킬 사는 새로운 포장 시스템을 도입해 비용을 줄이고자 한다.

해설 빈칸 뒤에 명사 목적어 costs가 쓰여 있으므로 목적어를 필요로 하는 타동사가 빈칸에 쓰여야 합니다. 선택지에 제시된 동사들 중에서 타동사는 (D) reduce뿐입니다. 그러므로 '감소시키다'라는 의미인 (D) reduce가 정답입니다.

오답 (A) happen: 목적어가 필요 없는 자동사이므로 오답입니다.
(B) succeed: 목적어가 필요 없는 자동사이므로 오답입니다.
(C) rise: 목적어가 필요 없는 자동사이므로 오답입니다.

어휘 **would like to do** ~하고자 하다, ~하기를 원하다 **reduce** 줄이다, 감소시키다 **cost** 비용 **by** (방법) ~해서, ~함으로써 **introduce** 도입하다, 소개하다 **packaging** 포장 **happen** 일어나다, 발생하다 **succeed** 성공하다 **rise** 오르다, 증가하다

4.

정답 (D)

해석 공장 직원들에게 완전한 보호를 제공하기 위해, 경영진은 그들이 안전모를 착용하도록 요구한다.

해설 동사가 들어갈 빈칸 뒤에 사람명사구 factory workers와 사물명사구 full protection이 나란히 있습니다. 따라서 두 개의 목적어를 가지는 4형식 동사가 필요하다는 것을 알 수 있습니다. 선택지에서 두 개의 목적어를 가질 수 있는 동사는 (D) give뿐입니다.

오답 (A) qualify: 두 개의 목적어를 가질 수 있는 동사가 아니므로 오답입니다.
(B) equip: 두 개의 목적어를 가질 수 있는 동사가 아니므로 오답입니다.
(C) complete: 두 개의 목적어를 가질 수 있는 동사가 아니므로 오답입니다.

어휘 **in order to do** ~하기 위해 **factory** 공장 **give A B:** A에게 B를 제공하다 **full** 완전한, 모든, 최대의 **protection** 보호 **management** 경영(진) **require A to do:** A에게 ~하도록 요구하다 **wear** ~을 착용하다 **hard hat** 안전모 **qualify** 자격이 있다, 자격을 주다 **equip** (장비 등을) 갖춰 주다 **complete** 완료하다

5.

정답 (B)

해석 레즐리 씨는 고객 데이터베이스를 관리할 때 새로운 소프트웨어가 유익하다는 것을 알았다.

해설 빈칸 뒤에 목적어 the new software가 있고 그 뒤로 형용사 beneficial이 바로 이어져 있습니다. 따라서 「목적어 + 목적보어」의 구조를 지니는 5형식 동사가 빈칸에 필요합니다. 선택지의 동사들 중에서, 이렇게 「목적어 + 목적보어」 구조와 어울릴 수 있는 동사는 (B) found입니다.

오답 (A) received: 목적보어를 가지지 않는 동사이므로 오답입니다.
(C) renewed: 목적보어를 가지지 않는 동사이므로 오답입니다.
(D) increased: 목적보어를 가지지 않는 동사이므로 오답입니다.

어휘 **find A 형용사:** A가 ~하다는 것을 알다[생각하다] **beneficial** 유익한, 이득이 되는 **manage** 관리하다 **customer database** 고객 데이터베이스 **receive** 받다, 얻다 **renew** 갱신하다 **increase** 증가시키다, 증가하다

Day 04 동사의 특성

1초 퀴즈

1.

정답 offers

해석 퍼스트 뱅크는 현재 최고의 이자율을 제공한다.

해설 부사 currently는 현재시제 동사와 함께 사용하는 부사입니

다. 따라서 현재시제 동사인 offers가 정답입니다.

오답 offered는 과거시제 동사이므로 currently와 함께 사용되지 않습니다.

어휘 **currently** 현재 **offer** 제공하다 **interest rates** 이자율

2.

정답 will launch

해석 KG 전자는 다음 달에 신형 스마트폰을 출시할 것입니다.

해설 문장 마지막 부분에 미래시점을 나타내는 표현인 next month가 있으므로, 미래시제 동사가 필요합니다. 따라서 미래시제 형태인 will launch가 정답입니다.

오답 launched는 과거시제 형태이므로 미래시점 표현인 next month와 어울리지 않습니다.

어휘 **launch** 출시하다, 공개하다 **next month** 다음 달에

3.

정답 have held

해석 회사가 설립된 이후, 우리는 직원 골프 대회를 매년 개최해왔습니다.

해설 문장 마지막 부분에 위치한 「since + 주어 + 과거시제」는 '~한 이후로'라는 의미로 과거의 시작점을 나타내며, 과거에 시작된 일이 현재까지 지속되는 것을 나타내는 현재완료시제와 함께 쓰입니다. 따라서 현재완료 형태인 have held가 정답입니다.

오답 held는 과거시제 동사로, 단순히 과거시점에 발생된 사실만을 전달하므로 「since + 주어 + 과거시제」와 어울려 쓰이지 않습니다.

어휘 **held** 개최했다(hold-held-held) **staff** 직원들 **competition** 경기, 대회 **since** ~한 이후로

4.

정답 have

해석 많은 직원들이 구내식당에서 점심을 먹습니다.

해설 복수 주어 Many employees와 수가 일치하는 동사가 필요하므로 복수 형태인 have가 정답입니다.

오답 has는 단수 동사의 형태이므로 단수 주어와 어울립니다.

어휘 **employee** 직원 **have lunch** 점심을 먹다 **cafeteria** 구내식당

5.

정답 was hired

해석 멘데스 씨가 우리 회사에 채용되었습니다.

해설 동사 hire는 3형식 동사로 「hire + 사람」의 구조로 사용됩니다. 그런데 고용된 사람인 멘데스 씨가 주어 자리에 있으므로 수동태라는 것을 알 수 있습니다. 따라서 수동태 「be + 과거분사」 형태인 was hired가 정답입니다.

오답 hired는 능동태로, 뒤에 고용된 사람목적어가 빠져 있으므로 정답이 될 수 없습니다.

어휘 **appoint + 사람 + 직책:** 사람을 직책에 임명하다 **vice-president** 부사장

실전 감잡기

1. (A) **2.** (D) **3.** (C) **4.** (C) **5.** (C)

1.

정답 (A)

해석 라이트스피드 매뉴팩처링 사는 내년에 걸쳐 자사의 공장들을 중국으로 이전할 것이라고 어제 발표했다.

해설 주어 LightSpeed Manufacturing Inc.와 that절 사이에 위치한 빈칸은 문장의 동사 자리입니다. 그런데 빈칸 바로 뒤에 위치한 시간부사 yesterday가 과거시점을 나타내므로 과거시제 동사가 빈칸에 필요합니다. 따라서 과거시제 동사의 형태인 (A) announced가 정답입니다.

오답 (B) has announced: 현재완료시제 형태이므로 과거시점을 나타내는 부사 yesterday와 어울리지 않습니다.
(C) announcing: 현재분사의 형태이므로 문장의 동사가 필요한 빈칸에 올 수 없습니다.
(D) announces: 현재시제 동사의 형태이므로 과거시점을 나타내는 부사 yesterday와 어울리지 않습니다.

어휘 **announce that절:** ~라고 발표하다, 알리다 **move A to B:** A를 B로 이전하다, 옮기다 **factory** 공장 **over** (기간) ~ 동안에 걸쳐

2.

정답 (D)

해석 다음 달에, 기숙사 내에 있는 학생 구내식당은 오후 6시에 문을 닫을 것입니다.

해설 문장 시작 부분에 나오는 미래시점 표현 Next month와 어울리는 미래시제 동사가 필요하므로, 미래시제 동사의 형태인 (D) will be가 정답입니다.

오답 (A) are: 현재시제 동사의 형태이므로 미래시점 표현인 Next month와 어울리지 않습니다.
(B) has been: 현재완료시제 동사의 형태이므로 미래시점 표현인 Next month와 어울리지 않습니다.
(C) was: 과거시제 동사의 형태이므로 미래시점 표현인 Next month와 어울리지 않습니다.

어휘 **cafeteria** 구내식당 **dormitory** 기숙사 **close** 문을 닫다

3.

정답 (C)

해석 자연사 박물관을 찾는 방문객들은 가이드 동반 견학 서비스에 미리 등록하도록 요청받는다.

해설 빈칸과 명사가 전치사로 연결된 「------- + to + 명사」 구조입니다. 전치사는 명사와 명사, 또는 동사와 명사를 연결하는데, 이 문장에서는 주어 자리이므로 「명사 + to + 명사」 구조가 되어야 합니다. 그런데 선택지에 단수명사와 복수명사가

모두 나와 있습니다. 그러므로 복수동사 are asked와 수가 일치하는 복수명사 (C) Visitors가 정답입니다.

오답 (A) Visitor: 단수명사이므로 복수동사 are asked와 수가 일치하지 않습니다.
(B) Visit: 동사이므로 문장의 주어 자리에 쓰일 수 없습니다.
(D) Visited: 동사의 과거시제 형태이므로 주어 자리에 올 수 없습니다.

어휘 **visitor** 방문객 **be asked to do** ~하도록 요청받다 **register** 등록하다 **in advance** 미리, 사전에 **guided** 가이드의 안내를 받는 **tour** 여행, 견학 **visit** 방문하다

4.

정답 (C)

해석 카페 모리스가 지난주에 록스빌 쇼핑센터에 새로운 매장을 하나 열었습니다.

해설 동사의 시제를 알려면 시간을 나타내는 표현을 확인해야 합니다. last week이 과거를 나타내는 시간 표현이므로 과거시제 (C) opened가 정답입니다.

오답 (A) opens: 현재시제이므로 과거 시점 표현인 last week과 어울리지 않습니다.
(B) is opening: 현재진행시제이므로 과거 시점 표현인 last week과 어울리지 않습니다.
(D) is opened: 현재시제 수동태이므로 과거 시점 표현인 last week과 어울리지 않습니다.

어휘 **store** 가게, 매장 **last week** 지난주 **open** ~을 열다, 개설하다

5.

정답 (C)

해석 모든 고객불만이 고객서비스센터의 호킨스 씨에 의해 처리된다는 점을 기억하시기 바랍니다.

해설 동사 handle은 '다루다'라는 의미로 사용되며, 뒤에 목적어를 필요로 합니다. 그런데 다루어지는 대상인 customer complaints가 주어 자리에 있으므로 수동태 형태가 되어야 합니다. 따라서 수동태에 사용되는 동사 형태인 과거분사 (C) handled가 정답입니다.

오답 (A) to handle: to부정사의 형태이므로 be동사와 함께 수동태를 구성할 수 없습니다.
(B) handling: 현재분사의 형태이므로 be동사와 함께 수동태를 구성할 수 없습니다.
(D) handles: 능동태이므로 수동태 자리인 빈칸에 사용될 수 없습니다.

어휘 **remember that절:** ~임을 기억하다 **customer** 고객 **complaint** 불만, 불평 **handle** 처리하다, 다루다 **customer service** 고객서비스(부)

Day 05 동명사

1초 퀴즈

1.

정답 reporting

해석 왓슨 씨는 매출 자료를 보고하는 일을 맡고 있다.

해설 전치사 for 다음에는 목적어가 와야 하므로 동사 report가 명사 역할을 할 수 있도록 동명사의 형태가 되어야 합니다. 따라서 reporting이 정답입니다.

오답 report는 동사원형이므로 전치사 for 뒤에 올 수 없습니다.

어휘 **be responsible for** ~에 대한 책임이 있다, ~을 맡고 있다 **report** 보고하다 **sales** 매출, 판매, 영업

2.

정답 Upgrading

해석 시스템을 업그레이드하는 것이 귀하의 학습 경험을 개선해 줄 것입니다.

해설 바로 뒤에 위치한 명사 the system을 목적어로 취하는 동시에 문장의 주어 역할을 하려면, 동사 upgrade가 동명사의 형태가 되어야 하므로 Upgrading이 정답입니다.

오답 Upgrade는 동사원형이므로 문장의 주어 역할을 할 수 없습니다.

어휘 **upgrade** 업그레이드하다 **improve** 개선하다, 향상시키다 **learning** 학습, 배움 **experience** 경험

3.

정답 promoting

해석 우리는 직원들의 복지를 증진하는 것에 전념하고 있습니다.

해설 바로 앞에 위치한 be committed to는 동명사와 함께 '~하는 데 전념하다'라는 의미를 나타내므로 promoting이 정답입니다. 여기서 to는 전치사이므로 동명사가 목적어로 쓰이는 것이며, to부정사와 혼동하지 말아야 합니다.

오답 be committed to 뒤의 to가 to부정사를 구성하는 to가 아니기 때문에 동사원형이 쓰이지 않으므로 promote은 오답입니다.

어휘 **be committed to -ing** ~하는 데 전념하다, 헌신하다 **promote** ~을 증진하다, 촉진하다 **staff** 직원들 **welfare** 복지

4.

정답 reading

해석 제인은 그 책 읽기를 아직 끝마치지 않았다.

해설 바로 앞에 동사 hasn't finished가 있는데, finish는 동명사를 목적어로 취하는 동사이므로 동명사 형태인 reading이 정답입니다.

오답 finish는 to부정사를 목적어로 취하지 않으므로 to read는 오답입니다.

어휘 **finish -ing** ~하기를 끝마치다 **yet** 아직

5.

정답 receiving

해석 배송품을 받은 후에 제품을 검사하시기 바랍니다.

해설 바로 뒤에 위치한 명사구 the delivery를 목적어로 취함과 동시에 전치사 after의 목적어 역할을 할 수 있는 것은 동명사이므로 receiving이 정답입니다.

오답 receipt는 명사인데, 명사가 명사를 바로 목적어로 가지지 못하므로 오답입니다. 명사가 또 다른 명사구 the delivery와 연결되려면 전치사가 필요합니다.

어휘 **examine** 점검하다, 검사하다 **product** 제품 **receipt** 수령, 영수증 **receive** 받다, 얻다 **delivery** 배송(품)

실전 감잡기

1. (D) **2.** (A) **3.** (D) **4.** (C) **5.** (A)

1.

정답 (D)

해석 저희 총회를 찾아 주시는 여러분을 항상 즐겁게 환영합니다.

해설 빈칸 바로 뒤에 동명사 having이 쓰여 있으므로 동명사를 목적어로 취하는 동사 (D) enjoy가 정답입니다.

오답 (A) ask: 동명사를 목적어로 취하는 동사가 아니므로 오답입니다.
(B) hope: that 명사절을 목적어로 취하는 동사이므로 오답입니다.
(C) agree: 자동사이므로 목적어를 취할 수 없어 오답입니다.

어휘 **enjoy -ing** ~하는 것이 즐겁다 **have A do:** A에게 ~하게 하다 **convention** 컨벤션, 협의회, 총회 **ask** 요청하다, 묻다 **hope** 바라다, 희망하다 **agree** 동의하다, 합의하다

2.

정답 (A)

해석 허버트 씨는 올 여름에 긴 휴가를 떠날까 생각하고 있다.

해설 빈칸 바로 뒤에 동명사 taking이 쓰여 있으므로 동명사를 목적어로 취하는 동사 consider의 현재분사 형태인 (A) considering이 정답입니다.

오답 (B) thinking: think는 목적어를 가지지 않는 자동사이므로 오답입니다.
(C) hoping: hope은 목적어로 to부정사 또는 that 명사절을 취하는 동사이므로 오답입니다.
(D) planning: plan이 to부정사를 목적어로 가지는 동사이므로 오답입니다.

어휘 **consider -ing** ~하는 것을 고려하다 **take a holiday** 휴가를 떠나다 **think** 생각하다 **hope** 바라다, 희망하다 **plan** 계획을 세우다

3.

정답 (D)

해석 작업장에 들어가기 전에, 이 지침들을 주의깊게 읽도록 하십시오.

해설 Before 다음에 주어가 없으므로 Before가 전치사라는 것을 알 수 있습니다. 그러므로 명사 또는 동명사가 빈칸에 올 수 있는데, 빈칸 뒤에 명사가 있으므로 이 명사를 목적어로 가지는 동사의 변형인 동명사 (D) entering이 정답입니다.

오답 (A) enter: 동사이므로 전치사 뒤에 올 수 없습니다.
(B) enters: 동사이므로 전치사 뒤에 올 수 없습니다.
(C) entrance: 명사이므로 전치사 뒤에 올 수는 있지만, 빈칸 뒤의 명사 the workplace와 바로 연결될 수 없습니다.

어휘 **before** ~전에 **workplace** 작업장 **have to do** ~해야 하다 **read** ~을 읽다 **guideline** 지침, 방침 **carefully** 주의깊게 **enter** ~에 들어오다 **entrance** 입구

4.

정답 (C)

해석 우리는 생산량을 늘리기 위해 새 공장을 짓는 것에 대해 계획하고 있다.

해설 전치사 on과 명사구 a new plant 사이에 빈칸이 위치해 있습니다. 따라서 명사구를 목적어로 취하면서 전치사의 목적어 역할을 할 능동태의 동명사가 빈칸에 필요하다는 것을 알 수 있습니다. 그러므로 동명사의 능동태 형태인 (C) building이 정답입니다.

오답 (A) built: 동사의 과거형 또는 과거분사형이므로 전치사 바로 뒤에 쓰일 수 없습니다.
(B) build: 동사의 형태이므로 전치사 바로 뒤에 쓰일 수 없습니다.
(D) being built: 동명사이지만 수동태라서 뒤에 위치한 명사구를 목적어로 취할 수 없으므로 오답입니다.

어휘 **plan on –ing** ~하는 것에 대해 계획하다 **build** 짓다, 건설하다 **plant** 공장 **increase** 증가시키다 **production** 생산량

5.

정답 (A)

해석 저희는 고객님의 세탁물을 수령한 후 이틀 이내에 돌려드릴 것입니다.

해설 전치사 of와 대명사 it 사이에 빈칸이 위치해 있습니다. 따라서 전치사의 목적어 역할을 할 동명사가 빈칸에 필요하다는 것을 알 수 있으므로 (A) receiving이 정답입니다.

오답 (B) receive: 동사의 형태이므로 전치사 바로 뒤에 쓰일 수 없습니다.
(C) received: 동사의 과거/과거분사형이므로 전치사 바로 뒤에 쓰일 수 없습니다.
(D) will receive: 동사의 미래시제 형태이므로 전치사 바로 뒤에 쓰일 수 없습니다.

어휘 **return** ~을 돌려보내다, 반환하다 **dry cleaning** 드라이클리닝한 세탁물 **within** ~ 이내에 **receive** 받다

Day 06 분사

1초 퀴즈

1.

정답 increasing

해석 몸에 착용하는 기기들에 대한 증가하는 수요가 존재합니다.

해설 부정관사 an과 명사 demand 사이에 위치해 명사를 수식하는 형용사 자리인데, 동사가 형용사 역할을 하려면 분사 형태가 되어야 하므로 현재분사인 increasing이 정답입니다. 참고로, 분사는 수식받는 명사와 능동/수동 관계를 따져서 수동 관계이면 과거분사, 능동 관계이면 현재분사를 사용합니다. 명사 demand가 자연스럽게 형성되는 능동적 개념이므로 현재분사인 increasing이 정답입니다.

오답 increase는 동사이므로 부정관사와 명사 사이의 형용사 자리에 올 수 없습니다.

어휘 **There is A:** A가 존재하다, 있다 **increasing** 증가하는, 늘어나는 **increase** 증가하다, 증가시키다 **demand for** ~에 대한 수요 **wearable** 몸에 착용 가능한 **device** 기기, 장치

2.

정답 updated

해석 우리는 회의를 시작하기 전에 업데이트된 문서들이 필요합니다.

해설 동사 need와 목적어로 쓰인 명사 documents 사이에 올 수 있는 것은 명사를 수식하는 형용사인데, 동사가 명사를 수식하려면 분사 형태가 되어야 합니다. 의미상 수동 관계를 나타내는 과거분사 updated가 정답입니다.

오답 update는 명사 또는 동사의 형태이므로 명사 documents를 수식할 수 없습니다.

어휘 **need** 필요하다 **update** 최신으로 갱신하다, 업데이트하다 **updated** 업데이트된 **document** 문서, 서류 **before** ~ 전에 **start** 시작하다 **meeting** 회의, 모임

3.

정답 surprised

해석 케빈은 자신이 수상자로 발표되었을 때 놀랐다.

해설 be동사 was 뒤에 보어로 쓰여 사람주어 Kevin의 감정을 나타낼 분사가 필요하므로 사람에 대해 사용하는 과거분사 surprised가 정답입니다.

오답 surprising은 감정을 유발하는 사물에 대해 사용하므로 사람의 감정을 나타내는 분사로 알맞지 않습니다.

어휘 **surprised** (사람이) 놀란 **surprising** 놀라게 하는, 놀라운 **be announced** 발표되다 **as** ~로서 **winner** 수상자, 우승자

실전 감잡기

1. (A) **2.** (C) **3.** (C) **4.** (B) **5.** (C)

1.

정답 (A)

해석 오르는 휘발유 가격에도 불구하고, 더 많은 사람들이 자가용으로 출근하고 있다.

해설 전치사 despite과 명사 목적어 gas prices 사이에 위치한 빈칸은 명사를 수식할 형용사가 들어갈 자리이므로 이 역할이 가능한 분사 형태를 골라야 합니다. 그런데 시장의 가격들은 수요와 공급에 따라 자동으로 오르내리는 능동의 개념이기 때문에 능동태를 나타내는 현재분사 (A) rising이 정답입니다.

오답 (B) rose: 동사 rise의 과거형이므로 명사를 앞에서 수식하는 역할을 할 수 없습니다.
(C) risen: 동사 rise의 과거분사인데, 과거분사는 수동의 의미를 나타내므로 gas prices를 수식하기에 의미가 맞지 않습니다.
(D) rises: 3인칭 단수 주어와 함께 사용하는 동사의 형태이므로 명사를 앞에서 수식하는 역할을 할 수 없습니다.

어휘 **despite** ~에도 불구하고 **rising** 증가하는, 상승하는 **gas** 휘발유(=gasoline) **drive to** ~로 운전하여 가다 **work** 직장

2.

정답 (C)

해석 전기 헤어드라이어에 대해 환불을 받고 싶으시면, 첨부된 안내사항들을 신중하게 따르시기 바랍니다.

해설 정관사 the와 명사 instructions 사이에 위치한 빈칸은 명사를 수식하는 형용사 자리이며, 동사라면 분사 형태가 되어야 합니다. 사람이 instructions를 추가하는 것이므로 수동 개념의 과거분사 (C) attached가 정답입니다.

오답 (A) attach: 동사의 형태이므로 정관사와 명사 사이에 위치할 수 없습니다.
(B) attaches: 3인칭 단수 주어와 함께 사용하는 동사의 형태이므로 정관사와 명사 사이에 위치할 수 없습니다.
(D) to attach: to부정사는 정관사와 명사 사이에 위치할 수 없습니다.

어휘 **carefully** 신중히, 조심스럽게 **follow** 따르다, 준수하다 **attached** 첨부된 **instructions** 안내, 설명, 지시 **refund** 환불 **electric hairdryer** 전기 헤어드라이어 **attach** 첨부하다

3.

정답 (C)

해석 개정된 제품 카탈로그는 모든 종류의 해리즈 하드웨어 상품을 포함하고 있습니다.

해설 정관사 the와 명사구 product catalog 사이에 위치한 빈칸은 명사구를 수식할 수 있는 분사가 쓰여야 하는 자리입니다. 그런데 product catalog가 사람에 의해 개정되는 대상이므로, 수동의 의미를 나타낼 수 있는 과거분사인 (C) revised가 정답입니다.

오답 (A) revision: 관사와 명사 사이에는 형용사에 해당하는 단어가 와야 하므로 명사 revision은 오답입니다.
(B) revising: 현재분사이므로 수동의 의미를 나타낼 수 없어 오답입니다.
(D) revise: 동사의 형태이므로 정관사와 명사 사이에 위치할 수 없습니다.

어휘 **revised** 개정된 **product catalog** 제품 카탈로그 (제품 소개를 담은 안내 책자) **contain** 포함하다, 담고 있다 **the full range of** 모든 종류의 **merchandise** 상품 **revision** 개정 **revise** 개정하다

4.

정답 (B)

해석 고객 만족도 설문조사의 결과는 고객들이 우리 서비스에 만족하고 있음을 보여주고 있다.

해설 be동사 are 뒤에 쓰여야 하므로 감정동사 satisfy(사람을 만족시키다)의 현재분사와 과거분사 중에서 하나를 골라야 합니다. 그런데 that절의 주어인 customers가 만족시키는 대상이므로 수동태를 나타내는 과거분사 (B) satisfied가 정답입니다.

오답 (A) satisfy: 동사의 형태이므로 be동사 are 바로 뒤에 위치할 수 없습니다.
(C) satisfying: 감정동사의 현재분사는 감정을 유발하는 주체에 대해 사용하므로 오답입니다.
(D) satisfies: 3인칭 단수 주어와 함께 사용하는 동사의 형태이므로 be동사 are 바로 뒤에 위치할 수 없습니다.

어휘 **result** 결과 **satisfaction** 만족(도) **survey** 설문조사 **show that절:** ~임을 보여주다 **be satisfied with** ~에 만족하다 **satisfy** 만족시키다 **satisfying** 만족시키는

5.

정답 (C)

해석 다음 주 마케팅 워크숍에 참석하려는 분은 누구든 로페즈 씨에게 연락하시기 바랍니다.

해설 문장의 동사인 should contact 앞은 주어 자리이며 주어로 대명사 Anyone이 나와 있습니다. 따라서 동사 wish가 Anyone을 꾸며주는 현재분사 형태가 되어야 하므로 (C) wishing이 정답입니다.

오답 (A) have wished: 동사이므로 형용사의 수식을 받지 못합니다.
(B) wishes: 동사이므로 형용사의 수식을 받지 못합니다.
(D) is wishing: 동사이므로 형용사의 수식을 받지 못합니다.

어휘 **attend** ~에 참석하다 **contact** ~에게 연락하다 **wish** ~을 원하다

Day 07 to부정사

1초 퀴즈

1.

정답 to have

해석 제니는 긴 휴가를 가려고 계획한다.

해설 바로 앞에 위치한 동사 plan은 to부정사를 목적어로 취하는 동사이므로 to have가 정답입니다.

오답 having은 동명사인데, plan이 동명사를 목적어로 가지지 않으므로 오답입니다.

어휘 **plan to do** ~하고 싶다 **have a vacation** 휴가를 갖다

2.

정답 move

해석 윌슨 씨는 경쟁사로 옮기겠다는 최종 결정을 내렸다.

해설 바로 앞에 위치한 명사 decision은 to부정사의 수식을 받는 명사입니다. decision 뒤에 to가 쓰여 있으므로 to부정사를 구성하는 동사원형인 move가 정답입니다.

오답 moving은 동사 move의 동명사로서 to와 함께 to부정사를 구성할 수 없습니다.

어휘 **make a final decision** 최종 결정을 내리다 **move to** ~로 옮기다 **rival company** 경쟁사

3.

정답 to receive

해석 조앤은 한 달의 유급 휴가를 받을 자격이 있다.

해설 바로 앞에 위치한 형용사 eligible은 to부정사의 수식을 받는 형용사이므로 to receive가 정답입니다.

오답 receive는 동사원형으로, 형용사 eligible 뒤에 바로 올 수 없습니다.

어휘 **be eligible to do** ~할 자격이 있다 **receive** 받다 **paid leave** 유급 휴가

실전 감잡기

1. (D) **2.** (C) **3.** (A) **4.** (C) **5.** (C)

1.

정답 (D)

해석 프라임 은행은 몇몇 국제적인 기업들의 주식을 매입할 계획이다.

해설 빈칸 앞에 현재진행형으로 쓰인 동사 plan은 to부정사를 목적어로 취하는 동사입니다. 빈칸 바로 앞에 to가 이미 있으므로 to부정사를 구성하는 또 다른 요소인 동사원형 (D) purchase가 정답입니다.

오답 (A) purchased: 동사 purchase의 과거형 또는 과거분사형으로, to부정사를 구성하는 요소가 아닙니다.

(B) purchases: 3인칭 단수 주어와 함께 사용하는 동사의 형태로, to부정사를 구성하는 요소가 아닙니다.
(C) purchasing: 동사 purchase의 동명사 또는 현재분사형으로, to부정사를 구성하는 요소가 아닙니다.

어휘 plan to do ~할 계획이다 purchase 매입하다, 구입하다 stock 주식 several 여럿의, 몇몇의 international 국제적인 firm 업체, 회사

2.

정답 (C)

해석 도슨 씨는 이번 달에 재무팀장 자리를 충원할 것으로 예상하고 있다.

해설 빈칸 바로 앞에 위치한 동사 expect는 to부정사를 목적어로 취하는 동사이므로 (C) to fill이 정답입니다.

오답 (A) fill: 동사원형이므로 또 다른 동사 expect 바로 뒤에 나란히 위치할 수 없습니다.
(B) filling: 동사 expect는 동명사를 목적어로 취하지 않으므로 오답입니다.
(D) fills: 3인칭 단수 주어와 함께 사용하는 동사의 형태이므로 또 다른 동사 expect 바로 뒤에 나란히 위치할 수 없습니다.

어휘 expect to do ~할 것으로 예상하다 fill 채우다, 충원하다 financial manager 재무팀장 position 직책, 일자리

3.

정답 (A)

해석 그 연구는 우리 팀에게 가장 진보된 친환경 기술을 개발할 기회를 줄 것이다.

해설 빈칸 바로 앞에 위치한 명사 opportunity는 to부정사의 수식을 받는 명사이므로 (A) to develop이 정답입니다.

오답 (B) develops: 3인칭 단수 주어와 함께 사용하는 동사의 형태인데, 동사와 동사가 연결되려면 사이에 접속사가 필요합니다.
(C) will develop: 동사 develop의 미래시제형인데, 동사와 동사가 연결되려면 사이에 접속사가 필요합니다.
(D) had developed: 동사 develop의 과거완료시제인데, 동사와 동사가 연결되려면 사이에 접속사가 필요합니다.

어휘 research 연구, 조사 give A B: A에게 B를 주다 opportunity to do ~할 기회 develop 개발하다, 발전시키다 the most advanced 가장 진보된, 가장 고급의 eco-friendly 친환경적인 technology 기술

4.

정답 (C)

해석 여러분의 기기에 대해 더 긴 수명을 보장하기 위해, 수리하실 때 오직 인증된 부품들만 사용되어야 합니다.

해설 빈칸 뒤에 명사구가 있고, 콤마 뒤로 완전한 절이 나옵니다. 이 경우 빈칸에는 전치사가 와서 뒤의 절을 수식하는 부사구를 만들거나, 목적을 나타내는 부사구를 만들 수 있는 to부정사가 올 수 있습니다. 선택지에 전치사가 없으므로 to부정사인 (C) To ensure가 정답입니다.

오답 (A) Ensure: 동사원형이므로 문장을 앞에서 수식하는 역할을 하지 못합니다.
(B) Ensures: 3인칭 단수 주어와 함께 사용하는 동사의 형태이므로 문장을 앞에서 수식하는 역할을 하지 못합니다.
(D) Ensured: 동사의 과거형 또는 과거분사형이므로 문장을 앞에서 수식하는 역할을 하지 못합니다.

어휘 ensure 보장하다 longer 더 긴 lifespan 수명 appliance (가전)기기 authorized 인증된, 승인된 part 부품 be used 사용되다 make repairs 수리하다

5.

정답 (C)

해석 승객들께서는 댁에서 출발하시기 전에 기내 수하물 목록을 점검해 보시기 바랍니다.

해설 remind는 「remind A to do(~하도록 A를 상기시키다)」라는 구조로 사용되는 동사인데 여기서는 be reminded, 즉 수동태 구조로 바뀌었습니다. 이때 목적어인 A가 주어 자리로 빠져나가고 reminded 뒤에는 to부정사가 그대로 남게 되므로 to부정사 형태인 (C) to check이 정답입니다.

오답 (A) check: 동사이므로 to부정사 자리에 올 수 없습니다.
(B) checks: 동사이므로 to부정사 자리에 올 수 없습니다.
(D) checking: 현재분사 형태이므로 to부정사 자리에 올 수 없습니다.

어휘 passenger 승객 be reminded to do ~하도록 상기되다 carry-on 기내에 가지고 들어가는 packing list 포장 목록 before ~ 전에 leave ~를 떠나다 check ~을 확인하다

Day 08 형용사/부사

1초 퀴즈

1.

정답 qualified

해석 자격을 갖춘 모든 지원자들이 그 자리에 대해 검토될 것입니다.

해설 명사 applicants를 앞에서 수식하는 단어가 필요하므로 형용사 역할을 하는 분사 qualified가 정답입니다.

오답 명사 qualification은 명사 applicants를 수식할 수 없으므로 오답입니다.

어휘 all 모든 qualified 자격을 갖춘 qualification 자격 applicant 지원자 be considered for ~에 대해 검토되다 position 자리, 직책

2.

정답 conveniently

해석 저희는 역 근처에 편리하게 위치해 있습니다.

해설 수동태 동사를 구성하는 be동사와 과거분사 located 사이에

위치할 수 있는 것은 동사를 앞에서 수식하는 부사이므로 부사 형태인 conveniently가 정답입니다.

오답 convenient는 형용사이므로 수동태 동사의 중간에 위치할 수 없습니다.

어휘 **be located** 위치해 있다 **conveniently** 편리하게 **convenient** 편리한 **near** ~ 근처에 **station** 역

3.

정답 **managerial**

해석 지원자들은 10년의 관리직 경력을 지녀야 합니다.

해설 명사 앞에 형용사가 들어갈 자리인데, 형용사는 보통 -er이 아닌 -al로 끝납니다. 따라서 형용사 managerial이 정답입니다.

오답 er로 끝나는 manager는 명사입니다.

어휘 **applicant** 지원자, 신청자 **managerial** 관리직의, 관리의 **manager** 관리자, 책임자 **experience** 경력, 경험

실전 감잡기

1. (C) **2.** (B) **3.** (A) **4.** (C) **5.** (D)

1.

정답 (C)

해석 저희 조리법은 분명히 여러분이 최소의 노력으로 건강하고 맛좋은 식사를 만드실 수 있도록 해드릴 것입니다.

해설 전치사 with와 명사 effort 사이에 위치한 빈칸은 명사를 수식할 형용사가 필요한 자리이므로 형용사인 (C) minimal이 정답입니다.

오답 (A) minimize: 동사이므로 전치사의 뒤에 올 수 없습니다.
(B) minimizes: 3인칭 단수 주어와 함께 사용하는 동사의 형태이므로 전치사의 뒤에 올 수 없습니다.
(D) minimally: 부사이므로 명사 바로 앞에서 명사를 수식할 수 없습니다.

어휘 **recipe** 조리법 **surely** 분명히, 확실히 **enable A to do**: A가 ~하도록 해주다 **make** 만들다 **healthy** 건강에 좋은 **tasty** 맛 좋은 **meal** 식사 **minimal** 최소한의 **effort** 노력 **minimize** 최소화하다 **minimally** 최소한으로

2.

정답 (B)

해석 어니스트 항공사의 직원들은 해외 업무에 대해 폭넓은 지원을 받는다.

해설 동사 receive와 명사구 목적어 support 사이에 위치한 빈칸은 목적어인 명사구를 수식할 형용사 자리이므로 형용사인 (B) extensive가 정답입니다.

오답 (A) extend: 동사이므로 동사 뒤에 바로 위치할 수 없습니다.
(C) extensively: 부사로서 명사를 바로 수식할 수 없습니다.
(D) extends: 3인칭 단수형 동사이므로 동사 뒤에 바로 위치할 수 없습니다.

어휘 **employee** 직원 **receive** 받다, 얻다 **extensive** 폭넓은, 광범위한 **support** 지원, 후원 **overseas** 해외의 **assignment** 업무 **extend** 확장하다, 확대하다 **extensively** 폭넓게

3.

정답 (A)

해석 해밀턴 씨는 시장 동향을 이해하기 위해 주기적으로 영업 사무소들을 방문한다.

해설 「3형식 타동사+목적어」 뒤에 위치한 빈칸은 동사를 뒤에서 수식할 부사 자리이므로, 부사인 (A) regularly가 정답입니다.

오답 (B) regular: 형용사이며, 목적보어를 가지지 않는 3형식 타동사의 목적어 뒤에 올 수 없습니다.
(C) regularize: 동사이므로, 타동사의 목적어 뒤에 위치할 수 없습니다.
(D) regulation: 명사이며, 목적어를 하나만 가지는 3형식 타동사의 목적어 뒤에 위치할 수 없습니다.

어휘 **visit** 방문하다 **sales** 영업, 판매 **regularly** 주기적으로, 규칙적으로 **understand** 이해하다 **trend** 동향, 추세 **regular** 주기적인, 규칙적인 **regularize** 규칙화하다 **regulation** 규제, 규정

4.

정답 (C)

해석 사무엘슨 그룹은 자사의 제품을 해외에서 공격적으로 판매하고 있다.

해설 현재진행형 동사를 구성하는 be동사 is와 현재분사 marketing 사이에 위치한 빈칸은 동사를 수식할 부사 자리이므로 부사인 (C) aggressively가 정답입니다.

오답 (A) aggression: 명사이며, 현재분사를 수식할 수 없습니다.
(B) aggressive: 형용사이며, 현재분사를 수식할 수 없습니다.
(D) aggressor: 명사이며, 현재분사를 수식할 수 없습니다.

어휘 **aggressively** 공격적으로 **market** 판매하다 **product** 제품 **overseas** 해외에서 **aggression** 공격 **aggressive** 공격적인 **aggressor** 공격하는 사람

5.

정답 (D)

해석 귀하께서 이 자리에 선정된다면, 페리 씨와 긴밀하게 일하게 될 것입니다.

해설 목적어가 필요 없는 1형식 자동사 work와 전치사 with 사이에 위치한 빈칸은 자동사를 수식할 부사 자리이므로, 부사인 (D) closely가 정답입니다.

오답 (A) close: 동사 또는 형용사이며, 어느 품사이더라도 1형식 자동사와 전치사 사이에 위치할 수 없습니다.
(B) closed: 동사 close의 과거/과거분사형이며, 1형식 자동사와 전치사 사이에 위치할 수 없습니다.
(C) closing: 동사 close의 동명사 또는 현재분사형이며, 자동사와 전치사 사이에 위치할 수 없습니다.

어휘 **work closely with** ~와 긴밀하게 일하다 **be selected** 선정되다, 선택되다 **job** 일, 직장, 자리 **close** v. 닫다, 폐쇄하다 a. 가까운

Day 09 접속사

1초 퀴즈

1.

정답 but

해석 내가 어젯밤에 플린트 씨에게 전화했지만, 그는 받지 않았다.

해설 전화를 했지만 응답이 없었다는 상반된 의미이므로, 상반된 내용을 대등하게 연결하는 등위접속사 but이 정답입니다.

오답 and는 대등한 내용을 순차적으로 연결하는 등위접속사이므로 오답입니다.

어휘 **call** 전화하다 **last night** 어젯밤에 **answer** 응답하다, 대답하다

2.

정답 Neither

해석 방문객과 직원 누구든지 이곳에 주차할 수 없습니다.

해설 뒤에 위치한 nor와 짝을 이뤄 상관접속사를 구성하는 Neither가 정답입니다.

오답 Either는 or와 짝을 이뤄 상관접속사를 구성합니다.

어휘 **neither A nor B:** A도 B도 아니다 **either A or B:** A 또는 B 둘 중 하나 **visitor** 방문객 **staff** 직원들 **park** 주차하다 **here** 여기에

3.

정답 although

해석 제인은 비록 젊지만, 퍼스트 은행의 CEO가 될 것이다.

해설 선택지가 모두 종속접속사이므로 앞뒤에 각각 위치한 절들을 해석해 봐야 합니다. 젊다는 것과 은행의 CEO라는 상반된 의미가 연결되었으므로, '비록 ~이지만'이라는 양보의 의미를 나타내는 although가 정답입니다.

오답 before는 '~전에'라는 뜻인데, 젊은 것과 CEO가 되는 것은 시간적 연관성이 없으므로 before는 어울리지 않습니다.

어휘 **become** ~이 되다 **CEO** 최고경영자, 대표이사 **before** ~ 하기 전에 **although** 비록 ~이지만

4.

정답 whether

해석 그는 자신이 파티에 참석할 것인지 결정할 수 없었다.

해설 whether 명사절은 확정되지 않은 내용, that 명사절은 확정된 내용을 나타냅니다. 그런데 동사가 couldn't decide, 즉 결정할 수 없었다는 뜻이므로 확정되지 않음을 나타내는 whether 명사절이 되어야 합니다.

오답 that은 확실히 정해진 내용을 전달할 때 사용하는 명사절 접속사입니다.

어휘 **decide** 결정하다 **whether** ~인지 **come to** ~에 가다[오다]

실전 감잡기

1. (C) **2.** (C) **3.** (B) **4.** (A) **5.** (D)

1.

정답 (C)

해석 새로운 프린터는 사용하기가 어렵지만, 문서 출력이 빠르다.

해설 빈칸 앞뒤로 주어와 동사가 각각 포함된 두 개의 절이 있으므로 빈칸은 두 절을 연결하는 접속사 자리입니다. 이 절들이 각각 사용하기 어려운 단점과 빠르게 출력한다는 장점 등 상반된 내용을 나타내므로, '하지만'이라는 의미로 상반된 내용을 연결하는 등위접속사 (C) but이 정답입니다.

오답 (A) and: '그리고'라는 의미로, 두 개의 절을 순차적으로 연결하는 등위접속사이므로 오답입니다.
(B) or: '또는'이라는 의미로, 두 개의 절 중에서 하나를 선택하는 등위접속사이므로 오답입니다.
(D) nor: neither와 짝을 이뤄 「neither A nor B」 구조의 상관접속사를 만드는 요소이므로 오답입니다.

어휘 **difficult to use** 사용하기 어려운 **document** 문서, 서류 **print** 인쇄하다 **slowly** 느리게, 천천히

2.

정답 (C)

해석 환자들께서는 사무실로 전화하시거나 저희 모바일 앱을 이용해 슐츠 박사님에게 예약하실 수 있습니다.

해설 빈칸 뒤로 동일하게 생긴 두 개의 by 전치사구가 「A or B」의 구조로 연결되어 있습니다. 따라서 「A or B」의 구조와 어울려 상관접속사를 구성하는 요소인 (C) either가 정답입니다.

오답 (A) and: 두 개의 요소를 모두 포함하여 연결하는 등위접속사이므로 오답입니다.
(B) but: 두 개의 요소를 상반 관계로 연결하는 등위접속사이므로 오답입니다.
(D) neither: nor와 짝을 이뤄 「neither A nor B」의 구조로 상관접속사를 구성하는 요소이므로 오답입니다.

어휘 **patient** 환자 **make appointments** 예약하다, 약속하다 **either A or B:** A 또는 B 둘 중의 하나 **by -ing** ~함으로써 **call** 전화하다 **neither A nor B:** A도 B도 아니다 **mobile app** 모바일 앱

3.

정답 (B)

해석 참석자들은 컨벤션 홀에 입장하기 전에, 안내 데스크에서 환영 책자 꾸러미를 받아 가야 합니다.

해설 선택지가 모두 종속접속사이므로 콤마 앞뒤에 위치한 두 절의 의미 관계를 파악해 알맞은 종속접속사를 골라야 합니다. 컨벤션 홀과 그에 이르기 전의 안내 데스크라는 장소가 대비되어 있으므로, ~하기 전에'라는 의미로 전후 관계를 나타내는 종속접속사 (B) Before가 정답입니다.

오답 (A) Although: '비록 ~이지만'을 뜻하는 종속접속사이므로 문장의 의미에 맞지 않습니다.

(C) Until: '~할 때까지'를 뜻하는 종속접속사이므로 문장의 의미에 맞지 않습니다.
(D) Whereas: '~인 반면에'를 뜻하는 종속접속사이므로 문장의 의미에 맞지 않습니다.

어휘 **before** ~하기 전에 **attendee** 참석자 **enter** 입장하다, 들어가다 **pick up** 찾아가다, 가져 오다 **packet** (안내) 책자 묶음 **front desk** 안내 데스크 **although** 비록 ~이지만 **until** ~할 때까지 **whereas** ~인 반면

4.

정답 (A)

해석 주말 내내 비가 내릴 것이기 때문에 회사 야유회 일정이 재조정되었다.

해설 선택지가 모두 종속접속사이므로 빈칸 앞뒤에 위치한 두 절의 의미 관계를 파악해 알맞은 종속접속사를 골라야 합니다. '비가 내릴 것'이라는 내용은 '야유회 일정이 재조정되었다'는 사실의 원인에 해당하므로 '~하기 때문에'라는 의미로 이유를 나타내는 종속접속사 (A) since가 정답입니다.

오답 (B) even though: '비록 ~이지만'을 뜻하는 종속접속사인데, 인과 관계가 아니므로 빈칸에 맞지 않습니다.
(C) after: '~한 후에'라는 뜻의 종속접속사로서, 인과 관계가 아니므로 맞지 않습니다.
(D) if: '만약 ~라면'이라는 가정의 뜻을 가진 종속접속사이므로 문장의 의미에 맞지 않습니다.

어휘 **company picnic** 회사 야유회 **has been rescheduled** 일정이 재조정되었다 **since** ~하기 때문에 **it will rain** 비가 내릴 것이다 **all weekend** 주말 내내 **even though** 비록 ~이지만 **after** ~한 후에 **if** 만약 ~라면

5.

정답 (D)

해석 우리 회사가 우리 GX 태블릿 컴퓨터 시리즈의 신모델을 출시할지는 설문조사가 결정할 것이다.

해설 목적어를 필요로 하는 타동사 determine 뒤로 빈칸이 있고, 그 뒤로 주어(our company)와 동사(releases)가 포함된 절이 바로 이어지는 구조입니다. 따라서 빈칸 뒤의 절이 determine의 목적어 역할을 하는 명사절이 되어야 합니다. 선택지에서 명사절 접속사는 (A) that과 (D) whether입니다. 그런데, '결정할 것이다(will determine)'라는 말과 어울려 아직 알 수 없거나 확정되지 않은 내용을 말하고 있으므로 이러한 뜻을 나타내는 명사절 접속사 (D) whether가 정답입니다.

오답 (A) that: 명사절 접속사로 쓰일 때, 확실히 정해진 내용을 전달하므로 오답입니다.
(B) either: 「either A or B」 구조로 상관접속사를 구성하는 요소이므로 명사절 접속사가 필요한 빈칸에 맞지 않습니다.
(C) while: 종속접속사로 부사절을 구성하므로, 명사절 접속사가 필요한 빈칸에 맞지 않습니다.

어휘 **survey** 설문조사 **determine** 결정하다 **release** 출시하다, 공개하다 **tablet computer** 태블릿 컴퓨터 **either A or B:** A 또는 B 둘 중의 하나 **while** ~하는 동안, ~인 반면 **whether** ~인지

Day 10 관계사

1초 퀴즈

1.

정답 who

해석 우리의 초청 연사는 국제적인 상을 수상한 언론인입니다.

해설 주어(Our guest speaker)와 동사(is), 그리고 보어(a journalist)로 구성된 하나의 절이 있고, 그 뒤로 주어 없이 동사 won과 목적어 an international award가 바로 이어지는 구조입니다. 즉 뒤 절에서 주어가 빠진 구조이므로 두 절을 연결하면서 주어의 역할도 하는 관계대명사 who가 정답입니다.

오답 he는 두 개의 절을 연결해 한 문장으로 만드는 접속사의 역할을 할 수 없는 대명사이므로 오답입니다.

어휘 **guest speaker** 초청 연사 **journalist** 언론인, 기자 **won** (상 등을) 받았다(win-won-won) **award** 상

2.

정답 that

해석 작업장 안전은 항상 중요한 것이다.

해설 that은 사물명사인 선행사를, who는 사람명사인 선행사를 수식하는 관계대명사입니다. 바로 앞에 위치한 대명사 something이 사물을 나타내는 대명사이므로 사물명사를 수식하는 관계대명사 that이 정답입니다.

오답 who는 사람명사인 선행사를 수식하는 관계대명사이므로 오답입니다.

어휘 **work safety** 작업장 안전 **something** 어떤 것, 어떤 일 **always** 항상 **important** 중요한

3.

정답 works

해석 초과 근무를 하는 직원은 누구든 소속 부서장에게 보고해야 합니다.

해설 주격 관계대명사 who가 수식하는 선행사 Any employee가 단수명사의 형태입니다. 따라서 who가 이끄는 관계대명사절의 동사도 단수 형태가 되어야 하므로 3인칭 단수 형태인 works가 정답입니다.

오답 work는 복수동사의 형태이므로 단수명사인 Any employee와 수가 일치하지 않습니다.

어휘 **any** 어떤 ~든 **employee** 직원 **work overtime** 초과 근무를 하다 **report to** ~에게 보고하다 **manager** 부서장, 책임자, 관리자

4.

정답 where

해석 저는 24시간 룸서비스가 제공되는 호텔에 머물고 싶습니다.

해설 선행사인 명사 a hotel이 장소를 나타내는 사물명사인데, where와 which 모두 장소 사물명사를 수식할 수 있습니다. 따라서 관계사절의 구성 요소를 확인해 알맞은 것을 골라야 합

니다. 그런데 관계사절에 주어 24-hour room service가 있으므로 주격 관계대명사 자리가 아닙니다. 따라서 부사의 역할을 할 관계부사가 필요하므로 where가 정답입니다.

오답 which는 주격 관계대명사이므로 주어가 있는 관계절에 사용될 수 없습니다.

어휘 **would like to do** ~하고 싶다 **stay at** ~에 머물다 **24-hour room service** 24시간 룸서비스 **be offered** 제공되다

실전 감잡기

1. (C) **2.** (A) **3.** (C) **4.** (A) **5.** (A)

1.

정답 (C)

해석 구직 지원서를 처리하는 업무를 가진 사람은 인사부장인 수잔 넬슨 씨이다.

해설 선택지가 모두 관계사이므로 빈칸 앞에 위치한 선행사의 종류와 함께 관계사절의 구조를 파악해야 합니다. 선행사 The person이 사람명사이므로 사람명사를 수식하는 주격인 (A) who와 소유격인 (C) whose 중에서 선택해야 하는데, 빈칸 뒤에 「명사(job) + 동사(is)」 구조가 이어져 있습니다. 주격은 주어 자리에 명사가 필요 없으므로 빈칸은 명사 job을 수식하는 소유격 (C) whose의 자리입니다.

오답 (A) who: 주격 관계대명사이므로 바로 뒤에 동사가 나와야 합니다.
(B) which: 사물명사를 받는 관계대명사이므로 The person과 어울리지 않습니다.
(D) when: 시간명사를 받는 관계부사이므로 The person과 어울리지 않습니다.

어휘 **person** 사람 **job** 업무, 일 **process** 처리하다 **job application** 구직 지원서 **human resources** 인력자원, 인사부

2.

정답 (A)

해석 회의를 해야 하는 호텔 고객은 누구든 모든 장비가 갖춰진 저희 대회의실을 이용하실 수 있습니다.

해설 명사와 동사 사이에 위치할 수 없는 인칭대명사 them을 우선 제외한 후, 나머지 관계대명사들 중에서 하나를 골라야 합니다. 빈칸 앞에 위치한 선행사 hotel guests가 사람명사이므로 (A) who와 (B) whose 중에서 하나를 선택해야 하는데, 빈칸 바로 뒤에 동사 need가 나오므로 주격 관계대명사 (A) who가 정답입니다.

오답 (B) whose: 소유격이므로 바로 뒤에 「명사 + 동사」 구조가 이어져야 합니다.
(C) which: 사물명사를 수식하는 관계대명사이므로 hotel guests를 수식할 수 없습니다.
(D) them: 명사와 동사 사이에 위치할 수 없는 인칭대명사이므로 오답입니다.

어휘 **any** 어떤 ~든 **need to do** ~해야 하다, ~할 필요가 있다 **conduct** 실시하다, 수행하다 **fully-equipped** 모든 장비가 갖춰진 **conference room** 대회의실

3.

정답 (C)

해석 베이 시 의회는 국제공항 터미널과 도심을 연결하는 새로운 지하철 노선을 개통하기로 결정했다.

해설 빈칸 앞에 위치한 that이 그 앞에 쓰여 있는 선행사 a new subway line을 수식하는 관계대명사입니다. that 바로 뒤에 위치한 빈칸은 이 관계대명사절의 동사 자리인데, 이때 선행사와의 수 일치를 확인해야 합니다. 선행사 a new subway line이 단수명사이므로 단수동사의 형태인 (C) connects가 정답입니다.

오답 (A) connection: 명사이므로 관계대명사절의 동사 자리인 빈칸에 쓰일 수 없습니다.
(B) connecting: 동사 connect의 동명사 또는 현재분사형이므로 관계대명사절의 동사 자리인 빈칸에 쓰일 수 없습니다.
(D) connect: 단수명사와 수가 일치하지 않는 복수동사의 형태이므로 오답입니다.

어휘 **city council** 시 의회 **decide to do** ~하기로 결정하다 **open** 개설하다, 개통하다 **a subway line** 지하철 노선 **connect A with B:** A와 B를 연결하다 **international airport** 국제공항 **downtown area** 도심 **connection** 연결, 접속, 접촉

4.

정답 (A)

해석 주주총회가 개최될 대회의실은 5층에 위치해 있다.

해설 선택지가 모두 관계사이므로 빈칸 앞에 위치한 선행사의 종류와 함께 빈칸 다음 부분의 구조를 파악해 알맞은 것을 골라야 합니다. 선행사 conference room이 장소를 나타내는 사물명사이므로 장소 사물명사를 수식할 수 있는 (A) where와 (B) which 중에서 하나를 선택해야 합니다. (A) where는 관계부사, (B) which는 관계대명사이므로 빈칸 뒤에 이어지는 절의 구조를 확인해야 하는데, 주어와 동사가 모두 있으므로 부사의 역할을 하는 관계부사 (A) where가 정답입니다.

오답 (B) which: 관계대명사 which 뒤에는 주어 없이 동사가 바로 이어지는 구조가 되어야 하므로 오답입니다.
(C) whom: 사람명사를 받는 관계대명사이므로 사물인 conference room을 수식할 수 없습니다.
(D) who: 사람명사를 받는 관계대명사이므로 사물인 conference room을 수식할 수 없습니다.

어휘 **conference room** 대회의실 **shareholder** 주주 **will be held** 개최될 것이다 **be located** 위치해 있다 **on the fifth floor** 5층에

5.

정답 (A)

해석 지난주, 에이스 광학 사가 시중의 다른 어느 카메라보다 작고 가벼운 디지털 카메라를 출시했다.

해설 대명사가 들어갈 자리인 빈칸의 앞에 사물을 나타내는 명사 digital camera가 나와 있으므로 빈칸은 관계대명사 자리입

니다. 또한 앞의 선행사가 사물 명사이므로 사물 명사와 함께 쓰이는 (A) that이 정답입니다.

오답 (B) who: 선행사가 사물 명사이므로 사람 명사와 함께 쓰이는 who는 빈칸에 올 수 없습니다.
(C) them: 관계대명사 자리이므로 인칭대명사인 them은 빈칸에 올 수 없습니다.
(D) where: 선행사가 사물 명사이므로 장소 명사를 선행사로 가지는 관계부사 where는 빈칸에 올 수 없습니다.

어휘 launch ~을 출시하다 smaller 더 작은 lighter 더 가벼운 than ~보다 any other 다른 어느 ~ on the market 시중의, 시장에서 팔리는

Day 11 전치사

1초 퀴즈

1.

정답 at

해석 우리 광고 캠페인은 매달 초에 시작됩니다.

해설 바로 뒤에 명사 the first가 있으므로 이 명사를 목적어로 취할 수 있는 전치사 at이 정답입니다.

오답 so는 두 절을 연결하는 등위접속사이므로 주어와 동사가 포함된 절이 뒤에 이어져야 합니다.

어휘 advertising campaign 광고 캠페인 begin 시작되다 so 그러므로, 따라서 at ~에

2.

정답 in

해석 여름 축제는 마이애미에서 열릴 것이다.

해설 Miami는 분명한 경계를 지닌 도시에 해당하므로 도시 이름 앞에 사용하는 전치사 in이 정답입니다.

오답 on이 장소 전치사로 사용될 때는 street처럼 표면이나 지면을 나타내는 명사와 함께 사용됩니다.

어휘 festival 축제 be held 개최되다

3.

정답 at

해석 직원회의는 월요일 오전 11시에 시작됩니다.

해설 구체적인 시각을 나타내는 명사 11 a.m.을 목적어로 취할 전치사가 필요하므로 구체적 시점을 나타내는 전치사 at이 정답입니다.

오답 in은 연도나, 월, 계절 등 큰 단위의 시간명사를 목적어로 취합니다.

어휘 staff meeting 직원회의 begin 시작하다 on Monday 월요일에

4.

정답 about

해석 워크숍에 관한 어떤 질문도 자유롭게 하시기 바랍니다.

해설 about과 of 모두 앞뒤 명사의 연결 관계를 나타내는 전치사이므로 앞뒤 명사들의 의미를 따져봐야 합니다. 동사가 ask이므로 워크숍(workshop)이 질문(questions)의 주제에 해당합니다. 따라서 '~에 관한'이라는 뜻으로 주제를 나타내는 전치사 about이 정답입니다.

오답 of는 주로 소속 관계를 나타내며, 주제를 나타내지는 않으므로 오답입니다.

어휘 Please feel free to do 자유롭게 ~하시기 바랍니다 ask any questions 어떤 질문이든 하다 about ~에 관한 workshop 워크숍, 연수회

실전 감잡기

1. (A) **2.** (C) **3.** (A) **4.** (A) **5.** (D)

1.

정답 (A)

해석 강당 내의 천정 수리 작업이 4월 20일에 종료될 예정입니다.

해설 선택지가 모두 전치사이므로 빈칸 뒤에 위치한 명사의 성격에 알맞은 것을 찾아야 합니다. 빈칸 뒤에 위치한 April 20은 날짜를 나타내므로 날짜 앞에 사용하는 전치사 (A) on이 정답입니다.

오답 (B) at: 구체적인 시각을 나타내는 명사 앞에 사용하므로 오답입니다.
(C) in: 연도나 월, 계절 등과 같이 큰 단위의 시간명사 앞에 사용하므로 오답입니다.
(D) during: 기간을 가지는 명사(구)를 목적어로 가지므로 오답입니다.

어휘 ceiling 천장 repair 수리 auditorium 강당 be scheduled to do ~할 예정이다 end 종료되다, 끝나다 during ~중에, ~동안

2.

정답 (C)

해석 다가오는 워크숍은 대회의실 B에서 개최될 것입니다.

해설 선택지가 모두 전치사이므로 빈칸 뒤에 위치한 명사의 성격에 알맞은 것을 찾아야 합니다. 빈칸 뒤에 위치한 conference room B는 사방이 막힌 실내 공간에 해당되므로 폐쇄된 장소 명사를 목적어로 취하는 전치사 (C) in이 정답입니다.

오답 (A) with: 동반 관계를 나타내는 전치사이므로 오답입니다.
(B) for: 기간이나 대가를 나타내는 전치사이므로 오답입니다.
(D) on: 표면이나 지면을 나타내는 명사를 목적어로 취하므로 오답입니다.

어휘 upcoming 다가오는, 곧 있을 workshop 워크숍, 연수회 will be held 개최될 것이다 conference room 대회의실

3.

정답 (A)

해석 시장은 주민들에게 관광산업을 지원하려면 시의 역사에 관해 더 많은 것을 배우도록 당부했다.

해설 선택지가 모두 전치사이므로 빈칸 뒤에 위치한 명사의 성격에 알맞은 것을 찾아야 합니다. 빈칸 뒤에 「시의 역사」를 의미하는 the city's history가 쓰여 있는데, 이는 배워야 하는 것의 주제에 해당합니다. 따라서 「~에 관한」이라는 뜻으로 주제를 나타내는 전치사 (A) about이 정답입니다

오답 (B) to: 이동 방향이나 위치를 나타내는 전치사이므로 오답입니다.

(C) with: 동반 또는 수단의 의미를 나타내는 전치사이므로 오답입니다.

(D) at: 막혀 있지 않은 장소 명사를 목적어로 취하는 전치사이므로 오답입니다.

어휘 mayor 시장 ask A to do: A에게 ~하도록 요청하다 resident 주민 learn more about ~에 관해 더 많은 것을 배우다 history 역사 support 지원하다, 후원하다 tourism industry 관광산업

4.

정답 (A)

해석 터너 씨는 오후 2시에 자신의 고객들 중 한 명과 약속이 있다.

해설 선택지가 모두 전치사이므로 빈칸 뒤에 위치한 명사의 성격에 알맞은 것을 찾아야 합니다. 빈칸 뒤에 구체적인 시각을 나타내는 2 p.m.이 쓰여 있으므로 구체적인 시점 앞에 사용하는 전치사 (A) at이 정답입니다.

오답 (B) in: 월, 계절, 연도 등과 같이 큰 단위의 시간명사 앞에 사용하므로 오답입니다.

(C) on: 요일이나 날짜를 나타내는 시간명사 앞에 사용하므로 오답입니다.

(D) to: 이동 방향이나 위치를 나타내는 전치사이므로 오답입니다.

어휘 have an appointment with ~와 약속이 있다 client 고객

5.

정답 (D)

해석 이 직책에 지원하시려면, 귀하의 모든 경력을 포함한 이력서를 저희에게 보내 주십시오.

해설 선택지에 접속사와 전치사가 섞여 있으므로 빈칸 뒤의 구조 및 의미를 확인해 알맞은 것을 골라야 합니다. 빈칸 뒤에 명사구 your full work experience가 있으므로 빈칸이 전치사 자리임을 알 수 있습니다. 따라서 전치사인 (C) on과 (D) with 중에서 의미가 알맞은 것을 찾아야 하는데, your full work experience(모든 근무 경력)가 resume(이력서)에 포함되는 정보이므로 「동반」을 의미하는 전치사인 (D) with가 정답입니다.

오답 (A) if: 접속사이므로 주어와 동사가 포함된 절이 뒤에 와야 합니다.

(B) while: 접속사이므로 주어와 동사가 포함된 절이 뒤에 이어져야 합니다.

(C) by: 주로 수단을 나타내는 전치사인데, 이력서와 경력을 수단 관계로 볼 수 없으므로 오답입니다.

어휘 apply for ~에 지원하다 position 직책 send A B: A에게 B를 보내다 resume 이력서 full 모든, 완전한 work experience (직업)경력

PART 6

Day 12 접속부사

실전 감잡기

1-4 다음 이메일을 참조하시오.

셋처 씨께,

귀하께 축하 인사를 전해 드리고자 합니다. 저희는 저희 실험실에 보안 장비를 제공하겠다는 셋처 보안 솔루션즈 사의 제안을 **1** 수락했습니다. 귀사의 기술자들이 6월 1일에 해당 **2** 시설에 대한 출입 권한을 얻게 될 것입니다.

동봉된 합의서에 명시된 바와 같이, 셋처 보안 솔루션즈 사는 보안 장치를 설치하는 일을 책임지게 될 것입니다. **3** 덧붙여, 오후 7시와 오전 8시 사이에 구내를 순찰하는 경비원들도 제공하게 됩니다. 어떠한 질문이든 있으실 경우에 저에게 곧바로 연락하시기 바랍니다. **4** 기꺼이 귀하께 추가 정보를 제공해 드리겠습니다.

안녕히 계십시오.
레오나드 젤러, 운영부장

어휘 would like to do ~하고자 하다, ~하고 싶다 offer A one's congratulations: A에게 축하 인사를 전하다 proposal 제안(서) provide 제공하다 security 보안 equipment 장비 laboratory 실험실, 연구소 technician 기술자 have access to ~에 대한 출입[접근] 권한이 있다 as specified in ~에 명시된 바와 같이 enclosed 동봉된 agreement 합의(서), 계약(서) be responsible for ~에 대한 책임이 있다, ~을 맡다 install 설치하다 device 장치, 기기 guard 경비원 patrol 순찰하다 grounds (건물의) 구내, 부지 between A and B: A와 B 사이에 contact 연락하다 directly 곧바로, 직접

1.

정답 (C)

해설 각 선택지가 모두 동사의 형태이고 시제만 다릅니다. 따라서 빈칸 뒤에 위치한 명사 proposal(제안)을 목적어로 취해 그 제안을 수락한(또는 수락할) 시점과 관련된 단서를 찾아야 합니다. 바로 앞 문장에 축하 인사를 전한다는 말이 쓰여 있는데, 이는 상대방의 제안(proposal)에 대해 긍정적으로 결정한 후에 할 수 있는 말입니다. 따라서 막 수락하는 행위가 완료되었음을 나타내는 현재완료시제인 (C) have accepted가 정답

입니다.

오답 (A) may accept: 조동사 may는 크게 '~일 수 있다' 또는 '~해도 좋다' 등과 같이 가능성이나 허락을 의미하므로 수락하는 일이 완료된 시점을 나타내기에 자연스럽지 못합니다.
(B) would accept: 조동사 would는 '~일 것이다'와 같은 추측이나 '(나라면) ~할 것이다'와 같은 가정을 의미하므로 수락하는 일이 완료된 시점을 나타내기에 자연스럽지 못합니다.
(D) were accepting: 과거진행시제는 과거에 진행 중인 일을 나타낼 때 사용하므로 수락하는 일이 완료된 시점을 나타낼 시제로 적절하지 않습니다.

어휘 accept 수락하다, 받아들이다

2.

정답 (C)

해설 선택지가 모두 명사이고 문장에 알맞은 의미를 지닌 것을 찾는 문제임을 알 수 있습니다. '~에 대한 출입[접근] 권한이 있다'를 의미하는 have access to의 목적어 자리이므로 출입 가능한 공간을 나타낼 명사가 쓰여야 합니다. 여기서 출입 가능한 공간은 바로 앞 문장에 언급된 실험실(laboratory) 시설이므로 '시설(물)'을 의미하는 (C) facilities가 정답입니다.

오답 (A) results: '결과(물)'를 의미하므로 출입 가능한 공간을 나타낼 명사로 어울리지 않습니다.
(B) benefits: '혜택, 이득' 등을 의미하므로 출입 가능한 공간을 나타낼 명사로 어울리지 않습니다.
(D) positions: '직책, 일자리' 등을 의미하므로 출입 가능한 공간을 나타낼 명사로 어울리지 않습니다.

어휘 result 결과(물) benefit 혜택, 이득 facility 시설(물) position 직책, 일자리

3.

정답 (B)

해설 선택지가 모두 접속부사이므로 빈칸 앞뒤 문장을 먼저 읽고 어떤 의미 관계로 연결되는지 파악해야 합니다. 빈칸 앞 문장에는 셋처 보안 솔루션즈 사가 보안 장치들을 설치할 책임을 지게 된다는 말이, 다음 문장에는 순찰을 하는 경비원들을 제공한다는 말이 쓰여 있습니다. 이 두 가지 모두 셋처 보안 솔루션즈 사가 하게 될 일에 해당되므로 정보가 추가되는 의미 관계임을 알 수 있습니다. 따라서 추가 접속부사인 (B) In addition이 정답입니다.

오답 (A) However: '하지만, 그러나'라는 의미로, 상반 관계를 나타낼 때 사용하는 접속부사이므로 오답입니다.
(C) For example: '예를 들면'의 뜻으로, 예시를 제공할 때 사용하는 접속부사이므로 오답입니다.
(D) Previously: '이전에, 과거에'라는 의미로, 과거시점에 먼저 발생된 일을 나타낼 때 사용하는 접속부사이므로 오답입니다.

어휘 however 하지만, 그러나 in addition 덧붙여, 추가로 for example 예를 들면 previously 이전에, 과거에

4.

(A) 안타깝게도, 저희는 다른 업체에 계약을 제안했습니다.
(B) 다시 한 번, 승진되신 것에 대해 축하 드립니다.
(C) 저희가 가능한 한 빨리 최종 결정 사항을 알려 드리겠습니다.
(D) 기꺼이 귀하께 추가 정보를 제공해 드리겠습니다.

정답 (D)

해설 바로 앞 문장에 질문이 있으면 연락하라고 당부하는 말이 쓰여 있습니다. 따라서 질문을 받을 경우에 취할 수 있는 조치에 해당되는 말로서 추가 정보를 제공해 주겠다고 알리는 문장인 (D)가 정답입니다.

오답 (A) 앞서 지문 시작 부분에 상대방의 제안을 수락했다는 말을 했으며, 질문이 있으면 연락하라고 당부하는 앞 문장과도 흐름상 어울리지 않습니다.
(B) 승진을 축하하는 말에 해당되는데, 앞에 승진에 대한 언급이 없으므로 오답입니다.
(C) 지문 시작 부분에서 상대방의 제안을 수락했다는 결정 사항을 통보했으므로 흐름상 어울리지 않는 말입니다.

어휘 unfortunately 안타깝게도, 아쉽게도 offer 제안하다, 제공하다 contract 계약(서) firm 업체, 회사 once again 다시 한 번 congratulations on ~에 대해 축하 드립니다 receive one's promotion 승진되다 inform A of B: A에게 B를 알리다 final decision 최종 결정 as soon as possible 가능한 한 빨리 will be happy to do 기꺼이 ~하겠습니다 provide A with B: A에게 B를 제공하다

Day 13 문맥 유형 연습

실전 감잡기

1-4 다음 이메일을 참조하시오.

레이놀즈 씨께,

귀하께서 11월 8일에 저희 회사에서 진행하셨던 회계 기술 교육 강좌에 대해 **1** 감사를 표하고자 이메일을 씁니다. 저희는 **2** 그 후에 저희 직원들에게 의견카드를 작성하도록 요청했으며, 모든 사람이 귀하의 강좌를 칭찬해 주었습니다. 많은 직원들은 그 워크숍이 놀라울 정도로 유익했고 가치가 있다는 생각을 **3** 보여 주었습니다. **4** 따라서 후속 교육 강좌를 위해 귀하를 초대하고 싶습니다. 다음 달에 저희를 재방문하실 수 있는지 저에게 알려 주시기 바랍니다.

안녕히 계십시오.
패트리샤 킴

어휘 I am writing to you to do ~하기 위해 이메일을[편지를] 씁니다 show 보여주다 accounting 회계 skill 기술 training class 교육 강좌 ask A to do: A에게 ~하도록 요청하다 staff 직원들 fill out 작성하다 comment 의견 praise 칭찬하다 employee 직원 feeling 생각, 느낌 workshop 워크숍, 연수

(회) surprisingly 놀라울 정도로 informative 유익한, 정보를 주는 valuable 가치 있는, 소중한 Please let me know if 저에게 ~인지 알려주십시오 revisit 다시 방문하다

1.

정답 (D)

해설 소유격 our 바로 다음에 빈칸이 있으므로 our의 수식을 받는 명사가 빈칸에 쓰여야 합니다. 따라서 명사의 형태인 (D) appreciation이 정답입니다.

오답 (A) 동사: 동사는 소유격 뒤에 위치할 수 없습니다.
(B) 형용사: 형용사는 명사를 수식해야 하는데, 빈칸 뒤에 명사가 아닌 전치사 for가 있으므로 빈칸에 쓰일 수 없습니다.
(C) 동사의 과거형/과거분사형: 동사의 과거형/과거분사형은 소유격 뒤에 위치할 수 없습니다.

어휘 appreciate 감사하다 appreciative 감사하는 appreciation 감사(의 마음)

2.

정답 (C)

해설 빈칸 뒤에 접속사 and가 있으므로 명사를 목적어로 취해야 하는 전치사 (A) towards는 정답이 될 수 없습니다. 따라서 부사인 (B) besides(부사와 전치사로 모두 사용)와 (C) afterwards, (D) almost 중에서 의미가 알맞은 것을 골라야 합니다. 빈칸 앞에 의견카드를 작성하도록 요청했다는 말이 있는데, 강좌가 끝난 후에 요청할 수 있는 일이므로 '그 후에'라는 의미로 쓰이는 (C) afterwards가 정답입니다.

오답 (A) towards: 전치사이므로 뒤에 명사를 목적어로 취해야 합니다.
(B) besides: 부사로 쓰일 때 '게다가, 그 외에'를 뜻하므로 문장의 의미에 어울리지 않습니다.
(D) almost: 부사이지만, '거의'라는 뜻이므로 문장의 의미에 어울리지 않습니다.

어휘 towards ~ 쪽으로, ~을 향해 besides 게다가, 그 외에, ~ 외에, ~을 제외하고 afterwards 그 후에 almost 거의

3.

정답 (A)

해설 동사 express는 '생각을 나타내다'라는 의미인데, 여기에서는 앞 문장에서 '칭찬했다(praised)'고 말한 것을 가리킵니다. 따라서 과거시제로 쓰인 praised와 동일한 시제가 되어야 하므로 과거시제 형태인 (A) expressed가 정답입니다.

오답 (B) is expressing: 현재진행형이므로 앞 문장에 쓰인 과거시제 praised와 시점이 어울리지 않습니다.
(C) will express: 미래시제이므로 앞 문장에 쓰인 과거시제 praised와 시점이 어울리지 않습니다.
(D) has expressed: 현재완료시제이므로 앞 문장에 쓰인 과거시제 praised와 시점이 어울리지 않습니다.

어휘 express (감정, 생각 등을) 나타내다, 표현하다

4.

(A) 그 교육 강좌는 매주 월요일 오전 9시에 열릴 것입니다.
(B) 따라서 후속 교육 강좌를 위해 귀하를 초대하고 싶습니다.
(C) 저희는 귀하께서 교육 강좌를 즐기셨다니 기쁩니다.
(D) 저희는 이 문제가 다음 강좌 중에 해결될 수 있기를 바랍니다.

정답 (B)

해설 앞 문장에는 과거에 열린 워크숍이 아주 유익하고 가치 있었다고 생각한 직원들의 의견이 쓰여 있고, 다음 문장에는 상대방에게 다음 달에 다시 와줄 수 있는지 알려 달라고 요청하는 말이 쓰여 있습니다. 따라서 워크숍 강좌가 긍정적인 반응을 얻어 추가로 개최하려는 상황임을 알 수 있으므로 후속 교육 강좌를 위해 초대하려는 의사를 나타내는 문장인 (B)가 정답입니다.

오답 (A) 바로 다음 문장에 다음 달에 다시 와서 강좌를 개최할 수 있는지 요청하는 말이 쓰여 있으므로 매주 월요일(every Monday)에 열린다는 말은 다음 문장과 자연스럽게 연결되지 않습니다.
(C) 교육 강좌를 수강한 사람에게 할 수 있는 말에 해당되는 문장인데, 지문 시작 부분에 '당신이 진행한 강좌(training class you had)'라고 나와 있으므로 앞뒤가 맞지 않습니다.
(D) this problem은 앞서 언급된 문제점을 가리키는데, 앞 문장에 문제점으로 언급된 것이 없으므로 흐름상 어울리지 않습니다.

어휘 lesson 교육 시간, 수업, 강좌 be held (행사 등이) 개최되다, 열리다 therefore 따라서 그러므로 would like to do ~하고 싶다 invite 초청하다 follow-up 후속의 be glad that ~해서 기쁘다 enjoy 즐거워하다, 즐기다 training 교육, 훈련 session (특정 활동을 위한) 시간 hope (that) ~하기를 바라다 be solved 해결되다 during ~ 중에, ~ 동안

PART 7

Day 14 세부사항/목적/요청사항

실전 감잡기

1-2 다음 회람을 참조하시오.

회람

1 오늘부로, 직원들은 직원 휴게실을 청소하는 일에 대한 책임을 지게 될 것입니다. 일정표가 매주 월요일 오전 8시 30분에 게시될 것이며, 일을 시작하기 전에 이것을 확인하셔야 합니다.

또한, 냉장고 안에 음식이나 음료를 넣어 두실 때마다 2 스티커를 부착하시고, 그 스티커에 성명과 날짜를 써 주십시오. 우리는 어떠한 물품도 그 안에 7일 넘게 남아 있지 않도록 하고 싶습니다.

어휘 memorandum 회람 effective + 시점: ~부로, ~부터 employee 직원 be responsible for ~에 대한 책임을 지다 clean 청소하다 break room 휴게실 schedule 일정(표) put up 게시하다, 내걸다 check 확인하다 before ~ 전에 begin 시작하다 also 또한 whenever ~할 때마다, ~할 때는 언제든 put 두다, 놓다 inside ~ 안에 refrigerator 냉장고 attach A to B: A를 B에 부착하다, 붙이다 make sure that절: 반드시 ~하도록 하다 item 물품, 제품 be left 남겨져 있다, 놓여 있다 in there 그 안에 longer than ~보다 오래

1. 회람의 목적은 무엇인가?

(A) 새로운 정책을 발표하는 것

(B) 직원들에게 그들의 노력에 대해 감사하는 것

(C) 직원 불만 사항을 알리는 것

(D) 청소용품을 광고하는 것

정답 (A)

해설 첫 단락 시작 부분에서, 오늘부터 직원들이 책임져야 하는 일을 알리겠다고 한다. 특정 날짜부터 직원들이 새롭게 해야 하는 일은 곧 새로운 정책을 의미하므로 새로운 정책의 발표를 의미하는 (A)가 정답이다.

어휘 announce 발표하다 policy 정책, 방침 thank A for B: A에게 B에 대해 감사하다 effort 노력 report 알리다, 보고하다 complaint 불만 사항, 불평 advertise 광고하다 cleaning product 청소용품

2. 직원들은 무엇을 하도록 요청 받는가?

(A) 각자의 책상을 청소하기

(B) 냉장고 안에 있는 물품에 라벨을 붙이기

(C) 각자의 컴퓨터를 끄기

(D) 8시 30분 전에 회사로 출근하기

정답 (B)

해설 직원들이 해야 하는 일로, 두 번째 단락에 냉장고에 음식을 넣을 때 스티커를 부착하고 그 스티커에 성명과 날짜를 써 놓으라고 요청하는 말이 있습니다. 즉 냉장고에 넣는 물품에 라벨을 붙이도록 요청하는 것이므로 (B)가 정답입니다.

어휘 be asked to do ~하도록 요청받다 label 라벨을 붙이다 turn off 끄다 come to work 회사로 출근하다

Day 15 동의어/표현의도/문장삽입

실전 감잡기

1-2 다음 온라인 채팅을 참조하시오.

사일러스 이스턴 오전 9:22
메리 씨, **1** 제가 리즈 지사에서 연봉 업무를 처리했을 때, 보통 비용 지급일보다 며칠 앞서 급여 명세서를 발송하곤 했어요. 이곳은 상황이 다른가요?

메리 보너 오전 9:24
저희도 전에는 그렇게 하곤 했는데, 이번 달부터 급여 명세서가 지급일 다음 날에 배부될 거예요.

사일러스 이스턴 오전 9:25
죄송하지만, **2** 이 방식이 직원들로부터 불만을 발생시키지 않을까요?

메리 보너 오전 9:28
때가 되면 생각해 봅시다. 지금으로서는 이번 달 급여 업무를 완료하는 데 집중하는 게 좋겠어요.

어휘 handle 처리하다, 다루다 salary 급여, 봉급 branch 지사, 지점 normally 보통, 일반적으로 send out 발송하다 pay slip 급여 명세서 기간 + prior to A: A보다 ~의 기간만큼 앞서 payment 지급(액), 지불(액) things 상황, 사정 used to do (과거에) ~하곤 했다 starting + 시점: ~부터, ~부로 distribute 배부하다, 나눠주다 produce 발생시키다, 만들어내다 complaint 불만 employee 직원 when the time comes 때가 되면 We'd better + 동사원형: 우리가 ~하는 게 좋겠어요 focus on ~에 집중하다, 초점을 맞추다 get A 과거분사: A를 ~되게 하다 payroll 급여 총액, 급여 대상자 명단 for now 지금으로서는, 당분간

1. 이스턴 씨에 관해 언급된 것은 무엇인가?

(A) 자신의 급여를 받지 못했다.

(B) 급여 인상을 받았다.

(C) 이전에 다른 사무실에서 일했다.

(D) 직원들에게 문서를 보내는 일을 깜빡했다.

정답 (C)

해설 이스턴 씨가 작성한 첫 번째 메시지를 보면, 자신이 과거에 리즈 지사에서 급여 업무를 처리했다는 사실을 언급하고 있습니다. 이 말을 통해 이전에 다른 사무실에서 근무했다는 점을 알 수 있으므로 (C)가 정답입니다.

어휘 receive 받다, 얻다 pay n. 급여 increase 인상, 증가 previously 이전에, 과거에 forget to do ~하는 것을 잊다 send A to B: A를 B에게 보내다 document 문서, 서류 employee 직원

2. 오전 9시 28분에, 보너 씨는 어떤 의미로 "때가 되면 생각해 봅시다"라고 쓰는가?

(A) 급여들을 다시 계산할 것이다.

(B) 더 많은 직원을 고용할 계획이다.

(C) 불만사항을 나중에 처리할 것이다.

(D) 출장을 떠날 계획이다.

정답 (C)

해설 대화의 흐름을 알아야 풀 수 있는 문제이므로 앞 사람의 말을 통해 문맥을 파악해야 합니다. 앞의 문장에서 '그러면 직원들의 불만이 있지 않을까'라고 걱정을 한 것에 대답이므로, 보너 씨의 대답은 '나중에 그런 불만이 발생한다면 그때 가서 처리해도 된다'라는 의도임을 알 수 있습니다. 따라서 (C)가 정답입니다.

어휘 recalculate 다시 계산하다 paycheck 급여 (지불 수표) intend to do ~할 계획이다, 작정이다(= plan to do) hire 고용하다 deal with 처리하다, 다루다 later 나중에 take a business trip 출장을 떠나다

3-4 다음 이메일을 참조하시오.

로리얼 씨에게, 제가 글을 드리는 것은 **3** 귀하가 6월에 있을 저희 패션쇼에 귀하의 의류 제품군을 선보이는 것에 관심을 보이셨기 때문입니다. 저희는 귀하의 여름 상품이 완벽할 것이라고 생각합니다. 이번 행사의 모든 참가자는 애스토라 호텔에서의 3박 4일 무료 숙박권을 받으실 겁니다. **4** 귀하는 또한 다양한 선물들을 받으실 것입니다. 귀하로부터의 답변을 기다리고 있겠습니다. 안녕히 계십시오. 새라 달튼 행사 기획자

어휘 express interest in ~에 관심을 보이다 present 제시하다, 선보이다 line (상품의) 종류, 제품군 feel that절: ~라고 생각하다 perfect 완벽한, ~에 꼭 알맞은 participant 참가자 free stay 무료 숙박(권) look forward to -ing: ~하는 것을 기대하다 organizer 기획자, 조직위원

3. 로리얼 씨의 직업은 무엇인가?

(A) 패션 디자이너

(B) 잡지 기자

(C) 객원 연설자

(D) 호텔 매니저

정답 (A)

해설 로리얼 씨가 자신의 의류 신제품을 달튼 씨의 패션쇼에 선보이는 것에 관심을 보였다고 언급되어 있습니다. 자신의 의류 신제품을 패션쇼에 선보이는 일을 하는 사람의 직업은 패션 디자이너라고 볼 수 있으므로 정답은 (A)입니다.

어휘 fashion designer 패션 디자이너 magazine writer 잡지 기자, 기고자

4. [1], [2], [3], 그리고 [4]로 표시된 위치 중 다음 문장이 가장 잘 어울리는 곳은?

"귀하는 또한 다양한 선물들을 받으실 것입니다."

정답 (C)

해설 제시된 문장은 '다양한 선물도 받을 것'이라고 알리는 내용입니다. 여기서 정답의 단서가 되는 표현은 also(또한)입니다. '또한 ~을 받을 것이다'라는 말은 이 문장 앞에 다른 것을 받는 상황을 전제로 하기 때문입니다. 따라서 제시된 문장은 3박 4일의 무료 호텔 숙박권을 받을 것이라는 내용의 문장 뒤인 [3]에 들어가는 것이 가장 자연스러우므로 (C)가 정답입니다.

어휘 various 다양한

Day 01 최빈출 정답 어휘_명사 1

1. effort 2. concern 3. proposal

1. A workshop was held in an [effort / ~~experience~~] to improve workplace communication.

해석 직장 내 의사 소통을 향상시키기 위한 노력으로 워크숍이 개최되었다.

어휘 **hold** ~을 개최하다 **in an effort to do** ~하기 위한 노력으로 **experience** 경험 **improve** ~을 향상시키다 **workplace** 직장 **communication** 의사 소통

2. There was growing [~~rate~~ / concern] about our company's financial issues.

해석 우리 회사의 재정 문제들과 관련해 커지는 우려가 있었다.

어휘 **growing** 늘어나는, 증가하는 **rate** 요금, 속도, 비율, 등급 **concern** 우려, 걱정 **financial** 재정의, 재무의 **issue** 문제, 사안

3. Ms. Johnson's [proposal / ~~defect~~] for a new novel has been accepted.

해석 새로운 소설에 대한 존슨 씨의 제안이 받아들여졌다.

어휘 **proposal** 제안(서) **defect** 결함, 흠 **novel** 소설 **accept** ~을 받아들이다

Day 02 최빈출 정답 어휘_명사 2

1. refunds 2. ability 3. release

1. Full [refunds / ~~differences~~] can be offered within 15 days of purchase.

해석 구매 후 15일 이내에 전액 환불이 제공될 수 있습니다.

어휘 **refund** 환불(액) **difference** 차이 **offer** ~을 제공하다 **within** ~ 이내에 **purchase** 구매(품)

2. Mr. Kim has the [~~advancement~~ / ability] to solve the problem.

해석 킴 씨는 그 문제를 해결할 능력이 있다.

어휘 **have the ability to do** ~할 능력이 있다 **advancement** 발전, 승진 **solve** ~을 해결하다

3. We are pleased to announce the [release / ~~request~~] of a new product.

해석 저희는 신제품 출시를 발표하게 되어 기쁩니다.

어휘 **be pleased to do** ~해서 기쁘다 **announce** ~을 발표하다, 알리다 **release** 출시, 공개 **request** 요청(서) **product** 제품

Day 03 최빈출 정답 어휘_명사 3

1. permission 2. application 3. reputation

1. Only a few employees have [permission / ~~advice~~] to view the file.

해석 오직 몇몇 직원들만 그 파일을 볼 수 있도록 허락받았다.

어휘 **have permission to do** ~하도록 허락받다, ~할 권한이 있다 **advice** 조언 **view** ~을 보다

2. A completed [~~response~~ / application] must be submitted by July 25.

해석 작성 완료된 지원서가 반드시 7월 25일까지 제출되어야 합니다.

어휘 **completed** 완료된, 완성된 **response** 반응, 응답 **application** 지원(서), 신청(서) **submit** ~을 제출하다 **by** (기한) ~까지

3. The company has gained a [~~registration~~ / reputation] as a reliable service provider.

해석 그 회사는 신뢰할 만한 서비스 제공업체로서 명성을 얻었다.

어휘 **gain** ~을 얻다, 획득하다 **registration** 등록 **reputation** 명성, 평판 **reliable** 신뢰할 만한 **provider** 제공업체

Day 04 최빈출 정답 어휘_동사 1

1. promote 2. include 3. access

1. We will create an advertisement to [promote / ~~attract~~] our new mobile device.

해석 우리는 우리의 새 모바일 기기를 홍보하기 위해 광고를 제작할 것이다.

어휘 create ~을 만들어 내다 advertisement 광고 promote ~을 홍보하다, 승진시키다 attract ~을 끌어들이다 device 기기, 장치

2. Please make sure to [~~announce~~ / include] your phone number in your résumé.

해석 이력서에 전화번호를 반드시 포함하도록 하십시오.

어휘 make sure to do 반드시 ~하도록 하다 announce ~을 발표하다, 알리다 include ~을 포함하다 résumé 이력서

3. You should enter a code to [access / ~~exchange~~] the company's network.

해석 회사의 네트워크를 이용하기 위해서는 코드를 입력해야 한다.

어휘 enter ~을 입력하다 access ~에 접근하다, ~을 이용하다 exchange ~을 교환하다

Day 05 최빈출 정답 어휘_동사 2

1. increase	2. present	3. launch

1. It is important to [increase / ~~acquire~~] the production rate.

해석 생산율을 높이는 것이 중요하다.

어휘 increase ~을 높이다, 증가시키다 acquire ~을 얻다, 획득하다 production rate 생산율

2. The tour guide will [~~reduce~~ / present] us with coupons for a free meal.

해석 투어 가이드가 우리에게 무료 식사용 쿠폰을 제공할 것이다.

어휘 reduce ~을 줄이다, 감소시키다 present A with B: A에게 B를 제공하다, 주다 free 무료의

3. To promote the event, they will [launch / ~~express~~] a variety of advertisements.

해석 그 행사를 홍보하기 위해, 그들은 다양한 광고를 내보낼 것이다.

어휘 promote ~을 홍보하다, 승진시키다 launch ~을 공개하다, 출시하다 express (생각, 감정 등) ~을 표현하다 a variety of 다양한 advertisement 광고

Day 06 최빈출 정답 어휘_동사 3

1. offer	2. requires	3. attend

1. We have decided to [offer / ~~select~~] discounts to regular customers.

해석 우리는 단골 고객들에게 할인을 제공하기로 결정했다.

어휘 decide to do ~하기로 결정하다 offer ~을 제공하다 select ~을 선택하다, 선정하다 regular 주기적인, 정규의, 일반의

2. The team leader [~~intends~~ / requires] his members to submit their reports on time.

해석 그 팀장은 팀원들에게 제때 보고서를 제출하도록 요구한다.

어휘 intend (to do) (~할) 계획이다, 작정이다 require A to do: A에게 ~하도록 요구하다 submit ~을 제출하다 on time 제때, 제 시간에

3. Some experts are expected to [attend / ~~anticipate~~] the annual seminar.

해석 일부 전문가들이 그 연례 세미나에 참석할 것으로 예상된다.

어휘 be expected to do ~할 것으로 예상되다 attend ~에 참석하다 anticipate ~을 기대하다, 예상하다 annual 연례의, 해마다의

Day 07 최빈출 정답 어휘_형용사 1

1. pleased	2. qualified	3. effective

1. We are [pleased / ~~familiar~~] to inform you that your service has been upgraded.

해석 저희는 귀하의 서비스가 업그레이드되었음을 알려 드리게 되어 기쁩니다.

어휘 be pleased to do ~해서 기쁘다 familiar 익숙한, 잘 아는 inform A that절: A에게 ~임을 알리다

2. The company is seeking [~~current~~ / qualified] applicants for a manager position.

해석 그 회사는 매니저 직책에 대해 자격 있는 지원자들을 찾고 있다.

어휘 seek ~을 찾다, 구하다 current 현재의 qualified 자격 있는, 적격의 applicant 지원자 position 직책, 일자리

3. We will discuss the most [effective / ~~additional~~] marketing strategy.

해석 우리는 가장 효과적인 마케팅 전략을 논의할 것이다.

어휘 discuss ~을 논의하다, 이야기하다 effective 효과적인 additional 추가적인 strategy 전략

Day 08 최빈출 정답 어휘_형용사 2

1. responsible 2. available 3. potential

1. Ms. Blake is [responsible / ~~successful~~] for designing the company logo.

해석 블레이크 씨는 회사 로고를 디자인하는 일을 책임지고 있다.

어휘 be responsible for ~을 책임지다 successful 성공적인

2. A variety of music files will be [~~comfortable~~ / available] starting next week.

해석 다양한 음악 파일이 다음 주부터 이용 가능해질 것이다.

어휘 a variety of 다양한 comfortable 편안한 available 이용 가능한 starting + 시점: ~부터, ~부로

3. Mr. Thompson will talk about ways to attract [~~apparent~~ / potential] customers.

해석 톰슨 씨가 잠재적인 고객들을 끌어들일 방법들에 관해 이야기할 것이다.

어휘 way to do ~하는 방법 attract ~을 끌어들이다 apparent 분명한, 명백한 potential 잠재적인

Day 09 최빈출 정답 어휘_부사 1

1. recently 2. usually 3. nearly

1. Some departments have [recently / ~~generally~~] purchased new photocopiers.

해석 일부 부서들이 최근에 새 복사기를 구입했다.

어휘 department 부서 recently 최근에 generally 일반적으로 purchase ~을 구입하다 photocopier 복사기

2. Ms. Hudson [~~gradually~~ / usually] leaves the office at 6 p.m.

해석 허드슨 씨는 보통 오후 6시에 사무실에서 퇴근한다.

어휘 gradually 점차적으로, 점점 usually 보통, 일반적으로 leave ~에서 떠나다

3. The sales report for the past three quarters is [~~actively~~ / nearly] complete.

해석 지난 3개 분기에 대한 영업 보고서가 거의 완료된 상태이다.

어휘 sales 영업, 판매, 매출 quarter 분기 actively 활발히 nearly 거의 complete 완료된, 완성된

Day 10 최빈출 정답 어휘_부사 2

1. highly 2. conveniently 3. properly

1. Mr. Craig is a [~~currently~~ / highly] regarded analyst in the business field.

해석 크레이그 씨는 비즈니스 분야에서 높이 평가 받는 분석 전문가이다.

어휘 currently 현재 highly regarded 높이 평가 받는 analyst 분석 전문가 field 분야

2. The mall is [~~specifically~~ / conveniently] located in the heart of the city.

해석 그 쇼핑몰은 도시 한 가운데에 편리하게 위치해 있다.

어휘 specifically 특히, 구체적으로 conveniently 편리하게 be located in ~에 위치해 있다 in the heart of ~ 한 가운데에

3. Employees should check if the new software is [~~actively~~ / properly] installed.

해석 직원들은 새로운 소프트웨어가 제대로 설치되어 있는지 확인해야 한다.

어휘 check if ~인지 확인하다 actively 활발히, 적극적으로 properly 제대로, 적절히 install ~을 설치하다

Day 11 최빈출 정답 어휘_숙어 1

1. pleased 2. dedicated 3. with

1. Our company is [~~please~~ / pleased] to announce the new construction project.

해석 저희 회사는 새로운 공사 프로젝트를 발표하게 되어 기쁩니다.

어휘 be pleased to do ~해서 기쁘다 announce ~을 발표하다, 알리다 construction 공사, 건설

2. Mr. Jeong is [dedicated / ~~dedicating~~] to helping the team create better designs.

해석 정 씨는 팀이 더 나은 디자인을 만들어 내도록 돕는 데 전념하고 있다.

어휘 **be dedicated to -ing** ~하는 데 전념하다 **help A do:** A가 ~하도록 돕다 **create** ~을 만들어 내다

3. The store provides its customers [with / ~~for~~] quality office supplies.

해석 그 매장은 고객들에게 양질의 사무용품을 제공한다.

어휘 **provide A with B:** A에게 B를 제공하다 **quality** a. 양질의, 질 좋은 **supplies** 용품, 물품

Day 12 최빈출 정답 어휘_숙어 2

1. variety	**2.** for	**3.** interested

1. Successful applicants will handle a [variety / ~~term~~] of important projects.

해석 합격한 지원자는 다양한 중요 프로젝트들을 다루게 될 것입니다.

어휘 **successful** 성공한, 합격한 **applicant** 지원자, 신청자 **handle** ~을 다루다, 처리하다 **a variety of** 다양한 **term** 기간, 조건, 조항

2. The management asked us to register [~~about~~ / for] one of the training workshops.

해석 경영진은 우리에게 교육 워크숍들 중 하나에 등록하도록 요청했다.

어휘 **management** 경영(진), 관리, 운영 **ask A to do:** A에게 ~하도록 요청하다 **register for** ~에 등록하다 **training** 교육, 훈련

3. Ms. Beltran said that her company is very [~~interesting~~ / interested] in the merger.

해석 벨트란 씨는 자신의 회사가 합병에 매우 관심 있다고 말했다.

어휘 **be interested in** ~에 관심 있다 **merger** 합병